D. PEDRO
Imperador do Brasil e rei de Portugal

EUGÉNIO DOS SANTOS

D. PEDRO
Imperador do Brasil e rei de Portugal

alameda

Copyright © 2015 Eugénio dos Santos

Grafia atualizada segundo o Acordo Ortográfico da Língua Portuguesa de 1990,
que entrou em vigor no Brasil em 2009.

Edição: Joana Monteleone/Haroldo Ceravolo Sereza
Editor assistente: João Paulo Putini
Projeto gráfico, capa e diagramação: João Paulo Putini
Revisão: Samuel Vidilli
Assistente de produção: Gabriel Patez Silva

CIP-BRASIL. CATALOGAÇÃO-NA-FONTE
SINDICATO NACIONAL DOS EDITORES DE LIVROS, RJ

S234d

Santos, Eugénio dos, 1937-
D. PEDRO: IMPERADOR DO BRASIL E REI DE PORTUGAL
Eugénio dos Santos.
São Paulo: Alameda, 2015.
416p.

Inclui bibliografia
ISBN 978-85-7939-141-5

1. Pedro I, Imperador do Brasil, 1798-1834. 2. Brasil
– História – I Reinado, 1822-1831. I. Título.

12-3447.   CDD: 981.05
                        CDU: 94(81)"1548/1808"

ALAMEDA CASA EDITORIAL
Rua Conselheiro Ramalho, 694 – Bela Vista
CEP 01325-000 – São Paulo – SP
Tel. (11) 3012-2400
www.alamedaeditorial.com.br

Sumário

Capítulo 1 – Sob o sol do outono nasceu Pedro, rodeado de irmãos   7

Palácio de Queluz, quarto D. Quixote   7

Família   8

Os irmãos   8

Os pais   14

Capítulo 2 – Infância e crescimento   27

Os verdes anos   27

A educação   31

Em Portugal   31

Durante o êxodo   36

No Brasil   43

Capítulo 3 – Desígnios de um príncipe   53

Nos bastidores da política diplomática   53

Formação de uma personalidade e esboço de um caráter   58

Ambiente fluminense e meios de afirmação   63

Marcas de uma adolescência   71

Capítulo 4 – A caminho da maioridade: príncipe real   87

Uma cidade em transformação acelerada e um quadro familiar definido   87

Um herdeiro em evidência   100

Amores temporãos   106

Capítulo 5 – O casamento   113

Uma austríaca a caminho do Rio de Janeiro   113

Os primeiros tempos   120

O amadurecimento: filhos, novas ideias, hesitações   132

Capítulo 6 – Revolução de 1820 e o caminho para a independência   143

Primeiras reações   143

Protagonismo de D. Pedro   148

A caminho da regência   153

Capítulo 7 – Independência ou morte 161
Regência plena 161
A caminho do "Fico" 167
Marcha para Ipiranga 174

Capítulo 8 – A consolidação da Independência (1822-1831) 191
No rastro do grito do Ipiranga 191
Arquitetura do império 197
Fim da rebeldia das províncias 204

Capítulo 9 – O imperador em família 211
Pedro e Leopoldina até finais de 1822 211
Os anos seguintes 219

Capítulo 10 – O imperador (quase) nu 247
Um romance tórrido 247
Peças para um libelo 263

Capítulo 11 – Mulheres e filhos 289
Segundo casamento. Intimidades (quase) obscenas 304

Capítulo 12 – A caminho do fim 319
A abdicação 319
Em busca da outra coroa 330
Vitória e morte 344
Legitimidade 354
Jornalismo 356

Epílogo 363

Bibliografia 367

Anexos 375
Correspondência de D. Pedro com a Marquesa de Santos 377
e seus familiares (incompleta)
Cronologia 407

Capítulo 1
Sob o sol do outono nasceu Pedro, rodeado de irmãos

Palácio de Queluz, quarto D. Quixote

O outono iniciara-se há pouco, despedindo inexoravelmente o verão que, não raro, teimava em prolongar-se ainda durante o mês de outubro. Às manhãs, de sol claro e céu azul, sucediam-se as noites frescas e cada vez mais longas. Uma nuvem ou outra no horizonte não prejudicavam uma atmosfera ainda perfumada pelo cheiro das frutas da estação, especialmente das uvas maduras. Era o tempo das colheitas e ainda de algumas festas correspondentes. O horizonte começava a tingir-se das miríades de cores das folhas, ora douradas e pálidas, ora acastanhadas ou de cor rubi. O vinho ainda fermentava nos lagares, onde as uvas haviam sido pisadas sob os pés quentes da multidão de vindimadores, que, em coro e em festa masculina, saboreavam os primeiros odores do mosto, cantando, bebendo, em movimentos bem ritmados. Frequentemente se dissertava sobre a qualidade daquele néctar que escorria das uvas túrgidas colhidas nas encostas ensolaradas, tintas da cor do sangue ou brancas acetinadas, pegajosas do melaço que rompera as cascas delicadas. Esse líquido generoso tingia a pele das pernas dos pisadores, provocando nela uma reação estranha e algo incômoda, por alturas dos joelhos, que o álcool potenciava. Mas o vislumbre dos prazeres que o mosto anunciava sobrepunha-se a todas as canseiras e incômodos e justificava todos os cuidados e atenções. A fermentação do lagar ir-se-ia, depois, apurando e requintando nas vasilhas, sendo alvo de todas as atenções e cuidados dos produtores e dos viticultores.

Os campos, espraiados e dormentes, já se iam tufando de tapetes cor de palha, aguardando as chuvas e as neves que os haveriam de ajudar a fertilizar o próprio ventre, onde, na primavera seguinte, estuaria vida em prodigiosa abundância e variedade. Outubro corresponde, pois, a um tempo de abundância e de aprovisionamento para enfrentar o inverno que se aproxima, exigindo este maior recato e aconchego. O frio castigará a natureza, reduzir-lhe-á a atividade e obrigará os homens a partilharem do seu recato e contenção. Mês dominado pelo signo da Balança, que, segundo alguns, marca os indivíduos nele nascidos, tornando-os propensos a comportamentos muito extremados: algo inseguros e desconfiados, atormentados por muitas dúvidas, carentes, possessivos, embora generosos, conseguem transformar-se em românticos e determinados, apaixonados até à violência, propensos a um total abandono amoroso e a uma fidelidade arrebatada, desde que se sintam tocados no âmago da sua sensibilidade.

A 12 desse mês, em 1798, no quarto D. Quixote, do palácio de Queluz, nascera um menino a quem, como era hábito durante os tempos da monarquia, foi posto um nome longo e sonante: Pedro de Alcântara Francisco Antônio João Carlos Xavier de Paula Miguel Rafael Joaquim José Gonzaga Pascoal Cipriano Serafim de Bragança e Bourbon. Passaria a ser conhecido pelo primeiro nome, Pedro, embora, mais tarde, ele próprio muito prezasse o apelativo duplo: Pedro de Alcântara. Ao vir ao mundo, parecia sorrir-lhe um futuro pacato e bonançoso. Filho dos príncipes regentes, nascera em berço dourado. Porém, não era ele o primeiro na ordem da sucessão. O invejável, complexo e intrincadíssimo ofício de reinar, em tempos de crise generalizada, não lhe caberia. Recairia em seu irmão mais velho D. Antônio, nascido três anos antes. A este, sim, incumbiria a árdua missão de suceder à avó rainha D. Maria e a seu pai D. João. Prepará-lo, desde o berço, para esse ofício de máxima responsabilidade tornava-se, desde logo, imperativo régio de alcance nacional.

Família

Os irmãos

A prole do casal régio a quem cabia a sucessão, composto por D. João e D. Carlota Joaquina, ia já no terceiro filho. À primogênita puseram o nome de Maria Teresa. Nascera a 29 de abril de 1793 e tornara-se, desde logo, princesa da Beira. O irmão seguinte, um menino, chamava-se D. Antônio, nascido em 21 de março de 1795, e transformara-se no presuntivo herdeiro da coroa e, por isso, alvo de todas as expectativas. As revoluções a que o mundo ocidental assistia há anos, sobretudo a partir de 1789 desde solo francês, provocavam inquietação e até medo nas famílias reinantes, impotentes para se oporem aos ventos de mudança, que pareciam tudo varrer, até os próprios alicerces dos tronos. Os estragos já provocados pareciam irreparáveis e a onda de transformações violentas ameaçava continuar. D. João e o seu primogênito D. Antônio viam-se, por essa razão, envolvidos em nuvens negras, apresentando-se o horizonte muito carregado de preocupações imediatas: a rainha-mãe, após uma série brutal de desgostos familiares,[1] deixava escapar sinais de doença mental e a situação política europeia oscilava perigosamente. Por estas circunstâncias, o menino-infante se tornara, desde o berço, alvo de máximas preocupações e de todas as cautelas. As pessoas escolhidas para acompanharem o seu crescimento foram criteriosamente seleccionadas. Para amas-de-leite a escolha recaiu, primeiramente, em D. Maria Francisca do Carmo e, a seguir, em D. Dionísia Maria da Conceição, mulher de um moço da casa real. A marquesa de São Miguel serviu-lhe de aia. A honra de dama de companhia foi atribuída a D. Inês da Silva Telo de Meneses, filha do conde de Aveiras. A esta coube a tarefa de iniciar o infante nas primeiras letras e na catequese. Tudo parecia trilhar o rumo adequado. Todavia, um destino inexorável exerceria sobre essa criança a mesma violência que se abatera sobre outros Braganças, designadamente sobre seu tio, o infante D. José, irmão mais velho de seu pai. Este parecia ter vindo ao mundo dos vivos para desempenhar um papel secundário na governação da grei portuguesa. Na verdade, seu irmão José, em cuja ação governativa o marquês de Pombal depositava enorme expectativa, olhando-o como um continuador das suas reformas, assumira o título de príncipe do Brasil, casara com sua tia D. Maria Benedita, irmã da mãe, e fora preparado para dispor do cetro e do poder real. Era um jovem esbelto, culto, inteligente, perspicaz, aberto às novas ideias das Luzes que, por osmose, se iam infiltrando nas velhas monarquias. Em tudo diferente do irmão. Houve quem o quisesse fazer herdeiro direto de seu avô, implementando a lei sálica, em detrimento de sua mãe D. Maria, mas sem sucesso. Contudo, em 11 de novembro de 1788, falecera, aos 27 anos de idade, sem deixar herdeiros diretos. Novembro deixava péssimas recordações aos

---

1   Em 1786, a 28 de maio, falecera seu marido e tio D. Pedro III. Em igual dia do mês de setembro de 1788, a varíola matara-lhe o filho primogênito D. José, sucessor do trono, bem como sua filha D. Maria Vitória, casada com o infante D. Gabriel de Espanha, também este falecido este ano, e, ainda, seu tio Carlos III, avô de Carlota Joaquina. O arcebispo de Tessalônica, seu confessor e confidente, morrera também. O suplício do rei de França, guilhotinado pela Revolução (1793), a acrescentar a todas estas tragédias, deixara-a em estado de absoluta prostração e incapacidade. A loucura aproximava-se velozmente.

descendentes do rei D. José. O primeiro dia desse mês de 1755 continuava na memória coletiva como uma catástrofe inaudita, que ninguém conseguira explicar. Neste mesmo mês este outro José, o futuro rei, desaparecia, de forma trágica, levando consigo as esperanças de muitos. E não se ficaria por aqui a maldição desse mês azarado: em 1807, em finais de novembro, a família real, acompanhada da mais alta aristocracia e dos burocratas de Estado, abandonaria precipitadamente o porto de Lisboa, a bordo de uma esquadra que a haveria de conduzir ao Brasil, escapando às garras das tropas de Napoleão Bonaparte.[2] A rainha D. Maria jamais voltaria a ver Lisboa, cujo centro os engenheiros e arquitetos, orientados por Manuel da Maia e Eugênio dos Santos, reedificaram, com paciência e ousadia urbanística. Decididamente, novembro não deixava a estes Braganças recordações agradáveis. Ao menino-infante D. Antônio, agora com 6 anos de idade, veio também a morte arrancar ao mundo dos vivos, em 1 de junho de 1801. Ficava, bruscamente, vago o trono para o irmão seguinte.

Este chamava-se Pedro de Alcântara, como se disse, e contava pouco mais de 2 anos. De terceiro gênito e, portanto, de um papel aparentemente secundário saltou, abruptamente, para a ribalta. Todas as esperanças para ele se voltaram daí em diante. Por ora, deixaremos, apenas esboçados, alguns dados sobre a sua mais tenra infância. Para ama-de-leite foi escolhida D. Madalena Josefa de São Pedro de Alcântara, que morara na Caparica. Seu marido chamava-se José Amâncio Duarte de Lima. Deles quase nada se sabe, a não ser que o marido embarcou para o Rio de Janeiro, em 1807, em cuja corte viria a obter a categoria de reposteiro. Duas outras amas foram seleccionadas, ficando como reserva para qualquer eventualidade de emergência: Iria Teresa da Silva, de Colares, e Maria Bonifácia, de Loures. Cumpria-se, desse modo, um velho procedimento lusitano, relativamente aos cuidados a haver dentro da família real, no período da amamentação. A escolha da aia do menino Pedro de Alcântara recaiu na marquesa de São Miguel, cujo estatuto se tornou extensivo a todos os demais filhos de D. João. D. Mariana Xavier Botelho repartia essa função com D. Vasco Manuel de Figueiredo Câmara Cabral. Desde os 5 anos deveria o real infante iniciar a sua preparação geral e literária, adquirindo precocemente aquele caldo de cultura que se exigia a um príncipe a quem o futuro reservava o cetro da monarquia. A quem recorrer para

---

2   WILCKEN, 2005, p. 36-39.

garantir uma formação adequada? Por se tratar de assunto da maior delicadeza, complexidade e até melindre, uma vez que a educação nas primeiras idades deixa marcas indeléveis nos espíritos, consultaram-se altos responsáveis da intelectualidade portuguesa para que fossem tidos em conta e avaliados os seus conselhos e argumentos. Entre estes contava-se o erudito e respeitadíssimo Domingos Vandelli, a cujo convívio e opiniões voltaremos mais adiante,[3] quando abordarmos a educação, em momento oportuno, desse príncipe herdeiro.

A Pedro de Alcântara seguiu-se, na prole régia, outra menina: D. Maria Isabel de Bragança, futura rainha de Espanha, de cuja corte procedia sua mãe. Para ama-de-leite foi escolhida D. Genoveva Margarida de Santa Ana e o seu mestre de primeiras letras chamava-se José Monteiro da Rocha, homem muito respeitado e de larga erudição, a cujo convívio também volveremos. Domingos Antônio de Sequeira, o famoso artista plástico contemporâneo, foi convidado para orientar e auxiliar a educação da sensibilidade artística desta infanta. Em Espanha, depois, continuá-la-ia o pintor da real câmara D. Vicente Lopez. A música ser-lhe-ia ensinada pelo compositor Marcos Antônio Portugal. Mais duas infantas engrossariam a descendência do régio casal, a saber, Maria Francisca de Assis e Isabel Maria. A sua criação e educação seguiram idêntico modelo e envolveram as mesmas pessoas. A marquesa de São Miguel manteve-se como aia de todos e o Dr. José Monteiro da Rocha, o pintor Domingos Antônio de Sequeira e os músicos e compositores Marcos Portugal e João Domingos Bontempo esmeraram-se no aprimoramento das aptidões literárias e artísticas dos vários infantes. Foram também contempladas as línguas vivas, nomeadamente o inglês, e também os exercícios físicos, indispensáveis para a equitação, muito em voga na tradição familiar, sobretudo por parte de D. Carlota.

O infante D. Miguel, que se seguiu na ordem do nascimento, viu-se também alvo de uma criação esmerada. Sua ama-de-leite chamou-se D. Genoveva Margarida de Santa Ana Rocha, sendo auxiliada pela açafata do paço D. Francisca Joana do Padre Almeida Castelo Branco. Como embarcou muito criança para o Brasil (contava apenas 5 anos), a sua educação literária já não foi obra do Dr. Monteiro da Rocha, uma vez que este permaneceu em Portugal, em 1807, recusando-se a cruzar o oceano Atlântico. Substituiu-o o religioso arrábido padre

---

3   PEREIRA, 1946, p. 71 e ss.

mestre Severino de Santo Antônio, que acompanhou o infante nos rudimentos da leitura e cultura religiosa, já no Rio de Janeiro. A dama camarista sua acompanhante chamava-se D. Maria Eugênia de Sousa Coutinho, filha do marquês de Borba e de sua segunda mulher. O professor de inglês foi indicado pelo almirante britânico Sidney Smith, chefe da esquadra que comboiou a armada portuguesa no transporte da família real para a América portuguesa. Ao deixar definitivamente o Rio de Janeiro, no regresso com os pais a Lisboa, em 1821, continuou aí os seus estudos, mas agora sobre a superintendência do Dr. Francisco de Sousa Loureiro, lente da Faculdade de Medicina de Coimbra, físico-mor do reino e médico da real câmara. A arte de cavalgar atraía-o sobremaneira, como, de resto, aos irmãos, herdando, porventura, esse gosto da mãe. Pedro e Miguel exercitaram-se também na caça, a que se dedicavam com entusiasmo. Miguel, além disso, apreciava bastante as touradas, ao contrário do irmão. Na arte equestre conheceram ambos os melhores mestres do tempo, nisso se equiparando os dois irmãos.

A longa prole de Carlota e João contaria com mais duas meninas, D. Maria da Assunção e D. Ana de Jesus Maria, a primeira nascida em 1805 e a última em 1806. À saída da família para o Brasil contavam, pois, respectivamente, 2 e 1 ano. Ambas só iniciariam a sua formação humana e cultural do outro lado do Atlântico. D. Maria da Assunção apresentava uma compleição física débil e, por isso, foi, desde o berço, rodeada de múltiplos cuidados. A mais nova recolhera, desde sempre, a predileção e o carinho da mãe, vindo a tornar-se uma notável amazona, o que muito ufanava D. Carlota Joaquina. Os cuidados na escolha das amas e o acompanhamento do crescimento de ambas foram idênticos aos do resto da família real. Iniciaram-nas nas primeiras letras, na catequese e no estudo dos autores clássicos os mesmos mestres de seus irmãos mais velhos, no Rio de Janeiro. De novo em Lisboa, a partir de 1821, foi escolhido para seu mestre de estudos o padre José da Rocha, prepósito da Casa do Espírito Santo, da prestigiada e respeitadíssima Congregação do Oratório. Cabia-lhe educar as infantas nas letras e também nas virtudes, razão pela qual se deslocava regularmente ao palácio de Queluz. As mais jovens infantas, além dos clássicos, estudaram inglês, música, artes plásticas e equitação.

Entre 1793 e 1806 o casal régio gerara nove filhos, a um ritmo de cerca de um ano e meio por descendente.[4] D. Carlota, apesar de nada atraente fisicamente,

---

4   Mulheres, como as rainhas, que não amamentavam os filhos, "todos os anos do período fecundo costumavam engravidar", anota, muito argutamente, Antônio de Oliveira (2005, p. 114).

tornou-se numa mãe prolífica, embora só houvesse alcançado três varões, dos quais o primeiro não vingaria e os outros haveriam de protagonizar a guerra civil mais cruenta e duradoura que Portugal conheceu, liderando as duas facções, dos absolutistas e dos liberais, cujas sequelas permaneceram ao longo de Oitocentos. Na família, aliás, as clivagens haviam lançado raízes muito profundas, por vezes divergentes, e, certamente, os jovens irmãos Pedro e Miguel, que durante muitos anos se foram entendendo, ambicionavam para si o cetro real. Pedro apresentava-se como o herdeiro natural (e legítimo), mas o irmão espreitava as oportunidades e sabia esperar. Ambos observaram, desde a adolescência, as posturas divergentes do pai e da mãe, no plano político-diplomático, e por elas se deixaram ir contaminando. Quando as circunstâncias favorecessem a assumpção de vontades próprias e de ambições pessoais, o verniz entre ambos estalaria com fragor, como veio a suceder...

Desde logo uma questão, algo intrigante, se nos apresenta, ao olhar *Os Filhos de El-Rei D. João VI*.[5] Como entender que um casal, há muito desavindo, houvesse gerado tantos filhos? Esta questão remete-nos imediatamente para outra, aliás muito ventilada ao longo dos séculos: os filhos paridos por D. Carlota Joaquina terão sido todos gerados por seu marido? Não nos compete responder aqui a esta insinuante interrogação.[6] A biografia de D. João VI algo terá para acrescentar, mas não podemos escamoteá-la, pois, como veremos, os comportamentos humanos radicam em sentimentos, em sensibilidades, cujo alcance se transmite pelos tempos fora e que podem condicionar as atitudes individuais e coletivas dos responsáveis políticos. Para que o leitor não fique sem o fio de Ariadne na mão, acrescente-se, desde já, que o relacionamento entre D. João e D. Carlota entrou em rota de colisão logo em 1792, quando a doença mental, que atingira D. Maria I, impeliu o príncipe a assumir a direção dos negócios públicos. Ela, perante o novo cenário, viu-se catapultada – ou imaginou-o – a um papel de primeiro plano na política portuguesa. Os seus filhos tornar-se-iam os herdeiros da coroa e, portanto, ela revestia-se de uma legitimidade incontestável. O certo é que, desde

---

5   PEREIRA, 1946 (título da obra).

6   "Vários amantes se atribuíram à princesa D. Carlota Joaquina e diversos pais aos filhos que se sucediam. Fique aos devassadores de segredos fesceninos a apuração de tais coscuvilhices... Mas a fereza dos intrigantes sempre deixou inconspurcada a origem de alguns dos rebentos do casal e ninguém pôs jamais em dúvida a de D. Pedro [...]" (SOUSA, 1988, I, p. 32).

então, o casal real apresentava divergências de fundo perante o público.[7] O auge do diferendo manifestar-se-ia um pouco mais tarde, a saber, em 1799, e, de forma ainda mais pública e notória, em 1805-1806. Na primeira destas datas D. João tornar-se-á oficialmente príncipe regente e excluirá sua mulher do Conselho de Regência, sem lhe revelar as razões; em 1805-1806 revelar-se-ia ao público a "conspiração dos fidalgos" ou "conspiração de Mafra", que visaria entregar a regência a D. Carlota face à incapacidade do marido, atingido – pensava-se – por grave doença, que o inibiria de reger os negócios públicos.[8] A partir dessa atoarda, "a princeza começa a ter na corte um papel específico e importante que a conjuntura conjugal e política irá revelar como antagônico a D. João".[9] O certo é que, daí em diante, como referiu um contemporâneo, constatou-se "hum verdadeiro divórcio na família real [...] continuando a intriga e dezunião entre o príncipe e a princeza".[10] O que importará reter é que não foi em ambiente sereno, pacífico e cooperante que a régia prole foi medrando. E o futuro tornaria clara e inequívoca essa marca da discórdia familiar, forjada na adolescência dos infantes. Deixemo-los, por agora. Apesar de usufruírem do máximo conforto material, o ambiente em que foram crescendo não se apresentava como paradigmático à sociedade portuguesa. Acerquemo-nos mais de perto, a partir de agora, do trono, donde estes rebentos emanaram.

Os pais

Foi em ambiente conjugal (algo estranho) que emergiram os filhos de D. Carlota Joaquina[11] e de D. João VI, como já se constatou. Raramente, aliás, eram ideais as famílias dos monarcas. E a história recente dos Braganças bem o atestava, designadamente a partir do Magnânimo. As condições básicas para a

---

7   *Idem*, p. 18. "A harmonia conjugal, entre os dois reais consortes, havia cessado em 1793."

8   PEREIRA, 1999, p. 49 ss. A autora, cujo trabalho nos parece exemplar, relata, com muitos pormenores, toda essa intrincada teia de ambições, desaguisados e rivalidades mal contidas. Para aí remetemos o leitor. Um clássico da história do Brasil, a propósito de D. Carlota, explodiu: "Sua perfídia chegara ao ponto de querer em 1806 dar por demente o marido para assumir o poder com uma alcatéia de fidalgos cúpidos [...]" (LIMA, 1996, p. 23).

9   PEREIRA, 1999, p. 55.

10   *História do Alfeite*, anônima, citada por PEREIRA, 1999, p. 63, nota 81.

11   Era normal uma prole régia abundante. Sua mãe gerara 10 filhos.

sobrevivência e o crescimento poderiam até revelar-se excelentes e, certamente, o eram, como também já sugerimos. Aias, amas-de-leite, em número suficiente, para obstar a qualquer eventual falha, mestres de catequese, de cerimonial palaciano e religioso, de primeiras letras, de sensibilidade artística e musical, de exercício físico e de equitação, não faltavam e recrutados em alta estirpe. Contudo, o convívio, o acompanhamento e o carinho dos pais, esses, não abundavam, se é que chegavam a existir. O que se entende, aliás, se tivermos em conta a sensibilidade da época. Entre pais e filhos da nobreza cultivava-se a distância, como um elemento de educação e como forma de enrijecimento do caráter, como contou Montaigne acerca de si próprio. Contudo, a acrescentar a esses princípios gerais de distanciamento entre pais e filhos, acresciam algumas peculiaridades próprias deste matrimônio.

O enlace entre o infante D. João, segundo filho varão de D. Maria I, e a infanta D. Carlota Joaquina, transformou-se, desde o início, em questão de Estado, como normalmente sucedia nas monarquias ocidentais, sobretudo nas ibéricas, desde há vários séculos. Quase só contrato, pouco casamento. Nada, pois, de estranhar. Em maio de 1785, portanto ainda vivo D. Pedro III, a rainha foi à Vila Viçosa para, junto à fronteira, se encontrar com o rei de Espanha, Carlos III. O objetivo maior era contratar o casamento do infante D. João com a infanta D. Carlota Joaquina, neta do soberano espanhol, filha do príncipe das Astúrias, futuro Carlos IV. No mesmo encontro se combinava também o casamento de D. Mariana Vitória com o infante D. Gabriel Carlos, tio de Carlota. O marquês de Louriçal, por Portugal, e o conde de Flórida Blanca, por Espanha, na qualidade de embaixadores, prepararam tudo ao pormenor.[12] Esta criança, porque o era, sem dúvida, como veremos, e o jovem adolescente, um pouco mais velho do que ela, protagonizariam um enlace cuja função primordial, nesse momento, era reforçar o "contexto diplomático das relações luso-espanholas", uma vez que, no período mariano, se assistiu a "uma gradual aproximação entre as duas monarquias peninsulares". Os tratados de Santo Ildefonso, de 1 de outubro de 1777, que devolvia definitivamente a colônia de Sacramento à Espanha, embora com contrapartidas, e o do Pardo, de 11 de março do ano seguinte, tentavam fazer durar a "mais íntima

---

12 PEREIRA, 1938, p. 16.

16 Eugénio dos Santos

e indissolúvel união de amizade entre ambas as coroas".[13] Braganças e Bourbons ficariam, de ora em diante, ligados pelo sangue, pelos interesses e pelos jogos da diplomacia. Por parte de Espanha, aliás, presumia-se que esta união conduziria, um dia, à incorporação de Portugal nos seus domínios. E os vínculos de sangue transformavam-se, desde logo, em excelentes meios de ação, como o futuro mostrará, quer com a própria D. Carlota, quer com seu filho D. Pedro, que viria, um dia mais tarde, a transformar-se num "posible Rey de Espãna",[14] invertendo, pois, a expectativa de 1785.

Afinal, quem era esta menina, acolhida, desde criança, na corte de Portugal? Hoje conhece-se bem o seu percurso vital, pode desenhar-se o seu retrato, o seu pensamento e atuação política, a sua ambição e tenacidade na defesa dos seus ideais estratégicos, a controversa imagem que dela ficou pelos tempos fora e da qual, ao longo de Oitocentos, se usou e abusou.[15] Muitas interrogações, insinuações e dúvidas, contudo, subsistirão para sempre. As que se relacionam com a sua privacidade e com os seus comportamentos mais íntimos, essas ficarão sempre sem adequada (e fundamentada) resposta. Procuremos seguir-lhe os passos melhor documentados para a entendermos, de forma mais objetiva e desapaixonada.

Neta mais velha de Carlos III, nascera em 1775, quando o avô já contava 59 anos. Este mostrava grande gosto pela vida familiar e privada, pela caça, pela observação escrupulosa da etiqueta, empenhando-se quanto podia na manutenção das tradições. Homem austero e avesso à inovações, muito afeiçoado à neta, olhava, com desconfiança e algum desgosto, certas "novidades" aceitas na corte de seu filho Carlos IV, especialmente por parte de sua nora Maria Luísa de Nápoles, sobre a qual uma onda de poemas ridicularizantes e de sátiras correram, considerando-a uma mulher devassa e insaciável e, ainda por cima, velha e feia e que, apesar disso, conquistara um homem jovem e belo, como era Manuel de Godoy. Este manteve com a rainha um relacionamento escandaloso. O avô da menina Carlota era, ao contrário, um conservador, um castiço, avesso a estrangeirismos, homem sisudo e muito cioso dos hábitos, do poder, da etiqueta da corte. Ao contrário dos pais da princesa, cujo comportamento irritava uma parte significativa

---

13 PEREIRA, 2005, p. 19 e 20.

14 BRANCATO, 1999, p. 346 e ss.

15 Graças ao excelente trabalho de Sara Marques Pereira, já citado, e às duas obras recentes de Francisca L. Nogueira de Azevedo, uma de 2003 e a outra de 2007, incluídas na bibliografia.

da velha nobreza e mesmo do extrato popular e que seria, depois, sagazmente aproveitado pelos liberais e pelos burgueses para irem despromovendo a monarquia tradicional aos olhos do público. A infanta, vivendo na corte do avô até aos 10 anos, ter-se-á apercebido desta disparidade de concepções de vida e de mentalidades. Em que medida optaria, mais tarde, por uma ou por outra? Não sabemos nada de fonte segura. O que podemos é ir deixando hipóteses, pois a história não nos permite elaborar leituras psicanalíticas do passado, sobretudo quando o íntimo da personagem nunca se desnudou aos nossos olhos.

Recebeu uma educação cuidada em todas as matérias que um currículo nobre exigia e todos os contemporâneos, que se lhe referiram, constataram a sua agudeza de espírito e a sua aplicação aos estudos. As provas a que se foi submetendo revelaram-na capaz e arguta. Quanto ao seu aspecto físico, variavam as opiniões, uns considerando-a alta e bem feita de corpo, outros bem menos atraente, o que se aproximaria mais da realidade. O casamento teve lugar na capela da Ajuda, em junho de 1785, realizando-se, ao mesmo tempo, em sinal de regozijo, festas magníficas: cavalhadas, corridas de touros, teatros, luminárias e, evidentemente, ações de graças nas igrejas. A infanta, recorde-se, contava 10 anos de idade. O casamento fora ratificado, mas não consumado, dada a idade da nubente.

Cresceu na corte de D. Maria I, rodeada dos seus mais diretos educadores castelhanos, que com ela viajaram. Agregaram-se-lhes em Lisboa algumas senhoras lusas, que lhe prestariam os cuidados protocolares, como damas e camareiras. Não foi descurada a sua formação artística, tanto musical como pictórica, as artes de destreza física, como a dança, a equitação, nas quais se tornaria exímia. Os seus fâmulos foram-na introduzindo nos usos e costumes portugueses e na língua de Camões, que não dominava, procurando, ao mesmo tempo, mitigar-lhe as saudades provocadas pela ausência do avô, dos pais e de outros familiares. Desde cedo se manifestou o seu gênio irriquieto, o seu feitio travesso, que a impeliam a "portar-se mal" no seio da corte, uma vez ou outra. Apenas algumas pessoas sobre ela exerciam influência com autoridade, como o seu professor-confessor, o padre Filipe, ou a rainha. Esta substituia-lhe a mãe e, portanto, compreendia-a, brincava com ela, mas também a castigava. Desde que a acolheu na corte, transformou-se na sua amiga, companheira, talvez confidente. O próprio D. Pedro III se dispunha a jogar e a divertir-se com ela, desculpando-lhe as irrequietudes, vivezas e rebeldias decorrentes da tenra idade. D. Mariana, uma das irmãs solteiras

18 Eugénio dos Santos

da rainha (1736-1813), também a acarinhava muito, mas, ao que se sabe, não conseguia impor-se-lhe. Ela ia crescendo despreocupada e agindo como mais lhe agradava. Apesar de tudo, não há indícios de que lhe fossem aplicados castigos físicos. Todas estas circunstâncias favoráveis, certamente não a fariam esquecer da corte grandiosa em que nasceu, na qual cresceu principescamente rodeada de todo o conforto e à qual jamais voltaria. Talvez considerasse acanhada a portuguesa, muito menos grandiosa e protocolar do que a madrilenha. A sua rebeldia, em relação a algum protocolo rígido e exigente, ao menos em cerimônias abertas ao público, decorreria do seu temperamento, é certo, mas também da nostalgia da sua tenra infância. Começara uma educação cuidada sob as vistas de seu avô, cujos gostos e ocupações herdara, tornando-se uma exímia caçadora e amazona como ele, mas manifestara, desde o berço, insubmissão, irrequietude, vontade forte, garridice e exotismo, que a impeliam a vibrar com a música andaluza e a enfeitar-se com uma profusão de joias, que alguns consideravam até ridícula. A sua veia bourbônica nunca se esbateu nas suas práticas e ambições e marcá-la-ia toda a vida. Tenaz e seduzida pela condução dos negócios políticos, observou, desde muito nova, os meandros da intriga e do disfarce cortesãos e, a seu tempo, entrou neles sem hesitação. Antes da maternidade, primeiramente em Espanha e depois em Portugal, foi alvo de uma educação e de uma formação cuidada, tanto intelectual como comportamental, em boa parte já à sombra dos jardins do palácio de Queluz, mandado construir pelo consorte de D. Maria. Sara Marques Pereira entende, a nosso ver bem, que deveremos considerar que, na sua formação, "não houve descuido, antes empenhamento em dotá-la de uma educação 'moderna', ou seja, ilustrada".[16]

O seu recorte físico, salvo raras, mas suspeitas, afirmações em contrário, em nada a abonava. Os estereótipos tradicionais, vulgarizados pela literatura oitocentista, apresentam-na como muito baixa (não chegaria a 1,50 m), feia, exótica, pouco cuidada, autoritária e ríspida e, por isso, nada atraente. A Laura Junot se deve este quadro clássico que fez longo percurso na historiografia luso-brasileira. Dela escreveu a duquesa de Abrantes:

---

16 PEREIRA, 1999, p. 34.

> A Princesa, que eu vi pela primeira vez, tinha a indumentária mais estranha do mundo... Aquele vestido mal feito, sem forma precisa, cobria um corpo que também não tinha qualquer forma... A Princesa tinha os braços nus, e como eram horríveis, magros, achatados, ossudos e até mesmo peludos; deixo à vossa imaginação o lindo espetáculo que tudo aquilo era.[17]

O embaixador de França, marquês de Bombelles, furioso com o casamento peninsular, que contrariava a estratégia diplomática francesa, deixou dela um quadro deplorável. Iria o infante D. João ter filhos dela? Escrevia ele que era necessário ter fé, esperança e caridade para consumar tão ridículo enlace. E concretizava o seu horror por tal criatura: "fé, para acreditar que Dona Carlota é uma mulher; esperança, para se gabar de ter filhos dela; caridade, para ter coragem de lhos fazer".[18] O contraste não pode ser maior com o quadro esboçado pelo marquês de Louriçal, que, como referimos, a considerava "alta, muito bem feita de corpo, todas as feições são perfeitas [...]".[19] Neste aspecto a infanta Carlota Joaquina tornou-se alvo de apreciações contraditórias.[20] embora, na esmagadora maioria, o futuro a carregasse de tons negros e pessimistas, que persistiram ao longo dos séculos.[21] Desde cedo, as paixões se exacerbaram à sua volta, sem dúvida. Ela nunca foi pessoa dócil e recatada. Pelo contrário, a "garridice e insubmissão" caracterizaram o seu temperamento. Porém, esses traços do seu caráter não devem atribuir-se a uma educação deficiente, uma vez que a dela se deve considerar "cuidada e moderna que a esperteza, a vivacidade e a prodigiosa memória que possuía souberam ampliar".[22] Se fosse

---

17 Duquesa de Abrantes, *Recordações de uma estada em Portugal 1805-1806*. Biblioteca Nacional de Portugal. Lisboa, 2008, p. 97. A autora descrevia a sua ida ao palácio de Queluz, o espetáculo nada lisonjeiro que aí se desfrutava, bem como a falta de gosto e de higiene que era timbre das damas portuguesas.

18 Tradução livre. PEREIRA, 1999, p. 29.

19 Decididamente os embaixadores mentem, sem qualquer escrúpulo. Cf. *idem*, p. 26.

20 Como é o caso de Bombelles e de W. Beckford, por exemplo.

21 Lembremos autores como Oliveira Martins, Alberto Pimentel, Raul Brandão, entre tantos outros. A historiografia liberal era-lhe profundamente hostil, por causa da sua recusa do constitucionalismo e sua proximidade com D. Miguel.

22 PEREIRA, 1999, p. 33.

necessário afirmá-lo, além das provas a que se submeteu na corte, bastaria folhear o catálogo da sua livraria particular, de 1831, conservado na biblioteca do palácio da Ajuda. Interessada pelos escritos políticos, deixava-se atrair particularmente pelas teorias dos conservadores, dos antirrevolucionários, que preferia. É tempo, pois, de afastar de vez e de "forma inequívoca, a imagem de incultura por vezes atribuída a D. Carlota Joaquina".[23] Como bem demonstra Francisca Azevedo, não há qualquer suporte documental para a divulgação dessa imagem de menosprezo pela mulher de D. João VI, que ainda se perpetua em alguns escritos. Na farta documentação que sobre ela existe (há 145 cartas de e para Carlota),

> pode-se acompanhar e ter a dimensão do drama da vida pessoal e pública de uma mulher do séc. XIX, com uma existência marcada simultaneamente pela paixão, fraqueza, implacabilidade e que ousou enfrentar o mundo dos homens, transgredir as normas sociais de seu tempo. Uma mulher com desejos, vigor e ambição para viver de forma radical aquilo que queria e em que acreditava... É necessário transportar-se ao séc. XIX, conhecer a sociedade da corte, para poder compreender a tragédia dessa personagem, que não é muito diferente de outras mulheres daquele mundo, silenciadas, condenadas ou esquecidas pela História [...] (O) seu temperamento independente, sua personalidade autoritária, sua negação à submissão foram seus maiores obstáculos para vencer no mundo dos homens [...], interlocutora brilhante tem caráter, firmeza de ideias.[24]

Eis, em traços muito largos, apresentada aos leitores a mãe de D. Pedro.

E o pai? Como se comportaria esse jovem, aos 18 anos, bastante mais velho para essas idades, perante uma criança irrequieta e birrenta, que, pela mão da rainha, lhe entrava em casa e que já era sua esposa *de jure*? Ao que se sabe, como se fosse um irmão mais crescido, ao qual, contudo, ela não levava muito a sério. Se ele a repreendia, ela fingia não ouvir e não mudava de procedimento, desautorizando-o frequentemente. A sua teimosia, de que dava provas constantes, acabava,

---

23   *Idem*, p. 35.

24   AZEVEDO, 2003, capa e contracapa.

mesmo perante ele, por se ir impondo. E, desse modo, o respeito mútuo dos jovens cônjuges começou a diluir-se desde muito cedo.

O infante D. João, filho segundo de D. Maria I e de seu tio D. Pedro III, nascera a 13 de maio de 1767, no paço velho da Ajuda, sendo seis anos mais novo do que o então príncipe herdeiro D. José e mais velho apenas um ano do que sua irmã D. Mariana Vitória. Os pais eram consanguíneos muito próximos, sobrinha e tio, ela contando apenas metade da idade de seu marido, 26 e 42 anos, respectivamente, na data do casamento. Este monarca, marido da rainha, pacífico, taciturno, algo pessimista, profundamente religioso, vivia muito para a intimidade da família e apreciava sobremaneira a boa mesa. Faleceria aos 68 anos, de um acidente vascular, sem que se lhe conheça uma ação política, ou governativa, de relevo. Uma das suas grandes paixões era retirar-se para a vida pacata do palácio de Queluz, cuja edificação ficaria como uma das obras emblemáticas da sua iniciativa. O essencial da sua existência ficou na sombra da ação dos monarcas a cuja família pertencia. Pedro Calmon traçou-lhe o perfil em três adjetivos: "manso, lerdo e suave".[25] Aparentemente o cenário que esperava seu filho João era idêntico, dadas as semelhanças entre ambos. Contudo, a educação que a este fora proporcionada era da melhor qualidade. Basta recordar que recebeu lições de matemática do sábio italiano Dr. Miguel Franzini e de filosofia, teologia e humanidades do cultíssimo sacerdote D. Frei Manuel do Cenáculo Vilas Boas. A constituição fisiológica do infante não se afastava muito da dos pais: propenso à melancolia, desconfiado, sorvedor da culinária tradicional, bem-nutrido (o prato à base de galinha ficou-lhe cravado na imagem pública). Carregava algumas taras familiares, herdadas dos pais. Embora inteligente e lúcido no discernimento, como a mãe, hesitava em excesso, mostrava-se indeciso e roído de escrúpulos, o que o tornava um indivíduo extremamente desconfiado, até de familiares mais próximos. Por isso se refugiava longamente no isolamento de Mafra ou noutros lugares silenciosos, rodeado de religiosos, ouvindo música sacra, assistindo a missas, lendo, meditando, orando.[26] Era, em quase tudo, a verdadeira antíte-

---

25 CALMON, 1933, p. 9.

26 Dispensamo-nos de mais funda análise desta figura-chave da transição do absolutismo para o liberalismo por uma outra biografia desta coleção lhe ter sido dedicada. Octávio Tarquínio de Sousa assim o retrata: "homem feio, gorducho, tímido e triste" (*A Vida de D. Pedro I*, 1988, I, p. 28).

se da esposa. O casal consumara o matrimônio apenas em 1790, a 5 de abril, cinco anos após o enlace aos olhos do público. D. Carlota contava 15 anos e D. João 23, sem que haja notícia de lua-de-mel. O mútuo enlace preexistente dispensara-a e em nada terá contribuído para o bom relacionamento futuro e para a tolerância mútua do jovem casal.[27] Abrira-se, finalmente, a porta para o sexo entre ambos. Em 1793 nasceria a primeira filha e, logo em 1795, o primeiro varão, seguido de outra menina e outro varão. A função (e obrigação) do régio casal proporcionar numerosa descendência ia-se cumprindo. Nesse aspecto, nada de extraordinário a registar ao nível palaciano. Carlota Joaquina sabia que sua mãe gerara 10 filhos e, portanto, habituara-se a perceber que uma mulher como ela deveria ser fecunda, pois a morte rondava os tronos ibéricos. Desapareciam do mundo dos vivos muitas crianças, mas também adolescentes e até adultos, que era urgente ir substituindo. E prevenindo situações inesperadas, como sucedera com seu cunhado D. José, o herdeiro direto e sem descendência, que a morte levara em 1788, um pouco depois do sogro e de seu próprio avô D. Carlos III. A partir dessa data ela percebera que a sua legitimidade na corte se firmara em definitivo: ela geraria o futuro soberano. Coincidência ou não, o certo é que a sua primeira gravidez ocorreu no ano de 1792, aquele em que D. Maria ostentou públicos sinais de demência e em que seu marido assumiu a regência efetiva. Essa fatalidade transformaria seu marido em rei, embora a prazo. Mudara para ela quase radicalmente o cenário inicial, à chegada à corte portuguesa, que a apontava apenas como a esposa de um infante. Não. Agora a regência e, depois, o cetro também lhe cabiam

---

A propósito da chegada da Corte portuguesa ao Brasil em 1808, muito se tem escrito neste duplo centenário. Jornais, revistas, televisões e rádios referiram-se, com ênfase e demoradamente, a D. João como figura chave das grandes decisões de então. E ele tem saído reabilitado e prestigiado, tornando-se querido do povo brasileiro, que vê nele o verdadeiro fundador da sua nacionalidade.

Além da reedição de obras clássicas, sugerem-se os estudos de O'Neil (2007), de Light (2007), de Gomes (2007), de Oliveira-Ricupero (2007), de Pedreira-Costa (2006), de Arruda (2008), citados na bibliografia.

O Museu Histórico Nacional (Rio de Janeiro) organizou uma excelente exposição, dirigida por Vera Tostes, cujo tema foi: *Um Novo Mundo. Um Novo Império, 1808-1822*, da qual se publicou um magnífico catálogo (2008), incluindo textos de reputados especialistas dos dois países.

27 "Como se portou o casal expectante? Desinteresse completo? É difícil de acreditar [...] De qualquer maneira, nada menos propício a uma união feliz e sadia do que seu matrimônio em expectativa [...]" (SOUSA, 1988, I, p. 28).

de direito e, portanto, ela deveria cumprir todas as funções inerentes à sua condição, incluindo as maternidades sucessivas. E, sagazmente, ela abarcaria o vasto espaço que as circunstâncias lhe ofereciam inesperadamente, tanto na Europa, como, depois, na América.

D. João, investido nas novas responsabilidades políticas, assumiu um comportamento que ela considerou injustificado, gratuito e vexatório: excluiu-a do Conselho de Regência, sem lho justificar. Embora só contasse 17 anos, as suas convicções políticas e opiniões mereciam ser ouvidas e ponderadas. Temperamento forte e corajoso, reagiu. O regente, apesar disso, persistiu. Começava uma disputa dramática no interior dessa família, que ainda esperava o primeiro rebento. E nunca mais seria sanado, lançando a cizânia e o veneno no coração dos filhos, mesmo ainda antes do seu nascimento. E, apesar de todas as pessoas e meios envolvidos no seu crescimento e educação, a mágoa de constatarem pais desavindos marcou-os para toda a vida. É que o tempo fora avivando as arestas entre o casal regente. Filhos foram sempre nascendo, mas a guerrilha interna nunca abrandaria, tanto em Portugal, como no Brasil. Nem mesmo a morte de D. João esbateu as divergências viscerais entre ambos. Tratava-se de pessoas irredutivelmente diversas.

O casamento entre Carlota e João, por muito boas intenções que norteassem todos os familiares envolvidos, apresentara-se, desde o contrato oficial, como uma espécie de união à força, sem paixão, sem atração física, sem amor. Culpa de quem? De ambos? De nenhum? Talvez. A natureza os afastaria desde o berço. Este português e esta espanhola quase nada apresentavam em comum. De Espanha poderia vir bom casamento? Neste caso, nunca. Uma das poucas características comuns era a dissimulação, o disfarce camuflado, de ambos. Inteligentes e argutos eram-no, sem dúvida. Mas de interesse, de sensibilidades e de modos de agir antagônicos. Não poderia haver, pois, harmonia, cooperação, entendimento. A rivalidade e a intriga dominavam. D. João carecia de atributos de sedução e era destituído de "charme". Ela, como mulher, encontrava-se nos antípodas dos atributos femininos da atração, não despertando o desejo e, muito menos, a função sexual. O biógrafo brasileiro do filho de ambos retrata-os assim, a começar por D. João: "Nada de beleza viril, coragem, decisão, ousadia, capacidade de mando. O Bragança [...] era desajeitado, grosso, balofo, barrigudo, moleirão, sem hábito de asseio para não dizer sujo, descuidado no vestuário, e medroso, acanhado, perplexo, sonso, apurando em manha o que lhe minguava em autoridade, disfarçando em paciência a congênita irresolução." Para cúmulo, qualifica-o como glutão, preguiçoso, comodista e possivelmente até anormal, no plano sexual. Carlota

> era quase horrenda, ossuda [...], com olhos miúdos, uma pele grossa que as marcas de bexiga ainda faziam mais áspera, um nariz avermelhado. E pequena, por um triz anã, claudicante. Nesse corpo mirrado uma alma ardente, ambiciosa, inquieta, sulcada de paixões, uma natureza exigente, com os impulsos do sexo alvoroçados, isenta de escrúpulos [...], tenaz, ávida de mando, corajosa, capaz de arrostar a adversidade. Opondo-se ao feitio neutro do marido, era parcial, facciosa [...] Coincidia com o de D. João o seu pendor pela música. Mas pela música alegre e, sobretudo, pela dança.

E remata assim: "O Bragança era pacato, quieto, indolente, intediado, bocejante e dorminhoco; ela necessitava de movimento, de vida ativa, de fuga, de evasão, como quando galopava sozinha horas seguidas, masculinamente montada."[28]

Tendo isto em conta, compreender-se-á tanta dureza, tanta raiva, por vezes, entre o casal ao longo dos anos. Evitando ser longo, e apesar de múltiplas explicações, tanto de contemporâneos como dos autores posteriores, e mesmo tendo em conta os dois temperamentos inconciliáveis, parece-nos que um autor brasileiro intuiu espetacularmente o que verdadeiramente faltou a este casal, que a diplomacia arbitrariamente constituiu. Pedro Calmon, analisando os defeitos e as virtudes de Carlota Joaquina e aproximando-a do marido com quem ritualmente fora casada, embora o que se pretendera fosse selar uma aliança política, independentemente da sensibilidade dos noivos, com espantosa argúcia disparou: "D. João foi o rei que nunca amou."[29] De D. Carlota, sem

---

28 SOUSA, 1988, I, p. 29-30.

29 CALMON, 1933, p. 9. Ocorre perguntar: poderia ter sido de outro modo? Para além do seu temperamento ensimesmado e desconfiado, o que é que o aproximava da mulher? E ela, dele? Calmon retratou-o como "meio frade cantor, meio philosopho, a esburgar ossos de frango pelos immensos corredores de Mafra. Era feio, lento de movimentos, ventrudo, prognata, misogyno, incapaz de vontade constante, piedoso e glutão. Não lhe faltava, porém, discernimento. Tinha prompta e lúcida a intelligencia, inculta, maliciosa, apurada [...] Não nascêra para rei, siquer para marido,

atrativos físicos, soube ele perceber que o que sempre a moveu foi uma "missão política, que constituiu a finalidade obsedante da sua vida"...[30] Tendo isso em conta se perceberá o que é que a chocava na exclusão do Conselho de Regência. Jamais o poderia admitir.

Foi deste tronco que emergiu Pedro de Alcântara...

---

nem para chefe, mesmo de sua casa. Ela era baixa, sardenta, ossuda, claudicava de uma perna, esborrachava cravos no rosto, ria com todos os máos dentes, vestia bizarramente, sentia, pensava, agia em descompasso, com pellos à volta da bocca. Della se diria [...] foi o homem da familia [...] Era instruida, como devia ser uma infanta destinada a reinar [...] Nenhuma mulher em torno della, em Lisbôa e no Rio de Janeiro, lhe disputou a primazia na conversação [...]" (*idem*, p. 9-11).

30 *Idem*, p. 11.

Capítulo 2
Infância e crescimento

Os verdes anos

Escasseiam informações precisas sobre parte da infância e da adolescência de D. Pedro. Ele próprio, mais tarde, ao relembrar o seu percurso vital, conferiu pouca importância ao período anterior a 1807. Recordava a sua ligação visceral ao Brasil, "país em que me criei", e repetia dois meses depois, "em que fui criado e educado".[1] Ao afirmar e repisar essa tônica pouco antes de falecer, evocando as saudades do filho querido e da terra amada, pressentindo que jamais os veria, e, portanto, procedendo a uma espécie de balanço de vida, deixou claro que valorizou muito pouco o que aprendera e levara consigo, aos 9 anos, para solo americano. E a verdade é que pouco conseguimos apurar sobre a sua infância, como se ela tivesse decorrido com tal normalidade que não valeria a pena recordar.

Ninguém ousou duvidar dos progenitores de Pedro, nascido, como se referiu, a 12 de outubro de 1798, no palácio de Queluz. "O sangue, os nervos, o coração, o espírito, o hábito de vida, em suma, que lhe conformavam a personalidade, tinham lídima procedência. Filho de Carlota Joaquina, também o era indubitavelmente de D. João."[2] Herança inquestionável do casal regente, já conhecemos os nomes das figuras que lhe tutelaram os verdes anos. D. Mafalda Josefa dera-lhe o peito, o que valeu ao marido, Amâncio de Lima, a honra de

---

1 Cartas ao filho, D. Pedro II, de Janeiro e de março de 1833. A.M.I. (Petrópolis).

2 SOUSA, I, p. 33. Calmon, ao refletir sobre a herança genética, sentencia: "Nelle, os defeitos e as virtudes dos paes se combinaram de extranha maneira. O genio, arrebatado e alegre, elle herdou da mãe: o pae transmitiu-lhe a clara ponderação [...] Cresceu com a dupla solicitação, do temperamento estourado de Carlota Joaquina e do senso burguez do principe regente, pessimo educador dos filhos, um dos quais lhe mutilou a monarchia, o outro quasi lhe usurpou o trono" (*O Rei Cavalleiro*, 1933, p. 14).

ter acompanhado a família real para o Rio de Janeiro, em 1807. Para sua aia e de todos os irmãos foi escolhida D. Mariana Xavier Botelho, marquesa de São Miguel. Sobre estas duas senhoras, que carinhosamente o acompanharam nos primeiros anos de vida, quase nada se sabe, a não ser que delas não ficaram queixas, o que é sinal de desempenho a contento. O menino ia crescendo rechonchudo, saudável e irrequieto. Recebera o baptismo no próprio palácio, cuja sala do trono fora transformada em capela para a cerimônia. Mais crescido, já brincava nos jardins, onde sua mãe, ainda menina, também se divertira e crescera, ao menos em idade, que muito pouco em estatura. O ambiente palaciano apresentava-se agora menos divertido do que nos tempos em que a rainha, sua avó, também por ele deambulava, descansando, juntando a família, abrigando-se do sol quente durante o verão, recebendo convidados e embaixadores. A sua doença agravara-se a partir de 1789 e, desde o ano seguinte, a loucura transformava-a num ser algo distante, estranho, quase medonho para as crianças, por causa dos seus gestos e esgares, dos gritos e gemidos, do seu aspecto descuidado, com roupas e cabelos em desalinho, sempre seguida de perto por médicos. Quase metia medo e as crianças observavam-na só de longe. Não as deixavam aproximar-se, falar-lhe, ouvi-la. Se o pai e a mãe não assistiam, com carinho e atenção, aos filhos e, portanto, a família falhava no aconchego, na intimidade e cumplicidade partilhadas no seu interior, esta era mais uma frustração para os infantes. A avó transformara-se numa espécie de fantasma. Isso mais vivos e atentos os tornara quanto ao que sucedia à sua volta. Talvez até já percebessem que a administração pública se desorganizara e que a autoridade do Estado assentava numa só pessoa: o intendente-geral da polícia. Ele agia disfarçadamente, tudo vigiava e ia controlando. Criara-se um clima de suspeição, de delação, de insegurança, fazendo lembrar os velhos processos inquisitoriais. E a sociedade portuguesa desconfiava, de alto a baixo, desde o trono até ao criado mais humilde. Os nobres estavam divididos, uns inclinando-se para uma aliança cada vez mais forte com Inglaterra, outros deixando-se seduzir pelas figuras cimeiras da política francesa. Os intelectuais sorviam as teorias dos enciclopedistas e delas se faziam eco nas lojas maçónicas e nos círculos privados, os frades liam, discutiam e escreviam sobre tolerância, direitos civis, sobre liberdade, e até os militares se deixavam seduzir pelas doutrinas envenenadas e pelos ventos revolucionários, que sopravam d'além-Pireneus. O clero, desorientado, inculto, dividido e despromovido aos olhos do público, sem sacerdotes prestigiados e geradores de consensos, não conseguia guiar o rebanho em direção aos verdes prados. E Napoleão avançava em todas as frentes, intimidando os monarcas, desfazendo as alianças, exigindo o cumprimento de suas vontades, traçando planos para todos os europeus.

Neste quadro cinzento crescia o nosso infante, um pouco desordenadamente, livre de eventuais constrangimentos de uma educação rígida e castradora.[3] As suas aptidões naturais, os seus dons de natureza, manter-se-iam intactos, garantindo-lhe aquela originalidade que marca algumas criaturas para as quais a glória, o amor mais delirante e abrasador, a paixão e a honra, a desgraça, a saudade e a coragem se mesclam num novelo indestrinçável. Se alguns teóricos da educação dos finais de Setecentos reclamam que um ambiente demasiado complacente, emoliente e permissivo pudesse desvirilizar os jovens destinados a altas funções sociais ou políticas e, portanto, o desaconselhavam para os príncipes, então, a desventura familiar de D. Pedro criança enriqueceu-lhe o "rude vigor nativo", mesmo podendo transformá-lo num malcriado, como a si próprio e a seu irmão Miguel considerou, em 1827.[4] Calmon viu-o assim nesta fase da vida, desordenada e quase verde:

> Corado, com o sangue a rebentar nas faces boleadas, muito crescido para a idade, o farto cabelo ruivo encaracolando sobre a testa, levemente deprimida nas fontes, os labios grossos do pae, os olhos vivos da mãe, um robusto braço plebeu [...], desabrochou como uma carnuda e pura flor de raça.[5]

Não teria receio do que lhe reservasse o futuro. O seu destino rasgá-lo-ia ele próprio, como se fosse um príncipe da Renascença, a golpes de audácia,

---

3 "D. Pedro, o jovem principe da Beira, crescia rustico e forte como um camponez. Não tinha tempo de ouvir ao pae, menos de distrahi-lo: era uma ave que queria ar, natureza, liberdade" CALMON, 1933, p. 20.

4 "Eu e o mano Miguel havemos de ser os últimos malcriados da família", disse ao visconde de Barbacena (SOUSA, 1988, I, p. 35, nota 8). Esta autocrítica visava garantir que seu filho Pedro, o futuro Pedro II do Brasil, haveria de ser, como foi, de fato, pessoa de finíssima educação e maneiras irreprimíveis.

5 *Ibidem*, p. 15-16.

de inteligência, de coragem. O pai, de quem sempre se aproximou, olhava-o complacentemente, orgulhoso e esperançado. Nele continuava a pulsar o sangue cálido dos antepassados, rejuvenescendo o trono. Da mãe parece nunca se ter abeirado, com confiança e abandono. As relações mútuas manifestaram respeito, reconhecimento filial, mas também bastante distância, para não dizer frieza. Entre os dois irmãos, desde cedo, a clivagem se foi acentuando. Pedro inclinava-se pelo pai, Miguel preferia a mãe. Até nos filhos varões as divergências políticas ecoavam, repercutindo-se na forma como o casal os acompanhava. D. Carlota influía sobre o filho predileto, "enquanto o primogenito, negligenciado na sua nativa turbulência, [se] desvanecia em liberdade e espírito jovial, varonil e independente. Uma antithese, as duas reaes crianças, que o destino algum dia transformou em inimigos mortaes".[6] As marcas desses tempos repercutir-se-ão pelos tempos a fora, como frequentemente sucede. Não pode ter deixado de o impressionar, à medida que a sua observação e a sua inteligência se tornaram mais perspicazes, o espetáculo macabro de sua avó louca e de seu pai hesitante, desconfiado, quase humilhado, como homem e como marido, rodeado de fidalgos ambiciosos e maliciosos, que sabiam das maquinações de D. Carlota e do seu desdém pelo modo de governar do marido. Pedro estava ali para vingar a virilidade dos Braganças. Haveria de ser chefe resoluto, pai indiscutível e ostensivo, autoritário, se fosse mister afirmá-lo em público. Alguns sinais neurofisiológicos apontavam já para a sua compleição de homem: relativamente frágil, epilético, alternando euforias com prostrações frequentes. Pessoa de excessos, de águas agitadas, sem dúvida, vivendo intensamente um cotidiano repartido entre o desejável, o prescrito e o marginal, o proibido, o pecaminoso. Sempre assim foi. Dialogava facilmente com a arraia miúda, a criadagem, com quem se misturava no palácio de Queluz, desde os tenros anos, pois aia e aio tinham mais sete crianças a seu cargo e as mais novas absorviam-lhes as atenções. O menino Pedro foi deixado mais em liberdade, fugindo à etiqueta, às convenções e práticas dos nobres, que lhe espartilhariam a irrequietude e a liberdade criativa. Queluz ficar-lhe-ia na lembrança como um lugar de serenidade, de jardins verdes e formosos, de elegantes cedros e canteiros de luxo, de mármores, de sacadas, de arcos, de salões

---

6   *Idem*, p. 16.

para festas, com música e fidalguia. Um lugar onde deu largas à sua agilidade, à sua velocidade de atleta, onde se escondeu e onde as suas traquinices de infância se gravariam na memória. Dele partirá um dia, em fuga, e a ele voltará, já depois dos 30, nostálgico. Mas agora..., para morrer.

A educação

Em Portugal

Não foi descuidada a formação intelectual e humana do infante, nem protelada no tempo. Começou até cedo. Seu irmão mais velho D. Antônio falecera em 1801 e, portanto, a sucessão seria sua de direito. Uma preparação cuidada e precavida exigia-se-lhe desde a infância. A grande dúvida consistia em encontrar a pessoa certa para a orientar. Consultadas entidades insuspeitas e de gabarito indiscutível, a escolha veio a recair no Dr. José Monteiro da Rocha, que, aliás, já se ocupava também de sua irmã mais velha, a infanta D. Maria Teresa.[7] O certo é que D. Pedro ainda não contava 6 anos de idade e já ficava a cargo de um mestre de letras, para que o despertasse e sensibilizasse para a cultura do espírito, fundamental à ação de qualquer governante. Começava, pois, muito cedo essa formação do príncipe, acerca da qual muito se tem escrito e discutido, afirmando uns que a ignorância e a incultura o marcaram para a vida inteira, enquanto outros, parece que com bons argumentos, pensam que lhe foram proporcionadas as melhores condições e meios, a que ele não foi insensível. Se não aproveitou tanto quanto deveria, é certo, isso radicou no seu espírito prático, instrumental, nada propenso a doutrinas e a teorias. O semeador lançou as sementes, embora a terra não as tivesse conseguido fertilizar. Parece, contudo, que se continua a exagerar sobre a incultura do infante, na exata medida, como veremos, em que ele insistiu e supervisionou uma cuidadosa preparação intelectual para seu filho Pedro II. Os tempos, que eram outros, exigiam mudanças radicais do perfil de formação dos governantes e ele percebeu-as. Se fosse tão débil a sua formação intelectual, como pretendem alguns, dificilmente compreenderíamos que ele tenha sido

---

7   PEREIRA, 1946, p. 69.

também jornalista e discutisse, com profundidade e acerto, tantos problemas intrincados perante o público.[8]

Voltemos ao Dr. José Monteiro da Rocha e a quem o aconselhou como mestre idôneo e competente. Essa honra e distinção deveu-se, primordialmente, à ação e proteção e, portanto, à amizade de D. Francisco de Lemos, o famoso reitor-reformador da Universidade de Coimbra, desde 1772. Quando este readquiriu força e prestígio no Paço, tornando-se conselheiro do Regente D. João, sendo consultado sobre a escolha do mestre que deveria ser selecionado para dirigir a educação dos infantes, já nascidos, escolheu o nome do seu amigo José Monteiro da Rocha. Conheciam-se eles e estimavam-se há muito e uniam-nos alguns laços de proximidade: ambos eram clérigos, passaram pelo Brasil, de onde procedia D. Francisco, aderiram ao reformismo pombalino, colaborando ativamente na redação dos Estatutos Novos da Universidade, prezavam as ciências naturais e as exatas, com destaque para a matemática e para a astronomia, combatiam a tradicional orientação escolástica do ensino em Portugal. Rocha cursara Cânones, mas seguira igualmente Filosofia Natural, nas quais se graduara. Foi nesta última que se tornou famoso, vindo a fundar o primeiro Observatório Astronômico (em Coimbra) e a tornar-se um "insígne matemático", como o classificariam mais tarde os seus pares, já após a sua morte, ocorrida em 1819. Monteiro da Rocha viria a tornar-se num dos três primeiros professores titulares de matemática da Universidade de Coimbra, cujos Estatutos redigira no referente a essa área do saber e às ciências naturais. Teólogo, filósofo, homem de ciência prática, pregador e pedagogo, dirigira a Academia coimbrã, como vice-reitor, por muitos anos, após o seu regresso a Portugal na sequência da expulsão dos jesuítas em 1759, a cujo grêmio pertencera e onde seguira cursos de astronomia dos seus maiores mestres, como Inácio Monteiro, Manuel Mendes ou Tomás Campos. Após uma passagem pela Congregação do Oratório do Porto, em 1766, formara-se em Coimbra e em 1771 fora recomendado a Pombal por D. Francisco de Lemos. Tornar-se-iam amigos para sempre. E, desde 1799, o bispo-reformador o aconselhava a D. João como a figura de maior prestígio intelectual para se responsabilizar pela educação dos infantes, como demonstram as cartas trocadas entre ambos, sobretudo a partir de junho de 1801, quando D. Pedro ainda nem contava três anos. O seu

---

8   Viana, 1967.

elogio e indigitação deveu-se também ao ilustríssimo professor da Universidade de Coimbra Domingos Vandelli, reconhecido naturalista e homem de larga visão prospectiva.[9] Ele apontava Monteiro da Rocha não apenas pelo seu valor científico, mas pelo seu sentido da honra, do desinteresse, da moderação e pela enorme experiência demonstrada no conhecimento e condução de homens. Um verdadeiro pedagogo. Vandelli, ao indicá-lo, imaginava as críticas que logo fariam da sua opção e, para não ter de ripostar mais tarde, adiantou e respondeu logo aos prováveis argumentos dos críticos: é certo que ele já é pessoa de idade, quase velho (rondava os 70 anos) e, ainda por cima, pertenceu à extinta Companhia de Jesus. Quanto ao primeiro ponto, ripostava o italiano, com razão, aliás, que se o príncipe fosse bem instruído e educado não precisaria de "hábeis ministros" para o acompanharem e aconselharem durante o seu governo. Bastaria instruí-lo adequadamente e retirar-se. Em relação ao segundo aspecto, a argumentação apresentou-se taxativa. Monteiro da Rocha, tornou-se um ex-jesuíta, é verdade, embora não professo. Porém, foi escolhido pelo marquês de Pombal para lente da universidade, quando da reforma de 1772. Ora, se o mais figadal inimigo da Companhia o escolheu é porque lhe reconheceu idoneidade, isenção, saber, prudência e, portanto, muito longe dos "péssimos princípios daquela". Dentro do grêmio jesuítico nem todos foram iguais. Muitos se afastaram dos nefastos princípios, que, como instituição, a informavam. A expulsão de Portugal já ocorrera em 1759, portanto há 45 anos. Nessa data Monteiro da Rocha era muito jovem, contava apenas 25 anos, e, portanto, a partir de então, tivera tempo suficiente para se ir adaptando às novas correntes de pensamento e de pedagogia que as Luzes estariam a difundir. Argumentos fortes, que colheram os frutos desejados. O Dr. José Monteiro da Rocha, a partir de 18 de junho de 1804, tornou-se mestre e professor de letras, humanidades e ciências de D. Pedro, recebendo o correspondente salário pela real ucharia.

Curioso será desde já informar o leitor de que este mestre, natural de Marco de Canaveses, fruto da pedagogia dos Inacianos, estivera na Bahia, quando jovem, lá se revelara matemático e astrônomo e se tornara responsável pela educação

---

9   "He tempo para nomear-se Mestre para o Principe da Beira. A idade de S. A. R. he a mais propria de hum Mestre para o ir educando e dispondo-o [...] a formar-se hum grande virtuoso Principe. Para este emprego he necessaria pessoa [...] dotada de honra, prudencia, desinteresse [...] e principalmente do conhecimento dos Homens. Eu não conheço outro igual ao Dr. Monteiro da Rocha [...]."

dos filhos do governador,[10] sinal do seu público mérito. Salvador tornara-se um centro importante de cultura, com ricas e apetrechadas bibliotecas, sem dúvida as melhores do Brasil, e onde, após a expulsão dos discípulos de Santo Inácio de Loyola, circulavam as novas correntes de filosofia, de pedagogia, de ciências naturais, com destaque para a geologia e a botânica, as ciências da saúde, a matemática, a engenharia (sobretudo militar), o direito, a higiene, como o demonstraram muitos estudos clássicos (Fernando Azevedo, Wilson Martins, Kátia Matoso) e outros bem mais recentes.[11] Cruzavam-se, desde a meninice do príncipe, alusões, informações e juízos acerca da terra que ele conheceria pessoalmente mais tarde e onde deixaria marcas fortes. O seu mestre terá sido, porventura, o primeiro a despertar nele a curiosidade pelo exótico, a alertá-lo para as gentes e para o cotidiano desse distante domínio português. Monteiro da Rocha, de idade proveta para o tempo, assumira a liderança da formação intelectual do seu real discípulo cheio de títulos: matemático, diretor do observatório astronômico, antigo vice-reitor da universidade, autor e tradutor de obras da sua especialidade, que o obrigavam a atualizar-se em conteúdos e métodos, famoso pregador, cônego como já se referiu. Enfim, um extenso rol de predicados que o credenciavam como um mestre de currículo e de responsabilidades adequadas ao barro que pretendia moldar. Quais as sementes lançadas no espírito da régia criança e que bagagem de conhecimentos lhe ficou desse tempo (cerca de três anos), i. e., dos quase 6 aos 9? Ninguém soube nunca esclarecer, sequer vislumbrar. Contudo, o que parece seguro é que, entre o mestre e o discípulo, se estabeleceu um forte elo de amizade, o qual, por si só, é sintoma da mútua estima. Antes de falecer, a 10 de dezembro de 1819, portanto aos 85 anos, o Dr. Monteiro da Rocha legou, em testamento, a sua biblioteca ao príncipe.[12] Já o Brasil era reino há muito tempo e já D. João havia sido aclamado. O discípulo, como herdeiro, encontrava-se no patamar da coroa. Esta doação, por si só, é uma prova do apreço e da confiança

---

10   SOUSA, 1988, I, p. 38-39.

11   A este propósito e como exemplo, será interessante seguir a formação cultural e o percurso vital do erudito militar baiano Domingos Alves Branco Moniz Barreto, homem desta época, que se tornará um dos mais estreitos colaboradores de D. João VI e, sobretudo, de seu filho D. Pedro, no momento da proclamação da independência do império do Brasil. Cf. Maria Luísa M. Delerue, *Domingos Alves Branco Moniz Barreto (Bahia, 1748-Rio de Janeiro, 1831). Entre o Reformismo Lusitano e a Independência do Brasil*, dissertação de mestrado, Porto, Universidade Portucalense, 1998 (polic.).

12   Incorporada, mais tarde, no espólio da Biblioteca da Ajuda.

que o antigo jesuíta votava ao seu real discípulo. Dobrados os 80 anos, não esperava, certamente, recompensa, até pela distância geográfica existente entre ambos. A nosso ver, esta doação revestia-se de uma espécie de incentivo ao aluno e de reconhecimento pelo seu interesse e capacidades intelectuais. O Dr. Rocha era matemático, astrônomo e teólogo, recorde-se. Para quem revelaria sempre gosto por um saber utilitário, mas citava, de quando em vez, textos latinos da Bíblia, ou dos clássicos, a biblioteca do antigo professor de Coimbra tocava como uma suave melodia ao já homem feito que se chamava Pedro de Alcântara.

Outros mestres acompanharam ainda em Portugal a educação pedrina. Praticamente nada até nós chegou acerca da influência que possam ter exercido sobre o jovem. Contudo, conhecemos os seus nomes e competências, a que, aliás, já aludimos.

O padre João Joyce, irlandês, futuro reitor do Colégio de São Patrício e cavaleiro da Ordem de Cristo, encarregou-se de o iniciar e ajudar a entender a língua inglesa, que, duas décadas depois, tanta falta lhe haveria de fazer. O cônego Renato Boiret, um dos foragidos da Revolução Francesa e professor do Real Colégio dos Nobres, incumbiu-se do francês. Ambos acompanharão a corte para o Brasil.

Nas Artes aprendeu o príncipe com mestres de grande prestígio. Domingos Antônio de Sequeira, o famoso pintor de *Ascensão da Virgem*, equiparado por alguns a Ticiano, amparou-lhe o gosto pelo desenho e pela pintura e também pelos rudimentos da escultura, pela qual se sentia atraído. Mas a música corria-lhe nas veias, misturada com o sangue dos Braganças. Para ela tinha intuição, inclinação, atenção. Ensinara-lha Marcos Portugal, compositor do melhor que se conhecia no país. Mais tarde, ainda príncipe herdeiro e depois já imperador, haveria de mostrar os seus talentos de executante e de compositor. Jeito não lhe faltava. O estudo continuado, esse sim, minguava. Aprendeu caligrafia com Paulo Bergara e ficou a escrever com correção, embora, por vezes, descuidadamente. As condições em que se desenvolveu o seu espírito mostraram-se, frequentemente, precárias. Daí algumas falhas, compreensíveis, aliás.

Desde muito cedo se manifestou a sua paixão pelos cavalos. Não o assustavam, nem guardavam segredos. Uma parte importante da sua (curta) vida vinculou-se a esse meio de transporte, de lazer, de desporto, de recreação. Herdara da

36 Eugénio dos Santos

mãe essa veia, essa predileção pelos animais de raça. Seus primeiros mestres de picaria chamaram-se Roberto João Damby e Joaquim Carvalho Raposo.[13]

Durante o êxodo

A partida da família real, da corte e do governo para o Brasil, embora preparada há meses, efetuou-se em novembro de 1807. Ela culminava um plano, que frustrava as ameaças e as expectativas de Napoleão sobre Portugal e que salvaguardava a sua independência.[14] Em vez da família real e de todo o governo, um pouco antes, alguém sugerira que deveria ser enviado para o território português da América o príncipe D. Pedro com uma parte da família, acompanhado de conselheiros e de um pequeno séquito. Desse modo ficaria salvaguardada a liberdade e a legitimidade da monarquia, uma vez que o herdeiro se escapulia às garras francesas e pisaria sempre solo português. Iniciaram-se os preparativos.[15] Contudo, a evolução rápida da situação política na Europa frustrou este projeto. A diplomacia, a tolerância e as alianças ocasionais, já tantas vezes tentadas, não resolviam o impasse a que se chegara. A ameaça napoleônica mostrava-se avassaladora e cada vez mais inflexível. A corte entrara em pânico. Não havia meios de resistir ao terremoto que varria solo europeu e agora se voltava, em definitivo, para Portugal, exigindo que o governo se demarcasse e cortasse os vínculos com a Grã-Bretanha. Era impossível. Portugal sobrevivia arrimado aos mares e estes controlavam-nos os ingleses. Cruel dilema impendia sobre a monarquia: ceder, tornando-se refém, ou fugir às vicissitudes das águias francesas. Optou-se pela segunda alternativa. Teria de deixar Lisboa toda a família real. Era a independência que se acautelava. O risco e perigos teriam de ser corridos. E foram.

Interrompia-se, bruscamente, a formação literária, científica e humanística do jovem educando do Dr. Monteiro da Rocha. Este, já idoso, recusou-se a partir, declinando o real convite. Jamais mestre e discípulo se voltariam a encontrar. O íntimo convívio entre ambos durara cerca de três anos. Ficaria

---

13 PEREIRA, 1946, p. 70-75.

14 Cf. *Diário dos Acontecimentos de Lisboa na entrada das tropas de Junot*. Lisboa, MDCCCVIII.

15 WILCKEN, 2005, p. 29. Sobre isto escreveu Calmon: "D. João pensara mandar para o Rio de Janeiro o filho mais velho. Acautelaria a sucessão da corôa. D. Lourenço de Lima, chegado de Paris, fizera suspender a viagem. D. Pedro não comprehendia, nos seus nove annos, esse choque de opiniões, essa disputa que se travava à sua volta [...]" (1933, p. 27).

como recordação para ser evocada, mais tarde, por ambos. A morte ceifou a vida ao mestre antes de ele poder assistir ao arranque fulgurante do discípulo na conquista de duas coroas.

A preparação do príncipe haveria de continuar. Mas agora noutros lugares. Quem sucederia ao Dr. Monteiro da Rocha? Era questão para tratar posteriormente. O que urgia era tratar imediatamente da viagem. Ela iniciara-se no dia 29 de novembro de 1807, sob supervisão do almirante Sidney Smith. O príncipe da Beira embarcara com sua avó, a rainha D. Maria, seu pai, seu irmão D. Miguel, seu primo D. Pedro Carlos e muitos titulares da nobreza, médicos, aios e outro pessoal auxiliar, na nau *Príncipe Real*. Ao todo, segundo informações de membros da tripulação, viajariam quase 500 pessoas nessa embarcação.[16] O dia estava claro, não demasiado frio, e a partida foi executada pela manhã cedo, já que, desde 27, se esperavam as ordens para levantar ferros. Tudo acabou por correr da melhor forma, uma vez que o exército francês, comandado por Junot, entrara na cidade e ainda avistara os navios a saírem pela barra do Tejo. Escapavam-lhes as presas mais ambicionadas.

A misteriosa viagem (muitos titulares dos altos cargos públicos jamais haviam posto pé numa embarcação de longo curso), inevitável, mas temida pelas limitações impostas a cada viajante e pelos improvisos de uma partida precipitada, que se tornariam inevitáveis, transformou-se numa verdadeira odisseia a descambar em pesadelo. A partir do dia 29, de forma iniludível (e em sentido literal) o império português encontrava-se "à deriva"[17] sobre as águas do oceano Atlântico. Nos primeiros dois dias, a viagem decorreu com normalidade. Mas, logo no dia 11 de dezembro, mudou tudo. Ventos e correntes fortes desagregaram a frota, composta por mais de uma dezena de vasos de transporte, entregando cada um à sua sorte, ao saber e à argúcia de seu comandante, que os haveria de conduzir à costa sul-americana. O caminho previsto era avançar até à ilha de São Tiago, em Cabo Verde, para reencontro, aprovisionamento e, daí, em direção à Bahia. O *Medusa*, barco de guerra, iria mais a leste direto à costa brasileira para informar as autoridades do Brasil sobre a chegada da esquadra com a família régia. Por agora, deixemo-los vogar nessas águas, ora revoltas, ora bonançosas, matando o tempo interminável a observar

---

16 MACAULAY, 1986, p. 22 e LIGHT, 2008, cap. 5 e ss.

17 Título sugestivo e feliz da obra de Patrick Wilcken, de 2005.

as lonjuras do oceano, as mil e uma tarefas da tripulação, a sofrer as agruras e o desconforto de um meio de transporte e de uma alimentação que, para muitos, pareciam a antecâmara do Inferno já antecipado.

Projetemos a nossa curiosidade sobre o filho mais velho do regente. Criança habituada à liberdade de grandes espaços, apalaçados ou ao ar livre, nunca, como agora, se apercebera da proximidade do pai e da avó. Esta, pelo seu estado de saúde, viajava segregada da maioria dos passageiros, rodeada de serviçais, de médicos, de alguns nobres. Ouvia-se, porém, a sua voz uma vez ou outra, escutavam-se os seus gritos esgazeados e sem sentido, a sua figura, algo elegante, mas envelhecida, de cabelos em desalinho e roupas descuidadas. Podia ser olhada como o símbolo do país: provinha de um passado de grandeza e de prestígio, simbolizados na coroa que, apesar de tudo, continuava a pertencer-lhe, mas apontava para um futuro carregado de brumas, de incertezas, de inquietações, sem respostas previsíveis. O tempo se encarregaria de mostrar que a coroa a transmitir ao filho já se não revestia do mesmo valor simbólico de 1777. O absolutismo régio finar-se-ia nesta fronte ainda coroada, mas incapaz de exercer o poder. O pai do príncipe assustado, hesitante como sempre, rodeado de conselheiros, perplexo quanto àquilo que o esperava, estava agora mais próximo do que nunca. Ia ali junto com todos eles, partilhava o mesmo espaço e ansiedade, falava-lhes diretamente. E, ainda por cima, longe da mãe, portanto livre do constrangimento que a sua presença provocava. Pai e filho trocavam olhares, comentavam o novo universo em que se haviam engolfado, falavam das paisagens, das distâncias, das comodidades que ficaram em terra, da tacanhez dos seus aposentos e da precariedade da alimentação, do futuro na terra que os aguardava com ansiedade e estupefação. Pela primeira vez, pai e filho tiveram tempo disponível e condições psicológicas para exteriorizarem afetos, confidências, projetos, para partilharem intimidades e solidificarem vínculos de sangue. Afinal, no *Príncipe Real*, barco construído na Bahia de todos os Santos, em 1791, juntavam-se três gerações.[18] Era o passado, de cuja nostalgia dificilmente se conseguiriam libertar, o presente carregadíssimo de incertezas e de ameaças, de perspectivas imprevisíveis, e o futuro, que alguém haveria de rasgar, a golpes de audácia, de bravuras, de coragem. Inventar uma nova forma de cingir a coroa e de exercer o poder, criar novas instituições

---

18   MACAULAY, 1986, p. 24.

e dotá-las de um espírito contemporâneo, agregar homens em torno de outros ideais, transformar a nova terra num verdadeiro Novo Mundo, eis o que essas três pessoas ali corporizavam. Nunca a monarquia lusitana encarara um desafio de tal dimensão. Contudo, como sempre sucedeu, do velho surgirá o novo, dos estilhaços provocados pelos tiros dos soldados de Napoleão emergirá quem, sem os rejeitar completamente, os haverá de sublimar e de os usar como fundamentos para novo edifício político-administrativo, em terra aberta à inovação, ao progresso, à convivência de etnias, de valores, de utopias, ao caldeamento de culturas e à implementação de um novo modelo de sociedade, que os séculos futuros haveriam de consagrar. Certamente, muita coragem e muitos sacrifícios haveriam de ser exigidos, discutidos, impostos. Contudo, ali viajava a seiva nova para irrigar o organismo emergente.

Chegou até nós pouca informação acerca do comportamento do jovem Pedro durante essa longa travessia atlântica, de mais de três meses, tendo em conta a efémera passagem por Salvador da Bahia. Atrevido, curioso, corajoso, rodava pelos espaços permitidos, observando, perguntando, participando nas tarefas da equipagem. Houve, mesmo, quem lhe atribuísse uma solene postura, de demasiada precocidade para os seus 9 anos. Ao ser-lhes oferecida transferência para uma embarcação britânica mais segura, ele terá recusado a proposta, afirmando que, com seu pai, avó, irmão, "nosso dever e nossa honra exigem que não nos separemos dos restos de Portugal no meio dos perigos do oceano; nosso destino está vinculado ao navio que nos transporta e deixá-lo seria tornar-nos culpados de uma injúria nacional".[19] A ser verdadeira tal resposta, o que nos parece exagerado, esta criança rivalizaria com a precocidade de um Mozart, embora ambos se viessem a notabilizar em áreas muito distintas de intervenção pública.[20] O que parece certo é que essa longa viagem, terrífica a muitos títulos, ao menos para pessoas mais idosas, não o assustava nem o constrangia à inação. Pelo contrário. Queria participar em tudo, inquiria tudo, talvez até se divertisse, como nunca, com a liberdade de circular, de interrogar, de se misturar com a tripulação. Na sua cabeça e no seu coração não se divisavam ainda as recordações, as mágoas, as expectativas, os receios que lhe estariam reservados para a viagem que, quase 25 anos depois,

---

19   Eugène de Monglave, citado por SOUSA, 1988, I, p. 57.

20   Nascido cerca de quarenta anos antes e comemorando-se, em 2006, os 250 anos do seu nascimento.

Eugénio dos Santos

haveria de empreender em sentido inverso. Mais curta em tempo (quase dois meses) sê-lo-ia, sem dúvida. Mas muito mais carregada de mágoas, de desilusões, de infidelidades, embora também recheada de vaidades, de orgulho por muitíssimo daquilo que deixava para trás, imprevisível ainda na plenitude de consequências que o tempo carregaria e de que o seu amado filho Pedro seria, simultaneamente, agente e vítima. Parece ter sido nos longos dias dessa interminável travessia, que reservavam tempo para tudo, que se terá dedicado à leitura da *Eneida*, de Virgílio. O poema, pensado e escrito tantos séculos antes, ajustava-se excepcionalmente à situação agora vivida pelos protagonistas da família real portuguesa. É verdade que não se tornara indispensável carregar às costas D. João, pois os tempos eram bem outros. Mas o êxodo e os sacrifícios inauditos da travessia, sobre águas revoltas, para manter a dignidade e a integridade das famílias, tanto de outrora, como de hoje, associavam as personagens e transmitiam coragem ao jovem, encarnando ele algum destino messiânico, componente imprescindível da alma lusa. Os memorialistas franceses destes eventos recordaram-nos posteriormente como tendo fornecido ao jovem príncipe da Beira referências de comportamento permanente,[21] que o tempo jamais apagaria de seu espírito.

Prescindindo das amostras de apologia desses autores, pouco credíveis numa criança de 9 anos, que assimilasse os heróis virgilianos às suas andanças pessoais, ao menos nessa idade, o que parece certo é que ele lia latim com alguma facilidade, desde a infância. Extraordinário? Talvez nem tanto. Lembremos que fora o marquês de Pombal, ministro de seu bisavô, há menos de meio século, a proibir que se ensinasse a língua portuguesa através da divulgadíssima gramática latina do jesuíta Manuel Álvares e que, mesmo apesar das penas previstas, ela não fora posta de parte imediatamente. O latim continuava a manter-se a base da educação de qualquer indivíduo responsável e culto. E Monteiro da Rocha, apesar de matemático, sabia-o bem. Ele próprio se contava entre o número dos ex-jesuítas. Por muito que se distanciasse da sua orientação curricular e pedagógica, algumas marcas dela ficariam para sempre na sua personalidade. Conhecer bem o latim, pensava ele, era condição para penetrar nos domínios das ciências e, sobretudo, das humanidades, na retórica, na dialética, na filosofia, na teologia. D. Pedro teria

---

21   Sobretudo o conde de La Hure e o próprio Monglave; cf. SOUSA, 1988, I, p. 58.

de dominar esse instrumento de aprovisionamento intelectual e moral. E assim aconteceu, de fato.

À preparação sólida já fornecida pelo Dr. Rocha juntava-se agora, durante a viagem, a ação corroborante de uma outra pessoa, cuja amizade mútua ficará para sempre: Frei Antônio de Nossa Senhora de La Salette ou da Arrábida. Este, que viria a morrer centenário, votaria ao seu régio discípulo uma indefectível colaboração, compreensão e cumplicidade, nunca regateadas.[22] O franciscano estava, há muito, ligado à família real. Camarista da rainha, passava por ser um homem culto, apesar de pertencer a uma Ordem que não primava pela pedagogia mais avançada, nem por cultivar o saber ao mais alto nível, como meio de formação humana e universal. Os Franciscanos, a esse nível, não desfrutavam de grande reputação, a acreditar em alguns testemunhos contemporâneos.[23] Certamente haveria exceções, embora neste futuro sacerdote não se manifestasse uma prova disso. Era, porém, homem sério, persistente, tolerante e amigo. Fora leitor em Teologia e tornar-se-ia bispo de Nemúria (ou Anemúria) e coadjutor do capelão-mor, que era o então bispo do Rio de Janeiro. Velho conhecido da família real, apresentava um currículo notável. Teólogo, lente e bibliotecário do convento de Mafra, tornara-se um dos homens de confiança de D. João. O regente buscava frequentemente aí o convívio dos frades, onde assistia às cerimônias religiosas, ouvia música sacra, lia e meditava em silêncio, longe da pressão familiar e do protocolo público. A partir de 1799, a assumção da regência obrigara-o a escolher, dentre os seus conhecidos e amigos, alguns colaboradores privilegiados. E Frei Antônio foi um dos escolhidos. Passava a integrar o grupo restrito de conselheiros, tanto em matérias de interesse político, como de foro da consciência individual. Aliás, como confessor de D. João, exercia sobre ele uma indiscutível influência e incutia-lhe ânimo e força para ultrapassar as suas dúvidas constantes e a sua vontade titubeante. O frade conhecia, como ninguém, o íntimo do filho de D. Maria.

---

22   Pedro Calmon, em pouco espaço, classificou-o deste modo: "uma esculptura do dever, do dogma, da prudencia [...] Nesse cerebro lúcido de humanista a luz da Revolução não filtrava um só dos seus raios: Arrabida ensinou a D. Pedro de Alcantara, o que, cento e dez anos antes, ensinaria a D. João (V) [...] Arrabida encharcava em latim a sua lição como se preparasse um presbitero. D. Pedro nunca lhe assimilou convenientemente aquelle latim [...]" (1933, p. 41).

23   Cf. Bento José de Sousa Farinha, *Prantos da Mocidade Portuguesa*, Ms. Biblioteca da Ajuda.

Por apreciar a sua cultura e humanidade e depositar nele enorme confiança, entregou-lhe também a educação do jovem Pedro. Competia-lhe continuar a aprofundar a bagagem de conhecimentos que o Dr. Monteiro da Rocha semeara no espírito do adolescente. Para isso disporia de todos os meios necessários, transformando-se também em confessor e diretor de consciência do príncipe. Acumularia as funções de mestre com as de conselheiro espiritual. Desse modo e desde tenra idade mergulharia no íntimo do discípulo. Até pensamentos e sonhos lhe conseguiria sondar. Travar-lhe-ia as inclinações menos nobres e, quando a carne começasse a pungi-lo, seria capaz de o manter puro e abstêmio. Era esse o seu desígnio. Consegui-lo-ia?

Viajando na nau *Príncipe Real*, logo iniciou os seus trabalhos. Como bibliotecário, muniu-se de alguns livros indispensáveis à educação do jovem. E, dentro dos clássicos latinos, Virgílio não podia estar ausente. A *Eneida*, do poeta de Mântua, encerrava o essencial que Frei Antônio ambicionava para o seu educando: exigia o conhecimento da língua latina e encerrava excelentes modelos de formação e de dignidade familiar e humana. A bordo, entre o céu azul e as águas esverdeadas do oceano, as lições sucediam-se. O frade pôde explicar ao discípulo o alcance da ação das figuras criadas por Virgílio nessa excelente obra (Eneias e Ascânio, sobretudo), onde a piedade e o respeito pelos maiores se caldeiam com ações heroicas de enorme alcance coletivo e nacional. A criança intercalava as lições com os passeios pela embarcação, as conversas e as intromissões com os marinheiros, a observação dos fenômenos naturais (chuvas, arcos-íris, peixes-voadores), as refeições tão pouco saborosas e rotineiras, as longas noites balançantes em leito acanhado e o ar úmido a que o oceano ia misturando sucessivos e enjoativos odores, oriundos dos corpos suados dos companheiros de viagem. Havia tempo para tudo, até para espantar o tédio, esse indesejável companheiro destas travessias. A vida a bordo na longa viagem tornara-se um pesadelo para a maioria: "[...] o número de pessoas [...] era tão grande [...] que mal havia lugar para se deitarem no convés; as damas [...] não possuíam nenhuma roupa senão a que traziam no corpo [...] A água era de péssima qualidade [...]". A acrescentar a tais carências, por falta de condições de higiene e de medicamentos, sobrevieram as infestações de piolhos, obrigando ao corte das cabeleiras das damas e à sua exposição pública.[24] Nem todos os barcos foram atingidos pelas mesmas limitações e males, é certo, mas ninguém escapou a uma experiência de má memória. A escassez de quase tudo contrastava com a abundância e o conforto dos palácios que ficaram para trás. E, ainda para mais, o futuro constituía uma verdadeira incógnita. Que terra era essa que os iria acolher? Como seriam as pessoas, as cidades, as paisagens, o clima, os hábitos, a alimentação, as plantas, os animais, as costas, as praias, os mares? As descrições conhecidas contrastavam tanto que só uma vivência pessoal clarificaria opiniões, relatos, alusões, umas quase paradisíacas, outras a rondar o dantesco. D. Pedro, sob a tutela do mestre Frei Antônio, lá ia ouvindo as lições e atentando nos exemplos morais de que elas se revestiam, sem, contudo, se isolar para um estudo a fundo, durante horas seguidas, como seria desejável. Ele era uma criança atenta ao mundo envolvente, curiosa, pragmática, interessava-se por tudo. Tudo, menos as lições pesadas e exigentes do frade. Mas este era paciente, complacente, compreensivo. Esperaria pelo discípulo o tempo necessário, sem desânimo, sem relutância. Pretendia ajudar a plasmar um homem de bem. Isso lhe bastava. Obraria o que pudesse. Sobre o vogar das ondas, os resultados não seriam os desejáveis. As condições precárias na viagem não o permitiam. Em terra, finalmente, os resultados seriam bem melhores, pensava ele. Seriam?

No Brasil

Finalmente, avistara-se a costa brasileira, por meados de janeiro, com muito sol, calor e humidade. Aí estava a terra desejada, à vista de todos. Poder-se-ia voltar a pisar terra firme, a beber água de bom paladar, experimentar e sorver frutos e sumos exóticos, comer carnes frescas, peixe, banhar-se sem limitações, repousar em leitos confortáveis, usufruir da privacidade de uma habitação, ainda que temporária. Sim. Ninguém cogitava, nesses momentos, permanecer para sempre na nova terra. O objetivo era o regresso definitivo, a Lisboa, quanto antes, mesmo arrostando com os inauditos sacrifícios de outra viagem. Os tempos encarregar-se-iam, contudo, de ir mudando as vontades. Inopinadamente, viveram-se, no *Príncipe Real*, as primeiras surpresas agradáveis. Quatro dias antes de aportar à Bahia de Todos os Santos, D. João, os príncipes e a comitiva regalaram-se com

---

24 WILCKEN, 2005, p. 52 ss.

uma oferta insólita: o governador de Pernambuco, oriundo do norte de Portugal, Caetano Pinto de Miranda Montenegro, jurista formado em Coimbra, antigo responsável pela capitania de Mato Grosso e homem de ação multímoda, a quem o futuro reservaria uma posição marcante em solo americano,[25] mandou-lhes entregar, ainda no mar, através do bergantim *Três Corações*, um enorme carregamento das belas e exóticas frutas da região. Regalo de ótimo gosto, recebido a 18 de janeiro de 1808.[26] A 22, a parte mais importante da esquadra atracava ainda mais a sul, em São Salvador, desembarcando as pessoas mais ilustres: D. João, os filhos e sua mãe e também D. Carlota Joaquina, que aqui se lhes juntara, muita nobreza e passageiros. A urbe apresentava-se risonha a esses viajantes, que pisavam terra firme nova, com casas construídas à portuguesa, um clima quente, mas temperado por uma brisa fresca, rodeada do verde da cana sacarina, das bananeiras, das laranjeiras, das mangueiras, coroadas pelas longilíneas palmeiras. A população branca, de origem europeia, era minoritária, dominantes a negra e mestiça, havendo também alguma índia. Aqui se situava um dos grandes mercados de escravos, na sua maioria vindos da Guiné, a troco de tabaco, cachaça e outros produtos locais. Segundo um cálculo aproximativo, os baianos seriam cerca de 100.000, dos quais 40.000 negros e 30.000 mestiços,[27] sendo os restantes brancos, índios e descendentes.

Espalhou-se pela cidade a notícia do fato, único em toda a América do Sul: uma corte inteira transferia-se para solo austral. As manifestações de júbilo dos habitantes rebentaram espontaneamente, contagiando todo o Brasil, à medida que a notícia circulava. Agora já não se era governado à distância, através de leis que, no bojo dos barcos, demoravam meses a chegar, com as pessoas que as executavam. Não. O governo estava aí. Podia-se contatar com os seus agentes, ouvi-los, expor-lhes desígnios, em suma, dialogar. Vários sintomas de insatisfação crescente quanto ao rumo político administrativo do território se haviam manifestado no passado, como em Minas, em 1789, em Salvador, em 1805, mas, a partir de janeiro de 1808, tudo haveria de ser diferente. E melhor, sem dúvida. A alegria manifestava-se espontaneamente. E o regente não defraudou as expectativas dos

---

25   Ferreira, 2004, p. 89 e ss.

26   Sousa, 1988, I, p. 61.

27   Macaulay, 1986, p. 34.

colonos mais cultos e perspicazes. A emancipação do território estava em marcha e alguns mecanismos imperiais de controle iriam transformar-se definitivamente. Logo no dia 28, D. João, por carta régia, abria os portos do Brasil às nações amigas, mesmo que fosse "interina e provisoriamente", como referia o documento enviado ao governador e capitão-general da Bahia. Terminava o monopólio comercial, beneficiavam-se (e recompensavam-se) os ingleses, sob cuja égide fora comboiada a esquadra régia para solo brasileiro. Eles seriam, na verdade, os autênticos e primordiais beneficiários dessa decisão. O bloqueio continental europeu, decretado pelos franceses, abria, como contrapartida, outros horizontes aos comerciantes luso-brasileiros. O regime de monopólio, tão detestado pelos senhores de engenho e outros poderosos da terra, aproximava-se do fim. A abertura dos portos constituía uma lufada de ar fresco para o comércio brasílico.[28] Desde 1500, o território brasileiro havia fornecido à coroa três boas fontes de riqueza vegetal: o pau-brasil, no século XVI, o açúcar, no seguinte, embora ainda nessa centúria tenha entrado em crise por causa da concorrência que lhe foi movida pelas produções das Índias Ocidentais. Recuperaria para finais do século XVIII (apesar do ouro e dos diamantes) e tornar-se-ia uma nova fonte de exportação, agora juntando-se ao algodão. Este subira o preço no mercado internacional, mercê da guerra entre a Inglaterra e suas colônias americanas. Ora os ingleses compravam esses produtos em Portugal. O bloqueio dos seus portos obrigou-os a ir buscá-los à fonte, *i. e.*, ao Brasil.[29] Os produtos coloniais continuariam a chegar à Europa e a ser distribuídos, não através dos portos portugueses bloqueados, mas por outros. Manter-se-iam as correntes comerciais e, consequentemente, a economia não entrava em queda brusca. A decisão de D. João não resultava de um improviso. Fora, até, maduramente ponderada antes do êxodo da corte. E, entre outro alcance, constituía uma arma apontada à França napoleônica. José da Silva Lisboa, um dos inspiradores da decisão, assim o afirmava.[30] Iniciara-se, a partir de agora, uma profunda transformação daquilo que fora o Brasil de outrora: "A política estrangeira de Portugal, que era essencialmente europeia no caráter, tornar-se-ia de repente americana, atendendo ao equilíbrio político do Novo Mundo

---

28 Cf. OLIVEIRA e RICUPERO, p. 60 a 121, 166 a 195.

29 MACAULAY, 1986, p. 23.

30 CARDOSO, 2007, p. 166 e ss. Silva Lisboa, futuro visconde de Cairú, tornar-se-ia o responsável por uma aula pública de Economia Política, criada, desde a Bahia, para funcionar no Rio de Janeiro.

[...]."[31] Desencadeavam-se, desde logo, os mecanismos que haveriam de conduzir os territórios portugueses da América a transformarem-se em Reino Unido, liderados pelo bom senso e pela "natural perspicácia e sensato oportunismo"[32] do príncipe regente. Iniciava-se um longo e decisivo processo de unificação de províncias que até então se consideravam estranhas e distantes (não apenas pelo espaço...) umas das outras. A corte e o seu governo centralista assumir-se-iam como a argamassa unificadora. D. Pedro, muito atento a tudo o que o rodeava, observava as características desta nova terra, contrastando com aquilo que ficara em Lisboa. Não havia as reluzentes carruagens para transporte da família real, nem parelhas de cavalos ou mulas ricamente decorados e atrelados. Em compensação, negros transportavam em liteiras, às costas, as pessoas ilustres. As ruas estreitas e sinuosas conduziam à única grande praça do centro da cidade, onde, contudo, faltavam palácios, igrejas, conventos em profusão. Mas a gente fazia a festa, muita festa, com as baianas rodopiando nos seus vestidos, muito coloridos e rodados, os homens dançando a capoeira, músicos, palhaços e foliões exibindo suas vestes. Luz, cor, som e movimentos ritmados agitavam os corpos e tocavam o âmago das gentes. Era tudo estranho, mas contagiante. Respirava-se liberdade, entusiasmo, fraternidade, ainda que momentaneamente. Nunca ele assistira a nada assim.

Os baianos, que haviam perdido alguma auto-estima a partir de 1763, mercê da transferência da sede do governo para o Rio, acercaram-se do regente e solicitaram-lhe que ficasse, que aí estabelecesse a cabeça do império. Contudo, o destino final da esquadra era a baía da Guanabara. E manteve-se. Como sinal da importância conferida às populações do Nordeste, a solicitação do cirurgião-mor do reino, Dr. José Correia Picanço, criou uma escola médico-cirúrgica, antes de rumar para o sul. Aí chegou a 7 de março, reagrupando-se com alguns dos familiares e cortesãos, que tendo feito viagem direta, por causa da tempestade de 11 de dezembro, esperavam desde 17 de janeiro: suas tias D. Maria Francisca Benedita e D. Mariana e suas filhas D. Maria Francisca e D. Isabel Maria. Após tantos sustos, perigos e desconforto, ao longo de vários meses no mar oceano, o reencontro, em lugar seguro, liberto de ameaças, parecia uma bênção do céu. Finalmente, paz, segurança e tranquilidade podiam respirar-se. Chegados a 7, recebeu D. João a

---

31 LIMA, 1996, p. 55.

32 *Idem, ibidem.*

visita e os cumprimentos de boas vindas do vice-rei, conde dos Arcos, a bordo do *Príncipe Real*, planejando-se o desembarque. Este efetuou-se com pompa e circunstância, incluindo as mais altas figuras da monarquia e do governo, na tarde do dia seguinte. Formou-se um solene cortejo processional, direcionado para a catedral próxima, decorada a propósito, para ser cantado um *Te Deum laudamus*, iniciando-se, logo aí, as festas de regozijo e felicidade. O futuro da cidade e do povo fervilhavam de otimismo. Invertera-se, nesse momento, a situação político-administrativa de Portugal. Passava de colonizador experiente a recém-colonizado. A antiga colônia governá-lo-ia durante quase década e meia. Germinavam as sementes de um país novo. Nada permaneceria como dantes no absolutismo régio nacional. E o Brasil ia plasmando a sua identidade.

Oliveira Lima retratou assim o acontecimento:

> O desembarque da família real portuguesa no Rio de Janeiro, aos 8 de março de 1808, foi mais do que uma cerimônia oficial: foi uma festa popular. Os habitantes da capital brasileira corresponderam bizarramente às ordens do vice-rei conde dos Arcos e saudaram o príncipe regente, não simplesmente como o estipulavam os editais, respeitosa e carinhosamente, mas com a mais tocante efusão. Dom João pôde facilmente divisar a satisfação, a reverência e o amor que animavam os seus súditos transatlânticos nos semblantes daqueles que em aglomeração compacta se alinhavam desde a rampa do cais até à Sé, que então era a igreja do Rosário; os sacerdotes paramentados de pluviais de seda e couro, incensando-o, ao saltar da galeota, com hissopes de ouro, tanto quanto os escravos humildes que de precioso só podiam ostentar num riso feliz as suas dentaduras nacaradas.
>
> Marchando gravemente debaixo do imponente pálio escarlate, cujas varas sustentavam o juiz de fora e os vereadores da câmara; pisando a areia branca e vermelha derramada nas ruas do trajeto de mistura com ervas que embalsamavam o ar; ouvindo as fanfarras alegres, os repiques de sino estridentes, os foguetes jubilosos e as salvas de artilharia atroadoras; vendo cair em volta de si uma chuva persistente e odorífera de folhas e flores.[33]

---

33 Cf. *D. João VI no Brasil*, p. 65.

Findas as cerimônias de desembarque, procedeu-se à instalação das régias figuras. O destino escolhido fora a antiga residência dos governadores, pomposamente designada por "paço", que, contudo, parecia acanhado espaço para tanta gente. Esta espalhar-se-ia paulatinamente pela urbe. Por agora, nada mais se previra.

As crianças e seus servidores foram todas instaladas no último andar do prédio, desde logo muito exíguo. Aí gozariam de alguma independência e poupar-se-iam a incómodos e a cerimônias protocolares. Março coincidia com o verão carioca. Calor abrasador, misturado com uma humidade constante, transformavam essa residência improvisada num cativeiro para os infantes, onde o suor que escorria dos tenros corpos molhava as roupas trazidas da Europa, totalmente inadequadas ao novo clima. O que desanuviava esse ambiente pesado, tão contrastante com os palácios lisboetas, seriam os passeios aos arredores da cidade, às praias, onde se molhavam os pés para refrescar o corpo e o usufruto das matas, cujas árvores frondosas derramavam sob o solo à sua volta uma sombra repousante. A cidade do Rio consistia num espaço plano, centrado à volta do palácio do governador, com ruas estreitas, cortadas em ângulo reto por outras, orientando-se para os quatro pontos cardeais. À roda deste centro modesto implantavam-se casas ricas, mosteiros, igrejas, capelas e fazendas. Ao longe avistavam-se picos de montanhas muito altas, ou rochas, com nomes estranhos, como Dedo de Deus ou Pão de Açúcar.

D. Pedro e seu irmão D. Miguel estranharam muito as limitações que lhes eram impostas e de que, logo que a oportunidade surgisse, se haveriam de escapulir. A educação de ambos haveria de continuar aí, assim o exigia a sua condição. Uma pessoa acompanhara sempre o mais velho e continuava a seu lado no Rio: D. Maria Genoveva do Rego e Matos, "virtuosa como um bispo, praxista como um mordomo. A invariável solicitude dessa senhora acompanhá-lo-ia ao Brasil, não o deixaria até os seus 15 anos, fiel como uma sombra: D. Pedro chegou a querer-lhe bem, sem jamais a temer. Substituía-lhe a mãe, embora grave e methodica como um secretário".[34]

Absorvido o choque cultural, logo foram encetadas diligências para encontrar na cidade um mestre substituto daquele que ficara retido na Europa.

---

34 CALMON, 1933, p. 40.

Preferia-se que não fosse eclesiástico. Logo a partir de 15 do mês de outubro, recebia D. Rodrigo de Sousa Coutinho, ministro dos Negócios Estrangeiros e da Guerra, resposta a uma diligência feita por si para encontrar o novo mestre do príncipe. Vinha ela de João Rademaker. Militar e diplomata, representara Portugal na Dinamarca e noutras cortes europeias e, por isso, se havia familiarizado em línguas e culturas do Velho Continente. Experiente, avisado, afigurava-se a pessoa certa para continuar a formação do futuro monarca. À iniciativa do convite de D. Rodrigo respondera:

> Depois que tive ultimamente a honra de ver a V. Ex.ciª, tenho-me empregado muito seriamente em ponderar a importante proposição que V. Ex.ciª me fez [...] Se for do agrado de S.A.R. o Príncipe Regente Nosso Senhor, que eu me encarregue de huma educação tão importante, buscarei com empenho dirigi-la do modo que seja mais capaz de formar o coração e o entendimento e constituir hum caracter o mais chegado que for possível à perfeição ideal.[35]

Eis, pois, o convite aceite. O novo mestre não era modesto nos seus desígnios, embora a linguagem o fosse. Entrou logo em funções, embora não se tenha conseguido apurar até quando. Morreu em 1814, de forma estranha, envenenado após ter caído em desgraça junto do regente por ter assinado um armistício com as Províncias Unidas do Rio da Prata, em maio de 1812.[36] Parece que D. Pedro o estimava muito, chocando-o a sua morte. Acompanharam a Corte para o Brasil alguns mestres que o príncipe bem conhecia. O padre Renato Boiret, ensinava-lhe o francês, como faria mais tarde a seus filhos D. Maria da Glória e D. Pedro II, os reverendos Tilbury e Joyce continuavam no Rio o ensino da língua inglesa, alargado às elites dirigentes da nova corte, o primeiro chegando a capelão da Guarda Imperial e o segundo a professor régio de inglês, no Rio de Janeiro. Como corolário da sua formação, embora não manifestando uma clara tendência para as letras, "soube apreciar os clássicos Virgílio, Ovído e Tito Lívio, no original latino, como atesta a lembrança de alguns livros que saíram da Biblioteca Real. Lia, falava e escrevia,

---

35 PEREIRA, 1946, p. 73.

36 SOUSA, 1988, I, p. 73.

sem dificuldades, o francês, entendia o inglês e conhecia os sermões de Antônio Vieira, obras de Burke, e especialmente, de Benjamin Constant".[37]

Eis as informações que foi possível recolher sobre a educação de D. Pedro de Alcântara. Mestres eminentes não lhe faltaram, é certo, desde cedo. Seria isso suficiente? Não parece credível. A nosso ver, faltaram-lhe algumas condições básicas. Nunca seguiu um currículo gradativo e harmônico, cumulativo e polivalente. Nem o Dr. Monteiro da Rocha, nem Frei Antônio da Arrábida lho poderiam facultar, dadas as respectivas formações. O que ambos ensinaram ao príncipe teria sido meritório cerca de 100 anos antes.[38] Espantará que o discípulo nunca se tenha entusiasmado com as matérias estudadas, se exceptuarmos o latim?

Além disso, sem o apoio de uma família estável e cooperante, antes desavinda e quase em permanente litígio pessoal, que disciplina estaria o discípulo inclinado a interiorizar? Os venerandos (e respeitados) mestres, que lhe apareceram pelo caminho, compreendiam-no, toleravam-lhe as travessuras e distrações, confiavam na sua bondade e intuições. Eles próprios não imaginariam matérias e métodos de ensino indispensáveis a um príncipe. O próprio regente D. João era fruto de uma educação de secundogênito. Nunca apreciara a cultura do espírito ou dera mostras de estimar os intelectuais. Uma certa música, essa sim, interessava-lhe muito. O resto não o tocava senão epidermicamente. E o filho observava, retirando daí as suas ilações. Preparado minuciosamente fora o malogrado irmão D. José. Nem pai, nem nenhum conselheiro da família se aperceberam da importância de encontrar e escolher para o jovem Pedro um mestre que, para além de familiarizado com as correntes mais modernas do pensamento iluminado, fosse capaz de ganhar ascendente sobre o discípulo, guiando-o na descoberta individual da verdade e ajudando-o a usar uma razão esclarecida pelos trilhos de uma cultura sólida. Será isso mesmo que D. Pedro pretenderá incutir no espírito do seu filho, colocando-o, a seu tempo, sob a tutela de José Bonifácio. O seu biógrafo brasileiro mais completo julgou poder afirmar: "Educação sistematizada,

---

37 Lúcia Maria Bastos Neves, "Um homem de dois mundos", *Nossa História*, Ano 2º, nº 23, setembro de 2005.

38 Embora Monteiro da Rocha fosse um iluminista convicto, faltou-lhe tempo para que o seu discípulo pudesse acompanhar-lhe a orientação filosófico-cultural. Interessava-lhe muito mais a matemática e a astronomia. Porém, estas exigem método, sequência e trabalho continuado. Este faltou. A sua influência sobre o discípulo mal começara a fazer-se sentir. A brusca interrupção, em 1807, esbatera irremediavelmente os rumos desejados.

obedecendo a planos de antemão preparados, no objetivo de fazer um rei, a verdade é que o Príncipe D. Pedro não teve. No seu meio familiar não havia ninguém que desse realmente apreço ao saber e à cultura."[39] Ao contrário, no meio cortesão haveria quem defendesse o princípio de que fornecer ao príncipe uma educação demasiado aberta aos problemas contemporâneos poderia ser aplanar o caminho para a ruína da monarquia tradicional. Portanto, muita informação até poderia não ser benéfica. Nem sequer dialogar livremente com os ministros do pai, como Araújo Azevedo ou Sousa Coutinho, na adolescência, lhe era permitido. Mantinham-no à distância em relação aos assuntos de Estado.

Não pode, contudo, afirmar-se que a educação de que foi alvo tenha sido responsável pelas suas futuras falhas humanas. Não. Pouco formal, algo antiquada e desconexa, demasiado clerical e condescendente, ela permitiu-lhe, porém, dar largas à sua natureza mais autêntica, fazendo emergir a sua profunda humanidade. Forneceu-lhe cabedais indispensáveis, mas de forma desconexa e avulsa. Como que o sensibilizou para valores e referências, sem, todavia, os sedimentar, hierarquizar, caldear como conjunto harmônico. Desde jovem, ele rechaça a marca de príncipe e prefere ser visto como um homem, antes de tudo.[40] Quando agia inadequadamente e caía em si, logo se arrependia e pretendia remediar o mal. Porém, a educação algo efeminada em que cresceu jamais lhe amoleceu a coragem, a valentia, a atração pelo risco. O seu fundo de homem roçava a intrepidez, a varonia. Era um macho de têmpera e de vontade férrea, nada convencional. Assim se entenderá alguma linguagem considerada imprópria, quando não obscena, em momentos marcantes do seu percurso humano.[41]

---

39   SOUSA, 1988, I, p. 73.

40   Terá exigido a um interlocutor subserviente: "Trata-me como um homem!" (MARTINS, Rocha, *O Último Vice-Rei...*, p. 96). Ao conde dos Arcos escrevia em 13 de setembro de 1812, portanto aos 14 anos: "Este seu amo amigo como homem e não como principe. Pedro" (*idem*, p. 97).

41   Calmon, ao constatar as deficiências da sua formação na idade infantil, afirmou: "D. Pedro, esqueci-do, alarmava os lacaios com a incontinência infantil. Parecia que ninguém se lembrava do seu alto destino, as responsabilidades futuras: o principe da Beira era uma figura de cerimonial, nada mais. Conservou-se assim até 1817, quando o casaram" (*O Rei Cavalleiro*, p. 22).

Capítulo 3
Desígnios de um príncipe

Nos bastidores da política diplomática

Um membro da família real transportava sempre consigo uma carga simbólica forte. Se, além disso, ele fosse herdeiro da coroa, passava a constituir um "tesouro" que deveria ser rodeado de mil cuidados. Exigia-se que se tornasse pessoa de formação superior e que o seu comportamento se identificasse com as aspirações do povo. Ele poderia dispor de tudo, mas, em contrapartida, esperava-o o sacrifício, seja da sua vida privada, seja da própria pessoa. Seus gostos, suas inclinações, suas ideias, tantas vezes se veriam relegadas para plano secundário desde que se julgasse que o interesse nacional se lhes sobrepunha. Assim se entende também alguma indulgência na apreciação dos seus comportamentos, a qual, de outro modo, o rigor da moral fulminaria publicamente. Os casamentos régios, tantas vezes rodeados de escândalos públicos durante muitos anos, ilustram este estigma que impendia sobre as cabeças coroadas.

D. Pedro desde muito jovem percebeu tudo isso. O seu conforto e a posição de privilégio de que usufruía faziam-se pagar caro. O relacionamento entre os seus progenitores e as desconsiderações conjugais de que seu pai era protagonista resignado mostraram-lhe, desde cedo, o quadro de eventuais cedências e do jogo de manobras que lhe estariam reservados. Como jovem astuto, percebeu-o desde novo. E a primeira prova a que o submeteram, ainda moço, relacionou-se com os meandros da política internacional, acerca da qual não podia ainda possuir ideias claras. O jogo, no xadrez do tabuleiro europeu, parecia correr, desde a sua meninice, de feição contrária aos interesses da monarquia. Sua avó, pessoa distinta e muito estimada, vítima de múltiplos desgostos, não conseguira suportar a pressão psicológica exercida sobre si pelo espetáculo horrendo, ao contemplar a sorte dos seus pares, vítimas das ambições e discricionaridades napoleônicas, e perdera o equilíbrio emocional. A sua loucura projetava-se, como uma sombra negra, sobre toda a família. O pai, inseguro, dúbio, inquieto, regia o reino, balançando-se entre as exigências francesas e a fidelidade à aliança inglesa, vergando-se ora aos interesses franco-espanhóis, como sucedeu com a perda de Olivença, em 1801, ora aos desígnios dos ingleses. Aliás, nesse ano negro de 1801, Portugal fora coagido a ceder à França 60 milhas de costa na Guiana, a equiparar as mercadorias francesas às inglesas nas alfândegas europeias, prometera fechar, em caso extremo, os seus portos aos navios ingleses e, ainda, a pagar uma forte indenização aos franceses.[1] O próprio Conselho Régio apresentava-se clivado de alto a baixo: D. Rodrigo de Sousa Coutinho inclinava-se para o lado britânico, acompanhado pelo visconde de Balsemão, de Ponte de Lima, de D. João de Almeida Melo e Castro, enquanto Antônio Araújo de Azevedo preferia contemporizar com os franceses, alinhando consigo o duque de Lafões, o abade Correia da Serra, José Seabra da Silva, entre muitos outros. A tão desejada neutralidade, face aos dois gigantes europeus, tornou-se inviável.

A partir de 1806 as fronteiras portuguesas tornaram-se alvo de todas as atenções. Para elas se olhava com ansiedade, por se apresentarem como as portas através das quais, um dia, talvez próximo, entrariam, sem qualquer entrave sério, as forças napoleônicas. Portugal aderira ao bloqueio continental. Porém, o tufão bonapartiano varrera o centro da Europa, com a derrota da Rússia, na Prússia e na Polônia. Por quanto tempo se manteriam os altos voos das águias imperiais? A certeza é que, no continente, ninguém lhe conseguia resistir, a não ser a paciência e a astúcia inglesas. À Grã-Bretanha nunca chegaria a arrogância gaulesa. E D. João sabia que a sobrevivência da coroa e da nação dependiam, em grande parte, da potência que controlava o comércio marítimo. Só ela, por interesse, é certo, sustentaria os interesses portugueses. O regente hesitava, titubeava, quanto ao momento em que teria de assumir uma posição clara e frontal. Enquanto pudesse rodear-se do cheiro forte do incenso queimado nas cerimônias das suas igrejas preferidas, do coro dos frades, entoando cadenciadamente as horas canônicas, ou do silêncio repousante dos enormes salões da Ajuda ou de Mafra, ou daria largas à sua inclinação natural: contemporizaria, adiaria soluções.

Esta propensão tornou-se, contudo, impossível, quando o dilema lhe foi colocado, sem tergiversações. Acataria as ordens imperiais, dobrando a cerviz às suas

---

1   SOUSA, 1988, I, p. 41.

exigências, ou resistiria, com o apoio britânico, embora não em forma de guerra aberta e direta. Seria viável impedir os navios britânicos de acederem aos portos lusos e também deter e confiscar os bens dos cidadãos de Sua Majestade? Não. Era, porém, essa a ordem expressa de Napoleão. Pelo tratado de Fontainebleau, Portugal havia sido arbitrariamente retalhado em três parcelas. A norte do Douro e até ao rio Minho reinava o monarca da Etrúria, designando-se essa parte do território português por Reino da Lusitânia Setentrional. Godoy, o manobrador de bastidores, que desfeiteara abertamente a honra de Carlos IV, transformar-se-ia no príncipe do Alentejo e Algarve. As Beiras, Trás-os-Montes e a Estremadura aguardariam ulterior destino político. Nem mais. O pequeno reino mais ocidental da Península Ibérica esfacelava-se em três partes e, nesse caso, o grande imperador garantiria a paz e a tranquilidade do seu povo. A que preço?! Nem sombra de respeito pelos usos e costumes do reino, pela vontade do seu povo, pelos traços da sua identidade. Cortava-se o seu território em fatias e impunham-se-lhe os senhores. Em nome da liberdade e da fraternidade. Que ousadia e que atropelo aos direitos dos cidadãos. Aceitariam estes, resignados, tal arbitrariedade? Quem assim pensasse desconhecia, por parte do povo, a tenacidade da luta pela soberania, pela manutenção da independência, afirmada ao longo de mais de seis séculos. E, agora, não poderia renegar-se esse passado glorioso, mesmo arrostando com uma luta cruenta, em condições desiguais.

Esgotara-se todo o tempo para hesitações, para disfarces ou para trapaças diplomáticas. Que decisão assumiria o regente e o seu círculo de conselheiros para manter a sua honra e ignorar as imposições gaulesas? Uma saída, desde há muito ventilada, se impunha: passar para uma parcela do território português, imune às garras da águia napoleônica: o Brasil. País e memória coletiva, carregados de história, não ignoravam que, em momentos críticos, alguns dos seus mais avisados representantes olharam para o solo português da América como um refúgio, uma reserva intocável, onde poderiam continuar a palpitar a força e a independência nacionais. Nesse momento, foram lembrados os conselhos de D. Pedro da Cunha, como forma de evasão ao domínio filipino e, mais tarde, os do padre Antônio Vieira ou de D. Luís da Cunha e de outros, que sugeriram que, pela sua localização privilegiada no coração do império, o governo instalar-se-ia em sede ideal, se fosse transferido para o Rio de Janeiro. Pareciam utópicas e despropositadas tais sugestões, pois implicavam o abandono da capital de sempre, do seu povo, das suas igrejas, palácios, jardins, dos portos, das manufaturas, das festas e do cerimonial de que qualquer corte se revestia. A simples sugestão de tal medida horrorizava a velha nobreza, os burocratas, os responsáveis pela gestão da coisa pública.

Alguém se lembrou de uma solução original. Podia enviar-se para lá o príncipe da Beira, o infante D. Pedro, juntamente com outros membros da família real. Dessa forma ficaria salvaguardada a soberania portuguesa. As águias dos exércitos franceses afogar-se-iam no imenso oceano, se ousassem transpô-lo. O sacrifício imposto a essa criança de 9 anos resultava no preço a pagar pela liberdade da pátria. Para além disso, os ingleses dissuadir-se-iam de fomentar ou inspirar movimentos revolucionários na América do Sul. D. Pedro, por mais alheio que se mantivesse aos jogos de interesses cortesãos, pela primeira vez se apercebia da importância política da sua figura, da carga simbólica que, afinal, carregava consigo. Se lhe chegaram aos ouvidos esses rumores, tê-lo-ão impressionado desde logo. Afinal, de que teria ele que fugir? Que crime teria de expiar? Ainda não se encontrava em idade de duvidar ou entender. Porém, em nome da grei teria de partir. A sua curiosidade e imaginação projetar-se-iam, desde logo, sobre essa terra tão distante, rica, exótica, mas também tão diversa e afastada de tudo o que até então conhecera. Como seria ela? Talvez lá pudesse correr à vontade, misturar-se com as pessoas, amansar animais e montá-los, jogar com amigos, aventurar-se pelo desconhecido. Ele era homem e queria prová-lo, desde logo. Além de duas irmãs, acompanhá-lo-ia sua tia-avó D. Maria Benedita, que, como viúva de seu tio D. José e, portanto, muito mais velha e sensibilizada para as tarefas cortesãs, o supervisionaria. O mais legítimo defensor desta solução chamava-se Tomás Antônio de Vilanova Portugal, compunha o círculo das pessoas de absoluta confiança de D. João e desempenhava as funções de responsável (fiscal) pelo Erário Régio. Por sua proposta, o príncipe assumiria logo o título de Condestável e, além dos familiares diretos citados, far-se-ia acompanhar pelo conde de Belmonte, mulher e filho. A senhora tomaria a seu cargo as infantas, enquanto o filho, também criança, se tornaria companheiro do príncipe nas distrações, na formação, no cotidiano carioca. Far-se-iam todos acompanhar por dois generais e uma força militar. Por uma questão de segurança, poderiam fixar-se em São Paulo. Recebê-los-ia no Rio de Janeiro o vice-rei, conde dos Arcos, que, na verdade, mais tarde se tornaria num dos seus mais íntimos amigos e confidentes.[2] Nobres como o marquês de Santo Amaro, o futuro conde da Barca ou o visconde da Anadia concordavam com o plano. O único reticente desses membros da regência era D. Rodrigo de Sousa Coutinho, que preferia o embate direto com as forças francesas em solo europeu, se elas concretizassem a ameaça de invasão.

O Conselho aprovou a medida da transferência do Príncipe. Encetaram-se os preparativos para a viagem, foram-se aparelhando as naus na ribeira do Tejo. Nesse sentido, o conde da Barca, secretário da Guerra e Estrangeiros, mandava ordem ao conde de Redondo, responsável pela Real Ucharia, para que "se apronte, com toda a brevidade o que for necessário" para a viagem do príncipe da Beira e família.[3] D. João, por sua vez, como sempre, hesitava, ia dilatando no tempo a execução da medida. Separar-se do herdeiro, em momento crucial, correndo o risco de o perder, constituía uma decisão superior às suas forças. Alguns conselheiros perceberam-no e recuaram no parecer. Se a pátria exigia um sacrifício desses, então, ele alargar-se-ia a toda a família real, incluindo a rainha, mesmo incapaz. Entretanto, desde o início de outubro se hesitava, se cruzavam os pareceres, se levantavam suspeitas e acusações, se amaldiçoavam os riscos inerentes a medida tão drástica e arriscada. Triunfaria, por último, a decisão de que não se desmembraria a família régia. O príncipe não partiria sozinho. Talvez Napoleão até ainda mudasse de perspectiva relativamente a Portugal. A diplomacia, mais uma vez, pretendeu mudar o curso dos acontecimentos, com a ajuda do regente. Acenava ela com a satisfação de algumas exigências do imperador, embora apenas parcialmente.

Uma, porém, se afigurou de maior relevância para o atrair: propor o casamento de D. Pedro de Alcântara com a filha de Murat, sobrinha de Bonaparte. Este sempre se mostrara sensível a entendimentos com vultos da realeza e uma proposta desta agradar-lhe-ia. O jovem seria sacrificado no altar do bem comum. O resto, *i. é.*, as consequências pessoais, morais ou, mesmo, familiares daí advindas, isso, considerar-se-ia mais tarde. Afinal, o rapaz ainda só contava 9 anos. O tempo escoava-se e, pelo sim, pelo não, ao mesmo tempo negociava-se, na retaguarda, com os ingleses. Estes não admitiam a ideia de os franceses se assenhorearem do

---

2 MARTINS, *O Último Vice-Rei...*, p. 94.

3 PEREIRA, 1946, p. 108.

ultramar português, mormente do Brasil, nem da sua marinha. E a sua contraparte consistia em garantir a segurança da família real, se e quando esta tivesse de refugiar-se no Brasil. Afinal, este, pensava e escrevera-o Sousa Coutinho, então embaixador em Londres, reformista convicto, podia vir a transformar-se num poderoso império, liderado pela monarquia lusitana. E o futuro confirmaria, ao menos em parte, o seu prognóstico. Seria D. João VI a lançar-lhe os fundamentos e, em certa medida, a proclamá-lo, de fato, quando, em 16 de dezembro de 1815, o elevou à categoria de Reino Unido.

Formação de uma personalidade e esboço de um caráter

Entre os 7 e os 8 anos, Pedro apercebeu-se de uma crise gravíssima entre os seus progenitores, mesmo que ainda não fosse capaz de lhe perscrutar as razões profundas. Isso acabaria por deixar marcas na sua personalidade em formação. Como sabemos, no momento em que D. João assumiu a regência (1799), decidiu afastar sua esposa do respectivo Conselho. Esta, segregada do acesso às fontes de informação oficial, procurou obtê-la de outra forma. Foi preparando uma estratégia de espionagem, controlada por si e apoiada por figuras gradas da corte. Assim se foi constituindo

> uma verdadeira teia de cumplicidades em torno daquela [princesa], tornando-a, com o passar dos anos, uma espécie de contrapoder dentro da corte [...] D. Carlota não perdeu nunca a oportunidade de pôr à prova a sua vontade contra a de D. João. Este embate de autoridades, transformou-se ao longo dos anos numa verdadeira guerrilha conjugal [...].[4]

Nos assuntos de Estado, como nos mais correntes e caseiros (escolha de criados, etiqueta, casamento de empregados), o choque de posições era uma constante. E repercutia-se para além do confronto dos esposos, tornando-se patente aos servidores do paço, que dele tinham conhecimento e o comentavam. A futura marquesa de Alorna D. Leonor, bem como seu irmão D. Pedro de Almeida,

---

4   PEREIRA, 1999, p. 53.

foram-se aproximando dos interesses e da estratégia de D. Carlota, bem como outros nobres. Do lado do regente foi-se formando um grupo de servidores, de que sobressaíam os célebres irmãos Lobato, validos do regente e que se agregaram numa "verdadeira oligarquia da criadagem palaciana e a quem [...] D. João irá devotar a mais estranha confiança".[5] Deste modo se percebe o clima de desconfiança, de intriga, de delação, vivido no círculo cortesão. Carlota Joaquina, sempre que possível, manifestava o seu protagonismo, o seu poder, em questões pontuais, revelando aos olhos do público os diferendos conjugais privados, hostilizando o regente. Pouco a pouco, de forma mais ou menos sutil, clareavam-se as suas ambições políticas, patentes a partir de 1805. Ela nunca escondera que era uma Bourbon e que a ligavam a Espanha laços familiares indestrutíveis. A sua consonância com as decisões de Carlos IV, seu pai, colocava-a, de quando em quando, contra o marido, como ocorreu na famosa Guerra das Laranjas, em 1801. Porém, o episódio mais grave sobreviria em 1805, com a chamada "conspiração dos fidalgos" ou "conspiração de Mafra", através da qual se imputava ao príncipe a mesma doença que atingira sua mãe, isto é, a incapacidade mental para governar. Na realidade, D. João, bem como alguns dos seus acompanhantes, sentira-se mal numa caçada em Samora Correia: vômitos, vertigens, diarreia, febres, delírios, provavelmente provocados por ingestão de alimentos impróprios. Tendo em conta que o regente se resguardava do público por causa do mal-estar e da debilidade do seu estado de saúde, tendo sido postas a circular, além disso, informações médicas pouco credíveis e outros boatos que, entretanto, começaram a avolumar-se e a serem conhecidos do público, procurou-se fazer crer que urgia substituí-lo na regência, por insanidade mental. O motor de tal atoarda era o grupo de aristocratas que se manifestava contra certo rumo mais austero da governação joanina. Se ele houvesse de ser substituído, quem lhe sucederia? Dois grupos se digladiavam desde já. Para um deles, a sucessora só podia ser portuguesa e, nesse caso, a escolha voltava-se para D. Maria Benedita, irmão da rainha. Para o outro, a regente teria de ser a esposa de D. João, há muito desafeta ao seu governo e, portanto, agradável ao grupo da maioria dos aristocratas, muito deles pró-franceses. A conspiração tornou-se do conhecimento de D. João, que, perante a gravidade dos fatos, mandou averiguar, pela intendência da polícia, o

---

5   *Idem*, p. 55.

60 Eugénio dos Santos

que lhe estava subjacente. A própria presença pública da sua pessoa nas cerimônias protocolares, nos atos litúrgicos, na condução dos negócios públicos, revelou que, afinal, as notícias segredadas, em surdina, não passavam de trapaças, de manobras com um objetivo claro: esbulhá-lo do poder. O que se conseguiu provar no decurso do processo, longo e complicado, é que D. Carlota sabia o que se passava, fomentava o alarmismo e se dispunha a substituí-lo na regência. A partir de então, na sequência das picardias anteriores, entre o casal jamais houve cooperação, harmonia, diálogo. Os corpos de ambos podiam estar próximos. As almas, porém, distanciavam-se cada vez mais. E os cortesãos conheciam a raiz do diferendo conjugal, comentavam-no, alinhavam-se de acordo com os seus interesses, na ótica de obterem dividendos futuros. Apesar de não ter jorrado sangue dessa "rapaziada", como se lhe chamou, estava, mais do que nunca, patente aos olhos do público o divórcio dos corações reais, ao menos aparentemente.[6]

D. Pedro de Alcântara, observador, astuto, sentimental, crescia imerso neste caos de sentimentos familiares. O pai, por feitio, reservado e introvertido, escondia-lhe as teias do seu drama familiar e isolava-se com o grupo dos seus conselheiros, onde pontificava um tal Francisco Lobato, confidente de D. João que com ele embarcará para o Brasil, vindo a tornar-se visconde de Vila Nova da Rainha. Homem oriundo de baixa condição social, uma parte da alta nobreza detestava. O jovem príncipe assistia à desavença dos progenitores consternado, amargurado, mas impotente para mudar o rumo do comportamento da família. E, mesmo com os carinhos de D. Madalena Josefa, que lhe deu os peitos na mais tenra infância, de D. Mariana Botelho, sua aia atenta e complacente, ou de D. Maria Genoveva, figura tutelar que nunca o abandonou e lhe dispensava atenção, solicitude e amor, ele sentia-se, é verdade, o centro das atenções, mas, ao mesmo tempo, distante da proteção e apoio dos pais. Tanto um como outro conduziam as suas estratégias de ação de forma autocrática, escondendo os objetivos e os meios utilizados para os atingir. O seu crescimento fisiológico não se repercutia na partilha de informações que, por direito, também a ele lhe cabiam. Era jovem, é certo, mas desejava saber e poder participar na tarefa de ajudar a conduzir a pátria pelo rumo certo, em momentos delicadíssimos, como o que se vivia em 1807 e até posteriormente... Por um

---

6   A despeito destas discordâncias, "as divergências entre eles não são assim tão profundas. Do palácio de Mafra, escreve o príncipe (3 de julho de 1806): "Meu amor recebi com o maior gosto a tua carta por nela ter a certeza de que estás boa... Adeus meu amor até à vista". Cf. AZEVEDO, 2003, p. 44.

lado exigiam-se-lhe posturas de quase adulto, ao decidir-se enviá-lo para o outro lado do Oceano, enquanto, por outro, lhe escapavam as mais primárias fontes de informação fidedigna, para que pudesse ajuizar, fazer ouvir suas opiniões.

A transferência da corte para o Rio de Janeiro não inverteu o procedimento da família. E, contudo, seria aí que se formaria o caráter, o espírito e a alma do jovem, como ele próprio reconheceria muito mais tarde. Em 1833, pouco antes de morrer, em carta ao filho Pedro, de 9 de janeiro, afirmará, desde solo português, referindo-se ao Brasil, "país em que me criei [...]",[7] que a sua educação, em sentido lato, fora brasileira. Contudo, havia já marcas indeléveis bem anteriores.

Pedro Calmon, ao considerar a sua formação, entendeu dever afirmar: "D. Pedro de Alcantara formou ahi [no Rio] o espírito. A idade das impressões definitivas é a dos 10 e quinze annos. O buço espontou-lhe no Rio de Janeiro: ahi se fez rapaz e homem".[8] Criado à rédea solta, em boa medida, carregava, desde o berço, no sangue que lhe corria pelo corpo alguns dotes de espírito que consigo nasceram, como a estuante energia de que dera largas provas em momentos-chave, a resistência constante, a varonia e a virilidade. Dir-se-ia que o destino (ou o signo) o fadara para uma existência plena de glória, de paixões, de coragem, de impulsos instantâneos e também de desventuras, de desgostos, de culpas reconhecidas, constituindo tudo uma mescla emaranhada, que o faziam único. Habituara-se, desde menino, a perceber o valor da vontade, do arrojo, da firmeza, porventura da teimosia. Podia, às vezes, parecer rude e era-o, certamente, mas sabia reconhecer falhas, limitações, abusos de poder, que, aliás, o incomodavam e constrangiam. Num momento de autocrítica sagacíssima, embora reportando-se ao domínio da paixão amorosa, escrevera acerca de si próprio: "a fruta é fina, posto que a casca seja grossa".[9] E com a mesma franqueza e humanidade já antes escrevera: "Eu sou imperador, mas não me ensoberbeço com isso, pois sei que sou um homem como os mais, sujeito a vícios e a virtudes como todos o são."[10] Quem teria coragem de emitir sobre si próprio juízos destes, encontrando-se, nessas

---

7   A.M.I. (Petrópolis).

8   CALMON, 1933, p. 36.

9   Carta de 13 de dezembro de 1827, dirigida à marquesa de Santos.

10 Carta de 4 de maio de 1824. Em correspondência íntima mantida com José Bonifácio e após judiciosas considerações deste, escreveu: "se todos os príncipes que quisessem obrar precipitadamente (assim como pelo Diabo eu ia fazendo), tivessem um amigo como eu prezo ter, eles nunca se

datas, no cume da pirâmide da sociedade e do poder? Haverá prova de maior humanismo, mesmo no sentido renascentista do termo? Não se ficaram por aqui as provas de reconhecimento de suas limitações. Apontava-as como exemplo do que deveria ser evitado nos seus descendentes. Uma das maiores, senão mesmo a mais evidente das preocupações da sua paternidade foi cuidar desveladamente do futuro e da educação dos filhos. Todos mereceram o seu amor exemplar e publicamente afirmado, fossem legítimos ou bastardos, como referiremos mais adiante. Por agora, bastar-nos-á considerar que, em carta ao seu amigo visconde de Barbacena, ao recriminar-se por não ter aproveitado quanto deveria durante o magistério dos seus professores ao referir-se, mais uma vez, ao seu sucessor no império, dirá: "Eu e o mano Miguel haveremos de ser os últimos malcriados da família."[11] E malcriado, no contexto, deve entender-se por inculto, impreparado, deficientemente educado. Pedro perceberá, desde cedo, as lacunas da sua formação intelectual, talvez a demasiada complacência com que o haviam brindado e os respectivos inconvenientes. Verdadeiramente não se podia considerar a si próprio um príncipe finamente educado, de maneiras suaves e polidas, de palavras convencionais, sempre de sorriso nos lábios, disfarçando sentimentos e gostos. Dificilmente conseguia disfarçar e não suportava ingratidões, viltas, faltas de respeito, que, quando reconhecidas, facilmente perdoava. Dir-se-ia que o seu comportamento roçava uma rudeza quase rural, distanciando-se dos padrões da urbanidade cortesã. Esta enojava-o desde que a sentiu personificada no círculo que lhe rodeava a família, avó, pai, mãe. Preferia a autenticidade ao disfarce e, se um dia viesse a reinar, imporia a autoridade do trono, não permitindo a sua tibieza. Jurara nunca admitir desrespeito ao cetro da monarquia, como infelizmente sucedia com seu pai. Iria vingá-lo, cedo ou tarde. Desde a adolescência desejava que o olhassem como homem, rijo, viril, arrojado, apaixonado. Ele tornar-se-ia um chefe, liderando sempre e nunca se deixando escorregar para o lado mais cômodo. A sua constituição neuropática manifestara-se desde cedo e marcara-o. A epilepsia transformara-o em pessoa de extremos, nele se tocando a linguagem e as atitudes mais suaves com a rudeza do insulto e até do castigo. De porte médio, nunca seguiu o modelo obeso do pai. Comia e bebia muito moderadamente, não

---

deslustrariam, e sua glória seria multiplicada todos dias" (Cavalcante, "D. Pedro I e José Bonifácio sob o império da amizade", in *Anais do Museu Nacional*, vol. 30, 1998, p. 86).

11 SOUSA, 1988, I, p. 35.

sendo um gastrônomo, nem um enófilo. De boca nunca fora exigente e de hábitos era também popular e frugal. Dormia poucas horas diárias e trabalhava intensamente. Poupado, quase a roçar a sovinice, sabia ser liberal e quase perdulário, se lhe tocassem o coração, como ao longo do texto iremos sugerindo. Neste esboço da personalidade pedrina, demos a palavra a um dos seus estudiosos, ainda do século XIX:

> Dom Pedro IV, filho de portuguez e de hespanhola, era um d'estes temperamentos meridionaes, especialmente peninsulares, impressionaveis e arrebatados, expansivos e voluveis, que contrastam com [...] as raças do norte.
> Creado à lei da natureza, pouco illustrado, abandonado a si mesmo pela falta de uma prudente tutela paterna, D. Pedro IV faz lembrar as plantas silvestres que nascem sem cultura, que vivem sem resguardos e que morrem crestadas pelo sol violento ou pelas geadas intensas.[12]

Sintomático, embora só esboçado, quadro. Alguém lhe chamou já um homem ambíguo.

Ambiente fluminense e meios de afirmação

A cidade na qual se instalou a corte, finda a longa e incómoda viagem, causou uma profunda decepção e um sentimento de total frustração. Quem esperava desembarcar num centro urbano extenso, limpo e organizado, com palácios, igrejas, repartições públicas, casas alinhadas e feitas de materiais duráveis, com lojas comerciais bem sortidas e gente de nível, enganou-se redondamente. Oliveira Lima descreveu-a assim:

> O Rio de Janeiro, cuja importância política só datava propriamente de um século, depois de começada a exploração das minas, e de cujo aformoseamento apenas tinham cuidado muito mais tarde os vice-reis transferidos da Bahia, Luiz de Vasconcelos e Rezende especialmente, ainda era uma mesquinha sede de monarquia. As ruas estreitíssimas, lembrando mourarias; as vivendas sem quaisquer

---

12 PIMENTEL, 1896, p. 11 e 12.

vislumbres de arquitetura, afora possíveis detalhes de bom gosto, um portal ou uma varanda; os conventos numerosos, mas simplesmente habitáveis, exceção feita dos de São Bento e Santo Antônio, situados em eminência e mais decentemente preparados; as igrejas, luxo de toda cidade portuguesa, frequentes, porém inferiores nas proporções e na decoração de talha dourada às da Bahia, provocando por isso entre a devoção e caridade dos fiéis um estímulo de obras de embelezamento, cujos resultados já apareciam nos nobres edifícios em construção da Candelária e de São Francisco de Paula; o plano da cidade por fazer, cruzando-se quase todas as congostas num vale mais largo, sem cálculo, sem precauções mais do que a de aí conservar no desenho um arremedo de taboleiro de xadrez, espraiando-se o resto das moradias, ao Deus dará, pelas outras campinas sitas ao sopé dos morros escarpados.[13]

Que contraste com algumas descrições chegadas à Europa e que choque violento! Onde estava a "nobre cidade" de São Sebastião do Rio de Janeiro? Vários autores procuraram, mais tarde, descrevê-la, a partir de alguns (poucos) testemunhos contemporâneos. E a imagem da reconstituição não deixava de ser desoladora. Demos a palavra a um deles:

[...] chão úmido e feio, prenhe de lagoas verdes e podres, com logradouros públicos cobertos de tiririca e de sapé, crianças nuas, pretos resmungões e animais à solta; praças despidas de arborização e de beleza, betesgas e alfurjas imundas, estreitas e com casario reles, velho e desmoronante, como que a requerer picareta, fogo ou terremoto [...], que desordem, que irregularidade de casas as desta cidade! Há algumas que parecem palhoças de uma aldeia. Que falta de arruamento, simetria, gosto comodidade [...].[14]

Mesmo a Igreja do Rosário, adaptada a catedral, não passava de uma pequena capela, se a comparassem com os maiores templos de Lisboa, ou com Mafra. A população também não era muita, rondando, no máximo, 60 a 100.000

---

13 LIMA, 1996, p. 67.

14 EDMUNDO, 1957, VI, p. 597.

habitantes.[15] Os cortesãos, perante o cenário, entraram em estado de choque cultural, emocional, alimentar, e até de higiene. Com razão, os portugueses que chegaram ao Rio, em 1808, eram frequentemente acusados de hábitos arcaicos, em relação à limpeza corporal e à higiene. Idos de um clima temperado ou frio, raramente transpiravam como aqueles que se expunham às altas temperaturas dos trópicos. Além disso, uma pessoa de alta condição não tocava nada de sujo, não necessitando, pois, de lavar-se regularmente. Neste aspecto, o peso de comportamentos medievais continuava muito forte.[16] No Brasil, por osmose dos hábitos indígenas, os procedimentos eram outros: abluções frequentes, mudança de vestuário e limpeza de interiores eram mais frequentes. Contudo, o mesmo não poderá afirmar-se da limpeza urbana carioca. Algumas décadas antes (cerca de 1770), o vice-rei, marquês do Lavradio, em carta a um seu amigo, queixava-se do clima: "Eu aqui vou passando suando, coçando-me e até gemendo", acrescentando que "acostumado a passear pelas redondezas do Palácio dos Vice-Reis (depois Paço Imperial), ficava incomodado com o fato de os escravos, à vista dos passantes, fazerem tudo o que a natureza lhes lembrava".[17] Não é crível que tais comportamentos se transformassem de imediato! A cidade capital do império a partir de 1808 não era atractiva por si mesma. Longe disso, Pedro Calmon chamou-lhe

> uma cidade mesquinha [...] largo bairro comercial entre o Castello e a Saúde, entre o caes do Paço e a rua da Valla, e um suburbio equatorial que as chacaras retalhavam, muravam, cercavam, derramadas livremente, como quintaes minhotos [...] A vida económica, ralamente urbana, com os seus aspectos miseraveis das cidades portuguesas do começo do século, fronteirava ainda com os trapiches do Vallongo atulhados de negros que se leiloavam em tangas cingidas aos rins [...].[18]

---

15 MACAULAY, *cit.*, p. 29.

16 Wilcken insiste no dimorfismo comportamental entre brasileiros e portugueses, quanto à higiene corporal. "Segundo os relatos existentes, não tomar banho era um ponto de honra entre a classe alta dos portugueses do Rio" (2005, p. 205).

17 Fabiana Vilaça dos Santos, *Mãos Limpas*, Nossa História, Ano 2, nº 23, setembro de 2005, p. 74. Referem-se estes hábitos à década de 1770. "A cidade dos tempos do Sr. D. João ainda guarda a fisionomia aflita e asselvajada que tinha na época dos vice-reis e dos governadores" (EDMUNDO, 1957, p. 597).

18 EDMUNDO, p. 34.

Foi só a partir da instalação da família real e do seu séquito que se iniciou a grande mudança urbana. O crescimento iniciou-se por São Cristóvão, Campo de Santana, Laranjeiras, Botafogo, Catumbi, Flamengo, e "longo tempo lhe foi preciso para arruar as estradas e povoar as comunicações entre uns e outros sitios, onde se accumulavam as habitações ageitadas para a paz rural e as grandes colmeias de escravos". Entre esses lugares, hoje emblemáticos, haviam sido rasgados caminhos pelo mato, onde os viajantes eram precedidos de criados com pistolas e paus para se protegerem das cobras e dos ladrões. Mocambos de pretos, fugidos aos seus donos, escondiam-se na floresta, juntamente com índios botocudos, que caçadores, quase como bandeirantes, liquidavam a tiros de bacamarte ou afugentavam para além dos morros, escondendo-se por detrás do Pão de Açúcar. "Esse era o Rio do rei João, que consternava até ao sarcasmo e encantava até à ternura, os viajantes estrangeiros [...]."[19] Foi aí que viveu, foi crescendo e se foi fazendo homem D. Pedro de Alcântara.

Não chegaram até nós muitas informações sobre esse período. Algumas, contudo, parecem relevantes. Uma delas respeita à residência da família real. O edifício do paço, primeiro ancoradouro da família inteira (exceção feita à rainha demente), cedo se tornou acanhado e inábil para todos. Faltava espaço e minguavam também condições psicossociológicas para que todos os seus membros coabitassem nesse comprido e despido imóvel, retalhado internamente por muitos gabinetes, cujas portas se alinhavam em corredores longos, conduzindo a alguns salões de certa dimensão. Juntar num mesmo espaço toda a família, funcionários e servidores parecia arriscado. E foi. Na verdade, o regente e esposa só a contragosto estariam tão próximos durante tempo considerável. Por ordem de D. João, iniciaram-se, desde logo, diligências para divisar edifícios mais apropriados e condignos, talvez em lugares mais arejados e tranquilos, nos arredores da urbe, onde haveria mais espaço e liberdade de movimentos.[20] Desse modo, os cônjugues poderiam seguir caminhos diversos, acomodando-se até em espaços distantes, um do outro, o que agradava a ambos. Aos infantes a solução também agradava. Uns juntavam-se ao pai; os outros acompanhariam a mãe. E, a breve tempo, foram surgindo "residências" espalhadas à roda do núcleo da cidade, umas próximas, como a Quinta da Boa Vista, o Andaraí,

---

19 *Idem*, p. 35-36.

20 Esses seriam marcados com as iniciais PR, que alguns desdobravam em "Príncipe Regente"; outros, maldosamente, prefeririam leitura mais mordaz e impositiva: "Ponha-se na Rua"!

D. Pedro – Imperador do Brasil e rei de Portugal 67

Mata-Porcos e Botafogo, outras mais afastadas, como a da ilha do Governador, a de São Domingos ou a de Santa Cruz.

De entre todas, a Quinta sobressaiu desde logo, ficando, daí para sempre, ligada aos soberanos do Brasil, que aí moraram parte importante de suas vidas. Nela foi construído o palácio de São Cristóvão, no qual D. João, os seus dois filhos e a filha Maria Teresa passaram parte considerável da sua estadia em terra carioca. Os adolescentes encontraram aí um espaço amplo, que tanto lhes agradava, usando-o nas mais variadas formas de traquinices e divertimentos. A propriedade, cedida por um comerciante português, chamado Elias Antônio Lopes, incluía um palacete, remodelado agora segundo as exigências dos régios moradores. Obras posteriores ampliá-lo-ão, fornecendo-lhe a silhueta de um palácio mais digno da monarquia.

O palácio de São Cristóvão ergue-se ainda hoje numa pequena elevação de terreno, situado no centro da quinta, ao qual se acede por um longo e espaçado passeio, rodeado de árvores frondosas e vegetação verde mais baixa. O grande portão de acesso terá sido construído, logo no ano da chegada da corte, pelo arquiteto José Domingues Monteiro, aproveitando-se a oportunidade para proceder a reformas do seu interior e decoração, a cargo de Manuel da Costa.[21] As obras do exterior, como escadarias, fachadas, varandas, pavilhões, foram-se sucedendo, ao longo dos anos, dirigidas por vários arquitetos e mestres, o último dos quais foi um francês, de nome Pézérat.[22] Estendendo-se por mais de uma década, refletem a heterogeneidade de soluções que cada responsável pretendeu imprimir à sua ação, no conjunto da obra do palácio.

Rodeava-o um largo espaço verde, com pequenas elevações e alguns pauis, para onde se escoava a água abundante, estendendo-se longos jardins em todas as direções, donde brotavam árvores de fruto como as laranjeiras, as bananeiras, os cafeeiros, protegidos pelas frondosas sombras das mangueiras. Flores permanentes, de tons muito variados e sempre vivos, saídas de arbustos como os loureiros multicolores, canaviais de bambus, pequenas palmeiras e coqueiros, emprestavam ao sítio um misto de romantismo e de tranquilidade. O inglês Luccock, que o conheceu bem por dentro e por fora, comparando-o com

---

21 SOUSA, 1998, I, p. 70.

22 *Ibidem*.

as grandes residências dos aristocratas britânicos, achava-o pouco espaçoso, pretensioso por alguns dos seus laivos góticos ou neoclássicos e mobilado ao acaso, faltando-lhe o bom gosto e a finura de alguns palacetes europeus. Teria, seguramente, razão. Apresentava-se, contudo, como o melhor que foi possível ir construindo e mobiliando em tempo curto e em pleno uso, longe das fontes de inspiração europeia e onde escasseavam os artífices treinados nas artes de cantaria, de decoração e do conforto, típicos dos países de climas temperados ou frios do Velho Mundo. O movimento de vai e vem entre o paço da cidade e a Quinta da Boa Vista transformou-se numa rotina para os cariocas. Pessoas de condição, aristocratas, diplomatas, burocratas, criados e curiosos espiavam esses movimentos rotineiros entre ambas as residências, na mira de verem, em carne e osso, os elementos da corte. Essas deslocações constantes de pessoas salvaram as aparências do cotidiano do casal regente. Raramente D. Carlota Joaquina se apresentava para jantar à mesa do rei e dos filhos e "nas cerimônias oficiais, ocupava o trono à esquerda de seu marido", vindo, em contrapartida, muitas vezes "de manhã ouvir missa na capela da Boa Vista".[23]

Outras residências para a família real se aparelharam nos arredores da cidade. Merecem destaque a da ilha do Governador e a de São Domingos, do outro lado da baía da Guanabara, onde alguns membros da régia família estanciavam, de tempos em tempos, em épocas solenes do calendário litúrgico, como o Natal, o Carnaval ou a Quaresma. Porém, a mais frequentada e apetecida situava-se em Santa Cruz e transformara-se, quase sempre, em estância de verão, logo desde 1808/1809, no caminho de São Paulo. Havia sido uma vasta e rica propriedade dos padres jesuítas até 1759. Após a sua expulsão, incorporou-se nos bens da coroa, tendo caído, a partir de então, praticamente em ruínas. As obras dos canais de irrigação, das comportas e diques para as águas, dos currais para o gado, da residência, dos campos para cultivo dos frutos e legumes, dos anexos, onde se alojava e dormia a escravaria, quase se tornavam imperceptíveis. Ruíra tudo. Chegara o momento da recuperação e da reabilitação do lugar. D. Pedro afeiçoar-se-á particularmente a esse rincão do solo carioca, como local de refúgio, de divertimento, de reflexão. Aí montava cavalos de raça, se exercitava em exercícios de destreza

---

23   DALBIAN, 1959, p. 15.

física, caçava aves tropicais, atirava ao javali. Santa Cruz transformou-se num lugar emblemático para o jovem.

Nestes espaços muito vastos, sem o constrangimento de tão frequentes cerimônias protocolares, livres de horários rígidos, os príncipes e o próprio D. João, a despeito de algumas contrariedades e falhas de conforto doméstico, foram-se adaptando às novas condições climáticas, alimentares, sociais. Afinal, o Rio de Janeiro também oferecia algumas formas de encantamento: uma vida muito mais repousada, menos protocolar, próxima de uma natureza muito pródiga, cheia de surpresas agradáveis, onde a rigidez dos costumes europeus pouco se fazia sentir. A miscigenação étnica e a liberdade de se apresentar em público, despido de preconceitos e até do vestuário europeu, redundaram numa magnífica sensação de alívio e de liberdade para tudo testar, tudo provar, tudo ousar. Tudo aqui poderia ser permitido. Iniciava-se, para cada um, uma era de experiências nunca antes vividas, de proximidade ao mundo mais autêntico, de usufruir dos prazeres que a vida pode oferecer. Se a D. João a nova situação agradava, distante das permanentes notícias que circulavam na Europa sobre Napoleão e suas tropelias à diplomacia, muito mais atrativa se apresentava aos seus filhos, sobretudo a Pedro e Miguel. Rodeados de cortesias e libertos de uma pressão constante dos aios, que os não acompanhavam sempre, disfarçando-se entre os serviçais do paço ou por detrás dos tufos verdes da rasteira vegetação da quinta, brincavam, dançavam, cantavam, comiam e bebiam daquilo que era típico da culinária local. D. Miguel amestrava cães, enquanto D. Pedro preferia domar e amansar cavalos das estrebarias palacianas. Talvez aí, em contato com a natureza mais espontânea, observando o comportamento dos animais a que se afeiçoaram e dos serviçais com quem partilhavam conversas, intimidades e experiências, no claro-escuro de algum lugar isolado, tenham observado cenas de sexo pela primeira vez, despertando então o seu próprio instinto. Nada mais natural num meio tão pródigo, tão cúpido, tão luxuriante e excitante. As adolescentes mestiças e negras passeavam por aí os seus belos corpos, de cor cobreada e de atitudes lânguidas, tocando o apetite inocente dos jovens príncipes. A quase nudez dos seus membros deixava transparecer a sua licensiosidade e complacência, o seu assentimento a qualquer solicitação sugerida. Afinal, que barreiras mediavam as imposições da condição social? Elas existiam e ninguém as ignorava. Não, porém, aqui.

Uma certeza ficou para a posteridade: a família residente na Quinta da Boa Vista passou a amá-la, sentindo-se nela como nunca acontecera em qualquer das outras por onde passara. Ela tornou-se a residência oficial do regente. Aumentava, por isso, a sua visibilidade pública. As horas do dia haveriam de contemplar o cotidiano dos membros da corte. Uma série de tarefas era inerente à sua condição: despachos protocolares, recepção de secretários, embaixadores, cortesãos, povo. D. Pedro e seu irmão participavam de tudo, observando e misturando-se com esse ritual todos os dias centrado na figura do pai. Sempre que podiam, escapavam-se, engolfavam-se no parque arborizado e fresco, dando largas à sua destreza juvenil, nos jogos mais prazeirosos: subiam às árvores, saltavam fossos e muros. Cedo perceberam que um dia haveriam de conduzir forças militares e essa expectativa era-lhes grata. Treinavam-se desde já, organizando e comandando os seus "exércitos" de negros e mestiços, vestidos e armados como se estivessem em combates a sério. De quando em quando, algum carioca abastado, habituado a armar ciladas aos animais da mata atlântica, presenteava-os com onças, javalis e macacos vivos, logo enjaulados em espaço próprio, onde pudessem ser objeto de curiosidade, de análise comportamental e, talvez, de estudo.[24] Várias vezes Pedro foi encontrado junto das cavalariças, para onde se escapulia sorrateiramente, sempre que lhe davam espaço de livre arbítrio. Os cavalos atraíam-no irresistivelmente, desde a adolescência, nisso se identificando com o seu sangue bourbônico. Miguel pendia mais para o lado dos touros e do espetáculo montado à sua volta: as touradas fascinavam-no. Desde muito cedo o mais velho sabia tudo sobre cavalos, como se aparelhavam, se afeiçoavam, se alimentavam, se treinavam, se operavam e atrelavam aos carros ou à charrua. Queria tudo limpo, ordenado e preparado para viajar, sempre que fosse necessário. O pessoal que trabalhava nessa área palaciana conhecia as suas exigências, as suas aptidões para o selim e respeitava-o. Para o próprio príncipe esse contato direto se tornou extremamente útil e pedagógico, ensinando-o a lidar com as várias etnias, sem as discriminar pela cor da pele. Às vezes, uma educação mais pragmática e livre, embora menos refinada e livresca, prepara melhor do que se pode imaginar, para uma vida cheia de surpresas e imprevistos. Rudez de formação nem sempre descamba em grosseria, embora a possa também incluir.

---

24   Será acaso que ainda hoje aí se situe o Jardim Zoológico do Rio de Janeiro?

Marcas de uma adolescência

Em cada indivíduo podem divisar-se fases de crescimento que o marcam para sempre. A infância reveste-se de excepcional importância, como demonstram estudos contemporâneos, mas a adolescência imprime caráter definitivo. Dela arranca o homem e essas raízes jamais se desvanecem. Remontar a esse período da vida de alguém e desvendar-lhe a sensibilidade e os comportamentos equivale a diagnosticar, por antecipação, a natureza do homem que se lhe segue. Com o príncipe da Beira não deveria ser diferente. E, realmente, não foi. Sigamos-lhe os passos – e os traços – mais relevantes nessa fase da vida.

D. João aportara ao Rio em clima de incerteza, de perseguição, de violência provocada pela arremetida das tropas napoleônicas sobre Portugal, em 1807. A trasladação forçada da corte cessaria logo que da águia napoleônica fossem cortadas as asas. A nobreza, forçada a deixar Lisboa, suspirava pelo regresso, comunicando às respectivas famílias, em numerosas missivas, as saudades da terra amada e lamentando-se das condições modestíssimas e insalubres vividas na outra margem do oceano. O verdadeiro paraíso ficara nas margens do Tejo. Contudo, mesmo com o imperador dos franceses cativo na ilha de Santa Helena, derrotado vergonhosamente em solo peninsular, o regente não exteriorizava qualquer sinal de pretender regressar. Sentia-se bem.

> Tudo quanto até então constituíra a sua atmosfera de eleição, ele fora encontrar no Brasil. Encontrou as cerimônias de corte [...] os sermões ressoando eloquentes sob a abóbada dos templos [...] Para mais um cenário de enfeitiçar, abrilhantado por um sol incomparável, avivado pelos tons cálidos das flores selvagens que esmaltam o verde uniforme das florestas quase impenetráveis, banhado de uma aragem tépida propícia à deliciosa vida sedentária [...].[25]

Lisboa recuperara a serenidade, mas para quê regressar? Na sequência do Congresso de Viena, de 1815, o Brasil foi por ele elevado à categoria de Reino Unido. Daí em diante, a mesma coroa reinava em ambos os hemisférios. Ela ainda pertencia a sua mãe D. Maria, é certo. Porém, havia de coroar-lhe também

---

25 LIMA, *cit.*, p. 22.

a fronte, talvez a curto prazo. E ele sempre fora paciente. Saberia esperar. Na corte fluminense todo o cerimonial monárquico se implantara. O jovem D. Pedro tornou-se príncipe real do Reino Unido de Portugal, Brasil e Algarves.

Desde cerca dos 10 anos de idade o encontramos compenetrado de funções sérias, ao lado do pai, sabendo que um dia lhe haveria de suceder. A cerimônia protocolar do beija-mão real conferia-lhe também a ele uma dignidade precocemente assumida. Sentado numa cadeia, junto ao trono, imitava os gestos e as honras conferidas a D. João. Oferecia a mão direita para ser osculada pelos súditos aristocratas e pelo povo, compenetrado e sério. Divertia-se, porém, com as crianças. Apertava-lhes o queixo ou agredia-as levemente com as costas da mão, fazendo gestos excêntricos, sempre que não se sentia observado pelos ascendentes. Esse comportamento e ascendente familiar parecem ter causado ciúmes ao seu irmão D. Miguel, desde muito cedo. Aos 7 anos, este disparou às pernas dos entrantes no palácio um canhão miniatura, oferecido pelo almirante Sidney Smith, em jeito de vingança pelo ascendente do irmão. Cresciam juntos, porém divergindo em comportamentos. As diferenças tornavam-se cada vez mais notórias entre ambos. Se D. Pedro não aparecia como um superdotado, o irmão ficava-lhe bastante aquém. Macaulay, estribando-se em fontes brasileiras, chama-lhe burro, porque, após vários anos de instrução, continuava a escrever "Migel".[26] Para o que ambos manifestavam inclinação era para a área do treino militar, orientando nesse sentido as crianças ou adolescentes que, obedecendo-lhes, conseguiam mobilizar e comandar. Eles surgiam como os chefes, encabeçando forças hostis. A liberdade de ação fascinava-os e permitia-lhes aventurarem-se em bandos pela cidade, onde entrava a estúrdia e alguma violência. Pedro era visto desde novo pelas tabernas em companhias pouco recomendáveis, iniciando-se com jovens mais velhos nos "vícios" da juventude. Certa ocasião, apareceu com uma ferida de alguma gravidade. O médico, pelo diagnóstico, convenceu-se de que ela fora provocada por alguma confusão numa dessas tabernas da cidade. O príncipe, contudo, insistiu sempre que ela resultara de uma queda do cavalo, o que também não raramente sucedia, variando, porém, a gravidade dos ferimentos delas decorrentes. Os cavalos e mulas faziam parte do seu cotidiano, encontrando-se em quantidade, tanto no Rio, como em São Paulo. As viagens dos Paulistas para as minas

---

26 *Cit.*, p. 33.

do ouro e dos diamantes encrustavam-se no dorso desses animais, onde tudo era transportado, por caminhos estreitos, perigosos e permanentemente degradados. O acesso ao interior a partir da orla costeira não dispunha de alternativas. O sul do atual território brasileiro só se tornou verdadeiramente vital quando os governantes perceberam que aí havia gado vacum e cavalar em grande profusão e a própria salvaguarda das minas de ouro exigia uma defesa a partir de longe. O Rio Grande do Sul só viria a tornar-se foco de redobrada atenção e defesa a partir do século XVIII. Se os espanhóis se aproximassem de São Paulo, por via terrestre, ocupando o solo, onde se montaria a defesa das minas? Os territórios sulinos revestiam-se, pois, de nevrálgica importância. Urgia ocupá-los. Aí abundava carne, que se autotransportava, peles, cavalos, muares de qualidade, gêneros que São Paulo e o Rio de Janeiro gastavam em quantidade crescente. Disso dava sinal seguro a feira de gado de Sorocaba, na província de São Paulo. Aí se encontravam alerta os famosos terços de cavalaria, base da organização militar dos Paulistas. E o príncipe percebeu rapidamente o valor estratégico que o planalto de São Paulo representava quanto ao futuro das minas auríferas. As reservas de carne, de peles e de animais de tiro de que estas não podiam prescindir iam chegando ininterruptamente, a partir dos famosos currais do sul. D. Pedro deixou, aliás, para a posteridade a imagem do rei-soldado, montado num macho, exibindo a carta na mão. Não herdaria nada da sua ascendência bourbônica tão engastada no seu sangue, como o gosto e o contato com o mundo dos cavalos. Estes foram introduzidos em grande número na Fazenda de Santa Cruz, onde chegaram a trabalhar 1000 escravos. A presença estival de D. João nesse lugar promoveria a propriedade e fá-la-ia regressar aos tempos de esplendor de outrora.[27]

Os cavalos, rápidos e de raça de que o príncipe jamais prescindiu em terra brasileira e com os quais se entendia perfeitamente,[28] causaram-lhe, contudo,

---

27   Macaulay refere – e bem – que entre a sociedade fluminense e a baiana se divisava uma notória diferença nos transportes de pessoas, em 1808. Na Bahia a força era escrava ou bovina, sobretudo nos engenhos das plantações de cana e a cavalaria desconhecida, enquanto no Rio os negros também transportavam, com frequência, a nobreza em liteiras às costas, mas as carroças puxadas por mulas concorriam com essa forma de locomoção. Entre um e outro destes meios de locomoção solene, as liteiras acabariam por não agradar aos príncipes, que as consideravam efeminadas e se inclinavam, preferentemente, para os gostos da mãe, uma amazona reconhecida, preferindo os cavalos. *idem*, p. 34.

28   "Dom Pedro was a fine horseman, but he was not a great horse trainer" (*Idem*, p. 36).

algumas mazelas. Sofreu trinta e seis quedas, algumas com gravidade, e a sua epilepsia congênita agravou-se. Até aos 18 anos foi acometido por seis grandes ataques, debilitando, desse modo, uma compleição física que, embora robusta, não deixava de causar algumas preocupações, até porque a sua alimentação sempre se pautara pela frugalidade. É certo que habitava num palácio confortável, rodeado de comodidades de toda a ordem e aí tencionava a família permanecer. Arquitetos aumentavam as dimensões da construção primitiva, introduziam torres, varandas, colunas, acessos e encomendava-se mobiliário de qualidade. D. João decidira radicar-se no Rio, e São Cristóvão transformara-se na sua residência de eleição. Seu filho consigo aí viveria a sua adolescência. Passeavam juntos pelos arredores nas tarde quentes, sob a sombra de árvores nativas, deslocando-se à encosta da Tijuca ou ao jardim botânico, onde especialistas chineses tinham introduzido a plantação do chá. Além da cerimônia do beija-mão, que alguns viajantes estrangeiros estranharam, considerando-a medieval e quase ridícula, tornara-se hábito que, à passagem dos membros da família real, os transeuntes ajoelhassem, em sinal de respeito, descobrindo a cabeça. D. Pedro observara esta prática, apreciava-a e ficava galanteado, ao apreciar o espectáculo da vassalagem. Sentia-se o centro do poder e orgulhava-se disso. Se o não obsequiassem, não enjeitaria represálias. Na verdade, elas vieram a suceder, sobretudo com estrangeiros. Os membros da sua comitiva usaram violência, uma que outra vez, com a complacência do príncipe.

Durante a fase de crescimento ele fora-se transformando num jovem bem constituído, ágil, ativo e polivalente. Mostrava ter-se adaptado bem às exigências da vida na terra: sabia laçar gado, ferrar cavalos, adestrá-los. Levantando-se cedo, exercia atividades múltiplas à roda do palácio: nas estrebarias, tratando dos animais, nas dependências dos escravos, dando ordens e supervisando trabalhos, acompanhando as fainas campestres, aprovisionando alimentos para o gado. A caça fascinava-o desde jovem, sobretudo na Fazenda de Santa Cruz, onde perseguia javalis, onças, caimões, exercitando o tiro certeiro e oferecendo, depois, as espécies abatidas. Parecia resistir constantemente ao cansaço.

E, contudo, a doença acompanhava-o desde novo. A primeira manifestação grave da epilepsia sucedeu na parada militar na Praia Grande, onde, na companhia do pai, em uniforme militar, assistia a um desfile. A cerimônia havia sido preparada com esquadrões de cavalaria e uma bateria de artilharia, vindos da

Europa, que estavam prestes a partir para o sul, juntamente com infantaria brasileira. D. João queria enviar essas tropas para o Uruguai, ao contrário do que lhe aconselhava Beresford. Tudo isso sucedia em 1816, logo a seguir à morte de D. Maria I. O regente persistia em enviar tropas para lá e quis que tal fosse precedido de uma cerimônia soleníssima. Convidou para ela diplomatas e personalidades de relevo. Teria ela lugar em Niterói, no dia do seu aniversário, a 13 de maio. Após o desfile em parada dar-se-ia início ao embarque rumo ao sul. Toda a família real estava presente e os infantes, fardados a rigor, suportaram durante horas um sol intensíssimo, enquanto se efetuava a revista às tropas em parada. Durante o beija-mão régio, D. Pedro entrou em transe, espumando, de olhos virados, estrebuchando, rolando-se pelo chão. Socorrido, voltou à cerimônia duas horas depois. Contava 17 anos de idade. Já a doença nele se manifestara desde os 13. Por isso não lhe causará qualquer vergonha, nem ao círculo que o rodeava, uma vez que se habituaram a conviver com a doença. Parecia normal na sua constituição física, que Octávio Tarquínio de Sousa considerou de excessos, "segundo a fatalidade do seu temperamento neurótico".[29] Uma boa parte do seu comportamento e do seu temperamento colérico, violento e agressivo poderá explicar-se por esse traço da sua personalidade. Os seus pais, aliás, causaram sempre muita preocupação aos médicos: Carlota Joaquina por causa da enfermidade pulmonar; D. João, em virtude da erisipela e dos olhos, além de achaques ocasionais, como convulsões, que atingiram todos os filhos do casal.

Criança viva e espevitada, adolescente ativo, que a vida no Brasil, ao ar livre e em liberdade efetiva, ajudava a robustecer. As referências iconográficas ou descritivas que existem mostram-no como um "menino belo talvez, menino vivo, menino inteligente, menino arrojado, sem a menor dúvida".[30] Esse arrojo tê-lo-ia assumido a partir das suas longas estadias na Fazenda de Santa Cruz e na ilha do Governador. Aí sentira o bafo das senzalas e inteirar-se-ia da sua prosmiscuidade de vida, observando cenas de amor e de sexo entre os escravos, despertando nele o instinto latente. Conservara e provara alimentos de gente do povo, misturara-se com todos, sentira o doce afago de mãos femininas e toques de ternura de mulher no seu corpo quente e sensual. Um erotismo exacerbado que viria a caracterizar a

---

29   *Cit.*, I, p. 85.

30   SOUSA, 1988, I, p. 77.

sua vida íntima entre os 23 e os 30 anos e tantas preocupações e dificuldades lhe causaria, quer no plano familiar, quer diplomático, irrompeu, como fogo indomável e avassalador, nessa época. Aliás, parecia um mal de família. Seu cunhado e primo D. Pedro Carlos, marido da irmã mais velha, casado recentemente, finara-se jovem, ao que se dizia por abuso do tálamo conjugal, como informara Luís dos Santos Marrocos.[31]

Desde jovem se sentia e queria ser reconhecido como um homem, ainda que em tamanho pequeno. As honras de que era alvo o iam sempre convencendo disso. E, além de macho, para mostrar ao pai que ninguém lhe usurparia direitos ou funções, exibia-se como um chefe[32] e também como um intimorato, pois, "se lhe diziam ser perigoso galgar um muro, trepar a uma árvore, montar um cavalo, ele, de súbito, fazia a proeza e ria sem alarde, demonstrando não ter medo".[33] Aí pelos 13 ou 14 anos, pretendia já ser encarado como um homem feito, exigindo que desse modo o tratassem.

Como sucedia com os herdeiros régios, D. Pedro manifestou alguma precocidade comportamental. A pompa e cerimonal em que participava e de que a sua pessoa era rodeada acrescentaram maioridade à sua auto-estima. Desejava mostrar-se como homem maduro, ainda antes de o poder ser. "Nele, o ímpeto vital seria sempre tão forte e ativo, que, a não ter morrido moço, o preservaria, sem dúvida, do mal de que veio a sofrer o filho, o Imperador D. Pedro II: a velhice prematura."[34] Foi também nessa fase da vida que seleccionou amizades e cortesãos, "mas sabia-os tratar, distinguir, aproveitá-los como fazia com as fêmeas que se aproximavam das suas precoces necessidades de amor. Seria sempre um violento nas paixões, impetuoso e fugaz, volúvel, mas com um grande desejo de responsabilidade".[35] O conde dos Arcos, governador da Bahia, com o

---

31 *Anais da B. N.*, vol. LVI.

32 MARTINS, Rocha, *O Último Vice-Rei do Brasil*, p. 95, escreveu: "[...] piparoteava o nariz dos filhos dos fidalgos que vinham ao beijamão mas, se acaso lhe faltavam em categoria os militares, sabia encará-los como um futuro chefe. De resto, mesmo quando fazia as suas travessuras, chicoteava os cavalos, empoleirava-se nos carros, guiando a quatro, ou pregava as ferraduras nas alimárias, mesmo fardado de capitão, e de comendas ao peito".

33 *Idem*, p. 96.

34 SOUSA, 1998, I, p. 80-81.

35 *Ibidem*.

qual manteria uma longa relação de amizade, mandara-lhe uma missiva e artefatos pirotécnicos, que o fascinaram. Da capital enviou-lhe o seu agradecimento profundo, pelo "jogo que me mandou [...] desejando que o conde seja tão feliz como o meu affecto lhe apetece",[36] e logo no mesmo mês do ano seguinte, no dia subsequente ao seu aniversário, se lhe dirigia de novo: "Meu Conde. Não sabe o prazer que tive em ver letra sua e em saber que estava bem, como eu também. Agradeço o presente. Este seu amo e amigo como homem e não como príncipe. Pedro."[37] Inequivocamente, exigia que o encarassem como um homem, embora adolescente. Esta obsessiva afirmação da sua masculinidade envolvia, como parece claro, algum complexo edipiano. Decididamente não trilharia as pisadas do comportamento paterno nessa matéria. Ele havia de ser macho, talvez até autoritário, toda a vida. Prová-lo-ia desde logo, não apenas pelas barbas negras que fora exibindo desde que despontaram no seu rosto corado e arredondado, como sugerem os testemunhos iconográficos da época. Não hesitaria quando se impusesse decidir, não toleraria que desafiassem a sua autoridade, jamais alguém o haveria de supor efeminado ou traído nos seus afetos. E as mulheres com quem lidou de perto bem sentiram o seu impulso másculo, dominador, arrebatado, mas também a derreter-se em ternura e emoção. Como bem salientou Alberto Pimentel, seja-nos lícito repetir, este

> filho de portuguez e de hespanhola, era um d'estes temperamentos meridionaes [...], impressionaveis e arrebatados, expansivos e voluveis, que contrastam essencialmente com a fleugma, a concentração, a atividade fria, methodica, das raças do norte [...] Gastam-se depressa estes temperamentos combustíveis, inflammaveis. O fogo que os vitalisa, devora-os n'um incendio dia a dia ateado.[38]

Na verdade, este filho de D. João VI, vivendo pouco mais de 35 anos, consumiu-se numa atividade espantosamente variada e fecunda, que oscilou entre o amor mais terno e quase pueril, expresso numa linguagem a roçar o ridículo e a violência mais colérica da perseguição aos seus contraditores. Nunca seria

---

36   Carta de 26 de setembro de 1811.

37   Epístola de 13 de setembro de 1812.

38   *A Côrte de D. Pedro IV*, 1896, p. 11 e 12.

um acomodado, como o pai, muito menos um covarde. O que sentia, estalar-lhe-ia nas palavras, nos sentimentos, nos gestos, exprimindo-se teatralmente, para que ninguém pudesse ignorar.[39] Mantivera com D. Marcos de Noronha um intercâmbio significativo. O conde, que via nele o futuro da coroa e o destino do solo americano, não podia esquecer a oportunidade que estivera iminente, mas se malograra, de o ter recebido como vice-rei, aos 9 anos de idade, enviado para a América como símbolo de uma liberdade intocável que a coroa portuguesa haveria sempre de manter, face à ameaça anexionista de Napoleão. Se tal houvesse sucedido, tudo teria seguido rumos diversos. O príncipe cresceria mais sintonizado com as exigências do seu futuro estado, a educação a rodeá-lo teria assumido rumos mais pragmáticos, ter-se-iam evitado os espetáculos de cenas de desavenças familiares, controlar-se-iam os impulsos desenfreados para aventuras, correrias, desobediências. Que pena, pensava o conde, não ter ele crescido sob a sua tutela amiga, em terra de insuspeitáveis recursos, desejosa de afirmar a sua identidade. Como vice-rei deixara obra, mas como ministro conselheiro do jovem príncipe transformar-se-ia numa máquina de reformas do grande império. D. João governava, desconfiando. Se houvesse sintonia e confiança recíproca entre ele e o infante, todos lucrariam. D. Pedro autorizara "sua" Maria[40] a corresponder-se, em seu nome, com D. Marcos. E, em 7 de julho de 1814, este recebeu uma carta dela, desta vez por uma razão pontual: o príncipe intercedia pela nomeação de um amigo, o desembargador Henrique de Melo Coutinho de Vilhena, que almejava integrar-se no Cível ou na Relação do Rio. O jovem, de quase 16 anos, tinha a "serteza [sic] de que ha de ser servido pela posse em que está de que V. Ex.ciª em tudo lhe deseja dar gosto [...] Sua Alteza continua a parecer bem só alguma coisa Magro, mas muito crescido".[41] Com pouco mais de uma década e meia de vida, sentindo-se homem, até já podia interceder por um amigo, na certeza de que a sua vontade haveria de ser respeitada. Crescera, crescera até muito, apesar da magreza (ou talvez por causa dela!). A epístola recebida por D. Marcos de Noronha acrescentava mais um dado novo nas ocupações do adolescente: "[...] tem trabalhado muito na sua oficina de torno em que tem muito gosto

---

39 "Não hesitava em dizer na cara das pessoas o que pensava delas [...]" MARTINS, cit., p. 96.

40 D. Maria Genoveva do Rego e Matos.

41 Carta de 7 de julho de 1814 ao conde dos Arcos.

principalmente em obras de madeira para que V. Ex.ciª tem concorrido com as lindas amostras que lhe mandou".[42] Divertia-se, imitando os marceneiros, trabalhando a madeira, em banca própria para tal, como agiam os profissionais. E não se dispensava de trabalhar nas melhores madeiras locais, solicitando ao conde 16 amostras ou variedades diferentes, uma das quais designava por gonçalo-alves.[43] Ficava agradecido com o lindo boldrié com que o conde o presenteara, assinando-se como "amo e amigo". A saúde, contudo, não se apresentava tão robusta como parecia. Em 1815, segundo Marrocos, "S.A.R. o Sr. Príncipe D. Pedro esteve há dias muito doente com uma erisipela, obrigando-o a estar na cama, o que nos assustou muito; porém agora acha-se bem e restabelecido". Doença incómoda e contagiosa, que o obrigava a recolher-se, eximindo-se ao contato com outras pessoas. Ficaram-lhe marcas no rosto, pois quem com ele conviveu falava de marcas de bexigas. Afinal, fora a erisipela a sua causa.

Assim se foram sucedendo os anos do príncipe, agindo com a maior liberdade e desgoverno. Mais tarde lamentar-se-ia de o terem deixado à rédea solta, como um palafreneiro.

As suas maneiras e comportamento estavam longe de condizerem com a dignidade do seu nascimento e com as responsabilidades que o esperavam, como aliás, se queixavam os diplomatas estrangeiros.[44] Quanto mais ia crescendo em idade e claro entendimento da teia de relações em que se encontrava imerso, mais se distanciava da fraqueza do pai e dos jogos de bastidor alimentados pela mãe e pelo grupo que a rodeava.[45] Ela mais se assemelhava a um diplomata fingidor e egoísta[46] do que a uma fêmea que protegia e acarinhava, acompanhando os passos, ainda inseguros, dos filhos. O jovem caiu facilmente para o lado mais

---

42 MARTINS, Rocha, s. d., p. 98.

43 "Em 1814 virara marcineiro [...]" (CALMON, 1933, p. 42).

44 DALBIAN, 1959, p. 28.

45 D. Carlota preferia instalar-se longe do marido, o que agradava a ambos. Ela residia a maior parte do tempo em Botafogo, com passagens fugazes pelo Paço, enquanto D. João e os filhos se mantinham na Boa Vista. Entre 1812 e 1814 o casal continuava em lugares distantes, segundo Luís Marrocos. Prepararam-se para ela aposentos em diversos lugares, como Vassouras, Surui, Andaraí, Botafogo, Mata-Porcos. Botafogo sobrepunha-se a todos nas suas preferências. Acompanhavam-na as filhas mais novas e, portanto, os outros raramente a encontravam.

46 Encontrava-se absorvidíssima com as questões políticas surgidas no vice-reinado do Rio da Prata, do qual se considerava herdeira legítima.

apelativo. As pessoas de baixa condição lisonjeavam-no, acarinhavam-no e ele correspondia-lhes, deixando-se enredar nas suas teias de comportamento.

> Orgulhava-se da sua habilidade. De uma feita, incógnito, bateu os cravos a uma ferradura que dava que fazer ao cavalheiro, que lhe obstruía o caminho. De outra, repellindo o máo ferreiro, elle mesmo tornara a repregar a sua montaria. A cidade divertia-se com essa jovialidade: contrastava com a tristeza habitual da côrte, a immobilidade pacífica de D. João, sempre a engordar. Afastando-se entretanto da etiqueta do paço, associava-se à peor gente das ralés. Methia-se com ella, a experimentar força [...], falando-lhe no seu calão, tão lacaio nos modos como os moços da ucharia.[47]

Em verdade, D. Pedro começara a liberalizar os costumes da rígida etiqueta cortesã, a que nunca se submeteu, aliás. Viveu, na fase mais impressiva da sua existência, longe do luxo e das práticas palacianas europeias. Por isso se sentia livre para poder associar-se à canalha da nova urbe nascente. Pagou, contudo, um preço: "aquelle meio de eguariços e bolieiros aggravou, muito cedo, as tendencias revolucionarias do espirito de D. Pedro. Attingiu a puberdade sem nenhum respeito humano por symbolos, convenções, crenças".[48] Ao longo da sua vida algumas dessas falhas ensombraram, para sempre, a sua imagem pública. Ele próprio o reconheceu e, por isso, com tanto cuidado e solicitude encarou a educação de seu filho e sucessor. Quando pressentiu que a morte se ia aproximando, culpabilizava-se por muitos erros cometidos e clamava ao seu herdeiro que nada melhor para o enobrecer do que uma formação cuidada e criteriosa. Na sua retina de arrependimento se encontrava esse tempo de estúrdia e de perdição, dispendido nas "noites com a capa traçada [pela cidade] onde tomára gosto à caçada, cheia de peripécias, de um par de olhos lindos, de um sorriso quente

---

47 CALMON, 1936, p. 42.

48 *Idem*, p. 43. A este propósito Patrick Wilcken refere comportamentos chocantes de D. Pedro, reveladores de uma inacreditável falta de pudor e até de educação, que horrorizaram os europeus, sobretudo estrangeiros, como nadar nu junto à praia, onde se encontravam senhoras da alta sociedade, urinar das janelas do palácio de São Cristóvão sobre elementos da guarda, defecar à vista da tropa nuns exercícios na Praia Vermelha, chamar "cadela" à mãe e dizer ao irmão que mandasse à merda quem o tentasse convencer a não voltar ao Rio, a convite seu. Cf. *Império à deriva, cit.*, p. 240.

de mulher. Era um audaz".[49] Quem o conheceu de muito perto, reconhecendo-lhe defeitos, considerava-o, apesar deles, um ser superior, em balanço global: "Para fazer o resumo do seu caráter, as suas boas qualidades eram propriamente suas; as más, devidas à falta de educação; e homem nenhum conhecia mais esse defeito, do que ele próprio."[50] Com excepcionais qualidades, como a bravura, a intrepidez, a inteligência, a coragem, a generosidade, a lucidez, partilhava também de múltiplos defeitos, que uma educação tacanha, conservadora e desmotivante nunca conseguira corrigir ou, ao menos, minorar.

Por seus feitos militares excepcionais e pelas audazes e duradouras transformações operadas no mundo ocidental a partir de 1789, fascinava-o a figura de Napoleão, que considerava "o maior heróe da historia",[51] com o qual, aliás, mantinha uma afinidade sutil, embora sabendo-o o maior adversário da corte de seu pai. Não o propuseram até para marido de uma afilhada do imperador dos franceses? Não simbolizava este a renovação dos governos da velha Europa? O que se impunha era aceitar o lado construtivo do novo sistema político, sabendo que a todos os homens, desde que nascem, urge reconhecer direitos e conferir liberdades responsáveis. A monarquia não se colocava em causa, mas haveria que dotar o reino de uma constituição. Onde lera ele isso, ou quem lho explicara? Ninguém melhor que o conde da Barca o podia fazer, e a obra de Benjamin Constant expunha-o com clareza. E o príncipe lia perfeitamente o francês. Antes de lhe ser indicada uma noiva, teve disponibilidade para ler também Burke, o que indiciava a sua abertura aos temas da política contemporânea.[52] No Brasil a divulgação dos princípios liberais centrados nas obras de Rousseau, Montesquieu ou Locke tornara-se um fato, sedimentando a noção de direito natural, desde finais de Setecentos. Autores como Grotius, Puffendorf, Adam Smith, Burlamaqui ou Condillac faziam parte das compras de importadores brasileiros de livros.[53] Alguns lhe terão chegado às mãos ou ao conhecimento, mesmo por interposta

---

49 CALMON, *cit.*, p. 44.

50 NAPIER, 2005, p. 271.

51 CALMON, *cit.*, p. 46.

52 Lúcia M. Bastos P. Neves, "Um homem de dois mundos", *Nossa História*, setembro, 2005, p. 45. Deste autor foram impressos, no Rio, os *Extractos das Obras Políticas e Económicas*, em 1812. Portanto, seria fácil aceder ao seu conteúdo. Cf. também CALMON, 1961, vol. IV, p. 1379.

53 SOUSA, 1999, p. 105 ss.

pessoa, tornando-o sensível a esses princípios.[54] E, afinal, Napoleão derrubara tronos, é verdade. Mas casara com uma arquiduquesa do Sacro Império. Da Áustria viria também uma noiva para D. Pedro. Ele e o imperador tornar-se-iam, futuramente, é certo, concunhados. A abertura do herdeiro aos ideais revolucionários podia escandalizar pai e mãe, mas a si parecia natural. Como jovem, que era, não poderia ignorar a força e direção dos novos ventos da política.

Da adolescência lhe ficou o gosto e a propensão para a música, conatural aos Braganças. Além disso, reconhecia-se nele também certa aptidão para as artes visuais, designadamente esculpindo figuras em madeira e desenhando, com pena e tinta negra, com alguma qualidade.[55] Pretendeu fazer-se ouvir como poeta também. Porém, nesse domínio nada produziu de apreciável. Na música, sim. Cantava com bela voz e aprendeu por si a tocar vários instrumentos. Iniciara-se já em alguns rudimentos com Marcos Portugal, mas no Rio submeteu-se às lições do padre José Maurício Nunes Garcia, que seu pai nomeara mestre da capela real, logo em 1808. O reverendo era um mulato, de condição humilde, a quem os superiores, tendo em conta os seus dotes artísticos, ignoraram os empecilhos de ascensão na carreira. D. João, melômano inveterado, apreciava-o muito. Com gosto lhe confiou o aperfeiçoamento musical do filho. O regente, apaixonado pela ópera e por oratórias sagradas, mandara construir um teatro no Rio, sob o modelo do São Carlos, de enorme dimensão, por onde passaram os *castrati* italianos, bem pagos, como se exigia. A partir de 1811, Marcos Portugal, suspeito de ser um afrancesado, sentindo-se inseguro em Lisboa, decidiu partir para o Brasil. Gozava de fama de grande compositor, mesmo fora de fronteiras, como na Espanha, Alemanha e Itália. Em muitas cidades italianas se cantaram as suas óperas. Dirigiu a grande orquestra do teatro São Carlos e responsabilizava-se ainda pela arte musical da capela real de Lisboa. O regente acolheu-o de braços abertos. O padre Maurício continuou mestre da capela real e recebeu, das mãos de D. João, a comenda da Ordem de Cristo. Marcos Portugal escrevia música profana e sacra e encorajou D. Pedro a compor suas próprias composições. O príncipe tocava instrumentos muito variados, como piano, flauta, clarinete, violino, baixo, trombone e harpa, que sua futura esposa Leopoldina muito

---

54   Cf. SCHWARCZ, 2002, especialmente a partir da p. 153.

55   MACAULAY, *cit.*, p. 37.

apreciaria. Tocava ainda guitarra, própria para acompanhar canções e danças populares, tais como o fado, a modinha, o lundu – antecendente do samba, considerado lascivo e, portanto, banido de igrejas e outros lugares mais exigentes. Há mesmo quem afirme que a sua iniciação sexual, bem temporã, terá ocorrido numa dessas danças clandestinas num qualquer pátio, misturando-se com os escravos das fazendas da Boa Vista ou de Santa Cruz.[56]

Quando Marcos Portugal paralisou de um braço, deixando de poder cumprir a sua função de mestre de canto e composição de Maria Teresa e de Pedro, sucedeu-lhe Neukomm, músico de origem austríaca, discípulo preferido de Haydn, que estivera durante muito tempo ao serviço de Talleyrand e que se notabilizara aquando do Congresso de Viena, de 1815, a ponto de o rei de França lhe conferir cartas de nobreza.[57] Sob a sua direção continuou o príncipe a aperfeiçoar-se na música, adquirindo nesse domínio bases bem sólidas, de que deu posteriormente abundantes provas. "A música constituiu quase uma mania em sua vida e ocupou largo espaço no que lhe era mais grato na personalidade, o que não quer dizer que deva figurar entre os grandes artistas musicais",[58] ajuizou, a nosso ver com razão, o seu biógrafo brasileiro mais apurado. Em jeito de conclusão sobre este adolescente real, afirmaremos que se tratava de um espírito generoso, mas complexo e quase misterioso, sedento de glória, mas quase avaro, "nimbado de

---

56 *Ibidem.*

57 DALBIAN, 1959, p. 21. Sigismond Neukomm chegou ao Brasil em 1810 e faleceria em Paris, em 3 de abril de 1858. Nascera em Salzburgo, em 10 de julho de 1778, sendo filho de um professor local. Recebeu formação musical na catedral da cidade natal, da parte de Michael Haydn, irmão do famoso Joseph Haydn. Aos 14 anos foi nomeado organista da igreja da universidade. Partiu para Viena, onde o acolheu o maior Haydn e onde estudou durante sete anos. Viajou muito: França, Suécia, Rússia, Brasil, Itália, Bélgica, Holanda, Inglaterra, Alemanha, Suíça, Turquia, Argélia. Foi sepultado em Paris, onde faleceu. Acompanhou Talleyrand ao Congresso de Viena, onde compôs e dirigiu um *requiem* em memória de Luís XVI. Foi ao Brasil em companhia do duque do Luxemburgo, que o convidou. Permaneceu no Rio até 1821, a convite de D. João VI e do conde da Barca. Além de professor de D. Pedro, também ensinou D. Leopoldina e D. Isabel Maria. Amigo do padre José Maurício, escreveu, durante a sua permanência no Brasil, 45 composições. No regresso à Europa, tornou-se hóspede de D. João VI em Lisboa, que o agraciou com a Ordem de Cristo e a Ordem da Conceição, em reconhecimento e admiração pelos seus méritos e trabalhos. Cf. monsenhor Guilherme Schubert, "Sigismond Neukomm, um músico austríaco no Brasil", in *200 Anos. Imperatriz Leopoldina,* I, HGB, 1997, p. 38-47.

58 SOUSA, 1998, I, p. 84.

romantismo", porém pragmático e ativo. Voltemos a dar a palavra ao seu mais completo biógrafo:

> Por ora é o adolescente a sentir o assalto dos primeiros arroubos e das primeiras depressões, adolescente de presença simpática e bela alma que se fazia homem ao sol do Brasil. Adolescente inquieto, que abandonava o torno de marceneiro e ia montar um potro xucro, beliscando de passagem o braço de uma mucama, que arregaçava as mangas para lavar o animal preferido, que se deliciava na conversa com os cavaleiros [...] e que, de repente, sentia os ouvidos cheios de música e só de música queria saber [...] D. Pedro tinha uma natureza rica, capaz de interessar-se e vibrar por muitos objectos.[59]

Crescera o príncipe numa cidade que se ia remodelando aceleradamente, mormente a partir da proclamação de Reino Unido, em 1815. Remodelara-se o palácio de São Cristóvão, designadamente a fachada, para a tornar mais imponente, rodeando-o de belas árvores de fruto e flores. O aqueduto da Carioca, construído anteriormente, reganhara função e dignidade, conduzindo a água do Corcovado para o centro, onde a procurava uma enorme multidão. A cidade começara a crescer para esse lado até porque D. João ordenou a construção de um novo aqueduto do rio Comprido para o Campo de Santana, inaugurado em 13 de maio de 1809.[60] A chegada de Marcos Portugal ao Rio acelerou a construção de um teatro condigno, inaugurado no dia de aniversário de D. Pedro, 12 de outubro de 1813, perto do centro, cantando-se a ópera *O Juramento dos Deuses*, do próprio músico. A partir de então incrementou-se na cidade o espaço para músicos, instrumentos, cantores. E também para taberneiros, vendedores, homens e mulheres de todas as etnias. Comprava-se e vendia-se de tudo, alimentos, bebidas, tabaco. Fumava-se e bebia-se ao ar livre, cerveja, vinho verde e maduro do Douro, cachaça, aguardente vinda de Portugal, petiscava-se carne assada na beira da rua, peixe frito, marisco. Cantava-se e tocava-se de dia e, sobretudo, durante a noite. Da higiene cuidava-se pouco. Por isso o cheiro era forte e repulsivo, sobretudo ao amanhecer e durante a calmaria diurna, provocada pelo sol tórrido. Misturavam-se todos os

---

59 *Ibidem.*

60 MACAULAY, *cit.*, p. 49.

tipos de pessoas, as que passavam e observavam, as vendedoras, os que pensavam divertir-se e, claro, as que ofereciam sexo, sem qualquer exigência. A prostituição tornou-se uma prática que chocava os viajantes, pasmados pela sua extensão e pela variedade de oferta. As doenças a ela associadas e as chagas sociais emergentes começaram a tornar-se um pesadelo para os poderes públicos, de que o abandono de crianças de todas as cores se transformara na face mais visível. Mesmo as jovens brancas, que antes apenas saíam para participarem na missa ou assistirem ao teatro, começaram a sair e a misturar-se com esse rodopio humano que o incremento urbano do Rio proporcionava.[61] D. Pedro conheceu bem toda esta sociedade por dentro, frequentando tabernas à noite, embora embuçado com a sua capa negra, tocando, cantando ao desafio, dançando ao som das modinhas, pesticando e bebendo como os demais. Era jovem ainda, mas experiência de vida não lhe faltava.

---

61   Luís J. Santos Marrocos, em carta a sua irmã, de 31 de janeiro de 1818, pede notícias "das moças do nosso Páteo e fóra delle", lamentando-se das "que vierão para aqui [para o Rio], quase todas tem degenerado e [...] com o seu máo procedimento tem desacreditado a boa fama das Senhoras de Lisboa". Continua a afirmar que "esta terra se pode chamar, com muita razão, a terra dos vícios e da perdição", o que agora lhe parece também poder dizer-se de Lisboa, "com bem mágoa minha", acrescenta. E remata assim a missiva: "effeitos de uma ôca presumpção de filhas de Lisboa, manchada torpemente com os mais descarados vícios e laxidão, que as constitui mais propriamente filhas do Inferno". Cf. *Anais da B. Nac.*, vol. lvi, 1934, p. 313-314. A licenciosidade de costumes, associada à falta de higiene, redundava sempre em calamidade pública.

Capítulo 4
A caminho da maioridade: príncipe real

Uma cidade em transformação acelerada e um quadro familiar definido

Acreditando no testemunho de Luís Joaquim dos Santos Marrocos, que aportara ao Rio em 1811, como funcionário da Biblioteca Real, acompanhando a segunda remessa de livros enviados de Lisboa, a urbe sofrera, em poucos anos, profunda transformação. Porém, as primeiras impressões que dela colhera e enviara à família, na sua regular correspondência, não podiam ser mais desfavoráveis, coincidindo o seu testemunho com o de muitos nobres aí desembarcados, em 1808. Embora instalado numas casas "nobres e magníficas" no centro, lamentava-se: "Eu tenho curtido hum grande defluxo procedido do ar infernal desta terra e tenho soffrido hũa grande hemorragia de sangue pelo nariz; por cuja causa estou temendo os grandes calores do verão." Três meses mais tarde, conhecendo melhor a cidade à qual chegara em junho, o seu relato reveste-se de um tom ainda mais pessimista e demolidor:

> [...] reflicta-se na qualidade da terra; por que havemos nella sempre hũa continua epidemia de molestias pelos vapores crassos e corruptos do terreno, e humores pestiferos da negraria e escravatura, que aqui chega da costa de leste, contando-se cada anno desembarcarem neste porto 22.000 pretos para cima: he além disto a grandeza desta cidade de pouca extensão, e mui semelhante ahi ao sitio de Alfama, ou, fazendo-lhe muito favor, ao Bairro Alto nos seus districtos mais porcos e immundos. Ora quem vem de Lisboa aqui, desmaia e esmorece: diga-o o Lima, portador da sua carta, pois está summamente arrependido de fazer tal asneira.

Como se vê, para Marrocos, a cidade não passava de um bairro de Lisboa e, mesmo assim, condescendendo. Por isso ele quase a detestava, sendo o seu objetivo regressar. É verdade que usufruía de um emprego bem remunerado, o príncipe regente acarinhava-o, encontrando-se ambos todos os dias ao beija-mão. Porém, a saúde molestava-o violentamente:

> Eu tenho passado com hũa tosse infernal; que me incommoda muito, e alguma impressão me faz ao peito; por cuja causa estou em uso de alguns remedios para atalhar o peior, mas sempre trabalhando. Obrigão-me os medicos a tomar vinho quinado em jejum, e não beber agua desta terra sem a mistura de Genebra, e bem cedo principio com mésinhices.

Além de tudo, queixava-se dos "muitos ladrões e matadores que attacão sem medo algum". À medida que o tempo passava, a sua imagem sobre o Rio ia-se degradando, pois ao pai continua a prevenir:

> por modo nenhum imagine vir para aqui, pois esta terra não tem ponta boa por onde se lhe pegue. Eu não deixo nunca de a praguejar e todos dahi clamão unanimemente [...] Athe he caridade avisar os nossos amigos para que se desvaneção de semelhante pertenção.

E remata, consternado, que soube que num barco a chegar vinha "José Lopes Saraiva com a família: tenho pena dele". Por razões e constatações tão evidentes "não tenho eu tenção de ficar aqui *usque ad mortem*", conclui ele. Acrescenta até provas do que denuncia:

> Acho-me muito magro, e até falto de forças [...], tenho mandado ajustar o meu fato de cor, pois parece que não foi feito para o meu corpo. Nada disto me admira, pois são necessarios effeitos do desgosto em que vivo e do interno aborrecimento à terra, à gente e a tudo [...], nada me faria desvanecer da minha idea o constrangimento com que vivo e o summo desejo de me retirar de tão mao paiz. Deos permitta não terminar os meus dias debaixo deste horisonte.[1]

---

1   Marrocos, 1931, p. 34 ss. Ver também o estudo introdutório de Rodolfo Garcia.

O clima fluminense parecia-lhe ainda mais pestífero do que o de África (de Cacheu, de Caconda, de Moçambique), morrendo todos os anos um número espantoso de europeus. Os sinos tocavam a defunto constantemente e o viático andava sempre fora a sacramentar os doentes. Na Igreja da Misericórdia, no ano de 1811, foram enterrados mais de trezentos lisboetas, e havia outras na cidade onde o fluxo de mortos era idêntico. Nessa terra, ao encontrar-se alguém, perguntava-se-lhe de que se queixava e não como estava. A gente era indigníssima, soberba, vaidosa, libertina, os animais feios e muitos. Era terra de sevandijas. O Brasil era a terra do seu degredo. Quando dele saísse haveria de limpar as botas na borda do cais. Detestava os pratos típicos da cozinha brasileira, como o quitute de carne seca. Até o falar da terra lhe parecia horrível: sinhor di lá, sinhora di cá, estigmatizando: "Leve o Diabo semelhante língua, pois um país onde reina a moleza e a preguiça, até no falar há somno." A sua antipatia pelo Brasil e pela cidade levava-o a usar expressões objuratórias, chulas e até brejeiras, próximas da facécia e do motejo.[2]

Este filho de Francisco José dos Santos Marrocos, professor régio de Filosofia Racional e Moral, em Belém, que fora bibliotecário da Real Biblioteca da Ajuda, não podia ser mais severo na sua análise da cidade e da sociedade com que deparara no Rio.

Porém, tudo muda na vida das pessoas, mercê das arremetidas dos tempos. Marrocos não foi exceção. Mudaria radicalmente em alguns anos, denotando esse fato a progressiva melhoria da cidade para onde se transferira e onde permaneceria *usque ad mortem*, para usar sua própria linguagem. Em 1812 declarava desejar continuar celibatário, mas em dezembro do ano seguinte comunicara a sua irmã que estava disposto a presenteá-la com uma cunhada, a qual, apesar de brasileira, lhe parecia melhor do que muitas portuguesas. A família não terá gostado da sua opção, mas ele teimou. Em setembro de 1814 matrimoniava-se com Ana Maria de São Tiago Sousa, de 22 anos, oriunda de um enlace luso-brasileiro, pois seu pai era transmontano e sua mãe carioca. O casal Marrocos teria três filhos, um homem, logo desaparecido, e duas meninas. Sentiu-se bem no novo estado. O sogro era homem de cabedais e respeitado e ele próprio ganhava bem. A partir dessa época, a sua perspectiva sobre o Rio de Janeiro foi mudando. Para melhor,

---

2   *Anais da B. N. do Rio de Janeiro*, vol. lvi, 1939.

claro. Nunca mais de lá haveria de sair, servindo D. Pedro, após o regresso de seu pai. Subiu a altos cargos na hierarquia do Estado, chegando a oficial maior da Secretaria dos Negócios do Império, isto é, tornando-se a pessoa mais importante logo a seguir ao ministro, na hierarquia civil. Em 24 de fevereiro de 1818 recebera a mercê do hábito de Cristo, vestindo, nessa ocasião, a farda de oficial de secretaria, a qual "me encheo de vergonha, julgando-me hum falperra, pois sempre tive negação e odio a enfeites e peralvilhices".

Continuaria ele a queixar-se do clima, que lhe trazia moléstias graves, ao menos duas vezes por ano, informando o pai que sua Ana dera à luz uma menina há uns seis dias e que a criava com seu próprio leite, o que não era costume na terra. Aí as negras amamentavam os filhos dos europeus, o que ele reprovava, porque as negras "me causão nojo e asco". Continuava intrigado e triste por não receber notícias do pai, que não aprovou logo o seu casamento. Percebeu este que a hipótese de regresso a Lisboa do filho se tornara remotíssima, o que, na verdade, sucedeu. Amuou com a notícia e o filho apercebeu-se.

Apesar disso, continuaram as cartas. Nunca o pai se referiu à nora, embora dela fosse recebendo notícias. Contava ele 62 anos e o filho 37, neste 8 de junho de 1818. Luís parecia mais velho ("Eu inculco huma idade mais avançada e huma apparencia acabrunhada"), ao contrário do aspecto de seu pai. Envelhecera precocemente com o desgosto de ter abandonado Lisboa em 1811, o que "me fez coalhar a cabeça e barba de cans". Ao recomendar a mulher, Ana, a seu pai, em 17 desse mês e ano, confidencia-lhe que ela gostaria muito de ir para Lisboa, "a qual segundo as informações he para os queixosos do Brasil, a Terra de Promissão". Nem mais. Inverteram-se os papéis atendendo às antigas descrições da terra brasileira. O paraíso, ao menos no plano climático e na salubridade inerente, agora sedeava-se em Lisboa. Até sua mulher não se vangloria da terra do seu nascimento: "Anna, como brazileira, nada tem de que queixar-se do Paiz, por ser sua Patria, apezar do que todos os mais praguejão e ella não deixa de sentir." Decididamente, num lisboeta jamais se esbateriam as saudades da sua terrinha natal, como Marrocos sempre exteriorizará. Tudo o que na sua saúde débil o atormentava, como o catarro, as hemorróidas, as febres, os males de pele, dores intestinais e de cabeça, tudo é fruto de um clima pestífero e doentio ou, então, como escreveu, em carta de 22 de abril de 1819, "toda estas molestias são endemicas neste Paiz".

As notícias que chegavam de Lisboa pareciam-lhe sempre escassas. Durante muito tempo seu pai, que não aprovara o casamento com uma brasileira, negara-se a escrever-lhe. Tudo o que ele apurava sobre a família chegava-lhe por informações diretas dos viajantes amigos. Mas no 1º de março, finalmente, recebeu notícias escritas pelo punho do pai. A saúde deste continuava, como sempre, vigorosa e rija. Mas a situação geral de Portugal, contada pelo pai, parecia-lhe inquietante e deixou-o consternado. A família começava a viver em grandes dificuldades. Luís, à vista desse aperto, assume uma postura corajosa, decidindo convidar a família a juntar-se-lhe no Rio, onde ele desfruta de uma situação "honrada e decente". As suas palavras são agudas:

> [...] eu julgaria por maior circunstancia de minhas fortunas que V. Mercê dirigisse as suas vistas futuras em se transportar com toda a nossa família para este continente e minha companhia e aqui fixar o seu estabellecimento com maior solidez, e até mais descanço e ainda me animo a dizer que breve de apertos vergonhosos tão humilhantes para o nosso brio, e nocivos para a sua idade e da minha mãy e da tia. He esta uma idea, que eu conservo há muito tempo, principalmente depois que perdi a esperança de voltar a Lisboa e depois que tenho observado tornarem-se mui favoraveis todas as diligencias e pertensões dos que procurão a sua residencia neste Paiz.[3]

O convite encontrava-se feito. Naturalmente seu pai estranharia tão radical mudança de atitude, que, entretanto, se fora sutilmente insinuando na correspondência. E, na carta de 24 de agosto do mesmo ano, tudo fica explícito. Ao ler mais calmamente a correspondência recebida, "na qual me communica as tristes circunstâncias em que se considera com toda a nossa familia e a falta absoluta de recursos necessarios para obstar a huma desgraça proxima, que totalmente me assusta e horrorisa", Luís, ponderando os seus deveres e a situação desafogada em que vivia, desejando "concorrer, quanto em mim haja, para affastar da nossa família a penuria, a vergonha e tudo quanto pode aggravar a nossa honra e brio", decidiu subtraí-lo "às tristes circunstâncias, que tem ocorrido desde os ultimos annos e o submergirão n'hum estado precario

---

3   Carta de 19 de julho de 1819, *Anais*, p. 368.

e quasi irremediavel". Convidou-o a partir para o Rio com toda a família, uma vez que "esse Paiz se vai tornando cada vez mais desgraçado em todos os seus ramos", acrescentando até que havia fundadas suspeitas de que ele não pudesse "elevar-se tão cedo ao seu estado antigo e florente". Ao afirmar-se pessimista quanto ao futuro da família em Lisboa, onde apenas possui "as casas de habitação nesse triste Pateo da Opera", descortina muito melhores horizontes no Rio, onde encontrará "mais solidez, satisfação e descanço e até com mais decencia, gravidade e explendor". Marrocos oferece às pessoas da família, em número de quatro, casa, escravos "que fazem parte do corpo desta família e que todos são de boas qualidades", alimentação abundante e variada, bem como todos os serviços inerentes à habitação, como lavagem e cuidados com a roupa, costura, rendas e tudo o que, porventura, seja desejável. E, repete, sem qualquer encargo. Ele paga tudo. Quanto ao que se aponta como menos positivo "neste Paiz" isso procede mais do desmazelo e falta de arranjo de cada um do que de inexistência de meios. Por fim, para convencer e desvanecer algumas reservas do pai, procede a uma descrição minuciosa da residência, localizada em sítio magnífico, de bons ares, em rua larga e asseada, próximo de um chafariz e do passeio público, não longe do mercado das hortaliças e do matadouro, "alem de mil outras commodidades". A moradia situava-se próxima do mar "para limpeza e despejo da casa",[4] além de anexar a si um grande quintal para recreio da família e criação de galinhas e outras aves. O emprego vitalício libertava-o de preocupações materiais e, por todas essas razões, encarava o futuro com optimismo, na companhia da mulher e das duas filhas. E rematava: "Neste estado vivo tranquilo, cuidando em me reformar de todas as cousas precisas." Por fim, para que o pai não se sinta inútil, acena-lhe com a possibilidade de ele trabalhar na área da sua formação:

> agradando lhe o exercicio do seu magisterio; esse mesmo he aqui muito mais interessante do que em Lisboa; pois ainda que hajão estabelecidas Aulas Públicas dos primeiros Estudos preparatorios, com

---

4   Era corrente, na cidade, o hábito de os escravos procederem ao despejo do conteúdo das latrinas na baía, para se libertarem dos dejetos acumulados nas casas. Porém, alguns, para não caminharem até ao mar, despejavam suas vasilhas nas ruas. O cheiro, exacerbado por um calor permanente, tornava-se pestilento, para além da multiplicação de insetos.

tudo na grande extensão desta cidade há famílias mui graves e distintas que preferem antes que os mestres vão a suas casas do que mandarem seus filhos as aulas para que se não destrúa o sistema de sua educação.

Quem rejeitaria uma proposta tão vantajosa e tentadora? A tentativa de atrair o pai reveste-se ainda de outros argumentos e bem fortes, aliás. Demos-lhe a palavra:

> E quando V. Mercê queira antes abraçar uma vida filosófica, dirigindo as suas vistas somente ao seu socego, e applicando-se ao estudo do seu gabinete; tem V. Mercê no que eu fiz arranjar nestas casas, independente do trafico da família, todos os meios de pôr em uso essa deliberação para escrever e trabalhar como for seu gosto; e tem alem disso o recurso de frequentar a Real Biblioteca que se acha hoje mui rica e respeitavel pelas importantes acquisições e compras que tem tido, estando toda classificada em grandes sallas.

Luís Marrocos utilizou uma parafernália de argumentos de todo o tipo, convencido de que, através deles, conquistaria a adesão da família lisboeta. Todas as razões lhe pareciam "ponderadas não só merecedoras da attenção e approvação de V. Mercê, mas dignas de se julgarem como hum desafogo e lenitivo às suas tristes oppressões passadas e hum agradavel preludio da sua projectada ventura". Ele intuía que alguns obstáculos dificultavam a concretização da sua proposta. E enumerava-os, como sendo a doença e saúde precária da mãe, a translação do salário do pai para o Rio e a incomodidade do transporte marítimo. Responde a cada um, com convicção. Sua mãe melhorará com a mudança de ares e com "a gymnastica da mesma viagem". A sua doença, acrescenta ele, é sobretudo psíquica, pois o que a afeta é o "estado precário da família [e] de necessidade padece o seu moral e o físico neste labirinto de idéas". Retirando-se as causas do padecimento, recobrará ela a saúde. Além disso, "este Paiz he mui favoravel para as pessoas idosas [...], vendo-se a cada passo indivíduos de seculo de idade". Portanto, conclui ele, talvez este convite que faz "venha a conhecer-se ser hum designio benefico da Providencia". E o medo do mar, questiona ele? Eis a resposta: "he huma preocupação nascida da fraqueza do entendimento".

Quanto ao 2º e 3º pontos a que pretendia responder, tudo se lhe antevia mais facilmente ultrapassável. Bastaria decidir-se e partir. O resto resolver-se-ia sem obstáculos graves.[5]

O que esta correspondência indicia, sem qualquer rebuço, espelha-se na substancial diferença manifestada pela imagem idealizada da cidade do Rio de Janeiro, entre 1811 e 1819. É certo que Luís Marrocos se apaixonara por uma moça prendada, começara a sentir a doçura da paternidade, se integrara nos meios burocráticos e civis da urbe, com o apoio da família da mulher. O batizado da menina (o primogênito falecera precocemente) redundou numa luzida cerimônia pública, em capela particular e com intervenção de um bispo, onde sogros, cunhados e convidados deram largas à alegria e prometeram entreajudas futuras. A sua própria ascensão profissional o ia motivando e prestigiando, fornecendo-lhe um alargado leque de influências e de proventos. A partir de 1818, podia considerar-se um profissional realizado. Até os achaques de que tanto se queixava parece terem-se desvanecido.

Porém, o mais importante a salientar é que a sociedade fluminense e a cidade haviam mudado mesmo. Tornara-se esta mais cosmopolita, mais refinada, mais artística, mais atrativa. Claro que os olhos de Marrocos se transformaram também: mais complacentes, mais tolerantes, mais sintonizados com um universo em crescimento e rápida transformação. O contraste da leitura do meio ambiente feito em 1811 e aquele que começou a esboçar a partir de 1817 tornou-se gritante. Até os ares pareciam ter-se transformado. E, na verdade, quem havia mudado radicalmente, sem disso se aperceber, era o próprio Marrocos. O seu organismo fora-se adaptando ao clima, quente e úmido, as condições físicas da urbe transformaram-se, as pessoas encontraram comportamentos de equilíbrio e estabilidade. De início, ele dissuadia alguém que quisesse radicar-se na cidade. Agora não só constata e aplaude um afluxo permanente de europeus, como incita seu pai a divulgar aos amigos e conhecidos as vantagens de partirem para uma terra nova, onde as oportunidades de singrar crescem dia a dia. Segundo ele, a lucidez de análise da situação presente, quer em Portugal, quer no Brasil, só poderia impelir as pessoas a partirem, "como o tem executado milhares de famílias, que aqui se achão melhoradas segundo as suas circunstancias". E Marrocos

---

5   Carta de 24 de agosto de 1819.

vai mais longe, certamente esquecendo-se do que tinha comunicado nas cartas de 1811, afirmando agora que aconselhava a não dar qualquer atenção aos boatos que circulavam, causa da

> antecipada aversão a este Paiz que desesperadamente flagella o coração de algumas pessoas, fazendo que o inferno vomite para aqui tudo o que tem de máo, he outro grande erro de que há muito tempo me considero despido, obrigando-me a minha razão a empregar neste ponto vistas mais filosoficas.

O excesso de sentimento, algo piegas, que brotava das suas primeiras cartas, entre 1811 e 1814, cedia agora lugar ao bom senso, a uma análise mais racional e, por isso, filosófica, nas suas próprias palavras. E esse lisboeta outrora saudoso e inconsolável pela ausência da sua família e cidade exprime-se, em agosto de 1819, nestes termos:

> Confesso a V. Mercê que nunca o meu coração se revestio de tanta candura, nem se exprimio com tanto ardor e efficacia, como agora mesmo, em que rogo a V. Mercê queira ponderar com a mais profunda madureza sobre o projecto de huma subsistencia mais tranquila, feliz e segura, inclinando-se sempre ao cumprimento dos seus incessantes desejos e não às precipitadas persuasões de outras pessoas que intentarem dissuadi-lo, pois por mais ponderosas que sejão as suas razões em contrario, nunca poderão ser abonadas pelo interesse pessoal de cada hum de nós, pelo timbre da nossa honra, pela responsabilidade das nossas famílias, e por todos aquelles motivos, em que o sangue e a natureza influem e dominão, garantindo huma resolução a mais acertada, prudente e indispensavel em tanto conjunto de circunstancias.

Partir para o Brasil, segundo o seu ponto de vista, significava reatar a afetividade familiar, recuperar a dignidade de viver e encarar o futuro com tranquilidade. Outrora não era assim, mas os tempos mudaram.

Para além de todas as razões já invocadas, uma outra se lhe antepunha, com alguma ansiedade: o futuro de sua irmã. A situação econômica por que passara a família inviabilizava um casamento adequado em Portugal. No Rio, porém, "se lhe facilitão todas as proporções de completar a sua felicidade". O matrimônio abrir-lhe-ia um futuro condigno. Marrocos, na ânsia de conquistar o ânimo do pai, remata: "tenho perdido todas as esperanças de tornar outra vez à sua presença e de gozar de sua companhia nessa cidade, pelas razões invencíveis e incontrastáveis que aqui me prendem". A sua última vontade e expectativa era que a família se voltasse a reunir toda, agora acrescida da mulher e filhas, na sua casa, onde haveria, segundo as suas palavras, "mil commodidades". À medida que o tempo se fora esvaindo, Portugal aparecia-lhe cada vez mais como uma terra que não é próspera e tem feito seu pai recuar na carreira. Desse modo, a imagem idílica que o acompanhara nos primeiros anos e que tanto o fizera sonhar e sofrer dera lugar a uma outra, mais realista e filosófica. Luís Marrocos aparece-nos, pois, como personagem paradigmática desta transformação. Colônia agora era o Portugal europeu. A corte, o governo, a fidalguia, o luxo, o futuro, tinham-se deslocado para o Brasil. Custara reconhecê-lo, mas negá-lo equivaleria a suicídio.

O Rio de Janeiro manifestava um vigor que logo em 1808 e nos anos subsequentes pareceria impensável, mas que, a partir de 1815, se tornara irreversível e imparável. Como sede da corte e do correspondente governo foram-se instalando todos os seus órgãos, como o Conselho de Estado, o Exército Nacional, o Arsenal de Guerra, o Ministério da Marinha e a própria marinha mercante, a Intendência-Geral da Polícia, a Academia Real Militar, a Casa dos Expostos, o Conselho da Fazenda, a Junta da Agricultura, Comércio, Fábricas e Navegação, a Casa da Suplicação e o Desembargo do Paço, a Mesa de Consciência e Ordens, a primeira fábrica oficial de pólvora, a primeira siderurgia, a Polícia Militar, o Corpo de Bombeiros, a Biblioteca Nacional, a Escola de Medicina do Rio de Janeiro e da Bahia, a Escola Real de Ciência, Artes e Ofícios, a Casa da Moeda, a Escola de Cirurgia e Obstetrícia, o Banco do Brasil, o Jardim Botânico, a Imprensa Régia, o Museu Nacional, a Academia de Marinha, a Escola de Artilharia, o Hospital Militar e o Laboratório Químico Vacínico, além de outras instituições, como repartições, tribunais, escolas e indústrias.[6] Os serviços, o comércio, as profissões e as manufaturas prosperaram, atraindo nacionais e estrangeiros, seduzidos pela novidade e pelas potencialidades da terra. A única monarquia sul-americana,

6   SILVA, 2000, p. 26-27.

sobrevivente ao tratado de Viena de 1815, sedeava-se no Rio de Janeiro. Mais: o Brasil nesse ano mudara de estatuto, passando a Reino Unido. Os Europeus olhavam-no com admiração e respeito. A partir de 1816 eles começaram a afluir em crescendo e faziam-se notar pela sua formação superior nas artes, nas ciências, nas técnicas, nos espetáculos, na música. Crescera a urbe, refinavam-se os comportamentos, apurava-se a qualidade de vida. A euforia instalara-se nos vários segmentos da população.

Algumas questões sérias da política diplomática já haviam sido superadas. Outras, pela sua complexidade, arrastavam-se. No primeiro caso encontrava-se a questão relacionada com a Guiana francesa, no extremo norte. Portugal ocupou-a em retaliação pelo avanço francês sobre o seu território europeu. Não sucedeu o mesmo com a chamada Banda Oriental do estuário do Prata (Uruguai). A delicadeza da situação reclamava tempo e prudência. Os Lusitanos nunca se esqueceram da sua antiga Colônia do Sacramento (1680-1777), devolvida a Espanha por força das cláusulas do Tratado de Santo Ildefonso. Ela voltava à ribalta a partir de 1808.

Há muito os Portugueses sonhavam com uma fronteira sul do Brasil alargada até ao estuário do Prata. Este parecia-lhes o limite natural do território que, se tal fosse conseguido, se transformaria numa espécie de ilha gigantesca, cercada a norte pelo Amazonas e seus afluentes, a sul, pelo enorme estuário platino e a ocidente, pelos rios Uruguai, Paraguai, pelo pantanal mato-grossense e suas vias fluviais. A ilha Brasil transformara-se num mito fundador. Entre os reinos ibéricos, tinha havido questões sérias de fronteira, que a perda de Olivença, na sequência da Guerra das Laranjas de 1801 simbolizava e que as cláusulas do Tratado de Fontainebleau, de 1807, exacerbavam. O ministro Sousa Coutinho entendia ser o momento propício para alargar os domínios sul-americanos. Logo em setembro de 1808, era enviada uma nota para o vice-rei de Buenos Aires fazendo-lhe saber que Portugal tencionava transformar aquela zona num protetorado seu. O projeto não avançou imediatamente, mas o aprisionamento da família real espanhola, em Baiona, pelos franceses, ofereceu a Portugal ocasião para se vingar da invasão de Junot. D. Carlota Joaquina era espanhola, escapara-se às garras napoleônicas e, portanto, apresentava-se como legítima herdeira das possessões espanholas. Parecia facilitada a pretensão da hegemonia portuguesa sobre a margem esquerda do Prata. Contudo, a concretização desse projeto tornou-se muito difícil. Os ingleses não viam com bons olhos Portugal a dominar a zona do estuário e as autoridades coloniais espanholas tão pouco. Os anos de 1808, 1809 e 1810 tornaram-se decisivos para a região: o representante diplomático inglês no Rio, Lord Stangford, conseguiu inviabilizar o avanço português e, em 1810, uma revolução independentista em Buenos Aires malograra as expectativas lusitanas.

As aspirações de Carlota Joaquina e as de Portugal não coincidiam. Ela considerava-se a legítima herdeira das possessões espanholas livres da América, porque era uma Bourbon e estava em liberdade, ao contrário do resto da família. Nesse sentido, começou a circular um *Manifesto dirigido a los fieles Vasalos* no qual Carlota Joaquina considerava nulos todos os atos atinentes às decisões da família real espanhola, aprisionada pelas tropas de Napoleão. A única legítima herdeira era ela, pensando até em transferir-se para Buenos Aires ou Montevidéu, deixando, desse modo, a corte portuguesa do Rio de Janeiro, com o apoio explícito do almirante Sidney Smith, com o qual, ao que constava, poderia manter um relacionamento íntimo.[7] Após múltiplos jogos diplomáticos, envolvendo Espanha, Portugal e Inglaterra e a pretensão de a princesa cingir mesmo a coroa de Espanha, a questão platina avançou num sentido nada favorável a Portugal, após a rebelião portenha de 1810. A partir do ano seguinte, D. Carlota apresentava-se como candidata à sucessão de Espanha, que deveria reger, ao menos enquanto durasse o cativeiro da família real. Assim se efetuaria, de fato, uma união ibérica. Porém, ruiram os seus sonhos políticos, a partir de 1813, mercê, entre muitos outros fatores, do desentendimento das várias facções políticas espanholas. Mas Portugal não desistira da zona cisplatina. As Províncias Unidas do Rio da Prata, que se autoclassificavam como herdeiras do vice-reinado do Prata, também pretenderam integrar a Banda Oriental do Uruguai e o Paraguai. Entretanto, Artigas proclamava a independência do Uruguai, envolvendo-se em guerra com a Confederação Argentina. Em 1814, Montevidéu apareceu sitiado por tropas da confederação, que reivindicavam soberania sobre as duas margens do Prata. D. João VI, considerando que a fronteira sul-brasileira estava em perigo, com o assentimento de Londres, mandou invadir a Banda Oriental, em 1816, sob o comando do general Lecor. Um exército português bem equipado e numeroso cercou Montevidéu, que capitulou em 1817, apesar da resistência uruguaia, de Rivera. A partir de en-

---

7   Maria Beatriz N. da Silva chamou à pretensão sul-americana de Carlota Joaquina "o *carlotismo*". Cf. *O Império Luso-Brasileiro (1750-1822)*, Lisboa, 1986, p. 391.

tão, instalara-se o domínio lusitano na região, cujo limite era o estuário do Prata. Finalmente, D. João VI governava até ao limite natural sulino. A administração portuguesa, embora moderada, suscitou oposição. Porém, em 1820, a resistência gaúcha dos Uruguaios foi derrotada na Batalha de Tacuarembó e o Brasil anexou a zona cisplatina. Tentou – e conseguiu – imprimir-lhe um sentido de incorporação ao Brasil e não de conquista ou anexação forçada. O Congresso Nacional do Uruguai aprovou essa fórmula e, desse modo, o Brasil alargava-se como um Estado-tampão, a sul, barrando alguma pretensão argentina e garantindo o acesso naval ao Mato Grosso, pela via do estuário platino.[8]

Deste modo, embora tendo de ceder à França, após o Congresso de Viena de 1815, Caiena e o seu território, donde já não advinha qualquer ameaça ao Brasil, pelo norte, Portugal alargava a sua fronteira até ao Oiapoque, como pretendia, e era-lhe prometida a devolução de Olivença. Em 1817, a corte de D. João VI concordou com essa devolução à França. A partir de então, estabilizavam-se as fronteiras do Brasil e as tensões familiares entre o casal real português esbatiam-se, ao menos no que se relacionava com as ambições políticas dos dois cônjuges.

O conjunto de elementos relevantes, que acabamos de encadear, ajudam-nos a intuir algum clima de euforia que contagiara a sociedade e fizera afirmar a cidade do Rio de Janeiro. Lembremos alguns. Em 1815, nunca será exagero referi-lo, o Brasil alcançou o estatuto de Reino Unido, primeiro alicerce essencial para a afirmação progressiva da sua identidade. Há quem, com razão, entenda que a verdadeira autonomia do território se iniciou nesse ano, sendo a independência um corolário dela. No ano seguinte, falecia a rainha D. Maria I, transformando-se D. João em rei, embora a aclamação tenha sido posterior. Ainda nesse ano desembarcava no Rio a missão artística francesa, cuja influência multimoda na sociedade fluminense todos reconhecem. De 1817 já referimos um dado simbólico evidente: a devolução da Guiana à França. Junte-se-lhe a revolução pernambucana e a sua jugulação, bem como a incorporação da Banda Oriental do Uruguai. No ano seguinte, em 6 de fevereiro, o regente foi aclamado no Rio de Janeiro como rei, com o título de D. João VI.[9]

---

8   *Idem.*

9   Cf. Adolfo Varnhagen, *História Geral do Brasil*, vol. III, Tomo V, p. 129.

Um herdeiro em evidência

Desde o momento da morte de sua avó e da ascensão automática de seu pai à realeza plena, D. Pedro de Alcântara transformara-se no príncipe herdeiro do Reino Unido de Portugal, Brasil e Algarves. Atingira a idade de 18 anos e, embora não estivesse associado ao governo, acompanhava, com atenção e ansiedade, o rumo do governo. Fora particularmente sensível aos acontecimentos de 1817, tanto na fronteira norte como na zona cisplatina, mas a notícia da revolução pernambucana desse ano alarmara-o. O que sucederia nessa região tão distante da corte, onde ele não podia contribuir pessoalmente para fazer calar os revoltosos, que lhe queriam cercear a futura herança? Ficava impaciente. Porém, se não ia ele, o seu amigo conde dos Arcos para lá avançara e sufocara esse foco de insurreição. O príncipe felicitara-o, rejubilava e orgulhava-se dessa amizade recíproca, que uma correspondência antiga cimentara. Podia, pois, tranquilizar-se quanto à paz e ordem internas.

Sabia que, desde o ano anterior, por razões de Estado, se estava a procurar-lhe noiva na Europa. Esse assunto devia ser por ele encarado com serenidade e confiança. Os casamentos dos príncipes ajustavam-se nos bastidores diplomáticos, resultavam de interesses nacionais, programavam-se à distância e, portanto, restava-lhe aguardar e cumprir uma obrigação inadiável: gerar herdeiros para a coroa. Isso não o preocupava. No momento adequado, satisfaria essa sua obrigação, através da esposa que lhe encontrassem. Soubera que até o tinham pretendido casar com uma filha de Murat, o que o teria aproximado de Napoleão, que, secretamente, admirava como chefe. Tal não sucedera ainda antes dos seus 10 anos. Agora, mais vivido e maduro, sabia aguardar. Continuava a pautar o seu comportamento por uma independência de juízo, que, às vezes, o tornava paradoxal. Mas era assim a sua natureza. "A sua má educação reforçou-lhe a vontade: soube perseverar e não ceder [...] Mudou, aperfeiçoou-se por si mesmo, caprichosamente, alumiado pelo instincto, desviado pelos arrebatamentos epileptiformes da sua cólera", refere Pedro Calmon, considerando este período da sua vida.[10]

Além das obrigações protocolares, que cumpria com prazer, nas quais se divertia e através das quais passava a conhecer melhor seus futuros súditos,

---

10   *O Rei Cavalleiro*, 1933, p. 48.

reclamava para si uma grande liberdade de movimentos, desprezando convenções.[11] A cidade crescia e o seu cosmopolitismo acelerava-se.[12] Nela, disfarçado, podia movimentar-se à vontade, sobretudo de noite, porque sempre dormira pouco. Não lhe faltava, por isso, o tempo. Ao fim da tarde, na espaçosa praça frente ao paço real, juntava-se gente de todas as condições, para discutir questões políticas, que a *Gazeta do Rio de Janeiro* ia noticiando, para comentar questões internas ou simplesmente para observar a instalação de uma modista francesa chegada de Paris e instalada na Rua Direita. À noite não faltavam espetáculos de teatro, de música popular nas tabernas, de exibição de malabaristas à luz das velas, juntando-se a tudo mulheres cobertas com xailes negros e cores garridas, de costumes livres, corpos esculturais, olhares sensuais e de etnias diversas. As mulatas tornavam-se notadas pelas suas atitudes lânguidas e provocatórias. Artigos de luxo chegavam constantemente à baía da Guanabara no ventre dos veleiros procedentes da Europa, sobretudo de Paris, Londres ou Hamburgo, ou do Extremo Oriente, como as porcelanas ou os chás da China. Os escravos negros, trazidos de Moçambique ou de Angola, continuavam a afluir, alimentando o mercado da Rua de Valongo. Apesar do decreto de 1813 de D. João para que as condições de transporte melhorassem, nada se alterara a bordo dos negreiros. Segundo alguns autores, cerca de um terço dos embarcados em África não atingia o destino e, apesar de no Congresso de Viena se ter tentado limitar o tráfego, os resultados práticos da abolição, pedida por Castlereag, não se faziam sentir. Metade dos 80.000 anualmente transportados para o Brasil ficava no Rio de Janeiro.[13] A mestiçagem da sociedade fluminense acelerava-se e os mestiços conseguiam ascender com relativa facilidade às profissões intermédias: vendedores, contabilistas, músicos, ourives, clérigos, funcionários. Esse caldeamento humano arrancava das várias etnias em presença, índios, negros, brancos. Ia-se impondo uma sociedade multirracial, mais aberta, tolerante e liberta da pesada herança segre-

---

11 "O casamento não marcou na sua vida uma era de transformação. Foi um incidente [...] O casamento rebentou-lhe em casa como uma granada", escreveu Pedro Calmon.

12 *Idem*, p. 49. "A presença da corte tinha trazido uma grande animação ao Rio de Janeiro e esta cidade da América do Sul formava um quadro cheio de contrastes, de várias cores, na qual todas as raças, todas as religiões, todas as nacionalidades se acotovelavam. De 1808 a 1818 construíram-se no Rio cento e cinquenta moradias de campo e cerca de seiscentas casas urbanas" (DALBIAN, 1959, p. 21-22).

13 DALBIAN, p. 23.

gacionista europeia. "As ruas, mal-e-mal pavimentadas, crestadas pelo calor estival, estão repletas de barbeiros ambulantes, vendedores de cestos, comerciantes de galinhas, carregadores de leite. Compram-se, vendem-se e trocam-se carvão, cebolas e alho, frutas, caça, doces diversos e palha para estofar colchões; cruza-se com carros de bois, entregadores, mas também com curandeiros, "intercessores para a salvação da alma", personalidades, soldados, prostitutas, marinheiros".[14]

A influência francesa na cidade fora aumentando sempre, crescendo a colônia gaulesa aí instalada de dia para dia. Embora sobre ela se exercesse alguma suspeição por muitos dos seus elementos serem suspeitos de jacobinismo e de manterem ligações diretas com o prisioneiro da ilha de Santa Helena, a sua influência no refinamento dos costumes e sobretudo na moda, no mobiliário, nos penteados e na culinária ia alastrando. As senhoras francesas tornaram-se modelos, pelo seu requinte e pelo apreço e gosto pelas artes. Aliás, desde janeiro de 1816 chegara à baía de Guanabara uma missão artística de alto gabarito. Compunham-na

> Joaquim Le Breton, secretário perpétuo da classe de belas artes de Paris, os irmãos Taunay, um paisagista e outro escultor, Jean-Baptiste Debret, um dos melhores discípulos de David, Grandjean de Montigny, arquitecto, os irmãos Ferez, escultores e gravadores de medalhas, Pradier, gravador em talha mole e Ovídio, mecânico.[15]

Seguiu-os, pouco depois, o duque do Luxemburgo e o naturalista Augusto Saint-Hilaire, um dos primeiros e maiores estudiosos da fauna e flora brasileiras do período cortesão.[16]

Em 20 de março de 1816 falecera a avó de D. Pedro, o que ele sentiu muito, embora nunca a tivesse conhecido como monarca, e, logo a seguir, afastaram-se dele para sempre duas das irmãs, as quais cruzaram o oceano Atlântico novamente, agora em direção a Espanha. Maria Isabel e Maria Francisca de Assis. A primeira casaria com Fernando VII, tornando-se rainha de Espanha e a outra desposaria D. Carlos Isidro, irmão mais novo do rei. Maria Isabel morreria de parto dois anos depois, mas deixara uma imagem de artista, bondosa e caridosa,

---

14   Patrick Traumann, *Rio de Janeiro, Cidade Mestiça*, 2001, p. 9.

15   DALBIAN, p. 25.

16   Autor de *Viagens ao Brasil*, editadas recentemente pela coleção Itatiaia.

que os seus súditos muito apreciaram. Este duplo casamento não esbatera as tensões políticas entre Portugal e Espanha, agravadas pela questão de Olivença, nunca resolvida, e pelo diferendo na região platina. No espírito de D. Pedro pairaram suspeitas de envenenamento de sua irmã mais velha, morta muito jovem e em circunstâncias estranhas. E isso o convidava a viver intensamente, embora defendendo-se de eventuais ciladas. O norte-americano Macaulay, um dos seus biógrafos, conta que, certa ocasião, ele apareceu numa taberna do Rio disfarçado de cidadão comum, como fazia regularmente, acompanhado de alguns jovens trabalhadores da Quinta da Boa Vista. Uma noite, envergando uma capa negra e com a cara tapada até aos olhos como os Paulistas, entrou numa taberna na Rua das Violas, sentando-se numa mesa redonda, como se fosse um deles. Dois cariocas cantavam ao desafio ao som das suas violas, quando um deles, virando-se para D. Pedro, olhando-o de frente, lhe atirou à cara os versos seguintes: "Paulista e pássaro bisnau/sem fé, nem coração/é gente que se leva a pau/a sopapo ou a pescoção." O príncipe enfureceu-se, tirou a capa e a cobertura do rosto, revelou a sua identidade e ordenou a um companheiro: "demos cabo desta porcaria". Seguiu-se uma desordem renhida, zunindo varapaus de um lado e do outro, com os clientes a refugiarem-se debaixo das mesas para não apanharem violentas pauladas. Da cena de pancadaria que se seguiu, após debandada geral, emergiu apenas um jovem de 25 anos, ágil e de pau na mão, intocado e que se dirigiu ao príncipe, dizendo-lhe: "Francisco Gomes da Silva oferece a Sua Alteza os seus serviços e os seus cumprimentos." Seguiu-se estupefação geral e D. Pedro, sem se conter, respondeu-lhe: "Brincalhão, tu és homem mesmo, és um macho."[17] Daí em diante, esse jovem tornou-se um companheiro fidelíssimo do príncipe, como veremos. Ficou conhecido na história do Brasil como o Chalaça, ou brincalhão. Gomes da Silva ascenderá aos mais altos cargos da corte, tendo partido, como tantos outros, de uma posição modesta, como empregado do paço, a partir de 1810. Acompanhara a família real para o Brasil, em 1807, serviu-a e após a sua admissão nunca mais do serviço cortesão se haveria de separar. Assistiu e participou ativamente em todo o processo conducente à independência e à subsequente afirmação do regime imperial. Sabe-se que foi aprendiz de ourives e seminarista em Santarém, mas nada mais

---

17 DALBIAN, p. 51-52.

104 Eugénio dos Santos

se apurou acerca da sua formação intelectual. Morreria aos 55 anos, após ter escrito umas *Memórias Oferecidas à Nação Brasileira*, impressas em Londres, em 1831. Casou bem e galgou todos os lugares e honras do Estado brasileiro, vivendo abastadamente na Europa, a partir de 1830. Falava bem línguas, redigia com facilidade, foi confidente e amigo devotadíssimo do príncipe, que nele confiava para escrever muitos papéis que apenas se limitava a assinar. Após a morte de D. Pedro, manteve-se devotadamente ao serviço de D. Amélia.[18]

Chalaça, protegido pelo visconde de Vila Nova da Rainha, de quem as más--línguas diziam ser filho, passou a acompanhar as viagens e os divertimentos noturnos do príncipe. Frequentador assíduo das tabernas, boa figura e de palavras melífluas, tornou-se um galã da Baixa fluminense, um excelente conhecedor de tudo o que respeitava a diversão noturna, inclusive com interesses em alguns estabelecimentos. Na Rua das Violas situava-se uma das tabernas, propriedade de uma Maria Pulquéria, da qual se tornou favorito, possuindo interesses diretos noutras próximas. Além de cliente habitual, tornou-se empresário e animador, contador de estórias, cantor de baladas e fados, guitarrista, dançarino de lundus e também zaragateiro. Por tudo isto, D. Pedro deixou-se cativar por ele, passou a acompanhá-lo, sobretudo nas noites cariocas, tornando-se ele seu confidente. E Chalaça soube manter para sempre uma total confiança do príncipe, sendo oito anos mais velho, muito vivido, forte, perspicaz e experiente. Influiu na sua conduta nos anos que precederam o enlace do príncipe, sendo, pois, alguém que marcou o comportamento de D. Pedro. Ambos se ufanavam de serem olhados como conquistadores do belo sexo. Aliás, Gomes da Silva, por ter seduzido uma matrona da Fazenda de Santa Cruz, foi, temporariamente, afastado do paço por D. João, em 1819. Requereu a sua reintegração e conseguiu-a, logo depois, por ordem do rei, muito provavelmente à solicitação do filho.

Os dois amigos frequentavam regularmente também o Teatro Real, imponente construção, inspirada na ópera de Paris, o qual oferecia ao público uma variada programação lírica e musical, óperas, sinfonias, balés, dramas e

---

18 O seu currículo é impressionante: reposteiro da câmara (1810), cavaleiro de Cristo (1815), primeiro-juiz da balança da Casa da Moeda (1816), oficial maior da Secretaria dos Negócios do Império (1823), secretário do Imperial Gabinete Particular (1825), conselheiro e intendente das Cavalariças (1826), cavaleiro do Cruzeiro (1826), coronel da Imperial Guarda de Honra (1829), ministro plenipotenciário em Nápoles (1830), dignitário honorário do Cruzeiro (1830). Cf. RANGEL, 1974, p. 200-201.

comédias. É claro que o príncipe se fazia notado sempre que assistia aos espetáculos, atraindo as atenções, tanto do público, como dos próprios artistas. E ele, gentilmente, cumprimentava músicos, cantores, bailarinas. Algumas o fascinavam pela sua beleza, destreza, arte. Ao que se sabe nutriu admiração, talvez até paixão, por uma formosa atriz, Ludovina Soares da Costa. A troca de palavras entre ambos deu origem à marcação de um encontro na sua própria casa. No lugar e à hora marcada, Pedro surgiu, ela recebeu-o à porta e fê-lo entrar. Com enorme surpresa e embaraço, o jovem deparou no interior da casa com os outros membros da companhia de teatro, incluindo o marido de Ludovina. Todos agradeceram a honra da vista de Sua Alteza Real. D. Pedro saiu-se bem da cena, agradecendo com humor a honra prestada. Porém, o seu orgulho havia sido ferido e a expectativa gorou-se completamente.[19]

O príncipe, nesta fase da vida, tornara-se conhecido pelas suas aventuras românticas, ardentes, mas fugazes e efêmeras. O calor tropical, a liberalidade do ambiente em que crescera e que, desde cedo, fora observando, a sua fisionomia atraente, a sua condição superior, tornaram-no requisitado pelo belo sexo e ele sabia-o e aproveitava. Muita paixão despertou nas jovens fluminenses, que olhavam os seus cabelos encaracolados e os seus lábios grossos como ímanes para seus corpos. E ele era, na verdade, um romântico, um sonhador, vibrando com paixões ardentes, mas sempre volúvel e a partir para novas conquistas. Os pais das jovens cariocas das classes superiores, quando ele passava, procuravam trancar suas filhas em casa, para as pouparem a eventuais desvarios ou derriços amorosos. Neste momento da sua vida, rondando os 18/19 anos, D. Pedro conheceu de perto aquilo que poderemos designar como os "estouvamentos da mocidade",[20] alardeando uma cupidez insaciável. Conta-se que, quando via passar uma cadeirinha de cortinas fechadas, transportada aos ombros de escravos, mandava-a abrir, porque sabia que aí viajava uma dama. Olhando-a, se lhe agradasse, procurava namorá-la. Algumas damas da alta aristocracia caíram-lhe nos braços, como sucedeu com a mulher do general Avilez, comandante-em-chefe da guarnição militar da cidade. Desde algum tempo antes, toda a opinião pública da cidade, incluindo os diplomatas, se apercebera desse comportamento estouvado do her-

---

19 MACAULAY, 1989, p. 52-53.

20 J. V. Serrão, *D. Pedro de Alcântara de Bragança* (1798-1834). "D. Pedro I do Brasil e D. Pedro IV de Portugal. Símbolo da Unidade Moral das duas Pátrias. Lisboa, 1987, p. 17.

deiro do trono. Afinal, estava-se em presença de um Bragança, de que seu pai se tornara excepção. D. Pedro II, D. João V e até D. José deixaram marcas dos seus impulsos sexuais incontidos e de amores clandestinos, alguns impossíveis. Este seguiu-lhes de perto o exemplo. A imagem pública que dele circulava não seria lisonjeira. Casta, muito menos. Mas tornara-se alvo de todas as atenções, pelas razões mais variadas. Decididamente, alcandorara-se às luzes da ribalta. Ninguém o podia ignorar.

Amores temporãos

D. Pedro era homem de sangue quente, impulsivo, curioso, vivo, tudo queria experimentar e saber. Apático ou acomodado nunca o conheceriam. Nele, viver significava agir. Quieto, só mesmo quando o cansaço o vencia. Poucas horas de sono o recuperavam. O apetite sexual manifestava-se muito cedo, quando era um jovenzinho. Quando? Nem ele saberia responder. Mas picava-o, atiçava-lhe o entusiasmo e ele deixava-se embalar. A carne reclamava-lhe tributo e ele cedia. "Náusea, desgosto e insatisfação lhe dariam a decepcionante experiência da volúpia solitária, como repulsa e asco a prática homossexual. Seria cedo e sempre um homem [...], interessado por mulheres, várias, muitas mulheres",[21] afirma o seu maior biógrafo brasileiro. Fora conhecendo, desde cedo, muitas aventuras sem sequência e a que ficara imune: as mulatinhas do paço, as mais velhas das fazendas de Santa Cruz e da ilha do Governador, solteiras, casadas, brancas, negras, índias, todas lhe ofereceram a sua intimidade e ambos gemeram de prazer. Atrás de um, logo se vislumbrava outro. Às escondidas, claro. Os que conheciam seus segredos, guardavam-nos. Até o seu confessor mais temporão, o bondoso Arrábida, o compreendia e lhe absolvia os desvarios, afinal, delitos da própria juventude. Não se tratava de pecados graves, de incidência pública. Amar, mesmo episodicamente, nunca foi pecado. Talvez até um dom da natureza. Um egoísta puro não ama, não se projeta, nem se doa a ninguém.

Ao crescer e analisar friamente a situação vivida pelos pais, sentia profunda tristeza, por vê-los separados, desunidos, antagonizados quase em tudo. O pai regia de fato, nada lhe faltava para poder ser feliz, tudo dele dependia. E, afinal, ele percebia-o resignado, quase humilhado, não conseguindo impor-se na sua

---

21 SOUSA, 1998, I, p. 86.

própria casa. A mãe cavalgava como uma amazona, do que ele também gostava, mas andava longe dos filhos, morava à distância, rodeava-se dos seus conselheiros e cortesãos, queria reinar por direito próprio. O resto era-lhe quase indiferente. Ao refletir em tudo isto, subia-lhe o sangue às faces, ruborescia e jurava que consigo nunca tal haveria de suceder. Ele nascera homem, queria sê-lo, já provara que o era. A sua vontade nunca se deixaria contrariar. E um homem a sério também se impõe como tal às mulheres. Não pela força, pela brutalidade, mas pelo uso dos recursos da natureza. O sexo também pode tornar-se uma forma de mostrar força, vigor, capacidade de conquista. A virilidade é quase sempre sinônimo de domínio e todo o homem é possessivo, dominador, necessitando de se sentir respeitado e obedecido. Saberia aliar esse impulso másculo com que a vida o marcara à paixão, ao carinho, à doação de corpos, irmanada pela sintonia de almas. Sim, porque as mulheres encontram-se sempre prontas a insinuarem-se, a deixarem-se seduzir, apreciam os jogos de cortesia. Um homem, como ele, tinha de dominar, possuir, prender a si, mesmo correndo o risco de amar. Na verdade, porque amar implica sofrer, deixar-se devorar pelo fogo da paixão. E como D. Pedro mergulhou nesse calor, se abandonou ao braseiro que o consumia!

Logo na adolescência extravasou os limites das paixões efêmeras, voláteis. Quase sem se aperceber, apaixonara-se. E um príncipe não tinha o direito de ceder às solicitações do coração. Ele não era um jovem qualquer. Era o herdeiro. Pesavam sobre os seus ombros muitas responsabilidades, muitas obrigações inalienáveis. Teria de deixar descendência abundante, porque a morte rondava as cabeças coroadas, mas nas veias de seus filhos, ao menos dos legítimos, teria de correr sangue real. O certo é que o seu primeiro amor aproximou-se do frenesi. Nada, nem nenhum argumento, pareciam detê-lo. Num homem, a primeira experiência desse tipo é sempre avassaladora. Queima a imaginação e reveste-se de figurações utópicas. Não dá lugar ao descanso nem à frieza de uma análise serena. O adolescente apaixonado visiona-se como um ser único, acometido de um turbilhão de sentimentos. Torna-se esquivo e quase febril. O mundo que o rodeia parece despido de alma, de valor. Tudo parece insípido, se comparado com a pessoa amada. Ele já conhecera muitas mulheres, é certo. Porém, nem dos seus nomes já se lembrava. Passaram, em cadeia, sem deixar rastro. A seguinte eliminava do quadro da sua memória os traços da anterior.

Com Noémie Thierry não podia acontecer assim. Ela abrasava-o, queimava--lhe o coração. Tinha conhecido já muitas estrangeiras, de pele alva e acetinada, de lábios vermelhos a esconderem uma boca sensual e dentes de marfim, mas nenhuma como esta francesinha. Vira-a, juntamente com uma irmã, pela primeira vez, num espetáculo e quisera conhecê-la pessoalmente. Apresentaram-lha e, nesse momento, foi fulminado pela sua beleza, sua esbelteza, sua sensualidade. Ela, por sua vez, deixara-se conquistar por aquele olhar incisivo, aqueles lábios grossos e encarnados, aquele corpo elegante. Afinal, nunca tinha encontrado um príncipe de carne e osso. Falavam-lhe dele e imaginava-o como personagem de um conto de fadas. Era uma oportunidade única na sua vida. Se a enjeitasse, jamais recuperaria a oportunidade. Desse modo, ambos se predispuseram para voar até onde os fados deixassem. Nos jovens, sempre o coração se impõe à razão e o sentimento secundariza as convenções.

Apaixonaram-se. Pedro sempre primara pela inconstância, pela volubilidade. Mas agora prendera-se a ela. Enciumara-se e passou a frequentar constantemente a sua casa. Ambos se entregaram, com frenesi, às delícias do amor correspondido, fundindo corpos e alimentando projetos. Monglave, que foi contemporâneo dos acontecimentos, escreveu, em 1827: "Uma Europeia, jovem, bela, sensível, possuidora em supremo grau de todos os encantos que são apanágio do belo sexo de nossa pátria, foi o feliz objeto que recolheu o primeiro suspiro do jovem príncipe e que lho deu com uma efusão e uma amabilidade bem francesa."[22] Dalbian nota, com argúcia, que este primeiro amor de D. Pedro se inscreveu mais no domínio da sensualidade do que no do romantismo etéreo. Ele não conseguia, mesmo apaixonado, concentrar-se apenas numa pessoa. A irmã de Noémie também partilhava os favores do príncipe, como, aliás, sucederia mais tarde com a irmã de Domitila. Portanto, mesmo apaixonado, não conseguia reservar-se, em exclusivo, para ninguém.[23]

---

22 Citado por SOUSA, *idem*, p. 88.

23 Maria Graham, que viveu no Rio de Janeiro entre 1821 e 1825, conheceu pessoalmente D. Pedro e privou com D. Leopoldina, soube deste romance pouco tempo depois. Narrou-o de forma sumária, mas viva. Atribuiu à francesa Noémie a "primeira educação" que o príncipe conhecera, isto é, uma educação requintada à europeia. Demos-lhe a palavra: "A beleza de uma graciosa dansarina [*sic*] de teatro, filha de um artista francês, impressionou o jovem príncipe, desde a primeira vez que a viu. Procurou logo uma apresentação. Em breve ficou apaixonado por ela e o seu amor foi correspondido. Os que o cercavam, bem como as pessoas da corte, viram nisto uma aventura que poderia

A notícia desses amores propagou-se rapidamente pela cidade, com algum escândalo, embora os costumes soltos do Rio a tudo se habituassem e tudo tolerassem. O caso assumiu gravidade quando se soube que a bailarina estava grávida. Daí brotaria um bastardo, mesmo antes de o príncipe se consorciar. Ora as negociações para o seu casamento tinham chegado a bom termo. A corte de D. João inquietou-se, procurando encontrar-se uma solução airosa para o problema, que se revestia de grande delicadeza, na medida em que o príncipe conseguira alojar Noémie nas dependências do palácio de São Cristóvão. Portanto, a ligação de ambos tornara-se pública e permanente.[24] O príncipe enfureceu-se e protestou quando lhe comunicaram que a sua noiva austríaca já estava a caminho.

> Recusou desfazer-se de *sua mulher*, como teimava em chamá-la. Recusava despedi-la apesar das ordens, das ameaças de ser deserdado, feitas pelo seu tolo pai, sua imperiosa mãe e por toda a corte e ministério. A Rainha ainda condescendeu em confiar na dansarina [*sic*], achando que as ameaças não davam resultado sobre ela e só exasperavam o príncipe.[25]

Maria Graham, algo complacentemente, referia que alguns cortesãos incentivaram a relação mútua, para assim se livrarem das arremetidas do príncipe sobre as suas filhas. O certo é que, após delicadas negociações, nas quais D. Carlota Joaquina teve papel relevante, a bailarina acedeu, apesar de se confessar muito apaixonada, em separar-se de D. Pedro. Mas recusava ir para a Europa. Preferia ficar no Brasil, talvez com a secreta esperança de um dia voltarem a reencontrar-se. Recebeu uma choruda quantia e partiu para o Recife, onde foi acolhida pelo governador Luís do Rego Barreto. Aí deu à luz um prematuro nado-morto. Veio a casar, depois, com um oficial francês, regressando, mais tarde, à sua pátria. Denise

---

acostumá-lo a outras relações, e a afastá-lo de certa sociedade, de que eram ciumentas, e assim não somente animaram como incrementaram sua paixão. Foram ao ponto de dar uma vultuosa quantia à mãe da dansarina para que ele pudesse gozar do privilégio de visitá-la. Mas a honra e os escrúpulos que esta tinha não puderam ser vencidos. Dom Pedro incapaz de dominar a sua paixão, desposou-a secretamente. Ela era extremamente educada e empreendeu a educação do seu real apaixonado." Cf. *Anais da B. N.*, 1938, vol. LX, p. 76.

24 SOUSA, *cit.*, p. 88 e ss.

25 GRAHAM, *ibidem*.

Dalbian afirma, por seu turno, que o consorte da dançarina era um oficial português e que ela recebera dez contos de réis de dote, o que era excelente.[26] Noémie tornou-se, de uma só vez, rica e célebre. Por sua vez, a D. Pedro, desgostoso, contrariado, mas conformado, restou-lhe aguardar Leopoldina. Octávio Tarquínio de Sousa, baseando-se em Alberto Rangel, garante que a francesa se casou com um oficial da ilha Terceira, a quem foi atribuído um ofício que rendia 800$00 réis e que D. Pedro lhe entregara também 12 contos de réis, além do quantitativo dado pelo pai, e uma valiosa joia para a mãe.[27] Não se encerrou este episódio de sua vida aqui. Mais tarde, em carta de 21 de julho de 1826 para Domitila de Castro, o imperador falava de uma "menina trazida por Luís do Rego". Alguns autores quiseram ver nisso os restos mortais da filha dos amores de Noémie e Pedro, mais tarde recolhidos por ele e sepultados no Rio. Outros, ao contrário, afirmam que se tratou de um menino e que o monarca o guardava mumificado no seu gabinete durante largo tempo. Ao certo, nunca se apurou nada disto em definitivo.[28]

D. Pedro saiu combalido deste desgosto. É verdade que gozara carnalmente, como nunca, com Noémie. Esse prazer, embora passado, pertencia-lhe. Por ele se derreteu. Percebeu, contudo, que um príncipe não pode ter sentimentos próprios. Vazar o seu erotismo num ser amado, fruí-lo docemente, sim. Mas nunca acima das razões de Estado. Este impunha deveres, como contrapartida dos imensos e únicos privilégios da pessoa real. Amores, talvez, mas ocultos, clandestinos, paralelos. No seu caso, o único amor legítimo, oriundo de atração física, de beleza e doçura, só muito tarde encontraria na pessoa da segunda esposa, o que, aliás, exigia, à partida. Os outros, que se lhe foram atravessando na existência, viveu-os assolapados, fugindo, disfarçando-se, embuçando-se hipocritamente, não por medo ou covardia, mas por dever dinástico. Aliás, ele próprio, mais tarde, não hesitaria em casar sua "linda filha Maria [da Glória] [...] com o mano Miguel". Ora, nessa data, sua filha não passava de uma criança, embora linda – a isso ele era muito sensível –, e ele próprio a sacrificaria aos interesses de Estado, independentemente dos sentimentos do irmão e dos da filha. Importava garantir a estabilidade monárquica. Os amores viviam-se, cada um a seu modo. Sempre

---

26 DALBIAN, *cit.*, p. 29.

27 SOUSA, 1988, I, p. 90.

28 *Idem*, p. 90-91.

assim fora e mudar agora tornava-se impensável. Amores românticos, puros, desinteressados, não competiam à cogitação de monarcas. Aliás, o próprio herdeiro nem sabia, ao certo, qual seria o seu destino: já o tinham querido casar com a filha de Murat, com uma princesa russa e com uma filha do rei de Nápoles. Leopoldina chamar-se-ia, porém, sua esposa. Por sua parte competia-lhe aguardar. Talvez ela fosse bonita, atraente, loira, de olhos azuis, belo corpo, delicada, elegantemente vestida, culta, tolerante e de hábitos simples.

Entretanto, enquanto aguardava,

> a cavallo pelos suburbios, namorando às janellas, D. Pedro de Alcantara atirou a rede ao Rio de Janeiro todo. Não havia retê-lo na Boa Vista, ocupá-lo, fechar-lhe o caminho perigoso das serenatas, das entrevistas de embuçados, das escaladas de balcões honestos [...] Na rua do Ouvidor, imperio das costureiras francesas, no theatro, pelas chacaras de Catumby e Botafogo, o rapazio sabia e repetia versos do principe às apaixonadas. Máos versos, porém de uma languidez fadista que agradava.[29]

Assim procedia o príncipe, antes e depois da chegada de D. Leopoldina...

---

29 CALMON, 1933, p. 55-56.

Capítulo 5
O casamento

Uma austríaca a caminho do Rio de Janeiro

Estava decidido. A nora de D. João VI seria uma princesa Habsburgo e viria de Viena. As razões de tal escolha eram várias: filha de Francisco I, homem de caráter exemplar, e um dos mais poderosos soberanos europeus, ela fazia-se notar por uma educação esmerada. A hipótese de casar o príncipe com uma Bourbon não agradava a D. João VI, pois Carlota era-o e nunca ele e ela se entenderam bem. Optar por uma arquiduquesa austríaca era regressar ao sangue que também lhe corria nas veias, pois de lá tinha vindo a mulher de D. João V, D. Mariana. A corte austríaca tornara-se conhecida pelo culto das ciências, das artes, das línguas, que tanta falta faziam ao herdeiro. Tudo pareciam vantagens. O regente assentiu na escolha e ordenou que as diligências diplomáticas necessárias para uma decisão deste tipo fossem desencadeadas. Para as superintender foi escolhido o poderoso marquês de Marialva, que deveria deixar Paris, dirigir-se a Viena e, após uma entrevista com a arquiduquesa, se as condições lhe parecessem favoráveis, negociaria o contrato matrimonial. Chegou este a Viena em novembro de 1816.[1] D. Pedro havia completado 18 anos. Das três irmãs que encontrou, só uma reunia todas as características exigidas: Leopoldina. Convencido o imperador e o seu poderoso ministro dos Negócios Estrangeiros, Metternich, de que o Reino Unido de Portugal, Brasil e Algarves constituía um grande, poderoso e estratégico império, só restava conquistar o beneplácito da própria arquiduquesa. Para isso Marialva muniu-se de imagens do pretendente e relatou-lhe as qualidades do príncipe. Ela deixou-se seduzir pela imagem que idealizara e assentiu em casar com o herdeiro de D. João. Tudo se decidiu rapidamente. A 7 decorrera a entrevista com Metternich, a 10

---

1 MACAULAY, *cit.*, p. 57.

com o imperador e a 13 com Leopoldina, tendo o contrato de casamento sido assinado a 29 de novembro de 1816.[2]

O acordo manteve-se secreto, uma vez que era indispensável o assentimento (ou ratificação) por parte do regente e do noivo. E ele envolvia alguma delicadeza. Por isso Marialva, experiente nestas matérias, pintava ao príncipe as qualidades de Leopoldina, tanto físicas, como de inteligência, costumes e bom senso. Loira, de olhos azuis, lábios carnudos e belo nariz, não sendo uma beleza, estava, também, longe de ser feia. Marialva, que alguns identificavam como pai biológico de D. Miguel, sabia, por experiência, que as francesinhas e mulatas que D. Pedro namorava no Rio eram esculturais e não queria decepcioná-lo. Mesmo tratando-se de questão de Estado, um casamento implicava mudança de estatuto. Assunto sério, portanto, tanto mais que daí proviria a descendência do príncipe. Se ele rejeitasse as cláusulas do contrato, tudo caía por terra. Era, pois, indispensável pintar a arquiduquesa com cores atrativas, como Marialva executou. E com êxito.

O cerimonial do pedido da mão da noiva originou uma das mais vistosas festas vienenses da época. Foi marcado para 17 de fevereiro de 1817. Marialva tinha alcançado permissão para gastar quanto entendesse, a fim de deixar uma impressão durável e de fausto na corte. Agiu com esse objetivo e "deslumbrou a sociedade vienense com a festa realizada no jardim imperial de Angarten, no grande salão mandado especialmente construir para a ceia, servida aos seus quatrocentos convidados depois das danças".[3] Distribuiu presentes de todos os tipos e em profusão: condecorações, joias, barras de ouro, contemplando até simples funcionários.

O casamento teve lugar no dia 13 de maio, aniversário de D. João. Já a arquiduquesa se encontrava a aprender português, falando italiano e francês, além, claro, de alemão. Preparava-se Leopoldina Josefa Carolina para rumar à terra, onde havia de reinar, não sabia por quanto tempo, nem em que condições. Mas confiava. Satisfazia a vontade do pai. Confiava nas suas qualidades e bom senso. Ultrapassaria todas as possíveis barreiras.

A partir de 26 de maio, data em que a notícia do pedido chegou ao Rio e após a anuência do príncipe, começaram as festas à volta do noivo: recepções ao corpo diplomático, espetáculos públicos no teatro São João, salvas de morteiros, foguetes,

---

2   *Idem*, p. 59.

3   SOUSA, 1988, I, p. 94.

bandeiras. E o júbilo público ver-se-ia retomado em agosto, na sequência da notícia do ato do casamento, de 13 de maio, mas agora com solene *Te Deum*. O certo é que, a partir dessa data, Leopoldina tornou-se princesa do Reino Unido, para, três semanas depois, iniciar a viagem, rumo ao Brasil, partindo do porto de Livorno.

Tratava-se de uma pessoa da mais alta estirpe europeia. Nascida em 1797, um ano antes de Pedro, esta filha do imperador e de sua segunda mulher, Maria Teresa das Duas Sicílias, havia tido uma educação esmerada, no seio da família, tanto nos palácios de Hofburg como no de Schönbrunn, em cujos jardins brincava, caçava nos bosques próximos e dançava nos enormes salões magnificamente decorados. Na sua Viena natal, tudo era magnífico, grandioso, requintado. Apesar de algo indolente, era "tímida e doce, dotada para os estudos, e, se lhe faltava um ar de feminismo atraente, sobrava-lhe espírito romanesco".[4] Apaixonada pela botânica e pela mineralogia, além da língua, estudava também história de Portugal, sua geografia, clima, informando-se também sobre o povo que iria encontrar no Brasil.

Deixara Viena, na companhia de Metternich, acompanhada por um numeroso séquito de irmãs, damas de honor e de secretários. Em Florença foi hóspede do grande duque da Toscana, seu tio, e de lá partiria para o litoral.[5] A frota portuguesa que a haveria de transportar tardava, porque, nesse ano de 1817, Portugal conhecera perturbações de monta, tanto na Europa, como na América. O gabinete britânico forçava D. João a regressar a Portugal e, por outro lado, sugeria que o Brasil poderia entrar em convulsão política, como sucedia a outros territórios vizinhos, com o objetivo de influenciar o imperador da Áustria a inviabilizar a partida de Leopoldina. Ela, porém, mostrou-se corajosa e firme na decisão de ir ao encontro do esposo. Pensava bem no passo que dera e não voltaria atrás.

No porto de Livorno esperava-a o marquês de Castelo Melhor, encarregado por D. João de a receber. As naus chamavam-se *D. João VI* e *D. Sebastião* e a arquiduquesa foi alojada a bordo da primeira. As embarcações deixaram o porto no dia 15 de agosto, embora D. Leopoldina já permanecesse a bordo há dois dias. Daí rumaram a Gibraltar, onde se lhes juntou uma fragata austríaca.

---

4   DALBIAN, *cit.*, p. 28.

5   A 14 de junho chegou a Florença, na companhia de duas irmãs (uma era Maria Luísa, ex-imperatriz dos franceses), hospedou-se no palácio Pitti e aguardou o meio de transporte, que a haveria de receber, em Livorno, rumo ao Rio de Janeiro.

116   Eugénio dos Santos

A viagem, desde o ponto de partida e até ao de chegada, demorou 83 dias, sem incidentes de maior, embora o desconforto em que ela ocorria fosse uma realidade. Após uma escala de três dias na Madeira, prosseguiu-se o rumo previsto. O observador Luís Marrocos escrevia ao pai, em 21 de outubro de 1817:

> Ha todo o fervor nos preparativos para a recepção pomposa de S. A. R., a Seren. Sr.ª Princeza D. Carolina Josefa Leopoldina [...] Ha de desembarcar no Caes do Arsenal Real e passar por baixo de Arcos Triunfaes, receber as Bençãos na Capella Real e *Te Deum*, havendo depois serenata no Paço, de que ja se tem feito ensaios nas Sallas das Reais Bibliotecas.[6]

Na manhã do dia 5 de novembro entrava na baía da Guanabara a nau *D. João VI*, que transportava a noiva real. Foi um acontecimento único, porque a arquiduquesa chegava em clima de festa e de esperança. Maravilhara-a a paisagem fluminense e o povo acorreu, de todos os lados, a testemunhar um fato único: a esposa do herdeiro do Reino Unido estava pronta a contribuir para a grandeza da monarquia à qual se unira pelo casamento. Soaram tiros, apitos, agitaram-se bandeiras, barcos engalanaram-se, repicaram sinos. Reuniu-se a família real portuguesa e, numa embarcação, aproximou-se da *D. João VI*. Pela mão do marquês de Castelo Melhor, D. Leopoldina desceu da nau que a transportara e cumprimentou os sogros, o esposo, que a acolheu carinhosamente, e as demais pessoas do séquito régio. Após isso, todos voltaram a subir para as embarcações, exceto D. João, que, no testemunho de Marrocos, andava muito incomodado de uma perna. A mulher e filhos do regente regressaram às residências habituais, *i. e.*, mãe e filhas ao paço da cidade, D. João e filhos ao de São Cristóvão.

No dia seguinte ocorreu o desembarque da princesa. Marrocos, em 12 de novembro de 1817, comunicava ao pai: "A Serenissima Senhora D. Leopoldina tem agradado em extremo a todos: mais discreta, desembaraçada, communicavel [...] mostra na arte de agradar e fazer-se estimavel e para ser mais notavel até tem medo de trovoadas."[7] Como ele. Parecia uma excelente escolha. D.

---

6   Carta nº 109, *cit.*, p. 300.

7   *Idem*, p. 305, carta nº 111.

Pedro é que não sentia desse modo. Como a terá recebido o príncipe? Ao que parece, afetuosamente.

> Conheceu então D. Pedro a esposa. Disfarçou nobremente a impressão má. D. Leopoldina encantou-se delle. O principe tinha a sua idade. Mais alto que baixo, mais gordo que magro, os braços grossos, o torso cheio, sacudia imperiosamente a cabelleira arruivada, que se diria frizada a ferro; o seu porte era marcial, calçado de longas botas à Napoleão, fardado de general, bordado, condecorado, os crachás de Aviz e da Conceição sobre o coração, a banda das três ordens, a gola a especar-lhe a bochecha, impaciente, vermelho, precipitado, os olhos azues, mas de um brilho inteligente, penetrante. Ella, porém, baixa, fornida de carnes, a pelle leitosa, as faces rebentando de sangue, os cabellos de um loiro queimado, o nariz pequenino em contraste com o relevo dos pomulos, os olhos severos, a boca diminuta e carnuda, as mãos papudas, numa inquietação virial a dialogar em alemão com os seus naturalistas [...] assustou o noivo.[8]

Porém, os escanos da alma humana são insondáveis. Ninguém os pode penetrar a fundo. Ele sabia que se haveria de submeter a um protocolo e que, afinal, esta era, de fato, sua mulher. Havia que a tratar com respeito pela sua anuência ao convite de casamento, como recompensa por uma viagem de mais de 80 dias e também pela aliança dinástica que ela representava. Contudo..., pairava no ar a sombra de Noémie, que ele só deixara por razões de Estado. Primário como era, poderia até, nessa circunstância, deixar-se enredar por sentimentos e ações impróprias. Tudo, porém, pareceu avançar pelo melhor. Encontrava-se com uma noiva que só agora vira, não escolhera, não podia amar. Talvez o tempo o amoldasse aos seus encantos, sedimentados nas altas qualidades que lhe atribuíam todos os intervenientes no processo.

A cidade, essa, ignorando tais reservas, engalanou-se para receber a noiva: repicaram os sinos das igrejas, atapetou-se o chão de areia e de flores aromáticas, portas e janelas de casas enfeitaram-se, ergueu-se um arco triunfal, obra de Grandjean e de Debret, e outros menores o imitavam em pontos estratégicos. Às 2 horas da tarde efetuou-se o desembarque, pela mão de D. Pedro. Os noivos acederam ao

---

8   CALMON, *cit.*, p. 53-54.

coche real e organizou-se um luxuoso e enorme cortejo, que tomou a direção da capela real. Foi cantado um solene *Te Deum*, dirigido por Marcos Portugal. Findo ele, dirigiu-se a família ao Paço, de cujas janelas saudou o povo. Finalmente, tomaram o caminho de São Cristóvão, estando o palácio engalanado e a tropa perfilada. Lá ir-se-ia consumar o casamento, de forma algo estranha. Ainda há pouco se haviam visto e já entravam na maior intimidade. Ela sabia que a função primordial de uma princesa era gerar filhos e estava preparada. Ambos contavam 19 anos de idade, encontrando-se, pois, no auge da idade dos sonhos e na força da juventude. Ela apresentava-se no quarto nupcial inexperiente. Ele, não.[9] O clima exigia festa e ela teve lugar sobretudo no dia seguinte, no qual as vozes régias abrilhantaram a serenata, adrede preparada, sob a supervisão de Marcos Portugal. Cantaram as princesas e o próprio D. Pedro. O certo é que o jovem casal se deixou contagiar pelos encantos do amor, como mais tarde ela referiria.

Ocorriam, desse modo, as primícias do casamento. O futuro que se abria ao casal envolvia-se em algumas expectativas que os mais experientes não podiam deixar de suscitar. Tudo (ou quase...) fora previsto nesta união: nascimento de ambos, aliança familiar e política, posição de Portugal no coração da Santa Aliança. Porém, um casamento implicava mais do que as estritas exigências de Estado. Era uma fusão de sensibilidades, de espíritos, de comportamentos, ao menos no plano ideal. E aí este podia falhar, porque os negociadores não "cuidaram dos aspectos pessoais, íntimos, particulares, rotineiros da união que ajustaram, os únicos em que assenta a vida doméstica, a vida de casados e que prevalecem assim para indivíduos comuns como para príncipes e soberanos. Virtudes, cumpre sempre repetir, não escasseavam em D. Leopoldina, "embora obscurecidas por alguns defeitos precisamente de ordem a não favorecer por parte do marido uma afeição sempre renovada".[10] Poderiam, numa união destas, compatibilizar-se todos esses aspectos? Dificilmente. A irmã, Maria Luísa, segunda mulher de Napoleão, com experiência e algum augúrio, escreveu-lhe em outubro de 1816, ao ter conhecimento do seu projeto de casamento:

---

9   Macaulay, citando Emmi Baum, afirma que o que D. Pedro queria de Leopoldina "era o natural acto do sexo" (p. 59).

10   SOUSA, *cit.*, p. 103.

> Só posso aprovar o teu passo, cara Leopoldina, o maior sossego é ter feito o que possa ser útil ao teu pai e ao bem do Estado – rogo-te, no entanto, em nome do nosso amor de irmãs, não imaginar o futuro demasiadamente belo. *Nós que não podemos escolher, não devemos nem olhar para as qualidades do físico, nem para as do espírito – quando as encontramos é sorte..., quando as não encontramos, também podemos ser felizes.* A consciência de ter cumprido o seu dever, múltiplas e variegadas ocupações, a educação das próprias crianças, dão certo sossego de alma, ânimo sereno que é a única verdadeira felicidade no mundo.[11]

Nesse tempo, do que se cuidava era da união de interesses, como pensavam os negociadores. Amor, paixão, atração mútua, beleza, dotes de educação e de caráter, isso sobreviria, talvez, para garantir a felicidade individual. Casamento implicava primordialmente descendência. O resto, do foro íntimo, não agia no plano social e coletivo. Assim era encarado o ato nupcial entre a nobreza. Por isso, a partir dele pouco devia mudar a vida do jovem. E a sociedade entendia-o. Não sem razão e ironia, Calmon pôde escrever acerca de D. Pedro: "O casamento não marcou na sua vida uma era de transformações. Foi um incidente."[12] Na verdade, pouco após o casamento, a sua vida de liberdade, misturada com alguma libertinagem, espraiava-se e tornava-se notada de toda a cidade. A razão essencial do desencanto, senão imediato, ao menos temporão, residia naquilo que Octávio Sousa, um excelente biógrafo, reconheceu:

> D. Pedro, para quem o amor, na significação mais elementar de trato carnal, constituía uma quase obsessão, exigia que a parceira de sua transbordante voluptuosidade tivesse a atração da beleza. Versátil no intercurso sexual, não desdenharia as mulheres aparentemente menos dotadas; mas não vencia a sedução daquelas em que a natureza se esmerara em graça e formusura. A mulher de ocasião poderia ser apenas suportável, já que o apetite dificilmente se lhe saciava; a mulher "proprietária" [...] deveria ser bela, sob pena de não lhe merecer amor.[13]

---

11 Cf. OBERACKER JR., 1973, p. 58-59. Grifo nosso.

12 *Cit.*, p. 49

13 1988, I, p. 104.

Ao tratarem-lhe, cerca de dez anos depois, do segundo casamento, os embaixadores sabiam que algumas exigências eram taxativas: nascimento, beleza, feminilidade, virtude, porte, capacidade de sedução. Rejeitaram, por isso, nesse segundo enlace, algumas hipóteses, que, a muitos títulos, até lhes pareciam excelentes. Ora, ao receber D. Leopoldina, ainda a bordo, o príncipe ter-se-ia apercebido logo da "mentira" que lhe impingiram os negociadores do enlace: a princesa era feia, sem atrativos visíveis, não passando, como mulher, da vulgaridade.[14] A isso somava-se a barreira das línguas maternas, hábitos, educações muito diversas. E o Rio de Janeiro, apesar da presença forte de europeus, da música lírica e sinfônica, dos artistas e dos homens de ciência, ficava incomensuravelmente aquém do requinte de Viena. Faltavam-lhe as chusmas de nobres encasacados de luxo, as damas de pele acetinada e mãos alvíssimas, as orquestras e os teatros em profusão, os executantes de gabarito, os faustosos palácios com seus deslumbrantes salões, o mobiliário engastado de materiais riquíssimos, os enormes espelhos e envidraçados, as pinturas magníficas! E Leopoldina sentiu muito. Deixou-se abrasileirar.

Os primeiros tempos

Terminadas as festas nupciais, após a consumação do matrimônio, tudo parecia decorrer na maior normalidade. Como seria de esperar, Pedro e Leopoldina procuravam descansar, ele das canseiras do protocolo, das longas cerimônias oficiais, dos cumprimentos e aplausos do povo, ela das fortíssimas emoções vividas. Já era mulher, sentia-se identificada com o ambiente festivo que a rodeara, sensibilizara-a o calor humano de gente tão diferente da de Viena. Mas não conhecia a terra. Haveria consonância entre o que ela lera sobre o Brasil e aquilo que, agora, podia observar e constatar? Não se reduziria ele a uma espécie de conceito geográfico, sem conteúdo definido? Chegara o momento de examinar tudo. Na biblioteca dos palácios onde vivera havia livros sobre a América, que ela folheara, despertando em si o desejo de conhecer esse novo mundo, onde havia ouro, gemas, minerais muito variados, mas também florestas virgens, que

---

14   Alberto Rangel, o maior devassador da vida amorosa de D. Pedro, considerava Leopoldina "uma louraça feiarona". O retrato escrito que dela deixou nada a abonava. Pelo contrário. Além do mais, desleixara-se e quase se masculinizara no traje. Contudo, é importante desde já prevenir o leitor para o fato de Rangel ser complacente para com Domitila de Castro...

alguns viajantes descreviam como únicas, plantas belíssimas e de propriedades terapêuticas, flores garridas durante todo o ano, animais em profusão. Para quem propendia para as ciências naturais, botânica e zoologia, adivinhava-se um paraíso. O tempo ajudaria.

O casal unia-se ajudado pelas circunstâncias concretas que se lhe deparavam. Pedro, embora dispusesse da afeição do pai, distanciara-se dele porque este o afastava dos assuntos do Estado, temia-lhe a preeminência ascendente, sentindo-se envelhecer engordando e porque se habituara a não o contrariar e desconfiar de seu comportamento irrequieto, audaz e imprevisível. À mãe nunca amara, nem dela recebera carinho. Simplesmente a respeitara. Porém, com distância, ao contrário do irmão, que ele percebia ser o preferido. Leopoldina apenas o conhecia a ele, de quem, aliás, dependia agora. Além de estrangeira, portanto ignorante de tudo o que a cercava, não conseguia abrir-se com ninguém, a não ser com as pessoas do seu séquito. Estas também não a podiam auxiliar, a não ser matando saudades, comentando notícias, ouvindo confidências. Tudo isso contribuiu para ir unindo o casal, ao menos nos primeiros tempos, emergindo daí uma solidariedade mútua.

Uma das maiores contrariedades sentidas pela princesa resultava do próprio clima e daquilo que dele decorria. O calor tórrido dos dias e noites de fim de ano torna-se insuportável no Rio. Só alguma brisa que corre do mar pode amenizar esse ar cálido e sufocante. Tudo é diferente do centro da Europa. "As noites são mágicas nos trópicos, cheias de ruídos, produzidos por seres que piam, batem asas, rastejam entre folhas secas [...] frutos maduros que tombam das árvores, água que corre entre pedras e o coaxar dos sapos [...] Não existe o silêncio, jamais, deste lado do mundo."[15] Nem silêncio, nem condições para repousar serenamente. Os sons estranhos prolongam-se na noite, misturados com uma humidade insolente que molha o corpo, impedindo o isolamento dos espaços habitáveis, pois só alguma brisa se antepara como benfazeja. Como seria agradável o frio europeu, barrado pelo aconchego das lareiras e pela luminosidade das madeiras em combustão, pensava Leopoldina. E as frequentes e horríveis trovoadas, que faíscam os ares, atemorizam as pessoas, ribombam como canhões ululantes e se misturam

---

15 SANT'ANNA, 2004, p. 69.

com chuvas torrenciais. É tudo tão diferente! Pedro, longamente habituado ao meio, acalmava-a, aconselhava-a a beber muito e a ir-se adaptando.

Já conhecera a Quinta da Boa Vista, onde morava a nova família Bragança. Esta ocupava apenas uma parte do palácio de São Cristóvão. Acanhada para as expectativas de uma princesa, compunha-se de seis pequenas divisões, que descreveu à irmã Maria Luísa. Desfrutava-se, no entanto, daí uma vista muito agradável sobre a baía, as ilhas, a serra dos Órgãos, os vales, as povoações próximas, uma densa vegetação. O pior é que as estrebarias ficavam próximas e a cozinha situava-se ali também. Os cheiros fortes subiam de lá, irradiados pelo ar quente, à mistura com chusmas de mosquitos, que se criavam nas esterqueiras e nas poças de água originadas pelas chuvas frequentes. Na verdade, o palácio que Leopoldina imaginara ficava muito aquém da sua expectativa,[16] mesmo em organização e limpeza, à qual os europeus associavam o trabalho negligente dos escravos africanos. O que mais agradava a Leopoldina era a natureza: mar, baía, rios, montes, picos, luar magnífico, laranjeiras em flor, plantas de café, chá, palmeiras e coqueiros, flores silvestres de muitos formatos e cores, mangueiras verdes e luzidias, enfim, mata atlântica em profusão, cheia de variedades, cores e odores. Tudo isso lhe agradava muito. Porém, os espaços eram tão reduzidos que nem sequer havia uma sala livre para ela poder expor as coleções que trouxera e que se dispunha a estudar e a divulgar no Brasil. Pretendia, em contrapartida, enviar para a Europa muita informação científica. Para tal se fizera acompanhar de homens de ciência, como Spix e Martius.

Decorrido algum tempo, Leopoldina apercebera-se da personalidade do marido. Embora lhe votasse uma verdadeira adoração, julgava-o hesitante e influenciável em questões de comportamento e habituara-se à sua brusquidão de tratamento. Contudo, muitos gostos e hábitos se tornaram mútuos: a caça, os passeios a cavalo, especialmente para o bosque da Tijuca, a subida ao Corcovado, donde a vista sobre a Bahia e a Lagoa impressionava, através das matas nativas ainda preservadas. De quando em quando, num pequeno barco, passeavam-se ambos pelos manguezais, observando as aves e os peixes de cores fortes. Leopoldina

---

16 "Apesar da modéstia exagerada de todo o palácio e, principalmente, do aperto do seu próprio apartamento [...] D. Leopoldina ao que se sabe nunca reclamou." Faltava-lhe inclusive espaço para abrir as malas que trouxera de Viena e guardar em armários o rico enxoval de linho, rendas e peças de vestuário, as quais permaneceram fechadas (OBERACKER JR., *cit.*, p. 123).

mirava atentamente as folhas, as flores, os bichos das margens, colhendo frutos e saboreando-lhes o gosto, ramos de arbustos, ou pedras mescladas de raios de cores exóticas. Queria coleccionar, preparar para enviar para Viena, enriquecendo as coleções existentes e marcando a presença do reino de que um dia se havia de tornar rainha. Aliás, botanistas e zoólogos de língua alemã, quando faziam uma descoberta importante, comunicavam-lha, o que muito a orgulhava, e "foi grande o seu contentamento quando o Prof. Pohl lhe trouxe do interior um leão, produto de um cruzamento entre leão e pantera, uma ave muito rara da China [...] entre muitos outros animais, e dois Botocudos".[17]

Nos primeiros anos, o casal viveu correspondendo-se amorosamente. Ela sabia que o seu dever primordial consistia em gerar filhos para a monarquia. Ambos provinham de famílias numerosas e, portanto, a procriação inscrevia-se nos seus objetivos imediatos.[18] Mas isso não obstava a que ambos se deixassem resvalar pelos prazeres da carne. Pelo contrário. Geração e amor devem implicar-se. E tal sucedeu, de fato. Na verdade, através da correspondência da princesa, sabe-se que Pedro a amava, ainda que não tão obsessivamente e exclusivamente como seria de esperar, dado o seu caráter volúvel e inconstante. Em carta ao pai de novembro de 1817, comunicava que "o meu muito querido esposo não me deixou dormir", o que traduz a sofreguidão sexual e a potência do príncipe. Em carta seguinte, ainda desse mês, escreveu: "O meu pueril senhor consorte empurra a minha mão", o que indicia aproximação de corpos, e comunhão de sentimentos.[19] Monglave, que com eles privou, afirmava: "Eles amavam-se já por dever [...] e começaram a amar-se por simpatia."[20] Outros testemunhos da época corroboram esse mútuo estado de espírito. À irmã confidente Maria Luísa confessava estar feliz, na companhia do seu querido Pedro, que considerava belo e bom. Em 1 de janeiro de 1818, segredava ao pai: "Não lhe posso exagerar a minha felicidade [...]."[21]

A 22 de janeiro de 1818 Leopoldina cumpria 21 anos, uma vez que nascera em dia correspondente de 1797. Para solenizar o seu aniversário, construiu-se um anfiteatro, frente ao palácio da Quinta da Boa Vista, para nele se celebrarem

---

17   DALBIAN, *cit.*, p. 35.

18   O pai de Leopoldina gerara 12 filhos e D. João ficara-se pelos nove.

19   OBERACKER JR., *cit.*, p. 124.

20   *Ibidem.*

21   *Idem*, p. 125.

festas públicas e memoráveis. Organizaram-se corridas de touros, concertos, manobras militares vistosas, subiram aos ares girândolas de fogo-de-artifício e dançarinos do balé do teatro exibiram-se, dirigidos por Lacombe. Franceses, que compunham a tripulação do navio *Ucrânia*, atracado ao cais, e que integravam uma missão científica de circum-navegação, demoraram-se mais uns dias no Rio e puderam assistir a festas magníficas, com que não contavam. Surpreenderam-nos as músicas lascivas, como o fandango e a profusa iluminação dos jardins.[22]

No mesmo ano, mas a 6 do mês seguinte, D. João VI foi, finalmente, aclamado rei, embora sua mãe tivesse falecido quase dois anos antes. Luís Marrocos, em carta ao pai de 31 de janeiro desse ano de 1818, anunciava: "Estamos proximos ao dia universalmente desejado da Feliz Aclamação de Sua Magestade e por tanto tempo aqui demorado, sem embargo de se haver já effeituado nas outras partes do Reino e Domínios." O atraso na realização da cerimônia causou alguma surpresa e interrogações aos contemporâneos. O mesmo autor, em carta ao pai, de 28 de maio de 1816, escreveu:

> Dizem-me que a acclamação não se faz ainda, sem chegarem as Deputações dos Reinos de Portugal e Algarves, em razão de não haver junta dos Três-Estados: não sei se isto he supprimento de cortes, mas parece-me hum passo muito acertado, para não haverem ao depois questões, por não ser feita a acclamação na sede da monarquia; e por que não se fará lá? *Dicant Paduani.*[23]

A cerimônia revestia-se de um inegável valor simbólico. Era aconselhável acautelar todas as eventuais dúvidas acerca da sua validade, como o cronista citado explicita. A sua realização revestiu-se, escreveu ele, "do modo mais tocante e expressivo, que pode imaginar-se". A cerimônia forneceu ocasião para grande explosão de contentamento público, tornando-se participadíssima. O músico Neukomm compôs a música que foi executada durante a missa solene. Durante vários dias se prolongaram os festejos, nos quais se sucederam desfiles alegóricos e artistas da missão francesa, como Taunay e Debret, deram largas à sua imaginação, desenhando arcos, panos de boca de cena, colunas, retratos.

---

22 DALBIAN, *cit.*, p. 35.

23 Marrocos, *cit.*, p. 281 e 311.

Pedro e Leopoldina apareceram figurados em grande plano. No teatro da cidade sucederam-se os balés, coreografados e executados por artistas brasileiras (brancas e mulatas), portuguesas, francesas, italianas, espanholas. Os príncipes participavam ativamente e o casal tornou-se querido do público. Leopoldina ostentava já a sua gravidez avançada, o que a tornava ainda mais estimada aos olhos dos súditos de D. João.

Apesar da adaptação mútua e fácil do jovem casal, começaram a surgir alguns contratempos. O primeiro ocorreu quando, logo após o conúbio, D. Pedro foi acometido por mais um ataque epiléptico. Nunca haviam falado nisso a Leopoldina, que, ao vê-lo acometido pelo mal, que ela identificava como sendo dos nervos, estando a sós com ele sentiu "um medo horrivel, pois aconteceu de noite e era eu o único socorro". Na sua ingenuidade, atribuía o mal ao "estranho clima do Brasil [...] e por esse respeito desejo voltar com ele para a sua pátria". Pobre senhora, que desconhecia essa maleita que afetava Bourbons e Braganças e jamais ela pisaria terra europeia. Contudo, o grupo que advogava o seu regresso a Portugal, ao qual sua mãe se agregara, aproveitava a oportunidade para se fazer ouvir. À epilepsia se foi juntando a autenticidade do caráter do príncipe, cujos modos pouco corteses, explosivos e menos cordiais começaram a emergir. Ela julgava que, com paciência, o iria amoldando, mas foi o contrário que se foi impondo. Ela teve de ir-se adaptando a algumas demonstrações de rusticidade do marido, que, de resto, os diplomatas estrangeiros iam registando. Em carta a Maria Luísa, sua irmã predileta, Leopoldina traçou, em 18 de abril de 1818, o retrato do príncipe:

> Com toda a franqueza, diz ele tudo o que pensa e isso com alguma brutalidade; habituado a executar sempre a sua vontade, todos devem acomodar-se a ele; até eu sou obrigada a admitir alguns azedumes. Vendo, entretanto, que me chocou, chora comigo, apesar de toda a sua violência e de seu modo próprio de pensar estou convencida de que me ama ternamente [...].[24]

A inglesa Maria Graham, uma das sinceras amigas de Leopoldina que chegou ao Brasil em 1821 e fora governante de D. Maria da Glória, filha primogênita

---

24 OBERACKER JR., *cit.*, p. 127.

dos príncipes, assim o descreveu: É "sujeito a explosões repentinas de paixão violenta, logo sucedidas por uma generosa e franca delicadeza, pronta a fazer mais do que o necessário para desfazer o mal que pudesse ter feito, ou a dor que pudesse ter causado nos momentos de raiva. Disso tive provas, mais de uma vez, antes de deixar esse paiz".[25] Explosivo, mas generoso, fruto de uma educação que não conseguira incutir-lhe vontade forte, capacidade de autocontrole, antes o deixara entregue aos seus caprichos e impulsos primários.

Vários episódios relatados por pessoas que privaram com o casal foram mostrando a autenticidade do seu comportamento pouco recomendável. Anotemos alguns exemplos. No jogo mostrava-se egoísta, orgulhoso, não acatando, de boa catadura, a derrota. O francês Arago conta um episódio revelador, sucedido consigo mesmo. Sabendo-o muito bom jogador de bilhar, D. Pedro desafiou-o. Começado ele, a derrota tornou-se inevitável. Leopoldina, percebendo o desfecho, aproximou-se de Arago e pediu-lhe que fingisse deixá-lo ganhar. Porém, o francês entendia que deveria, nessa matéria, dar-lhe uma lição. Ganhou sempre. O príncipe ficou irritadíssimo. Quando percebeu que perderia sempre, espicaçado no seu amor próprio, deu azo a "uma cena de pessoas preversas", comportando-se "como um verdadeiro carreteiro", abandonando irritadíssimo a mesa do jogo.[26] Nesse momento, a princesa constatara que se havia casado com um jovem que nem ao jogo admitia perder e que nem sequer aparentava bom humor. Educada e sensível como era, começou a sofrer interiormente.

Mais grave do que o jogo continuava a ser o seu procedimento com pessoas acerca das quais havia fundadas suspeitas de se terem vergado aos seus apetites sexuais. Em casa de um seu amigo, Pedro José Cauper, continuava a encontrar-se com Noémie e, ao mesmo tempo, com suas filhas. Ora, Cauper era pai de várias moças entre as quais D. Pedro passava muito tempo, suspeitando-se de que uma ou outra cedera aos seus encantos, como era hábito. A reputação das jovens foi beliscada aos olhos do público, embora Cauper fingisse ignorar tudo. D. Pedro, acompanhado de Leopoldina, continuou a frequentar a casa do seu amigo, onde terá encontrado a sua antiga amante francesa e divertindo-se com as filhas do dono da casa. A princesa intuiu rapidamente o que se passava. Deixou de se

---

25 *Esboço Biográfico de D. Pedro I, cit.*, p. 120.

26 OBERACKER JR., *cit.*, p. 128.

interessar em ir almoçar a casa dos Cauper e comunicou a seu sogro o que estava ocorrendo. Este liquidou o mal pela raiz: a família Cauper recebeu ordem de D. João para regressar imediatamente a Lisboa, embora com uma choruda pensão,[27] o mesmo sucedendo à bailarina, que deixaria de imediato o Rio.

A partir de meados de 1818 Leopoldina, mulher de fina educação e de fortes convicções morais e religiosas, foi dando conta de que a ética feminina da sociedade em que se inserira não se mostrava exemplar. Pelo contrário. A hipocrisia dominava o comportamento dos cortesãos e as mulheres não se haviam mostrado escrupulosas, quanto a costumes e fidelidades. Leopoldina começou a identificar algumas rivais e queixava-se delas nas suas cartas para Viena, em segredo, mantendo-se, contudo, sossegada e serena, como o pai lhe recomendara. Outra pessoa que ela logo identificou e começou a rejeitar foi Plácido Antônio Pereira de Abreu, "barbeiro do príncipe e varredor do palácio", que, de forma duvidosa, subiria na confiança e nas honras que o amo lhe fora concedendo. D. João tentou interpor-se entre ambos, mas sem resultado. Plácido viria a tornar-se uma espécie de vigilante permanente de D. Leopoldina, administrando parte do seu dinheiro de bolso e enriquecendo a olhos vistos.

Nesse período, identificavam-se na corte três tendências ou "partidos": o do rei e seus validos, o de Carlota Joaquina e o de Pedro. Este acusava os fidalgos que rodeavam o rei de o aconselharem a mantê-lo longe dos assuntos de Estado. Ciumento como era, o príncipe detestava-os, odiava-os e falava deles em público sem qualquer consideração. Neste caso se encontravam os irmãos Lobato, que a rainha também detestava há muito,[28] o conde de Vila Nova da Rainha e outros mais. A jovem princesa procurava manter-se distante dessas desavenças. Mesmo assim, a sua correspondência era vigiada e o seu encontro com os diplomatas austríacos rodeado de todas as precauções. Embora entre pai e filho não se descortinassem verdadeiros desentendimentos, uma vez que D. Pedro sempre respeitou e acatou as decisões de D. João, existia, de fato, por causa dos agentes dessas facções ativas, um ambiente pouco construtivo, porque o rei, cioso do seu poder, enciumava-se frequentemente. Leopoldina, sagaz, educada, diplomata, procurou a proteção do sogro (e conseguiu-a) e a aproximação ao marido. Este continuava

---

27   *Ibidem.*

28   PEREIRA, *cit.*, p. 71, nota 29.

solto, como sempre fora, algo estouvado e até violento. O seu "outro pai" era o rei, não o marido.

Começavam para Leopoldina os primeiros desgostos e algumas queixas face ao procedimento autoritário com que era tratada, como no caso do afastamento do seu médico pessoal, o Dr. Kammerlacher, que, juntamente com várias damas vienenses, recebera ordem para regressar ao seu país. Ela, por educação e por desejo de manter sujeição às vontades do marido, ia-se resignando a tudo, porque "amava-o com a submissão de uma criança", ou, como escrevia ao pai, "Ando procurando minha felicidade no mais severo cumprimento dos meus deveres e fazendo logo tudo o que meu marido deseja".[29] Com bom senso e habilidade, ela intuira que o papel das mulheres na sociedade colonial brasileira na qual D. Pedro se inserira há mais de dez anos continuava a ser de subalternização. Gilberto Freire referiu-o lapidarmente: "Da mulher não se queria ouvir a voz, a não ser pedindo vestido novo, cantando modinha, rezando pelos homens, nunca aconselhando ou sugerindo o quer que fosse [...], nunca metendo-se em assuntos de homem."[30] O exemplo de D. Carlota Joaquina, que lutara e se batera por direitos, mas perdera, não a podia encorajar. Ela saberia conter-se. A sociedade em que se inserira apresentava-se fortemente patriarcal. Pedro continuava a comportar-se como sempre: autoritário, caprichoso, até violento e desconfiado. A pessoa portuguesa com a qual ela mais se identificava era sua cunhada mais velha Maria Teresa, a jovem viúva de D. Pedro Carlos: "Minha cunhada Maria Teresa é uma verdadeira amiga e eu gosto muito dela."[31] Porém, o irmão, temendo confidências ou queixas, proibiu-a de procurar a irmã ou de lhe falar. Temia que o pai soubesse, através de Maria Teresa, de quem sempre fora muito próximo, do comportamento pouco digno do herdeiro e ainda que a irmã pudesse intrigar sobre ele junto do rei. Pedro pretendia, à boa maneira portuguesa de então, uma esposa completamente dependente, mesmo financeiramente, como, na verdade, sucedia. Aliás, o exemplo de sua mãe obrigava-o a precaver-se quanto aos "direitos" que sua esposa pudesse reivindicar. Às vezes mostrava-se deselegante e até mal humorado para com ela, mas a princesa desculpava-o, condescendia e

---

29   OBERACKER JR., *cit.*, p. 136-137.

30   Citado por OBERACKER JR., p. 137.

31   OBERACKER JR., *cit.*, p. 139.

considerava-se feliz. A única precaução que assumiria consistia em falar pouco, pesando o alcance daquilo que afirmava, para não poder ser mal interpretada. Convivia quase exclusivamente com o marido, uma vez que se apercebera de que a sociedade envolvente se encontrava corrompida, minada por intriguistas. No Brasil, em vez de um trono de ouro, com que o pintaram e com o qual sonhara, encontrou "um jugo de ferro", nas suas próprias palavras. O próprio príncipe se apercebera das qualidade ético-morais da esposa; nunca encontrara nenhuma mulher tão dedicada, devotada, complacente e amorosa como ela. Além disso, sabia-a culta e inteligente, interessada em ajudá-lo intelectualmente. Era verdade que se descuidara um pouco quanto ao seu aspecto físico, às roupas que envergava, aos cuidados para não engordar, que fora desleixando a sua feminilidade. Não falava bem o português e o francês ou o alemão não eram manejáveis por ambos sem dificuldades. Mesmo o português que a princesa se esforçara por aprender não era aquele que Pedro praticava, cheio de vulgaridades e de expressões boçais, impróprias para conversas de gente educada.

Contudo, muitos hábitos e práticas eram comuns e do agrado mútuo, como os cavalos, os picadeiros, o palafrém. Sabendo que Pedro era um bom cavaleiro, ela dispôs-se a aprender a montar, a adaptar o seu vestuário a essa exigência, a acompanhá-lo nos seus passeios pelos arredores da cidade, onde aproveitava para coleccionar plantas, minerais, insetos e até animais, de que, aliás, gostava muito. As suas viagens no dorso dos cavalos tornaram-na notada, pois, exceto sua sogra, cavalgar pela cidade era privilégio dos homens. As senhoras usavam a liteira, a serpentina ou o palanquim fechados, carregados pelos escravos negros, e seguidas pelas negras ou mulatas da sua casa. Leopoldina era uma exceção, até no seu vestuário de cavalgar, o que não favorecia os seus atributos femininos. Mas D. Pedro também vestia com modéstia, como um paisano, de capa cinzenta e chapéu branco, o que, aliás, a esposa imitaria para sua satisfação. Dos primeiros anos forneceu ela própria uma informação, quanto à repartição quotidiana do tempo, em carta a seu irmão Francisco, de 1 de janeiro de 1818:

> Levanto-me todos os dias às 6 horas, pois já às 8 e 1/2 costumo ir dormir; é como apraz ao meu marido; aqui não é costume frequentar o teatro exceto nos dias em que há grande gala. Depois, das 7 horas até às 10 horas, ando de coche, a cavalo ou a pé; então volto a

casa, visito o rei para o beija-mão e em seguida vem o meu mestre de gramatica portuguesa e de latim. À uma hora estudo violão e, com o meu esposo, piano; ele toca viola e violoncelo, pois toca todos os instrumentos tanto os de corda como os de sopro; talento igual para a música e todos os estudos, como ele possui, ainda não tenho visto. Às três horas jantamos, nós os habitantes de S. Cristóvão, servidos pelos camaristas, pois assim o requer a etiqueta. Às seis horas vou passear outra vez e em seguida lemos algo e ceamos sozinhos. É este todos os dias o meu modo de viver.[32]

Com D. Pedro, como se vê, lia, executava música, aperfeiçoava os seus conhecimentos de línguas, sobretudo de francês, que acabou a falar bem. Nas conversas de ambos muita informação sobre a política europeia, usos e costumes, teatro, festas, educação, prática religiosa deve ter sido ventilada. A música unia-os nos gostos estéticos. Ela tocava piano e ele, além de executante, possuía bela voz. Neukomm, seu mestre, apreciava-o. Compôs, entre outras peças de circunstância, como veremos, um *Te Deum*, uma missa, um *Credo* e uma abertura para ópera "que chegou a ser executada por Rossini, em Paris. De sua autoria é, enfim, também o *Hino Constitucional* com um texto da sua própria autoria e que foi executado pela primeira vez em 24 de agosto de 1821".[33] Música, equitação, caça, coleccionismo aproximaram o casal, além da cultura, que era superior em D. Leopoldina e à qual D. Pedro se tornou sensível, como demonstrará no cuidado com que a incutia aos filhos, especialmente D. Maria da Glória e D. Pedro, futuro Pedro II.

Que leituras ocupariam o príncipe? Não se sabe. Filangieri e Benjamin Constant atraíam-no, mesmo sabendo que as suas teorias se chocavam com os princípios básicos da Santa Aliança. Talvez escondesse esses autores das vistas curiosas da esposa. Esta mostrava-se indulgente e compreensiva. Apreciava-lhe as qualidades manuais para trabalhar a madeira e a coragem com que domava animais bravos, como os bagoais ou os potros xucros. Só tinha olhos para ele, que considerava

---

32 Citados por OBERACKER JR., *cit.*, p. 144.

33 OBERACKER JR., *cit.*, p. 145.

> belo, bem constituído, com um olhar imperioso, não conhecia a fadiga, não temia riscos e, se não escondia certa rudeza com os outros, rude também era consigo mesmo. Brusco algumas vezes, corrigia esse defeito com demonstrações súbitas de arrependimento [...] Esse rapaz do Brasil enchia os olhos da arquiduquesa austríaca, enternecia-a. Teriam juntos muitos filhos, como o dever lhes impunha. Mas disso tirariam deleite. Não sabia, não queria resistir ao ímpeto do desejo do marido. Passiva, esperava-o, certa de que não o desenganaria,[34]

como escreveu o biógrafo de D. Pedro. Durante os primeiros quatro anos de vida em comum, o casal soube ir-se adaptando e, desse modo, foi gozando a felicidade mútua.

Entretanto, do interior da corte chegavam ao público alguns rumores estranhos, envolvendo cenas de homossexualidade, de que o conde de Galveias dava públicas demonstrações, incluindo-se no escândalo o visconde de Vila Nova da Rainha, camareiro de D. João, e os irmãos Lobato. O próprio monarca não se eximia da suspeita de que poderia ter mantido uma relação desse tipo com os seus validos, embora ela se tivesse dissipado.[35] Outro tanto não sucedia com D. Carlota, que uma certa corrente de opinião garantia ter mandado eliminar a mulher de Fernando Brás Carneiro Leão, seu amante, com o qual manteria há muito uma relação íntima. Confrontado com notícia tão brutal, D. João mandou destruir as eventuais provas do processo e confinou a rainha indefinidamente na sua residência.[36]

Suspeitas ou atoardas deste gênero desgostariam profundamente a D. Pedro, que pretenderia impedir que chegassem ao conhecimento da esposa. Por isso a resguardava, a procurava manter estranha ao meio cortesão e dela se aproximava no recato do lar. A sua confissão de felicidade aos familiares, pai e irmã Maria Luísa, nada tem, pois, de menos autêntico.

---

34 SOUSA, *cit.*, I, p. 111.

35 Um autor contemporâneo entendeu poder afirmar que D. João exibiu no Rio a "sua integridade máscula: teve pelo menos um caso conhecido com uma freira interna em convento do Rio". Daí teria nascido um rebento que D. João mandou juntamente com a mãe para os Açores e a quem deu o título de conde. Cf. SILVA, Paulo, 2000, p. 77.

36 MACAULAY, *cit.*, p. 69.

O amadurecimento: filhos, novas ideias, hesitações

Uma felicidade tranquila parece ter-se apossado dos dois cônjugues, como Leopoldina repetia constantemente junto dos seus familiares. Ela própria recomendava às irmãs prudência e paciência, sentindo-se com saúde e amada pelo marido. Este parecia também ter refreado os seus impulsos e costumes de outrora: "Nos braços da arquiduquesa D. Maria Leopoldina esqueceu-se D. Pedro, a princípio, da fácil conquista de mancebo e de solteiro [...] nas senzalas de Santa Cruz, nos lares mais ou menos austeros e nas vielas da suburra carioca."[37] A execução de música nos instrumentos que tocava, o canto para o qual tinha voz e talento e a composição serenavam-lhe o ânimo irrequieto, aventureiro e ativo. Ela aproximou e fundiu gostos do jovem casal.

Contudo, a noção de fidelidade matrimonial aparecia aos olhos do príncipe como uma espécie de conceito abstrato. Nunca soubera o que isso significava em concreto, nem na sua própria família, nem naquelas em cujo ambiente fora crescendo. Exceções talvez houvesse. Não passavam, porém, de anomalias. A realidade fluminense, na qual se criara e crescera, como tantas vezes recordaria mais tarde, era outra. Por formação e temperamento, considerava-se livre, avesso a qualquer convenção que lhe limitasse a capacidade de ação. Pecado da carne, para lá do equador, não constava do decálogo da religiosidade dos católicos. Gilberto Freire falou, acertadamente, a propósito dos comportamentos dos europeus no Brasil, do "chamado padrão duplo de moralidade", isto é, um para o homem, completamente livre de preconceitos e de ação, e outro para a mulher, cuja função era procriar, oferecer deleites ao marido, servi-lo em tudo, independentemente da sua própria sensibilidade.[38]

D. Leopoldina ter-se-á apercebido de que o seu esposo, pouco a pouco, reincidia nas suas fugas à fidelidade matrimonial. Desde quando? Provavelmente desde a sua primeira gravidez, aliás abortada. O certo é que desde finais de 1818 ela confidenciava que não tinha a certeza de ser realmente amada, uma vez que lhe constava que o príncipe mantinha relações, embora ocasionais, com algumas moças locais. E o pior ainda é que ela não dispunha de confidentes, de amigos, com quem se abrisse e que pudesse ouvir. Invadia-a alguma onda de pessimismo, pois

---

37 OBERACKER JR., citando Alberto Rangel, p. 104.

38 *Sobrados e Mocambos.*

em carta ao pai segredava que "aqui é preciso procurar mulheres virtuosas ao microscópio" e à irmã referia: "o egoísmo e as intrigas são as molas principais do sexo feminino português".[39] Em suma, "a vida na corte do ponto de vista moral era solta, frouxa e relaxada; fazia-se, porém, questão de respeitar certas cerimônias tradicionais e a etiqueta oca".[40] Deste modo se entenderá alguma libertinagem do herdeiro do trono. E nela foi ele amadurecendo, em idade e responsabilidades. Do clero, de nível muito baixo, nenhuma influência lhe chegava. Vivendo num meio intriguista, interesseiro, fingido e vazio de sentimentos nobres postulados pela sua educação vienense, a arquiduquesa foi-se fechando sobre si própria e resvalando para a melancolia, à qual, aliás, era propensa. Nos primeiros anos ela sentia saudades de tudo, até da neve e do ar fresco, como segredara à irmã Maria Luísa, em 24 de abril de 1818.

Entretanto, no horizonte apresentava-se uma certeza de felicidade, tanto para ela como para o marido: iria ser mãe. Quando a notícia foi divulgada, o próprio monarca se aproximou mais do jovem casal. Ela ansiava por esse momento: "Espero dar bem breve à luz uma criança; isso então me dará ocupação e novos sentimentos [...]." Bem importante isso se tornava para ela. E para a própria sociedade fluminense. Santos Marrocos, sempre atento a tudo o que de relevante pudesse relatar ao pai, escrevia em carta de 10 de fevereiro de 1819: "Nos dias 16, 17 e 18 de janeiro se fizerão as Preces do costume para o feliz Sucesso de S.A.R. e affirma-se que no dia 16 deste mez começão as Preces sucessivas até à ocasião do parto; e por isso he de supor que a mesma Senhora está muito adiantada na sua prenhez." As notícias não se apresentavam muito fidedignas, pois o parto apenas ocorreria nos primeiros dias de abril. Esperava-se um neto para o monarca, como os médicos lhe haviam prometido. Leopoldina não cavalgava, limitava-se a passear a pé, ou "de carro aberto às primeiras horas da manhã. Depois, quando o calor aumentava, ficava em casa ocupada em desenhar, ler, tocar e ouvir música".[41] Marrocos acrescenta à sua notícia que "se está edificando o novo Quarto para o futuro Neto de Sua Magestade [...] no Palácio de São Christhovão" e que a rainha "deo igualmente as suas Ordens para o novo Enxoval".[42] Príncipes, rei e rainha

---

39 OBERACKER JR., *cit.*, p. 165.

40 *Idem*, p. 66.

41 SOUSA, *cit.*, I, p. 113.

42 *Idem*, p. 352.

preparavam-se para receber o novo herdeiro com pompa e alegria. A arquiduque-sa, convencida de que trazia no ventre um menino, confidenciava à irmã: "Que Deus dê que ela [a criança] se pareça inteiramente com o meu marido que muito amo."[43] O seu biógrafo julgou poder afirmar taxativamente: "Foi este impedimen-to [gravidez avançada] de D.ª Leopoldina poder acompanhar o marido nas suas corridas e excursões violentas que deu ensejo a que ele recomeçasse as aventuras com outras mulheres."[44] Talvez. Ninguém o pôde constatar com precisão.

Nasceu, enfim, o filho tão aguardado. Foi num domingo, 4 de abril, dia de Ramos, pelas 5 horas da tarde. Era uma menina, contrariando todas as expec-tativas e desejos. Porém, o "sucesso a todos causou extrema alegria por ser mui desejado [...] A Princeza recem nascida vai bem, e consta que será baptizada a 2 de maio, dia da Maternidade de Nossa Senhora, chamando-se D. Maria da Glória [...]".[45] Irromperam as manifestações de júbilo: fogos-de-artifício, salvas de tiros nas fortalezas e nas embarcações de guerra, repiques dos sinos das igrejas anun-ciaram que o rei já assegurara descendência para além de seu filho. Iluminaram-se os edifícios públicos e muitos privados, "sobresahindo a todas a da Real Quinta da Boa Vista, pela sua elegancia e profusão de luzes". Ribombou uma salva de 21 tiros da fortaleza da ilha das Cobras e o monarca comunicou a boa notícia aos seus vassalos e também à corte de Viena. A menina chamar-se-ia Maria da Glória, em homenagem e devoção dos pais à padroeira da Igreja da Glória. As festas con-tinuaram, tanto nas igrejas, onde se cantaram *Te Deum*, como nos palácios, onde diplomatas e dignitários iam felicitar os reis e os príncipes. Para padrinhos da princesinha da Beira foram escolhidos D. João e D. Carlota Joaquina e o baptiza-do teve lugar no dia 3 de maio. Leopoldina estuava felicidade por todos os poros, manifestando-a por escrito à sua família, e D. Pedro também muito se envaidecia com o nascimento de sua herdeira, por cuja educação e direitos muito haveria de cuidar e sofrer. A menina assemelhava-se ao pai, exceto na cor dos cabelos, que eram loiros, como os da mãe. O príncipe não se afastava dela, cuidava-a terna-mente, fazendo com que o considerassem o melhor dos pais. A criança trouxera à mãe uma felicidade indizível, aproximando como nunca os esposos. Leopoldina

---

43 OBERACKER JR., *cit.*, p. 183.

44 *Idem*, p. 184.

45 Marrocos, carta de 22 de abril de 1819.

sentia-o e, exceptuando o horrível calor úmido do verão carioca, considerava-se realizada. E D. Pedro também. Firmava-se nele um sentimento que marcaria daí em diante toda a sua existência: a paternidade. Todos os testemunhos posteriores o confirmariam. Defeitos não lhe faltavam, é certo. Virtudes também adornavam a sua pessoa, em grau muito elevado. Para além da coragem temerária de que deu abundantes provas e de uma luta sem quartel pelo sentimento de honra, a sua qualidade primordial pode traduzir-se em duas palavras: pai extremoso. Por aquela criaturinha que afagava e suportava no colo, a quem, de acordo com a praxe, puseram um nome longo e sonante, bater-se-ia até à exaustão, minando a própria saúde, que menosprezava face ao sentimento de honra. D. Pedro tornar--se-ia um soldado, um guerreiro destemido, um bravo para garantir os direitos dessa menina. Com ela perdera a brusquidão. Tornara-se doce e condescendente.

Entre 1818 e 1822, o casal viveu os tempos mais românticos e felizes da sua união. Fidelidade de D. Pedro? Quem o poderia garantir? Prezaria ele esse comportamento, tendo em conta a sua educação livre e desordenada, sem paradigmas convincentes e sem freios à sua incontida pulsão sexual permanente? Damas respeitáveis, mulheres de ocasião, caboclas tentadoras ou donzelas esculturais expunham-se-lhe e ele deixava-se seduzir, mesmo às escapadelas, como constava no Rio. Porém, durante esses anos, antes do surgimento da sua amante paulista, o príncipe trouxera a felicidade à arquiduquesa, fizera-a esquecer a solidão carioca, a diferença de hábitos e até a hostilidade de pessoas próximas. Ao completar um ano, em abril de 1820, a mãe enviara um retrato da menina para a família, enaltecendo-lhe a beleza. D. Pedro não ficava atrás. Transformara-se, na expressão de D. Leopoldina, no melhor dos pais,

> pai até à raiz mais funda do ser, pai hipertrofiado, em função porventura de sua exuberante força sexual, pai enaltecido e honrado por ostentar esse atributo de masculinidade [...] [deixando de ser tão estouvado, tão áspero [...] Aí estaria uma das contradições do seu temperamento, se não fosse antes uma afirmação do que havia nele de mais autêntico e irredutível,

como o analisaria o seu biógrafo principal.[46] Os filhos suceder-se-iam ao ritmo de um por ano, como escreveria mais tarde ao sogro: "Nove anos fui casado [com D. Leopoldina], nove filhos tive." A revolução de 1820 fá-lo-ia saltar repentinamente para a vida pública, da qual, a contragosto, sempre estivera afastado. Dos filhos jamais se apartaria. A D. Maria da Glória suceder-se-iam D. João, cedo e penosamente desaparecido, D. Januária e outros. Leopoldina centrava-se agora na educação dos filhos, aos quais pretendia inculcar gosto pela cultura e pelas línguas, que tanta falta lhe tinham feito. Por isso a primogênita começou a aprender francês desde os 2 anos. E também inglês, línguas em que o pai nunca foi versátil. D. Pedro revelava-se agora à mulher na sua plenitude de caráter: mantendo

> a marca de uma educação sem esmero e, mais do que isso, o estigma dos traumatismos psicológicos oriundos de uma infância e de uma adolescência passadas à sombra de um pai que disfarçava a fraqueza em astúcia, e de uma mãe que compensava pelo desprezo o malogro das próprias ambições, sobravam-lhe todavia partes intactas ou inconspurcadas de sua rica e complexa individualidade.[47]

Nunca fora bom aluno, se por tal entendermos alguém que seguiu, com proveito, um currículo longo e sistemático. Sabia o suficiente em português, latim, matemática, francês e algo de inglês, mostrando-se "sensível e inteligente [...], curioso, atilado, irreverente, bravo, aventureiro [...]",[48] disso se apercebendo a arquiduquesa, que o amava entranhadamente, desculpando-lhe as falhas de polidez. Nesta fase da sua vida – a do amadurecimento – ele aprenderia com o desenrolar da mesma aquilo que lhe minguou enquanto aluno. Cresceu como uma força bruta e agora pagava-lhe tributo. Só se interessou a sério por aquilo que lhe despertou curiosidade ou engenho. Mas, quando urgia, via claro e decidia instantaneamente. Nesse sentido, assumiu, a partir de 1821, incontestado privilégio de chefe, intuitivo e robusto, possuindo "o gosto, a volúpia do

---

46 SOUSA, *cit.*, I, p. 116.

47 *Idem*, p. 118.

48 *Idem, ibidem.*

mando. Nascera para ser chefe, para governar, para ser obedecido",[49] mesmo em conflito com as ideias ortodoxas de seu tempo. Bater-se-ia por direitos, antes dos deveres. Preferiria a constituição, opondo-se à força dos usos e costumes. Escandalizaria uns, mas galvanizaria outros. Como ninguém, formara-se adivinhando a força dos ventos da mudança.

De onde lhe chegaram as ideias liberais? De conversas com gente culta, como o conde da Barca, o cônego Boiret e outros, muitos fugidos aos exageros da Revolução Francesa. Mas também de leituras de textos de autores já referidos, como Filangieri, Constant, Burke, Rousseau, Burlamaqui, Adam Smith, Puffendorf, Grotius, Mably e Raynal, cuja circulação no Brasil, desde finais do século XVIII, se tornaram habituais entre os letrados interessados pela política. Pedro sempre se mostrara fascinado por Napoleão, que os fados acabaram por fazer seu concunhado. Para lhe falar dele e o informar minuciosamente sobre movimentos liberais conheceu D. Pedro um homem estranho, mas fascinante, com o qual se relacionou de perto, o general Hogendorp. Este holandês que se havia notabilizado ao serviço dos exércitos franceses morava no Rio, na região do atual Cosme Velho, para onde emigrara. Fora governador holandês em Java e pusera-se, depois, ao serviço das tropas superiormente comandadas por Napoleão. O seu percurso vital tornara-o um homem estranho. D. Pedro soubera da sua existência e visitava-o, ora sozinho, ora acompanhado por D. Leopoldina, uma vez que ela e o ex-general se entendiam bem em alemão. Quem desaprovava estes encontros era D. Carlota Joaquina, horrorizada com as ideias e as práticas deste aventureiro.

Dirk van Hogendorp nascera em 1761 no seio de uma família ilustre, pois seu irmão afirmar-se-ia como homem de Estado e ele seguiria a carreira militar. Estudara na Prússia tudo o que aprendera na arte da guerra no tempo de Frederico, *o Grande*, e, após isso, tornou-se governador da parte oriental da ilha de Java. Regressado à Europa, foram-lhe confiadas várias missões diplomáticas ao serviço da República da Batávia. Em 1807, em pleno momento do avanço dos exércitos de Junot sobre Portugal, tornou-se ministro da Guerra. Napoleão, que o apreciava pelas suas qualidades militares e pelo seu caráter duro, aquando da anexação da Holanda à França promoveu-o a general-de-divisão e chamou-o ao seu círculo como ajudante-de-campo. Fora encarregado de governar, em

---

49   SOUSA, 1988, I, p. 118.

nome do exército francês, em Conisberga, Breslau e Hamburgo, onde deixou fama de extrema dureza nos comportamentos com os seus subordinados. Em 1807 estivera em Viena, como ministro plenipotenciário de Luís Bonaparte. Comandou a região de Nantes durante o Governo dos Cem Dias e reagiu por não ter sido incluído no quadro do estado-maior do exército, após o desastre de Waterloo. Quando Napoleão foi enviado para o exílio em Santa Helena, uma vez que o não pôde acompanhar, exilou-se. Escolheu o Brasil, para onde se dirigiu. Ainda em Nantes, vivera um romance com uma jovem reformada, mais nova do que ele 30 anos, Rosa de seu nome, de que acabara por se separar. Foi de lá que partiu para o Rio de Janeiro, com uma carta de recomendação do duque do Luxemburgo, a bordo do barco *Bom Pai*. Desde fevereiro de 1817 aí vivia, perto do mar, onde comprara uma plantação e dois escravos. Levava um nível de vida modesto: fabricava carvão, cultivava café e laranjas, fabricava manteiga e licor, que vendia ao público. Nas horas vagas, ocupava-se a escrever as suas *Memórias*, através das quais pretendia justificar-se de algumas acusações graves que lhe haviam sido imputadas. Morava numa cabana, rodeada de flores em cachos e na porta colocara o seu retrato, em uniforme de general, com o peito coberto de condecorações, fazendo lembrar a quem o visitava o seu passado de glória. Era uma figura excêntrica, pela decoração interior do seu quarto de dormir, onde estavam figuradas danças macabras, e pelo uso que fazia dos textos bíblicos, evocando a Nova Sião, nome que atribuíra à sua cabana. D. Leopoldina tê-lo-á conhecido quando, num dos seus passeios, caçava insetos nas imediações da sua residência. Para além disso, ele tornara-se conhecido dos condes da Barca e dos Arcos, quando desempenhara altas funções diplomático-militares. Através destes titulares o conheceu D. Pedro, que passou a visitá-lo com regularidade. Hogendorp, nessas conversas, na varanda, abria os rolos das cartas militares, provenientes do estado-maior, falava de batalhas, dos avanços e recuos, enfim, sobre os ideais do governo imperial. Mostrava, com orgulho e emoção, uma carta que Napoleão lhe dirigira aquando da morte de um filho e que, para ele, se transformara numa relíquia.

As longas cavaqueiras com este homem fascinavam o príncipe. Este ouvia-o dissertar sobre questões militares, estratégias, manobras, manutenção e transporte e dialogavam sobre a figura do próprio Napoleão, que fora considerado por muitos como um herói e que outorgara à França a sua maior glória política nos tempos contemporâneos. D. Leopoldina ia acompanhando o marido e ouvindo o velho general, pelo qual começara a ter admiração. Mesmo quanto ao grande imperador dos franceses, a princesa não podia esquecer que ele fora marido de sua querida e confidente irmã Maria Luísa. Portanto, o jovem casal começava a admitir que os ventos oriundos da Revolução Francesa e controlados pelo general corso trouxeram benefícios a muita gente. D. Pedro sonhava poder um dia também comandar um exército, encher-se de glória, assumir um poder forte e bem direcionado. Hogendorp, os condes dos Arcos e da Barca falavam-lhe com entusiasmo da modernização das velhas monarquias, da sua adaptação às novas filosofias políticas que as Luzes foram divulgando e que, ali ao lado, na América de língua espanhola, estavam a produzir revoluções e independências. Leopoldina, em cartas à família, admite sua fidelidade à família reinante lusitana, mas também simpatia, ou mesmo "culpa por sentimentos liberais".[50] Após a revolução portuguesa de 1820, em carta à irmã Maria Luísa, escreverá: "Já deves ter ouvido falar dos sucessos constitucionais verificados nos estados portugueses. Podes bem imaginar que influência hão de ter exercido sobre o meu ânimo, apesar de eu não pensar contra eles [...]."[51] Ninguém saberia prever o rumo de todos os acontecimentos e, portanto, impunha-se a prudência, mas era impossível fechar-se aos novos ideais da política. Nisto ela concordava com o marido, mormente depois de ter conhecido e trocado opiniões com José Bonifácio. D. Pedro, ambicioso, impetuoso, cheio de energia, não podia sentir-se contente com o estatuto de que desfrutava na corte. O rei, por ciúmes e por conselho dos seus validos, afastara-o sempre do governo, "nunca lhe permitindo tomar parte na orientação dos negócios públicos, interrogar um ministro, falar a um chefe [...]".[52] Dir-se-ia que D. João, lento e indeciso na ação, temia a sua impetuosidade, a sua franqueza ou até a sua brutalidade de caráter. Habituado a desconfiar e a esconder-se de Carlota Joaquina, estendia essa reserva a todos os outros familiares. Conta-se que o príncipe havia trazido e amestrado um cavalo bonito para oferecer ao pai no dia do seu aniversário. Quando lho apresentou, o rei

---

50   OBERACKER JR., *cit.*, p. 196.

51   *Ibidem.*

52   DALBIAN, *cit.*, p. 37-38.

ter-lhe-á dito: "Queres que eu monte o cavalo para ele me derrubar e me maltratar, não é verdade, Pedro?" O filho, colérico e magoado pela desconfiança do pai, ter-lhe-á respondido: "Não é para ti, não será para ninguém." E partiu com o animal, a galope, até o exaurir completamente.

Entretanto, D. Leopoldina, sempre grávida, começava a desleixar o seu perfil feminino. Quando sobrevieram os primeiros desencantos na corte,

> não protestou, incapaz de revolta, esquecendo, entre os livros, as dores da sua situação. Não se enfeitou mais, decerto para não aggravar a extravagancia das roupas, a desharmonia dos ademanes, gordanchuda, as bochechas flacidas, avelhentada pelos partos successivos, D. Maria, 1819, D. Miguel, que morreu quasi ao nascer, em 1820, D. João, 1821, D. Januária, 1822, D. Paula, 1823, D. Francisca, 1824, D. Pedro II, 1825 e um último que a matou [...] Passou a usar curiosas vestes meio masculinas, que não fizeram moda.[53]

A nostalgia da família e o isolamento que lhe impuseram levaram-na, ao que constava, ao consumo de bebidas espirituosas, transformando-a numa espécie de vulto ambulante, conformado com a sua sorte.

> Amava D. Pedro. Mas não o disputou. O orgulho da sua posição enrijava-lhe a altivez misturada de estoicismo [...] Como que justificava o estroina: era feia [...] Quando o principe necessitou do auxílio da sua intelligencia, deu-lho firmemente; num momento de politica olvidara os annos de padecimento. Inutil sacrificio, ao demais. D. Pedro não lho agradeceu. Elle jamais a entendeu bem.[54]

De quando em quando, ainda passeava com D. Pedro pela Chácara do Macaco, propriedade do príncipe, atual Vila Isabel, mas cada vez menos. Acentuava-se nela a "physionomia germanica [aparentando] uma virilidade grotesca".[55] Apesar de tudo, como afirmou Oliveira Lima, "Ficou viva entre nós a tradição da extraordinária

---

53 CALMON, *cit.*, p. 58.

54 *Idem*, p. 59.

55 *Ibidem*.

doçura da imperatriz Leopoldina: sua inteligência e instrução constam das memórias do tempo".[56]

Desde 1818 se reclamava a presença da corte portuguesa em Lisboa. Mas D. João não estava disposto a partir. Teria de deixar tudo o que tanto lhe agradava no Brasil. D. Pedro, também não, desde que se informou melhor sobre a situação. O rei sabia que o velho reino europeu atravessava uma crise profunda e que o descontentamento aumentava dia a dia. Entre ambos os reinos havia uma rivalidade crescente. A execução do general Gomes Freire de Andrade e dos Mártires da Liberdade tornara-se numa cerimônia bárbara e cruel, revoltando ainda mais os descontentes. O marechal Beresford transformara-se no símbolo do ódio ao poder. Os militares assistiam ao assalto que os ingleses perpetravam aos postos mais altos da hierarquia castrense. O povo sentia-se esmagado e os soldados que partiam para o Rio de Janeiro para fazerem a guerra na zona cisplatina deixavam um insuportável vazio. A agricultura definhava, as finanças públicas confessavam-se exaustas e a família real continuava longe, muito longe. Constava até que D. João VI jamais voltaria. A dinastia Bragança, que ele corporizava, preferia consolidar o seu reino americano. Afinal, inverteram-se os papéis e Portugal transformara-se numa colônia da sua antiga colônia. A situação tornara-se explosiva. Uma única pessoa desejava regressar a Portugal imediatamente: D. Carlota Joaquina. Pretendia voltar ao palácio de Queluz e ao Ramalhão. Mas o rei

> aborrecia os cortesãos que lhe falavam da volta. Confessava o desejo de morrer ali, onde achara a paz, com o Lobato, os frangos, os verões de Paquetá, os banhos salgados do Cajú, as pontificaes da capella [...] Entre 1818 e 1820 a diplomacia gravitou, fervente, em torno da viagem da família reinante, que Portugal exigia, a Inglaterra aconselhava, os portugueses do Brasil impediam, por negócio.[57]

D. Pedro abrasileirara-se, mas não deixara de ser um príncipe português. Sentiu-se o herdeiro do Reino Unido. Haveria que o manter unido. Não sentira nunca o dilema de ter de optar entre Portugal ou o Brasil. Ele nascera português,

---

56   LIMA, 1997, p. 539.

57   CALMON, *cit.*, p. 63.

mas crescera brasileiro, vivia numa corte absolutista, mas ouvia falar em constituição, em direitos e liberdades e concordava com elas, considerando-as imparáveis. Dentro de si estalara um conflito, que atingiria momentos decisivos e paroxísticos, primeiramente em 1821-1822, quando resolveu ficar e proclamar a independência e, depois, em 1830-1831, quando decidiu abdicar e partir para Portugal a reivindicar o seu trono europeu. Choques de ideias, de sentimentos, de interesses transformaram-no em homem de contradições. Respeitava o pai, mas não o admirava, porque este nunca lhe abriu a sua intimidade e jamais o consultou, considerando-o um rival. Mesmo depois de casado, com filhos, herdeiro, sucessor, sentia-se secundarizado. E atribuía a culpa ao pai por não ter coragem de se abrir, de confiar nele, de lhe pedir apoio. Mas a culpa maior cabia, na sua perspectiva, ao ministro favorito, Tomás Antônio Vila Nova Portugal, a quem um dia, enraivecido, chamaria o "alcaide de Mata-Porcos"[58]. Este receava a sua ousadia, a sua propensão pelas ideias novas, a sua imprevisibilidade. Pai e filho respeitavam-se, mas divergiam em quase tudo.

---

58   SOUSA, *cit.*, I, p. 126.

Capítulo 6
Revolução de 1820 e o caminho para a independência

Primeiras reações

A 17 de outubro de 1820, chegava ao Rio de Janeiro informação segura sobre a revolução do Porto. O ano anterior tinha exigido luto pesado para a corte: morte da infanta D. Maria Isabel, rainha de Espanha, fiha de D. João VI. Ocorrera no dia 26 de dezembro anterior, mas só em abril de 1819 a notícia foi publicada "para evitar algum incommodo a S. A. R [...] S. Magestade recolheo-se por oito dias [...] e da mesma sorte toda a família real".[1] O ambiente apresentava-se pesado, sem embargo do nascimento da princesinha das Beiras, D. Maria da Glória. A situação interna de Portugal tornara-se quase desesperada, como refere Santos Marrocos, em carta de 24 de agosto de 1819, escrevendo ao pai sobre "a falta absoluta de recursos necessários para obstar a huma desgraça proxima" e, nessa ótica, insistindo para que a família se lhe juntasse no Rio, pois "as circunstancias submergirão o pais n'hum estado precario e quasi irremediavel". Por sua vez, em Espanha, Fernando VII fora obrigado, por causa de uma revolução, a repor em vigor a Constituição de Cádiz, de 1812. Encorajado por esse sucesso no país vizinho e por influência sutil das lojas maçônicas lusitanas e peninsulares, os revolucionários de 1820 triunfaram. Abria-se uma nova era à Revolução política portuguesa. Aguardava-se uma nova atitude da corte perante o avanço das ideias constitucionais. Exigia-se o regresso do monarca, deixando, desse modo, a metrópole de continuar a sentir-se como uma colônia, governada à distância, sofrendo a prepotência da presença inglesa. A burguesia fora duramente atingida pelo termo do comércio monopolista e, portanto, movimentava-se nos bastidores para reverter a situação política. Desde 1814, a Europa assistia à consolidação de muitas transformações iniciadas a partir

---

1 Marrocos, *cit.*, p. 362-363.

de 1799. Agora, em 1820, Portugal também teria de mudar muito. D. João, inicialmente, não tomou o movimento muito a sério. Encontrava-se seguro, longe do epicentro da agitação e contemporizaria. Mas, à medida que iam chegando notícias mais precisas acerca da situação interna portuguesa, percebia que teria de agir. Em 23 de dezembro aportava ao Rio o conde de Palmela, saído de Lisboa, nos inícios de novembro. Era homem cujas opiniões urgia tomar a sério. Para ele, a melhor resposta à revolução consistia em apostar numa monarquia constitucional na qual o elemento preponderante continuaria a ser a nobreza. O rei deveria, a seu ver, regressar à sede da velha corte, deixando o herdeiro da coroa no Brasil, mantendo-se o regime aí em vigor, "com algumas variantes mais de forma que de fundo".[2] Tomás Antônio pensava exatamente o contrário: D. João é que devia permanecer no Brasil, regressando D. Pedro a Portugal, "porque, uma vez desunido, o reino americano não mais se tornaria a ligar ao europeu, ao passo que este, se por acaso levasse o desvario ao ponto de proclamar-se república, depressa volveria à só razão, não coagido pela Santa Aliança [...], como principalmente pelo receio de sua anexação pela Espanha".[3] Os revolucionários portugueses não levaram demasiadamente longe as suas exigências: manteriam o trono, numa monarquia hereditária e constitucional. Aceitavam, pois, o rei, mas com poderes limitados pelas deliberações das Cortes. No horizonte dos liberais estava implícita a redução do Brasil à antiga condição de colônia, que apenas a transmigração da corte mudara. Ao menos no plano econômico. Esse antibrasileirismo da revolução vintista fora-se avolumando com o rodar do tempo, tornando-se muito claro em 1821.

No Brasil, a revolução do Porto foi vista com simpatia por muita gente. Havia muitos partidários das novas tendências políticas, como provara a revolução pernambucana de 1817. Desde a abertura dos portos e da elevação a Reino Unido, o Brasil sentia-se em movimento ascendente. Na sequência da notícia da revolução, publicou-se no Rio uma brochura anônima, cujo título era "Devem, nas presentes circunstâncias, el-rei e a família real de Bragança voltar a Portugal ou ficar no Brasil?". Inspirara-se no pensamento oficial e nela se afirmava que Portugal não podia sobreviver sem o Brasil, enquanto este não necessitaria do velho reino, que, se o rei partisse, o Brasil se tornaria independente e que, portanto, melhor seria

---

2   LIMA, 1997, p. 649.

3   *Idem, ibidem.*

permanecer.[4] Contudo, muitos brasileiros, ou melhor, portugueses nascidos no Brasil, assumiam um sentimento nativista, apoiado na velha rivalidade entre reinóis e naturais do território, que o exército espelhava e que ia permeabilizando todas as camadas sociais. Surgia um apego à terra que deixava de considerar-se apenas sentimento nativista para se transformar em patriotismo. E este reivindicava os direitos individuais, a soberania popular, as leis discutidas e aprovadas por consenso nacional, escapando, desse modo, à discricionaridade do soberano. Ser constitucional era submeter-se a leis, a poderes independentes e reconhecidos, a reconhecer direitos e aceitar deveres. Esta corrente de opinião ganhava cada vez mais apoiantes, sobretudo nas classes cultas, burguesia, clero, intelectuais, proprietários ilustrados. Como iria agir o rei face a este novo cenário? E os demais membros da família real, sobretudo o príncipe herdeiro? Conhecido o êxito da revolução pelo correio do dia 17 de outubro, D. João procedeu, como era seu timbre: hesitava. Na verdade, por caráter,

> se não padecia de uma abulia total, custava a decidir-se, pesava laboriosamente os argumentos que lhe ofereciam, favoráveis e contrários a uma ou outra solução, inclinava-se para os alvitres dilatórios, no seu sistema de ganhar tempo, de esperar que as dificuldades por si mesmas se dissipassem. Dentre os conselheiros, pendia para os menos ousados, para os mais medíocres, para os que lhe procurassem adivinhar as simpatias ocultas. Positivamente, o marido de D. Carlota Joaquina abusava da contemporização [...].[5]

Pronunciaram-se seus ministros e conselheiros, sem saberem exatamente a extensão do movimento e o nó das suas reivindicações. Variaram os pareceres, mas em todos havia um denominador comum: algum membro da família real deveria regressar a Lisboa, tanto podendo ser D. João, como D. Pedro ou D. Miguel. Silvestre Pinheiro Ferreira, em carta a um amigo, escrevia, a propósito das hesitações dos amigos do monarca: "Mas mesmo entre os homens moderados é grande a discrepância dos votos, porque uns aconselham Sua Magestade, que, deixando o Brazil confiado a uma regencia [...], regresse quanto antes

---

4   OBERACKER JR., *cit.*, p. 197.

5   SOUSA, 1988, I, p. 133.

146   Eugénio dos Santos

àquele reino, afim de ali dirigir os progressivos sucessos da revolução e manter os direitos da sua real coroa: outros são de parecer, que, commettendo este cuidado a Sua Alteza Real o príncipe herdeiro, Sua Magestade [...] se applique a impedir, que no Brazil se não faça innovação." O que parecia inevitável é que era urgente agir rapidamente e que as duas pessoas cimeiras da monarquia, rei e príncipe, deveriam presidir aos trabalhos preparatórios da discussão de uma constituição, tanto em Portugal, como no Brasil.[6] Parecia a todos que a convocação de Cortes era ilegal, porém o melhor era colocar-se à cabeça do movimento, em lugar de o contestar. Nesse sentido, mandou D. João redigir a carta régia de 27 de outubro. Autorizava a convocação das Cortes, apesar da sua ilegalidade, consideraria as emendas, alterações ou disposições nelas discutidas, e "concluídos estes trabalhos, de forma que satisfaçam as minhas paternais vistas, com a dignidade devida, terão na Europa para os governar a minha real pessoa ou um dos meus filhos ou descendentes". A linguagem da carta chocava com as exigências dos revolucionários. Estes já não se apresentavam como *vassalos fiéis*, mantendo os antigos usos e costumes. Consideravam-se *cidadãos* com direitos inalienáveis, encarnavam a soberania popular, reformulariam as leis do Estado, às quais o próprio rei teria de obedecer. Logo em novembro chegaram ao Rio notícias mais precisas. Havia sido nomeada uma Junta de Governo, em nome do rei, é verdade, mas disposta a avançar com as medidas necessárias, à luz dos novos princípios políticos, *i. e.*, elaboraria uma constituição. Protelar decisões tornara-se impensável. O rei percebeu-o e entrou em transe. Pouco importavam as opiniões de Tomás Antônio, de Silvestre Pinheiro, de Palmela, do conde dos Arcos. Agir era imperativo imediato. Na própria Corte se percebeu que a revolução visava libertar o país da supremacia do Brasil. Por essa razão se exigia o regresso da família real. D. João resistia, por não querer prescindir do estatuto de Reino Unido. Talvez a solução imediata fosse enviar D. Pedro, como sugeria, há muito, a Inglaterra. Ou, como sugeriam alguns, abandonar esse pequeno país europeu e concentrar-se em solidificar um poderoso império brasileiro. Palmela, como se afirmou, entendia que enviar D. Pedro para presidir aos trabalhos do Soberano Congresso seria o mais adequado. Na Europa estavam a impor-se as instituições liberais, como sucedera na França de Luís

---

6   FERREIRA, Silvestre P., *Cartas sobre a Revolução do Brasil*, 1888, RIHGB, Tomo LI, p. 41.

XVIII, outorgando uma carta constitucional. Deter o movimento parecia-lhe uma temeridade, melhor seria tomar-lhe a cabeça. Para isso estava aí o herdeiro apto a assumir a responsabilidade. Se D. João saísse do Brasil, repetia Palmela, o Reino Unido desagregar-se-ia.

O rei não se deixou convencer. Preferia ouvir o seu confidente Tomás Antônio Vilanova Portugal, honrado jurista, mas virado para o passado, que entendia que o monarca nunca deveria andar a reboque dos revolucionários. Eles é que haveriam de vir solicitar o seu perdão pela aleivosia cometida. As Cortes apenas teriam poderes consultivos, nunca deliberativos. Nada, portanto, de constituição, ou, nas suas palavras, "Vossa Magestade deixa-se estar no seu trono; e nem falar em Constituição". Eis o que D. João queria ouvir. Desprezava os pareceres diferentes, convencido de que a revolução se esvairia por si mesma e por pressão internacional. Palmela insistia na sua proposta, mas sem êxito. E, a acrescentar à delicadeza da situação portuguesa, juntava-se a brasileira. A Bahia e o Pará haviam aderido às bases da Constituição Portuguesa, que estava a ser elaborada pelo Congresso Nacional. Face ao conhecimento do que estava ocorrendo na Europa, reagiam os súditos americanos: uns pretendiam a continuação do Reino Unido, outros exigiam a permanência da família real, mas com novas regras de governo, regidas por uma constituição e, finalmente, os outros, eco dos movimentos nativistas (ou patrióticos) locais, entendiam que chegara a hora da independência. D. João, cujo afeto ao Brasil crescera, indeciso e bondoso, julgava poder continuar a governar pacificamente à distância. Não pensava viajar, de regresso.

Os acontecimentos precipitavam-se e os revoltosos clamavam pelo retorno da família real. O rei agora não mais poderia manter o herdeiro à margem da evolução da situação política. Cogitava mandá-lo, como insistia Palmela, mas uma dúvida o martirizava. E se o aclamassem como rei, à chegada? Era seu filho e herdeiro, é certo, mas não conhecia exatamente o seu pendor político, nunca com ele dialogara antes, sabia-o impulsivo, ousado e ambicioso e receava o seu comportamento. Parece que o príncipe se dispunha a partir, talvez influenciado por D. Leopoldina, que suspirava por rever a sua amada Europa e, quiçá, um dia poder voltar a Viena.

Protagonismo de D. Pedro

Em abordagem lapidar, Pedro Calmon procurou traduzir o significado de 24 de agosto de 1820, no seu eco fluminense:

> Em 24 de agosto uma revolução estourou no Porto, derramou-se sobre Lisbôa, inundou a metrópole. A Constituição! A maçonaria, o francezismo, o espanholismo, a bacharelice, a estudantada, rebentavam como uma bomba naquelle grito: a Constituição! A Constituição era tudo: liberdade política regrada por uma carta, côrtes permanentes e autonomas, fiscalização dos negocios por representantes do povo, a guerra dos liberaes ao absolutismo, à Inquisição, à polícia apostolica, aos frades, ao privilégios [...] A Constituição tambem era o nacionalismo: expulsava os ingleses.[7]

Nesse contexto emergia definitivamente a figura de D. Pedro. O rei preparava-se para o enviar, embora sem entusiasmo. Iria cercado de nobres, que o haveriam de controlar. Começou, porém, a sentir que o assentimento inicial do príncipe se esbatera. O conde dos Arcos aconselhava-o a ficar. Era um amigo. As cortes reclamavam o próprio rei e a rainha exultava com a exigência. D. João temia a fidelidade do herdeiro. Talvez, em seu lugar, enviasse D. Miguel e uma das infantas. E Pedro intuiu que o pai o pretendia afastar do Brasil e enviá-lo para o "purgatório", que era a recordação que conservava da infância. Contudo, o rei persistia na ideia de enviar o filho mais velho, mesmo retendo no Rio D. Leopoldina, novamente grávida. Parece até ter deliberado isso no dia 30 de janeiro. Mesmo que o príncipe quisesse levar a esposa, D. João reteria consigo os netos. A sede da monarquia continuaria no Rio, onde permaneciam o rei e os futuros herdeiros. A D. Pedro nada mais restava do que cumprir ordens e partir. Porém, imagine-se o insólito, D. João congeminava tudo isto com os seus conselheiros, sem nunca ter conversado com o filho. Finalmente, o encontro entre ambos ocorreu, dialogaram e D. Pedro concordou em partir. Levaria o título de Condestável e fora-lhe recomendado que se "não hão de imitar as cortes de Cádix" e nada deveria ele aceitar de formas estrangeiras de governo que coarctassem a autoridade régia.

---

7   *O Rei Cavalleiro*, 1933, p. 63-64.

Não se faria acompanhar de D. Leopoldina, dado o seu avançado estado de gravidez. Tudo ficara assente a 7 de fevereiro de 1821 e fora tornado público.

D. Leopoldina opôs-se vivamente à decisão. Ou iria também, ou seu marido esperaria pelo parto, para ambos viajarem. E D. Pedro, talvez tocado pelo fortíssimo sentido de paternidade que sempre o movera, foi sensível aos argumentos da princesa. Esta, aliás, trataria de partir clandestinamente, se o marido não a ouvisse, preparando tudo com o apoio de um compatriota, Schäffer, que aparelharia um barco e uma ama para a criança nascente. Quando já estava preparado o embarque, chegou a contra-ordem: afinal, D. Pedro não partiria. E se tivesse de ir, a mulher acompanhá-lo-ia, tinha exigido o príncipe. De Portugal, das ilhas atlânticas e até do próprio Brasil iam chegando notícias cada vez mais alarmantes. O Pará e a Bahia haviam aderido às decisões das Cortes, como já referimos. Além da rebeldia lusitana, parecia começar a desagregação do Brasil. Palmela, perante a gravidade da situação, reclamava do rei um texto que funcionaria como base de uma constituição, que seria jurada pelo príncipe, antes de partir. Desse modo, o rei, através do filho, assumiria o completo protagonismo da situação, antecipando-se às decisões das Cortes. O rei e o seu conselho, reunidos para deliberar, não aceitaram a proposta nesse dia 18 de fevereiro. O próprio D. Pedro se recusava agora a deixar o Rio, sem a princesa, prestes a dar à luz. Ninguém convenceu o casal a separar-se, mesmo transitoriamente. Silvestre Pinheiro Ferreira, lucidamente, escrevia a um seu amigo:

> Está decidido por el-rei, e é notório de um modo official, que Sua Alteza Real partirá em breve para Portugal; devendo aqui deixar a princeza sua esposa [...] Mas si me e licito adiantar a minha particular conjectura, Sua Alteza Real não parte. Elle não o quer. O partido brazileiro [...] está disposto a fazer os ultimos esforços para que tal partida se não realize.[8]

D. Pedro simpatizava com as ideias de Palmela e dos constitucionais, mas não concordava com o modo de proceder que lhe era proposto. Enviar umas bases juradas era abrir mão do poder régio, pois a elaboração do texto escapar-lhe-ia, passando para as Cortes. Ora o poder devia permanecer no monarca, que

---

8   Cf. *Cartas sobre a Revolução do Brazil*, Rihgb, Tomo LI, 1.ª Parte, 1888 vol. 76, p. 246.

doaria a constituição que julgasse adequada. Era esse o seu pensamento. Não concordava, pois, em partir naquelas condições. Pensando melhor, D. Pedro preferia ficar no Brasil que conhecia, a voltar ao país de que apenas possuía uma vaga recordação. Uma coisa se tornara evidente aos olhos de todos: ele tornara-se uma figura-chave do desenrolar dos acontecimentos no Reino Unido. Urdira ligações à Maçonaria e dela ia recebendo informações e incentivos para que permanecesse. Dois padres o aconselhavam, Francisco Góis e Marcelino Macamboa, ambos suspeitos ao intendente da polícia Paulo Fernandes Viana. Considerava-os ele agitadores, perigosos e, ainda por cima, amigos do príncipe.

Os acontecimentos sucediam-se em cascata. No dia 26 de fevereiro, teve lugar no Rio um pronunciamento idêntico ao da Bahia. D. Pedro, enviado pelo pai, dirigiu-se ao Largo do Rossio. Levava a confirmação da assinatura das bases de uma constituição que o rei decidira dar no dia anterior. Contudo, os insurretos, tanto civis como militares, prescindiam do texto régio e exigiam que fosse jurada, de antemão, a Constituição que estava a ser elaborada em Lisboa. Solicitavam um governo liberal e até propunham nomes para um executivo a ser nomeado. Ao que se julga, o príncipe havia sido previamente avisado do que se tramava, através do conde dos Arcos, seu velho amigo e de tendências liberalizantes. Os clérigos acima referidos sabiam o que estava a ser preparado e um deles teria ido secretamente avisar D. Pedro. Este, dispondo dessa informação, ofereceu-se como mediador entre a autoridade do pai e as exigências dos sediciosos. D. João, assustado e inseguro, autorizou o filho a agir. Era o que este desejava. Em nome do pai, teve de jurar as bases de uma constituição *in fieri*, cedendo, de fato, a soberania às Cortes, exatamente ao contrário daquilo que pretendia o valido Tomás Antônio.[9] Há mesmo quem pense que nesse momento o grupo amotinado quis aclamar D. Pedro.

---

9   Pedro Calmon descreveu assim o acontecimento: "O motim raiou com a alvorada [...] D. Pedro ainda dormia. Despertado, num instante se decidiu. Fardou-se cingiu o sabre e correu aos aposentos do pae, que fôra tambem acordado, e trémulo, sem comprehender, queria informar-se dos motivos da revolução. D. Pedro apoderou-se do espirito de rei, da situação, daquella hora histórica – que finalmente era a sua hora. Que descançasse nelle. Resolveria tudo. Sua magestade fôra enganado até então. Elle pacificaria. Conhecia a sua gente. Não perdeu tempo com palavras. Desceu ao páteo, onde lhe preparavam o cavallo, e de bicornio, o sabre tilintando, rapido como um jockey, cavalgou a sua montada e se atirou, a galope, para o Rocio. Respirava a largos haustos, com a frescura da manhã, a aventura, o perigo, a gloria [...] A tropa ovacionou-o [...] O exercito, ali, reclamava simplesmente o juramento immediato da Constituição, como as cortes a fizessem em Lisboa." *Cit.*, p. 69-70.

Este, contudo, antecipou-se, gritando: "Viva el-Rei, nosso senhor, viva meu pai." Resolveu-se o conflito e o príncipe passou a assumir um protagonismo que desejava e, até então, lhe havia sido negado. Evitou-se que o poder régio pudesse ter caído nas mãos de um grupo demagógico e revolucionário. D. João continuava a deter o poder, mas saía enfraquecido, na exata medida em que o filho se afirmava. Havia quem pretendesse estabelecer uma junta que não obedeceria senão às Cortes de Lisboa, ignorando os poderes do rei. D. Pedro conseguiu integrar o grupo rebelde dialogando com os que encabeçavam o movimento constitucionalista, tomar parte nele, lograr o primeiro papel. "Dessa primazia, embora sem coragem para disputá-la, o pai tinha receio ou ciume."[10] O certo é que, fossem quais fossem as suas motivações, o príncipe acabava de conciliar o espírito do século com a sobrevivência do trono, o que constituía uma proeza na América de então. Transformava-se, desse modo, num herói romântico, o que tanto lhe agradava. Exprimiu-o por estas palavras: "Chegou finalmente o grande dia 26 de fevereiro, em que tive a felicidade de servir de medianeiro entre meu pai e a nação e de me constituírem regenerador da Pátria, cargo que para mim merecerá eterna lembrança e me obrigaria sempre a concorrer directamente para felicitar a Nação dos heróis, à qual eu tenho a glória de pertencer."[11] Após este sucesso, que atitude deveria tomar o monarca? Ficar no Brasil ou regressar a Portugal? Silvestre Pinheiro Ferreira, ministro dos Negócios Estrangeiros e da Guerra, entendia, e bem, que se D. João deixasse o Brasil abriria imediato caminho à independência. Todos os outros ministros pensaram o contrário. Nesse sentido, preparava-se o regresso da família real, à excepção do príncipe e da esposa. O rei queria trazer consigo os netos, fazendo deles refêns, como já pensara outrora, quando quis enviar o infante para a Europa. D. Pedro, pai estremoso, recusou terminantemente separar-se dos filhos.

O monarca perdera qualquer capacidade de manobra, em relação à rapidez com que teria de agir. D. Pedro permaneceria, já estava familiarizado com o governo, amadurecera fulgurantemente com a rapidez das decisões de 20 de fevereiro. Logo no dia 2 de março, D. João mandara baixar um decreto sobre a liberdade de imprensa e, cinco dias mais tarde, outros dois de enorme alcance: o rei partiria acompanhado de toda a família "ficando o príncipe real encarregado

---

10   SOUSA, I, p. 166.

11   *Correio Brasiliense*, vol. XXVIII, p. 68; SOUSA, *cit.*, p. 169.

do Governo Provisório do Brasil" e determinava o modo de eleição de deputados brasileiros às Cortes de Lisboa. Eis duas decisões do maior alcance. No primeiro asseverava que iria partir em breve, embora saudoso dos vassalos que deixava. No segundo falava da eleição dos deputados pelo Brasil, escolhidos pelos *cidadãos livres*, sob o modelo inscrito na Constituição espanhola.

Há muito o monarca fora aconselhado a regressar à Europa, sobretudo após a paz de 1816. A Inglaterra insistia nisso através de Beresford. D. João resistia. Afeiçoara-se ao Brasil. Mas a revolução do Porto soou como um imperativo: tinha mesmo de partir. Ainda com data de 7 de março, um terceiro decreto concedia aos oficiais do exército do Brasil, entre alferes e major, o mesmo soldo que era pago aos portugueses.

A iminência da partida tornara D. João nostálgico. Os acontecimentos obrigavam-no a afastar-se do Brasil. Durante treze anos exercera, com gosto e bondade, o governo

> com uma liberdade que nunca antes disfrutara, num meio cuja singeleza se harmonizava com o seu natural manso e quase humilde [...], tivera sempre a certeza de que o Brasil o respeitava e, melhor ainda, o amava. E ele também, como bom português, soubera amar o Brasil [...] Tal fora como rei, tal fora como homem. Não lhe escasseava o espírito público; faltava-lhe decisão, coragem, poder imaginativo. Não agia, reagia. Não se arriscava a ter iniciativas; ansiava por conselhos e opiniões [...] Enfrentara os desmandos de caráter e conduta da mulher, com resignação, com excessiva complacência. Mas igualmente com desdém. E sempre lhe chegou o prazer da vingança. Vingou-o o Brasil, a estada aqui por anos tão lentos e demorados, para desespero dela, estímulos do seu deleite.[12]

Deixava o Brasil com mágoa, sofrimento, saudade. Não imaginava o que o esperava, como o tratariam, a que vexames iria ser submetido. Poderia ter evitado tudo, se tivesse ouvido Palmela e enviado o filho logo no final do ano de 1820. Ele era jovem, versátil, aberto às ideias do século e, por isso, teria se entendido com

---

12 SOUSA, *cit.*, p. 173-174.

os constitucionais portugueses. Mas estes queriam-no a ele, rei. Agora fizera-se tarde demais. Só lhe restava partir.

Desde 26 de fevereiro, D. Pedro foi autorizado pelo pai a assistir às reuniões dos ministros, tanto em conselho, como no gabinete de cada um deles. Na iminência da partida, ele deveria saber como agir e quais as grandes questões em discussão. De repente, conferiu-se-lhe o direito pelo qual ansiava há muito!

A caminho da regência

O decreto de 7 de março parecia ter clarificado a situação da monarquia: o rei regressaria a Portugal e, com ele, a Corte. A situação tornara-se transparente para todos, com uma excepção: o próprio rei. É verdade que mandara publicitar o decreto, mas, no íntimo, não sentia vontade de voltar a Lisboa. Esperava-o uma assembleia em ebulição, reivindicativa e desafiadora da sua autoridade. E isso assustava-o. Não haveria mesmo possibilidade de continuar no Rio? O que iria suceder com o regente, que o substituiria? Governaria arbitariamente? Ele fora um monarca moderado. Ouvira sempre os seus ministros e conselheiros. Hesitara, é certo. Mas raramente impusera uma vontade autoritária. Dialogara, tolerara até demais. Contudo, mantivera o Reino Unido à sua volta. O território reconhecera o governo do Rio como elemento unificador. E se as províncias agora se rebelassem? É certo que ele jurara aceitar a Constituição que estava a fazer-se, mas continuava a ser rei do Reino Unido. Não seria melhor ficar no Brasil e mandar o príncipe para Portugal, como quisera Palmela? Era essa a opinião do ministro Silvestre Pinheiro Ferreira, que a manifestava abertamente ao soberano. E este concordava. A esquadra estava a ser preparada para a partida, mas, em vez dele, poderia embarcar o filho. Hesitava, duvidava, interrogava-se. Por fim, teve de resignar-se a partir. O filho negou-se a essa hipótese. Agora tinha de ficar. Contava 22 anos e já mostrara coragem e capacidade de mando. Estaria em condições de reger esse quinhão, o maior, o mais rico, o mais importante do Reino Unido. Não era uma colônia que lhe cabia governar. Ele transformara-se num regente, como sucedeu tantos anos com seu pai. Isso equivalia, na prática, a uma completa autonomia de ação. Ninguém discutiria a sua legitimidade como monarca, embora em estreita união com o pai. Quem decidiria, no imediato, seria ele próprio e os seus ministros, embora respeitando direitos e concedendo liberdades, que o tempo aconselhava. Ele sabia que agiria de modo muito diverso de seu pai. Haveria de ser decidido, corajoso, exuberante na ação. Não toleraria desfeitas, nem deslealdades, como aquelas com que D. Carlota Joaquina constantemente desautorizava e achincalhava seu pai. Nenhuma mulher o desfeitearia ou lhe mancharia a honra. Nascera macho e prová-lo-ia ao longo da vida, em todos os domínios. Implantaria um regime constitucional no Brasil e, após isso, regressaria a Portugal, cuja coroa haveria de herdar de seu pai. Na verdade, "nascera para mandar esse príncipe que as circunstâncias fizeram um liberal",[13] mas, para isso, nunca se fechara nos gabinetes do palácio. Vagueara pela cidade, conversara com todos os que fora topando, pressentira os anseios dos mais politizados. Saberia liderar, aguardando o momento azado. O golpe de 26 de fevereiro proporcionara-lhe apresentar-se a desempenhar um papel de primeiro plano. Correra um enorme risco. Se tivesse falhado, ficaria eliminado da cena política. Contudo, venceu e, portanto, agora ansiava pela regência prometida. A sua inexperiência governativa seria compensada pelas qualidades de comando, como constatava o conselheiro Silvestre Pinheiro: "Entre muitas distinctas qualidades, que adornam o animo do príncipe real sobresaem a firmeza, com que se póde contar",[14] nomeadamente para fazer face ao caos das finanças públicas. Desde logo associado ao governo, vigiava pela salvaguarda do interesse público e agia com rapidez, como sucedeu com a crise do Banco do Brasil. D. João demorava em partir e o chamado "partido português" exigia submissão às Cortes de Lisboa, no Pará, na Bahia, no Rio. O objetivo era continuar a manter o reino unido na pessoa do rei, como sugeriam os comandantes das forças lusas. Isso implicava um só trono, mas também a desagregação do território americano em províncias, dependentes diretamente de Lisboa. O rei percebera que teria de partir, mas constatara também várias correntes de opinião, que o inquietavam. Uma que desejava que revogasse tudo o que fizera e permanecesse. Compunha-se tanto de europeus como de brasileiros natos, acostumados ao governo bondoso de D. João. Essa gente receava o governo do príncipe, ao qual reconhecia grandes qualidades, mas absoluta inexperiência. Nesse sentido se pronunciaram o Senado da Câmara e o comércio. Outra opinião era partilhada pelos elementos próximos do príncipe, que lhe reconheciam "grandes qualidades da parcimonia sem avareza, severidade sem fereza e firmeza de caracter fundada

---

13   SOUSA, I, p. 181.

14   *Cartas, cit.*, p. 280.

em docilidade sem subjeição, esperam, que bons ministros, bons conselheiros e a pratica dos negócios farão renascer no Brazil, debaixo do seu governo, a idade de ouro, como se explica o conde [dos Arcos]".[15] Por último, a corrente menos numerosa, a dos inimigos dos Brasileiros e da preponderância que o Brasil assumira, a partir de 1815, composta por portugueses exaltados, que coincidia com os ideais dos constituintes de 1821, desejando o regresso do solo ameriano à condição de colônia. A esta se opunha uma outra, em formação, radicalmente brasileira e emancipalista. O sucedido em 26 de fevereiro rebentara a continência verbal. Depois dessa data, toda a gente alvitrava, discutia, conjecturava o que seria o futuro brasileiro. Agitava-se a opinião pública nascente. Criara-se um clima de inquietação. "Maquinava-se" por toda a parte, com o objetivo de fazer partir o rei.

Nessas circunstâncias D. Pedro mantinha-se prudente. Garantiria a constituição. Isso lhe bastava. Conformava-se ainda com as exigências do Reino Unido, como, aliás, pensava a maioria dos brasileiros natos, cultos, politizados, civis ou militares,[16] durante esse ano de 1821. O decreto de 7 de março, através do qual se procederia à eleição dos deputados a escolher pelo Brasil para serem enviados ao Congresso de Lisboa, garantia o modelo constitucional do governo do Brasil. A eleição seguiria o modelo gaditano, com juntas eleitorais nas paróquias, nas comarcas e nas províncias.[17]

A reunião dos eleitores paroquiais foi marcada para a Praça do Comércio, nos dias que precederam a Páscoa, que era a 22 de abril. Contudo, o que deveria decorrer pacífica e ordeiramente veio a transformar-se numa reunião agitadíssima e tumultuosa, preparada por encontros, pasquins, boatos e arruaças, perpetrados sobretudo por caixeiros, chatins e taberneiros, dirigidos por agitadores. No dia marcado, 21 de abril, compareceram aqueles que pensavam dar parecer sobre duas questões candentes: a regência de D. Pedro e os nomes para o próximo governo. Contudo, encontraram, com surpresa, numerosa multidão, barulhenta, exaltada, disposta a interferir na reunião. Vários agitadores e tribunos populares, instrumentalizando pessoas incultas, incitaram-nas a exigirem ali uma Junta Governativa subordinada exclusivamente às Cortes de Lisboa. Os cabeças do movimento

---

15   *Ibidem*, carta nº 26, p. 317.

16   Citem-se apenas dois exemplos: José Bonifácio e Domingos A. B. Moniz Barreto.

17   Cf. FERREIRA, 2005, p. 51 e ss.

156   Eugénio dos Santos

chamaram-se Luís Duprat, jovem de cerca de 20 anos, filho de um alfaiate francês, e o padre Macamboa, auxiliados por mais alguns. Na qualidade de eleitores aí estavam pessoas que haveriam de tomar parte importante no rumo da política fluminense, como Gonçalves Ledo, José Clemente Pereira, Cunha Barbosa e outros mais. O que exigiam, enquanto se discutia a Constituição em Lisboa, era o juramento da Constituição espanhola e a organização imediata de um governo provisório. Isso equivalia à nomeação de um governo popular, de pendor constitucionalista, aguardando-se para mais tarde o texto da tal Constituição que estava a ser discutida. Quando ia começar a eleição dos paroquianos, os agitadores acercaram-se da assembleia, criaram um clima de pânico e lançaram as suas reivindicações: não queriam saber do decreto do mês anterior e consideravam nulas as nomeações do rei. Gerou-se enorme confusão, não se procedendo à eleição prevista. Havia tumulto, gritaria, anarquia total. Duprat e Macamboa discursavam, atacando a autoridade constituída, como contou um dos eleitores presentes, José Joaquim da Rocha. Apanhados de surpresa, os responsáveis pela assembleia não reagiram e vergaram-se a todas as exigências. Elaborou-se um texto que seria levado ao rei para que fosse informado e procedesse em conformidade.

Entre a multidão, na assembleia, havia agentes da polícia, que informaram o governo. No palácio de São Cristóvão reuniu o governo, mostrando-se D. João aterrorizado perante o sucedido na Praça do Comércio. D. Pedro estava presente. Que fazer? Hesitava o monarca e não menos os ministros. O príncipe, enraivecido e irritadíssimo, não admitia o que estava a ocorrer nesse dia 21 de abril. Desafiar a sua autoridade abertamente não ficaria sem castigo adequado. Tinha ordenado que viesse o Batalhão de Caçadores 3 para junto da Quinta da Boa Vista e outra força militar para o Campo de Santana. D. João, por medo, acabou por ceder no caso da Constituição espanhola, a qual valeria apenas enquanto não houvesse a portuguesa, que era a que já jurara. Assinou um documento, que os agitadores exigiam e estes continuavam a aguardar na praça. Os próprios militares se encontravam desorientados, sujeitos a duas pressões divergentes: a lealdade ao governo e as "ordens" de Duprat e Macamboa, que se diziam os únicos representantes do povo. A tropa não se deixara contagiar pelos argumentos dos agitadores, mas também não os excluía de todo, para poupar sangue.

O príncipe preparava-se para restaurar a sua autoridade, já delegada pelo pai, na eminência de partir. O ajuntamento, previsto e aconselhado pelo governo, redundara numa intolerável assuada. Os agitadores esperavam na praça anuência a todas as suas reivindicações. Durante a noite. a tropa começou a cercar a praça, mesmo sem ordem do seu comando. Obedecia, ao que parece, a ordens do príncipe, a que o rei acabara por aceder para eliminar o caos. A Constituição, pensava ele, impunha regras, nunca pactuando com demagogia de Duprats ou Macamboas. A tropa avançou, cercou a assembleia para acabar com os agitadores desabusados que impediram a eleição dos representantes da paróquia. D. Pedro, ambicioso, corajoso e decidido, mandou castigar os insurretos. Foram disparados tiros e houve mortos e feridos. Gerou-se o pânico, mas agora em sentido inverso. Fugiam os amotinados, foram feridos ou mesmo mortos alguns. Dissolvia-se violentamente a assembleia pelas 5 horas da madrugada. Os cabecilhas do momento fugiram (dois) ou foram presos e colocados na cadeia da ilha das Cobras. A tropa saíra dos quartéis para agir, por ordem do príncipe. Terminara para ele a paciência e a contemporização. O seu modo de agir não se aproximava daquele que o pai praticara. Ordens nunca as aceitaria de ninguém, nem sequer do seu amigo conde dos Arcos. Considerava as exigências desses demagogos um vexame, que jamais toleraria. O soberano ou o seu delegado não poderia nunca aceitar um governo imposto, onde nem sequer figuravam nomes de experiência e prestígio.

Após a noite de 21 de abril, D. João podia assistir à missa da sua última Páscoa no Rio, descansado. O príncipe mostrara-se à altura dos acontecimentos. E no dia seguinte o rei assinava um decreto através do qual revogava o que assinara no dia anterior, por ser mandado "fazer por homens mal-intencionados e que queriam a anarquia", repondo em vigor o que havia decretado a 26 de fevereiro.[18] Desse modo, assumia publicamente a sua pusilanimidade e fraqueza. Não lhe restava, a partir de agora, senão sair o mais depressa possível para Lisboa, deixando no Brasil o filho que admirava, mas sem afeto partilhado. Nesse dia 22 de abril de 1821, D. João, por decreto, encarregava D. Pedro "do Governo Geral e inteira administração de *todo o reino* do Brasil".[19] Objetivava assim resguardar a unidade brasileira. Despedia-se do filho com emoção "pelo alto conceito que forma da sua paciência e mais virtudes" e também "destes Povos cuja saudosa memória levo profundamente gravada no Meu

---

18 SOUSA, I, p. 214.

19 *Idem*, p. 215.

Coração".[20] Numerosas decisões tomou ainda o monarca: designação de ministros e secretários de Estado, regência a atribuir a D. Leopoldina, no caso da morte de D. Pedro, e muitas outras medidas administrativas.

Em conversa com o seu assustado ministro Silvestre Pinheiro, previa a separação do Brasil e estava preparado para isso, porque "se era irresoluto, débil, sem nenhuma qualidade varonil de mando, não lhe faltava argúcia. Fraco, sim, Estúpido, nunca. O exercício do governo [...] educara-o e [...] tudo o inclinaria a prever o esfacelo da monarquia portuguesa".[21] Custava-lhe muito meditar nisto, deixar os seus retiros em Santa Cruz, na ilha do Governador, na praia Grande, mas confiava no filho. Não o acharia tão prudente, como o ministro Pinheiro Ferreira, mas ele afigurava-se-lhe "corajoso, inteligente, ágil e também sagaz, ardiloso [...] Havia aventureiros por toda a parte e nisto era enfrentá-los, enganá-los, vencê-los".[22] Partiria confiante. Depois do vexame que ia sofrendo na assembleia da Praça do Comércio, embarcaria quanto antes, ao menos, por vergonha. A 25 entrava no barco que levantaria ferro no dia seguinte. Desagradava-lhe o açodamento com que sua mulher queria regressar.[23] No Brasil conseguira viver longe dela, salvo em cerimônias públicas. Como seria em Portugal? Continuaria ela a maquinar contra as suas decisões? Isso angustiava-o. Como também o pressentimento de que jamais veria o filho herdeiro. Havia entre ambos muitas diferenças, mas também afinidades. Sempre nele notara deferência, respeito, simpatia, talvez até ciúme pelo modo de ser extrovertido, dialogante, resoluto, quiçá até namorador e atraente. As mulheres deixavam-se seduzir, cobiçavam-no, e ele não se fazia rogado. Pouco se submetia às normas protocolares, a não ser no essencial. Isso o tornava jovial e sociável em extremo, além de frugal e divertido, como desportista e cavaleiro. Abrasileirara-se muito, talvez excessivamente, mas parecia ficar à altura dos acontecimentos que previa. Conversaram ambos, repassados de

---

20 *Ibidem.*

21 *Idem*, p. 217.

22 *Ibidem.*

23 D. Carlota Joaquina fazia anos no dia 25 de abril, e, como o rei não queria festejá-los, mandou proceder ao embarque. A rainha, quando soube da partida, gritava que "em chegando a Lisboa ficaria cega, porque tinha vivido 13 anos no escuro só vendo negros e mulatos". Debret conta que, na hora da partida, ela exclamava: "Vou enfim encontrar uma terra habitada por homens." Ao chegar, deitou os sapatos ao Tejo dizendo que não queria pisar na terra de Lisboa com sapatos levados do Brasil e, ao saltar em terra, ajoelhou e beijou o chão. OBERACKER JR., *cit.*, p. 211.

emoção, no quarto, antes do embarque. D. João fez as decisivas recomendações, que D. Pedro assim recordaria: "Eu ainda me lembro e me lembrarei sempre do que Vossa Magestade me disse antes de partir dois dias, no seu quarto: *Pedro, se o Brasil se separar, antes seja para ti, que me hás de respeitar, do que para algum desses aventureiros.*"[24] Portanto, no dia 24 de abril, D. João VI, lucidamente, vaticinou o que, a curto prazo, ocorreria. Talvez não soubesse como, mas presumiria que, um dia, essa mesma cabeça pudesse ostentar as duas coroas do Reino Unido. Com estes e outros pensamentos precipitava-se para o cais, acompanhado de dois caixões encerrando os restos mortais de duas pessoas que muito queridas lhe foram em vida, o de sua mãe e do infante D. Pedro Carlos, seu genro. Mais de 4000 cortesãos e funcionários o acompanharam.

---

24   Carta de D. Pedro, de 19 de junho de 1822. Nas várias versões desta afirmação constata-se conteúdo idêntico. Assim, José da Silva Lisboa escreveu: "Pedro, o Brasil brevemente se separará de Portugal; se assim fôr, põe a coroa sobre a tua cabeça, antes que algum aventureiro lance mão della." Cf. "Cartas autographas do Principe Real o Sr. D. Pedro de Alcantara", RIHGB, Tomo LXI, 1898, p. 167. J. Armitage dá uma versão ligeiramente diferente: "Pedro, o Brasil brevemente se separará de Portugal; se assim for, põe a coroa sobre tua cabeça, antes que algum aventureiro lance mão dela." Cf. *História do Brasil, cit.*, p. 41.

Capítulo 7
Independência ou morte

Regência plena

Durante os dez anos que se seguiram a 26 de abril de 1821, D. Pedro governaria o Brasil, tanto na qualidade de regente, como de imperador. Seu pai governara durante 13 anos, a partir do Rio de Janeiro. O seu mandato de príncipe mostrar-se-ia mais curto, mas igualmente decisivo para os destinos desse reino americano. Dez anos bastariam para transformar as estruturas herdadas e rasgar caminhos novos.

Se D. Pedro assumia agora uma autoridade total, também não há dúvida de que a sua imagem, entre os constitucionais, perdera algum vigor. O exército não assumia a responsabilidade pela violência da dispersão dos amotinados. Comerciantes, caixeiros e outros paisanos apavoraram-se. O conde dos Arcos, ministro do Reino e dos Estrangeiros, indefectível amigo do regente, tomou medidas tendentes a restaurar o sossego e a confiança das populações. As duas figuras de proa não paravam, inspecionando, controlando, incentivando. Logo no dia 27 proclamara D. Pedro ao Reino as suas ambições e medidas prioritárias, para a economia, para a administração da justiça, para as repartições públicas. Ele próprio começava a dar exemplos de economizar na fazenda pública, reduzindo gastos e otimizando serviços.[1] Nas cartas, que passou a escrever regularmente ao pai, dava-lhe conta da sua ação. Na de 2 de maio, escrita na Quinta da Boa Vista, dizia: "Cheguei ao paço no de 26 [sic] do passado às 11 e 1/2 e logo fui ao arsenal o qual eu achei em huma perfeita desordem. Dei algumas ordens, as quais tenho a honra de remeter a Vossa Magestade. No outro dia dei audiência às 9 horas da manhã na cidade [...]." Como se deduz, mesmo no dia da partida da corte, começara o

---

1   Em carta a D. João, de 17 de julho de 1821, escrevia: "comecei a fazer bastantes economias principiando por mim". Cf. *Cartas e mais Peças Officiais...*, p. 6.

trabalho, ainda durante a manhã. Na missiva comunica ainda que a princesa e os filhos estão bons e ela "ainda não está pejada, como eu tinha desconfiado". O regente sentia-se desanimado face à situação de quase bancarrota com que se deparara. Poupava em tudo o que podia, até nas rações para os cavalos, mas nem assim dispunha dos meios indispensáveis.

O descontentamento maior emanava da tropa portuguesa e ele inteirou-se do que se passava. Diziam-se os seus chefes constitucionais, e talvez o fossem, mas saíram beliscados do esmagamento da insurreição da Praça do Comércio e desejavam ilibar a sua imagem de culpa. Campeava um clima de indisciplina, que visava atingir D. Pedro e o conde. Os militares entendiam serem eles os intérpretes do pensamento constitucional e os fiscais daquilo que ocorria no Soberano Congresso. E começaram a aparecer pasquins e a correrem boatos contra as duas figuras de proa do governo, aproveitando quaisquer pretextos. Estes surgiram quando foram conhecidas as bases sobre as quais assentaria o texto constitucional. A tropa exigia que fossem novamente juradas, independentemente do juramento anterior. Faltava o assentimento dos deputados eleitos pelo Brasil. Porém, isso não contava para os descontentes, militares, caixeiros, comerciantes. A 5 de junho tinha-se conhecimento da pretensão militar, mas o regente já o sabia há uma semana. Interpelou um dos corifeus, de nome João Crisóstomo, tendo este respondido que tudo eram boatos. Em carta ao pai, de 8 de junho, D. Pedro dava a sua versão do sucedido. Pacificara todos os

> naturaes deste Paiz [...] só o não pude alcançar de alguns Officiaes do nº 3, que se tem portado mui mal, assentando que a Constituição he, e deve ser proclamada à força armada (estes são João Chrisostomo, Peixoto, o Capitão Sá, o Garcez, e José Maria do 11) a ponto de peitarem os soldados para fazerem jurar as bazes Constitucionaes Portuguezas, ou por bem, ou por mal, não tendo eu nada contra isso, mas so por fazerem o acto seu [...].[2]

De olho nos acontecimentos, partiu para a caça em Santa Cruz. Voltou no mesmo dia e, no seguinte, pelas 5 horas da manhã, altaneiro, montado no seu cavalo, dirigiu-se ao Batalhão de Caçadores 3 para mostrar a sua face e apoderar-se

---

2   *Idem*, carta nº 1, f. 3.

do rumo dos acontecimentos, se tal fosse indispensável. Procurou o capitão Sá, que fingiu estar sonolento a essa hora, e acusou-o de prevaricar. Nada mais fez. Logo que deixou o quartel, continua ele,

> sahi, e logo tocou à chamada (pegarão em armas forão de march-
> -march pela rua direita abaixo unirem-se com 11, mas a gente da ci-
> dade está tão de má fé com estes corpos que assentou que hera um
> saque, e tudo se fechou em casa [...]) e vim para a Chacara para o
> Despacho: as 8 horas chegando, mandei o Caula fallar ao Jorge, para
> elle pedir a sua demissão, para ver se com isto socegava a tropa.[3]

Tal não sucedeu, porque o general Caula, quando lá chegou, encontrou tudo em armas. Decidido e furioso

> mandei vir o cavallo, e fui ao Rocio. Chegando vierão todos officiaes
> com o general à testa, e eu lhes perguntei: Quem he que falla aqui?
> [...] Disse o general: eu pela tropa – que querem? disse elle jurarmos as
> bazes Constitucionaes Portuguezas; respondi não tenho duvida, mas
> só o que sinto he que hajão homens que assentem que eu não tenho
> palavra tanto politica, como religiosa, tendo eu jurado *in totum* tanto
> por minha vontade a Constituição tal qual as Cortes fizeram [...].

Dali dirigiu-se o regente para o teatro. Todos pensavam que ele ia jurar. Enganaram-se. Só o faria depois de saber a vontade do povo, através da opinião dos eleitores, pois a tropa apenas representa, disse ele, uma parte da nação. Os eleitores assentiram e deixaram D. Pedro agir como entendesse. Despediu do governo o conde dos Arcos "em attenção a representações", substituindo-o por Pedro Alves Diniz. Mais uma vez, D. Pedro mostrou bravura e arrojo. Sozinho, desafiou a tropa e venceu. Os militares levaram adiante o seu intento, mas o príncipe antepôs-se-lhes. Criou-se uma Junta Provisória, mas as suas decisões, em última instância, seriam sancionadas por ele. Outro decreto, de 6 de junho, estabelecia que o governo das armas da Corte e Província seria, daí em diante, composto por uma comissão militar, para evitar abusos de poder. O regente cedera até

---

3 *Ibidem.*

onde foi possível, mas nunca se vergara a exigências que violassem os poderes da realeza. Ameaçava, aliás, que se tivesse que voltar ao Rossio por razões daquele tipo abandonaria o Brasil definitivamente. Não se coadunava o seu perfil psicológico com fingimento, com recuos indignos, com medo de agir com decisão. Era disso que gostava, de mandar, de se ver obedecido, da glória imperial. A sua autoridade fora desafiada. Contudo, ele mostrou-se à altura das responsabilidades, exibindo sangue-frio e coragem. Mais uma vez superara o obstáculo. Fora jantar a São Cristóvão e, à noite, voltaria ao teatro "aonde houverão os versos mais respeitosos a V. M. e a mim [...] Houve o Himno Constitucional composto por mim com poezia minha, e a Opera o *Engano Feliz* de Rossini e a Dança *A Recruta na Aldeia*". O teatro transformara-se no lugar onde se repercutiam todos os atos da vida pública, entremeando-se com óperas, comédias, bailados, dramas. Aí se reuniam todos os estratos da sociedade e a sociabilidade coletiva também se jogava nesse lugar emblemático. Durante esses meses do ano de 1821 o regente foi conseguindo tudo o que pretendia: apaziguar a tropa, secundarizar tensões entre portugueses e brasileiros natos, confraternizar com toda a casta de pessoas. Merecem especial menção os repastos e festas organizadas pelos militares e aos quais só compareciam duas senhoras: D. Leopoldina e D. Joaquina de Lencastre e Barros, mulher do general Jorge Avilez. Tantas festas e encontros tiveram lugar e tal era a familiaridade de D. Pedro com a dama lisboeta que más-línguas asseguravam que D. Joaquina se deixara enlear pelos encantos do regente, mantendo com ele um caso amoroso.[4] Nunca alguém o conseguiu demonstrar, mas também o não desmentiu. O certo é que, em carta ao pai, o príncipe lhe participou que enviara para Lisboa um tal José de Sá, criado particular da princesa, na nau *Rainha*, em sinal de castigo. Razão? Este acusara o regente de ter "abusado" de uma criada do

---

4   Nesta fase, D. Pedro sentia-se completamente preso a Portugal. Por isso mantinha um contato privilegiado com os oficiais portugueses, desejando ele próprio retirar-se para Lisboa. Sabia que entre os militares ele já não era o ídolo constitucional de outrora, querendo mostrar-se-lhes afeto. Almoçava muitas vezes, no quartel-general ou na quinta do Cajú, com a família Avilez, visitando-a, acompanhado pela princesa, ou sozinho. D. Pedro nessas ocasiões "se sentia muito atraído pelos encantos desta bela mulher, onde tudo lhe era franqueado com finíssima generosidade", afirma Oberacker, citando Mello Morais. D. Leopoldina parece ter percebido aí, pela primeira vez, a infidelidade do marido. Mais ainda. Afirmava D. Leopoldina, em carta à irmã Maria Luísa: "vejo infelizmente que não estou sendo amada (meu esposo e o meu dever obrigam-me a aguentá-lo até o último momento)". Cf. OBERACKER JR., *cit.*, p. 219.

paço. Dissera-o a D. Leopoldina, que, por sua vez, lho contou. D. Pedro indagou-o e ele, para se esquivar, respondeu que quem lho dissera foi o Alexandre, o qual, aliás, não achava nada de mal nesse comportamento do príncipe, se tal fosse verdadeiro. O castigo para este foi o afastamento do paço por um ano, para o outro, o envio imediato para Lisboa. Assuntos como este não deveriam merecer qualquer referência em cartas, onde assuntos de Estado eram abordados. Elas revelam, contudo, que D. Pedro continuava tão femeeiro como outrora e fornecia ocasião para os indiscretos se pronunciarem, beliscando-lhe a honorabilidade. Nesse domínio, ele não conseguiu mostrar-se discreto, reservado. Fraquejou irremediavelmente, manchando para sempre a sua reputação.

Entretanto, a vida parecia decorrer com normalidade. Por ocasião do dia de São João, organizou-se uma festa pública para celebrar o patronímico do rei. O regente rodeou-se de dignitários (embora poucos, uma vez que a esmagadora maioria regressara com o rei a Lisboa), dos diplomatas que aí ficaram, e procurou rodear-se do prestígio régio, do qual necessitava para se impor à sociedade fluminense. O diplomata francês Maler, em carta para Paris, comunicava que "O príncipe teve a bondade de falar longamente comigo e a conversa incidiu principalmente sobre as circunstâncias da morte de Bonaparte",[5] de que se soubera há pouco.

As relações do regente com a tropa portuguesa tornaram-se difíceis. Quem detinha a primazia na observância e respeito pelos princípios constitucionais, os militares ou o príncipe? O movimento de 5 de junho, de que o regente não se saiu mal, embora tocado, parecia mostrar que os militares assumiam a dianteira. Festas, banquetes, cerimônias oficiais, transformavam-se num meio de aproximação. Toda a força se encontrava nesse período nas mãos da facção portuguesa, à qual o regente se sentia intimamente unido. A sua fidelidade a Portugal e às decisões das Cortes nunca fora posta em causa. Aí se encontrava o "caminho para a salvação da realeza [...] Por isso fazia tudo para persuadir o corpo de oficiais da expedição portuguesa da sinceridade do seu constitucionalismo [...], queria também voltar quanto antes para Portugal",[6] onde poderia, a curto prazo, suceder ao pai. Ele desejava ser rei, mas constitucional. O cenário em que se movia não se lhe afigurava nada propício às suas ambições e a princesa acalentava a esperança de regressar com ele à

---

5   DALBIAN, *cit.*, p. 47.

6   OBERACKER JR., *cit.*, p. 220.

Europa, onde o ambiente cortesão implicaria pessoas distintas e cultas, requinte de comportamentos e recato familiar. No Brasil, o marido fora criado entre as pessoas humildes do paço, como cocheiros, picadores, moços de estrebaria, ou então entre companheiros de estúrdia. Isso não o dignificava agora, podendo fazê-lo parecer um homem vulgar. Porém, se essa perspectiva era legítima, também não o era menos o reverso, isto é, aproximava-o da gente comum, junto da qual se insinuava para conhecer-lhe as aspirações, os sentimentos, as maquinações.

Realizaram-se tranquilamente as eleições para escolher os deputados brasileiros às Cortes, na perspectiva de que aos Brasileiros muito convinha o regime do Reino Unido. A Constituição irmanava as aspirações dos políticos de ambos os hemisférios. A ilusão da coincidência de interesses continuava, a despeito de alguns sintomas em contrário no passado, como a conjuração mineira de 1789 e, sobretudo, a revolução republicana, de 1817, no Nordeste. A Constituição, que estava a discutir-se, parecia poder esbater todos os diferendos. Contudo, o regente ia-se apercebendo de que a sua autoridade ia enfraquecendo. O Pará, o Maranhão e a Bahia declararam depender apenas das Cortes. Formaram-se juntas noutras províncias, como em São Paulo e em Pernambuco, cuja legitimidade as Cortes garantiam. D. Pedro interrogava-se sobre a sua capacidade para reger tal reino, cada vez menos unido internamente. Em carta ao pai, de 17 de julho, queixava-se amargamente da autonomização das províncias, que não contribuíam para as despesas centrais, por exemplo, com os tribunais e o exército, do péssimo estado das finanças, poupando ele em tudo, até no número de cavalos, na sua alimentação, na roupa, que "he lavada pelas escravas", falava da "rebeldia" provincial (São Paulo, Santos, Campos), protestando que apenas ambicionava colocar-se "ao Serviço da Nação". Terminava, porém, de forma patética:

> Espero que Vossa Magestade me faça a honra de mandar apresentar esta minha Carta em Cortes, para que ellas, de commum accordo em V. M. dêm as providencias tão necessarias a este Reino, de que eu fiquei Regente e hoje sou Capitão General, porque governo só a Provincia [do Rio de Janeiro], e assim assento que qualquer junta o poderá fazer, para que V. M. se não degrade ai, tendo o seu herdeiro como Governador de huma Provincia só.[7]

---

7   *Cartas*, p. 6-9.

A mágoa do príncipe começou a transmutar-se em sentimento de vingança e de aventura. Resignado, humilhado, acomodado cobardemente ao rumo dos acontecimentos, isso, nunca, pensou ele. Haveria de sair airosa e honradamente do quase vexame a que o sujeitavam. E ainda por cima com o aval das Cortes. O que estas pretendiam não era diminuir a cidadania dos Brasileiros, aos quais reconheciam os mesmos direitos e deveres dos Portugueses. O que não aceitavam era o estatuto de um Reino Unido, em pé de igualdade com Portugal, vinculados apenas pela mesma coroa. Só haveria portugueses, independentemente do seu lugar de nascimento. Nada de Brasil. O Pará, por exemplo, passaria a ser considerado uma província portuguesa, uma vez que a sua Junta se submeteu à tutela das Cortes. O seu vínculo com o reino do Brasil desfizera-se. Assim deveria suceder com as demais capitanias americanas. Isso mesmo foi expresso no decreto das Cortes de 18 de abril de 1821, através do qual se estabelecia que Portugal era constituído pelo território europeu, pelas ilhas adjacentes e pelo ultramar. O Brasil deixava de ser reino e transformava-se numa parcela do ultramar português. Pode imaginar-se a comoção que sentiram os Brasileiros, natos ou não, ao constatarem essa primária falta de sensibilidade dos constituintes portugueses para com o Brasil! Recolonizar um espaço que sedeou um governo legítimo e reconhecido universalmente durante 13 anos configurava um despotismo radical, afrontando o lema da liberdade, igualdade e fraternidade. A Maçonaria, que se implantara no Reino Unido, agregava, desde logo, os descontentes e os que se batiam pelas autênticas liberdades constitucionais.

D. Pedro fora atraído por ela, na exata medida em que começava a sentir repulsa total pelas afrontas das Cortes ao Brasil, que ele representava. Os constituintes falavam em regeneração da Pátria, mas destruíam a solidariedade das suas parcelas constituintes.

A caminho do "Fico"

D. Pedro tornara-se impotente para garantir uma regência tal como a havia imaginado. As notícias das decisões do Soberano Congresso reduziam-lhe drasticamente a capacidade de agir em relação ao território americano completo. Em meados de 1821, decidira que iria partir para a Europa. Não se resignava a reger uma província ou só as do sul, como parecia iminente. A tropa arrogantemente exigia que o Brasil recuasse no tempo e ele não suportava essa interferência. Sabia até que havia rumores de que alguns brasileiros se procuravam entender para garantirem o estatuto de Reino do seu território, inviabilizando o seu regresso ao passado colonial. Mas irritava-o a arrogância dos militares, tornados guardiões dos desígnios do Congresso. Procurava disfarçar o seu desagrado, mas irritava-se e não admitia remeter-se a um estatuto de mero observador – executor de vontades alheias. Em carta ao pai, de 21 de setembro de 1821, informa-o de que difundia todas as informações que lhe haviam sido remetidas, especialmente as que se referiam ao Maranhão e à Bahia, que, como se sabe, se dispuseram a só receberem ordens das Cortes. A sua reação foi de obediência, mas de amargura e desencanto:

> Tambem participei às mais provincias, porque reconheço o fim do reconhecimento das duas Provincias, que nem eu, nem o Soberano Congresso, levaremos a mal que ellas se lhe derijão em direitura, limitando-me eu só a esta athe V. Mag. mandar que eu parta, a ter o grandissimo gosto de lhe beijar a mão, de o abraçar, e de gozar de uma companhia para mim, e para todos tão agradavel.

Aguardaria apenas ordem para regressar, sentindo-se a mais no território que, ficticiamente regia. E o seu pessimismo atingiu o limite, ao constatar o estado em que se encontrava, no Rio:

> Se V. Mag. me permite, eu passo a expor o triste e lamentavel estado a que está reduzida esta Provincia para que V. Mag. me dê as suas Ordens, e instruções, que achar convenientes para eu com dignidade, me poder dezembrulhar da rede em que me vejo envolvido.

A situação financeira e administrativa tornara-se insuportável e "lembre-se V. Mag. deste infeliz que está prompto a sacrificar-se pela Patria, como o tem mostrado e V. Mag. prezenciado". O último pedido que dirige ao rei é: "mostre esta Carta ao seu Conselho de Estado".[8] Após os festejos do aniversário da revolução de 24 de agosto do ano anterior, onde se cantara um *Te Deum* de

---

8   *Idem.*

sua composição e se celebraram missas, se organizaram bailes e se encenaram peças de teatro, sobrevinham o desânimo e a frustração.

Quem conhece o príncipe saberia que nunca ele se haveria de submeter a esta forma de subalternização. Era um hiperativo, que se levantava entre as 5 e as 6 da manhã, trabalhava até às 9 da noite, após o que dormia (se entretanto não fosse ao teatro ou se escapasse sub-repticiamente). Imaginá-lo acomodado, sossegado, conformado, como o pai, seria erro crasso. Era homem de ação, de riscos, de aventuras, desafiando perigos à procura de satisfação de apetites instintivos. Ou o rumo dos acontecimentos se alterava, ou ele abandonaria a regência, como, aliás, desejava Leopoldina, ansiosa por voltar à Europa. Ia tendo informações de que alguns patriotas se reuniam clandestinamente para maquinarem uma forma de obstar ao caos em que parecia cair o Brasil. Proclamar uma república, seguindo exemplos vizinhos, ou conservar a monarquia, agora com uma constituição, regime que nunca fora contestado e que unia na coroa do príncipe todo o território? Ele aderira às ideias do século e até a princesa, de início tão recalcitrante por fidelidade à Santa Aliança, já se deixara permeabilizar às ideias de Hogendorp, do conde dos Arcos e de Frei Francisco de Jesus Sampaio e de outros.[9] Talvez aí estivesse a solução. Um novo meio de ação surgira e começara a ser aproveitado: a imprensa. Ela podia veicular ideais e agrupar pessoas. O *Revérbero Constitucional Fluminense*, dirigido por Cunha Barbosa e Gonçalves Ledo, prestava-se a esse papel: inviabilizar o regresso do território aos tempos anteriores a 1815. Por enquanto, continuar-se-ia como Reino Unido, mas nunca permitindo que uma parte se sobrepusesse à outra, porque, nesse caso, "apesar de todos os laços de educação e de sangue, a desunião e a guerra entrarão entre elas e a separação e a inimizade serão inevitáveis".[10] A tropa portuguesa afigurava-se como o maior obstáculo à necessidade de garantir os avanços da administração brasileira que as Cortes, dia após dia, iam cerceando. A solução inteligente parecia aproximar-se prudentemente do regente e conquistá-lo. Armitage, contemporâneo dos acontecimentos, escreveu na sua *História do Brasil*, de 1835:

> À proporção que se aproximava a crise, os partidistas da independência melhor concebiam as dificuldades da empresa. Todas as cidades

---

9   OBERACKER JR., *cit.*, p. 227.

10   *Revérbero Constitucional Fluminense*, nº 4, citado por SOUSA, I, p. 258.

maritimas do Brasil estavam ocupadas por tropas portuguesas [...] e as Províncias estavam em dissensão umas com as outras. Sem que obtivesse a cooperação do Principe, parecia impossivel conseguir-se tanto restabelecer a integridade do Reino, como evitar uma contenda sanguinolenta e duvidosa. Foi Sua Alteza apalpado e consta que prestara favorável atenção aos promotores deste plano; ainda que descobrindo que os brasileiros não tinham um partido bem organizado, que continuavam a confiar nas Cortes, e que a Divisão Auxiliadora dominava a cidade, parece ter vacilado e prosseguido as vistas de se retirar para Portugal.[11]

Mesmo tendo em conta a delicadeza da situação, D. Pedro não podia esquecer que crescera e fora educado no Brasil, aí casara, nasceram (e continuavam a nascer) seus filhos, amara a terra como se aí ele tivesse também vindo ao mundo. Era um brasileiro no sentido em que também o eram muitos portugueses natos, funcionários, comerciantes, caixeiros, juristas, que se apegaram de tal modo à terra que a consideravam sua. Esses estavam atentos e exigiam um reino para o Brasil, nunca um agregado de províncias sujeitas apenas às Cortes. Agradavam-lhes os princípios liberais, mas a sua concretização no Brasil atentava contra os direitos já adquiridos. Cruel dilema se deparava a D. Pedro: que posição assumir? Fidelidade ao pai ou aceitação do projeto dos patriotas? Num primeiro momento protesta:

"Meu Pay e meu Senhor"

Com bem disgosto pego na penna para comunicar a Vossa Magestade do motim e boatos mui fortes, que correm de plano na Cidade. A Independência tem se querido cobrir comigo e com a Tropa, com nenhum conseguio, nem conseguirá, porque a minha honra e a d'ella he maior que todo o Brazil; querião-me e dizem que me querem aclamar Imperador; protesto a Vossa Magestade que nunca serei prejuro que nunca lhe serei falso e que elles farão essa loucura, mas será depois de eu e todos os Portuguezes estarem feitos em postas: he o que juro a Vossa Magestade escrevendo nesta com o meu sangue estas seguintes palavras, juro ser sempre fiel a Vossa Magestade e à Nação e à Constituição Portuguesa.[12]

---

11 ARMITAGE, 1981, p. 50. O autor viveu no Brasil de 1828 a 1835.

12 Carta de 4 de outubro de 1821.

Não se pode duvidar da sua sinceridade. Afinal, herdaria o trono de Portugal e nada o desobrigava da obediência jurada ao pai e às Cortes. Mas Armitage, acreditando na sinceridade do príncipe, escreveu que ela "não o exonera da imputação de ter estado em conciliábulo com os conspiradores, fato confirmado pela circunstância de terem sido presos alguns dos agentes secundários e de nem levemente terem sido molestados os chefes da conspiração. Se bem que a cooperação de D. Pedro parecesse perdida, o partido patriota recebeu poderoso reforço de um ponto donde menos o esperava".[13] Esse apoio veio de todos aqueles que o decreto das Cortes (de 29 de setembro) prejudicava gravemente. E a ordem para o príncipe se retirar do Brasil incendiou os ânimos dos hesitantes. Terminaria a monarquia no Brasil, reduzindo-o ao estado anterior à permanência da Corte.

A que chefes principais alude Armitage? Octávio Tarquínio de Sousa pensa que era a gente da Maçonaria e do Clube da Resistência[14] e que o príncipe vivia nessa fase um horrível drama interior: a opção entre a sua pátria de origem ou a de seus filhos. De qualquer modo, constatava-se um movimento emancipalista, detectado também pelos diplomatas estrangeiros. Os próprios clérigos, nos sermões, se faziam eco desse desígnio coletivo. Pasquins e folhas impressas alimentavam o conteúdo de conversas nas tabernas, nos cafés, nas esquinas, nos ajuntamentos, como feiras e mercados, incitando à proclamação do império no dia 12 de outubro, aniversário de D. Pedro. Os patriotas escreviam "Para ser de glórias farto, Inda que não fosse herdeiro, Seja já Pedro Primeiro, Se algum dia há de ser Quarto",[15] incitando o jovem regente a chefiar o movimento liberal e libertador. Contudo, ele media forças. A Divisão Auxiliadora mantinha-se vigilante, porque visava garantir um Brasil português e a força armada não se subestimava. A tropa exigira que o príncipe desautorizasse publicamente esses movimentos independentistas e ele teve de o fazer, em palavras solenes: "Que delírio é o vosso? Quereis ser perjuros ao Rei e à Constituição?"[16]

Contudo, subia-lhe nas veias a contaminação pelos ideais legítimos que não sofreriam jamais as insolências dos constituintes. Ia agradando à tropa com mudanças de quadros suspeitos e mesmo com o embarque para Lisboa de alguns

---

13   ARMITAGE, *cit.*, p. 51.

14   Obra citada, I, p. 259.

15   *Idem*, p. 261.

16   *Idem*, p. 262.

agitadores, como o padre José Narciso. Porém, o seu espírito de orgulho, de vaidade, de aventura e de coragem não eram insensíveis à sua promoção a imperador. Ele havia-se disposto a reger um Reino Unido, no qual se usufruíssem, de um e outro lado do oceano, as mesmas regalias e deveres, como, aliás, queriam os deputados brasileiros às Cortes. Nunca se prestaria ao papel de enterrar as legítimas esperanças dos naturais da terra que adoptara como sua. Nas cartas escritas a D. João (só em outubro, pelo menos, nove) esperava corresponder ao que de si esperavam os constitucionais de ambos os hemisférios e reerguer o trono ao seu esplendor antigo.[17] As Cortes fecharam-se sobre si próprias, vergaram-se aos interesses e exigências dos negociantes, que esperavam reaver o antigo mercado brasileiro e afrontaram, em crescendo, os sentimentos nativistas brasílicos. Acabariam por provocar verdadeiro ódio ao nome português e catapultar para o grito de autonomia todos os descontentes, como, argutamente, referia o diplomata austríaco Mareschal.

Na verdade, a 9 de dezembro de 1821, chegavam ao Rio os decretos produzidos pelas Cortes. Em suma, procedia-se, ao desmembramento, puro e simples, do território brasileiro e ordenava-se o regresso do regente a Portugal, sob um pretexto ridículo: viajar por Espanha, França e Inglaterra, acompanhado "por pessoas dotadas de luzes, virtudes e adesão ao sistema constitucional". Com 23 anos, filhos, hábitos de comando e ambições, como iria reagir? Soubera ainda que Fernandes Tomás dissera que o Congresso não dava sugestões ao regente, mas ordens. Como um animal ferido, ruminou essas ordens injustas e inaceitáveis, fingiu aceitar e preparava-se para partir, logo que houvesse junta eleita no Rio.

Reagiram os patriotas. Jamais assistiriam impávidos e inativos ao desmantelamento do Brasil e ao fim do sonho de um Reino constitucional. Era vital convencer o regente a ficar, voltando a unificar o território, com sua cabeça governativa no Rio. A reação voltava-se contra o projeto recolonizador do Soberano Congresso e a perda de influência da capital do Brasil. D. Pedro, em cartas ao pai, declarava que a posição dos descontentes com os decretos a seu respeito era esta: ou vai e nós proclamamos a independência, ou fica, e, então, continuamos a estar unidos e seremos responsáveis pela falta de execução das ordens do Congresso.[18] A hora da opção aproximava-se. E o movimento de apoio ao regente alargava-se

---

17   *Idem*, p. 265.

18   *Idem*, p. 271.

no Rio e atingira São Paulo e Minas. Ele, contudo, preparava a viagem, que faria na fragata *União*. Ao que se presume, disfarçava as suas reais intenções, tanto mais que a princesa estava grávida e no fim do tempo. Dificilmente poderia aventurar-se numa viagem incômoda e inoportuna. Mas o regente continuava o seu tom de concórdia com as ordens recebidas, embora amasse o Brasil "aonde fui criado, aonde cazei e aonde nascerão os meus filhos". Considerava-se, por isso, um "quase patrício" dos Fluminenses.

Em dezembro de 1821, protestava obediência aos decretos das Cortes, mas, como político, fingia, representava, para poder agir de surpresa, na hora própria. Alguém preparava um texto apelando ao príncipe para que tomasse a cabeça do movimento emancipalista, tendo-o auscultado. Exigia-se sigilo, porque a Divisão Auxiliadora estava alerta. Porém, a 15 de dezembro, um frade constitucional, Frei Francisco de Jesus de Sampaio,[19] redigia a representação do Rio, após longas conversas com homens ilustres e empenhados no processo e dela fora dado conhecimento ao velho confessor e indulgente amigo de D. Pedro, Frei Arrábida. O regente estava informado e já assentira. Em poucos dias assinaram o texto "mais de oito mil pessoas de todas as classes".[20] Minas e São Paulo aderiam logo à iniciativa, esta última com a adesão expressa de José Bonifácio. O jornal *Despertador Brasiliense* declarava que as resoluções das Cortes eram injuriosas, impolíticas e ilegais e que D. Pedro teria de permanecer para que os Brasileiros não voltassem à sujeição de Portugal.[21] Pela voz de Luís Augusto May a *Malagueta* assumia a mesma posição, corroborada por José Bonifácio, em nome da Junta. Desde as imediações do Natal até ao dia 11 de janeiro, sucederam-se informações, boatos, intrigas, manipulações. Mas D. Pedro estava decidido, lembrado do que lhe dissera o pai, no momento da partida:

---

19 Este frade franciscano, grande orador e homem muito culto, fora para o Brasil com a corte, em 1808. Examinador da Mesa de Consciência e Ordens, foi também censor episcopal. Admirador de Napoleão, era homem de tendências liberais. Foi amigo de D. Pedro e dos Andradas, próximo da loja maçônica Comércio e Artes, fundou e colaborou em jornais, como o *Regulador Luso-Brasílico* e o *Diário Fluminense*. Deve ter influenciado o jovem príncipe no seu pendor para o liberalismo, pois a ele tinha acesso fácil através do seu colega Frei Antônio da Arrábida. Influenciou também o ânimo de D. Leopoldina, atraindo-a à causa liberal (cf. OBERACKER JR., *cit.*, p. 230 e 233).

20 SOUSA, *cit.*, p. 274.

21 *Idem*, p. 277.

se o Brasil se separar antes seja para ti". Mais, sabia que o Congresso não estava a respeitar o pai, como devia e este escrevera-lhe: "Sê habil e prudente, pois aqui, nas Cortes, conspiram contra ti, querendo os reaccionários que abdiques em favor do teu mano Miguel. Tua mãe é pelo Miguel e eu, que te quero, nada posso fazer contra os carbonários que não te querem.[22]

Perante o ocorrido e tendo em conta as assinaturas que o prendiam à terra, no dia 10 terá dito: "Como é para bem de todos e felicidade geral da Nação, estou pronto. Diga ao povo que fico." Era a resposta ao discurso de José Clemente Pereira. O dia 9 de janeiro de 1822 marcava uma etapa decisiva para o Brasil. Chamou-se-lhe também o dia da "ficada". Houve reação da tropa portuguesa, mas de forma anárquica. A verdade é que, no dia 11, ele foi ao teatro com a princesa e no dia 12 mandou a família para Santa Cruz. Maria Graham, que assistia a tudo, relata a intrepidez do regente e o apoio que o povo do Rio lhe tributava, contrabalançando as ameaças das forças comandadas por Avilez. Por outro lado, no dia 16, fez um apelo à união: "sede constitucionais perpetuamente; não penseis em separação nem levemente, se isto fizerdes, não conteis com a minha pessoa".[23] Continuava a tônica da união dos reinos, que seria detestada apenas em 7 de setembro. No dia 9 tinham-se demitido os ministros. Nomeara agora outros, a saber: Marinha, Manuel Antônio Farinha; Guerra, Joaquim Oliveira Alvares; Fazenda, Caetano Pinto de Miranda Montenegro; Reino, José Bonifácio de Andrada e Silva. Nomeados a 16, foram empossados a 19. Exceto os militares, os outros pertenciam ao melhor que o Brasil conhecia, sendo um reinol, o da Fazenda, o qual jamais voltaria a Portugal,[24] e o outro, paulista, da maior envergadura intelectual e moral.

Marcha para Ipiranga

De São Paulo avançou para o Rio a delegação chefiada por José Bonifácio, onde chegou no dia 18. Imediatamente seguiu ao encontro do príncipe, que logo o nomeou para o Reino e Negócios Estrangeiros. Primeiramente recusou, mas depois anuiu ao convite, sob condição. Nunca ouvira o regente tal linguagem,

---

22 *Idem*, p. 280.

23 *Idem*, p. 287.

24 FERREIRA, 2004.

porque todos lhe tinham sido, até agora, submissos ou, mesmo, subservientes. José Bonifácio era homem de perfil único nesse Brasil pré-independência. Estudara em Coimbra, onde se formou, usufruíra de uma bolsa que lhe permitiu viajar pela Europa. Estivera em Paris antes da Revolução, frequentara a Escola Real de Minas, relacionara-se com vultos eminentes da ciência, tornara-se membro da Sociedade de História Natural. De França passou à Alemanha e à Escandinávia. Regressado a Portugal, galgou os postos mais elevados da administração, desde professor da Academia, em que se formara, a intendente-geral das minas do reino. Integrou o batalhão académico que lutara contra os franceses e, a seguir, assumiu o cargo de intendente da polícia do Porto. Nostálgico do seu Brasil natal, pediu escusa de todos os cargos. Regressou e instalou-se em Santos, sua cidade natal.[25] Os seus dois irmãos Martim Francisco e Antônio Carlos, ambos estudantes também em Coimbra, regressados ao Brasil, acompanhá-lo-iam na caminhada para a independência. Antônio Carlos era juiz em Pernambuco em 1817 e, por apoiar a revolta, penou na cadeia da Bahia durante quatro anos. Foi eleito deputado pelo Brasil às Cortes portuguesas. O irmão mais velho aceitara o convite do regente para integrar o governo, na sequência do "Fico", com a condição de o príncipe lhe prometer que não abandonaria o Brasil, pois era um monárquico convicto. Aceite a exigência, dispusera-se ele a trabalhar lealmente com o regente, ansiando por uma monarquia constitucional, por uma garantia das liberdades individuais e por reformas sociais, na perspectiva da promoção e da liberdade dos escravos e também da civilização dos índios,[26] acerca dos quais idealizara um plano, que, aliás, foi discutido em público. Homem de palavra fácil e juízo clarividente passou a tornar-se a figura principal do governo, que o príncipe escutava atentamente, procurando-o frequentemente na sua casa do Rossio carioca. Com total franqueza, escrever-lhe-ia D. Pedro: "Recebi a sua carta e aprovo totalmente as suas reflexões judiciosas, que agradeço; asseguro-lhe que, se todos os príncipes inclinados a agir precipitadamente (como eu, pelo Diabo, ia fazer) tivessem um amigo assim, não desmereceriam nunca e a sua glória seria multiplicada todos os dias. Graças a Deus que me contemplou com esse favor."[27]

---

25   Eugénio dos Santos, "José Bonifácio revisitado. O universitário e o militar", *in* OLIVEIRA-RICUPERO, 2007, p. 220 e ss.

26   Cf. José Bonifácio de Andrada e Silva, *Projetos para o Brasil*. Publifolha, S. Paulo, 2000.

27   Carta de D. Pedro para Bonifácio, A. M. I. (Petrópolis).

Cioso como era o príncipe das suas análises e juízos, deu aqui uma prova cabal da sua humildade de jovem, face a um adulto prestigiadíssimo e, ao mesmo tempo, do grau de amizade que lhe votava.

O problema imediato a resolver, segundo o consenso de ambos, era neutralizar a Divisão Auxiliadora, que dera mostras de insurreição por ocasião do "Fico". O seu comandante Jorge Avilez recusava-se a regressar a Lisboa antes da chegada das tropas enviadas para o substituir. Irritado com ameaças e desacatos de alguns dos soldados, no dia 8 de fevereiro, bruscamente, mandou D. Pedro cercar a praia Grande (Niterói), onde a divisão se encontrava, lançando-lhe um ultimato para que embarcasse imediatamente e se fizesse ao largo. Durante uma noite inteira, feito general-em-chefe, D. Pedro, em atividade frenética, preparou o ataque. Se, ameaçava ele, às 8 horas da manhã os soldados não estivessem embarcados receberiam uma refeição de balas brasileiras. O general português acabara por ceder e, a 15 de fevereiro, a divisão deixava para sempre a baía da Guanabara. Os reforços, vindos de Lisboa, para poderem abastecer a Divisão Auxiliadora, tiveram de aceitar todas as condições impostas. Fizeram-no e regressaram sem desembarcar, perdendo umas centenas de soldados, que desertaram. Não contava a tropa recém-chegada com tanta ousadia e determinação, mas absteve-se de usar a força, porque acabaria por ter de se render e porque quem comandava os oponentes era o próprio regente, o herdeiro legítimo do rei. D. Pedro encontrava-se enraivecido com o procedimento da tropa portuguesa. Culpava-a da meia humilhação a que o expusera em 5 de junho e, muito pior do que isso, da morte que o envio precipitado da sua família para a fazenda de Santa Cruz provocara ao seu filho varão D. Pedro Carlos.[28] Isso nunca ele perdoaria. Na verdade, sempre se mostrou um pai extremoso e dedicadíssimo. Arrebatarem-lhe o filho, por rebeldia, ultrapassava o limite do seu perdão. Raiva, angústia e impotência transformaram-no num homem violento e quase cruel. Em carta a José Bonifácio, escrevia: "não posso ir [à reunião] visto o meu querido filho estar exalando o ultimo suspiro, e assim não durará uma hora. Nunca tive (e Deus permita que não tenha) outra ocasião igual a esta como foi dar-lhe o ultimo beijo e deitar-lhe a derradeira benção paterna". E na sequência disso pede ao amigo:

---

28 Maria Graham, ao relatar o episódio com a Divisão Auxiliadora, escreveu: "Ainda que tudo tenha terminado tão bem politicamente, Dom Pedro teve que lamentar a morte de seu único filho, em consequência da desarrazoada conduta da ama, a cujo cargo a criança foi mandada [...] de São Cristóvão para Santa Cruz."

"Meu José. Remeto o Epitáfio que deve ser aberto sobre o caixão do meu querido filho. Emende-o se não estiver bem, porque lhe dá essa autoridade Este seu amo e amigo Pedro."[29] A sua revolta contra a tropa portuguesa resultava da convicção de que a viagem de e para Santa Cruz lhe matara o descendente. Explosivo como era, quase entrou em paranoia contra os militares lusos, comandados pelo general a quem, meses antes, em carta ao pai, chamava "o Jorge". Após a expulsão, desabafava para com D. João: "Foi a divisão auxiliar que assassinou o príncipe, o neto de V. Magestade." Daí a sua raiva incontida.

Voltara a calma à capital com o novo rumo da Regência. E sucederam-se medidas que roboravam a firmeza do príncipe. A 21 de janeiro estabelecia-se que nenhuma lei vinda das Cortes fosse remetida a qualquer repartição pública para aplicação sem que fosse sujeita a exame prévio e à autorização do regente, para se adaptar "às circunstâncias deste Reino do Brasil". De uma só vez, o Soberano Congresso se via desautorizado e o regente chamava a si a revisão ou a "oportunidade" das leis. No dia 30 desse mês, através do ministério tutelado por José Bonifácio, ordenava-se que todos os governos provisórios ou juntas de províncias se reunissem, unindo-se à volta da regência do Brasil. A 17 do mês seguinte, proibia-se qualquer desembarque de tropas portuguesas no Brasil. Continuava o Reino Unido, mas não imposto pela força. O elo de união encontrava-se na pessoa do regente legítimo, herdeiro, aliás, dos Braganças. No dia anterior, um decreto do ministro do Reino criara o Concelho de Procuradores das províncias, uma espécie de assembleia de representantes, escolhidos pelos eleitores das paróquias. Esboçava-se, por essa via, uma assembleia constituinte, contraposta, de fato, às Cortes de Lisboa. Por enquanto, ela funcionaria como um conselho consultivo do regente. Apelava-se, por estes meios, à unidade de interesses do território nacional. Congregavam-se vontades e esforços para argamassar os sentimentos de união que associavam os Fluminenses, os Mineiros e os Paulistas. Em carta a D. João, de 16 de fevereiro, escrevia ele desassombradamente:

> Meu Pay e meu Senhor – dou parte a Vossa Majestade, que tendo annuido, como era minha obrigação, às respeitozas representaçoens do Brasil; e sendo n'ellas exigida a creação de hum Conselho de Estado, convenci-me, que assim como attendia, quanto à minha

---

29   Carta de D. Pedro, A. M. I.

ficada, tambem devia annuir à creação do dito conselho, visto ser em utilidade Publica; e determinei-me a creal'o, attentas as razoens fortissimas dadas pelas trez provincias; e eu entender que era para felicidade geral da Nação, em que eu estou prompto a trabalhar athe à morte.

Dezejo que Vossa Majestade faça aprezentar esta às Cortes, assim como o Decreto que remeto incluzo, para que Ellas conheção o interesse que tomo pela Monarchia Luzo-Brazilica; e o quanto sou despido de toda a ambição; e muito mais daquella que poderia provir-me da authoridade de regente do vasto Reino do Brazil e de Lugar-Tenente de Vossa Majestade.

A linguagem usada por D. Pedro é sintomática. Já não fala em monarquia portuguesa, invocando a sua autoridade de Regente e lugar-tenente do rei. Respeita as Cortes, mas ultrapassa-as claramente. Nesse momento, lucidamente, pretende evitar a perda e a dissolução do Brasil. Nunca se olvidara da recomendação do monarca, à partida para Lisboa. Por isso se dirige a ele e não diretamente ao Congresso.

Entretanto, nascera-lhe mais uma filha: a princesinha D. Januária (o nome homenageava a cidade que lhe servira de berço), cujo batizado se realizaria a 18 de março. A 14 desse mês manifestava, em carta ao pai, amargura pela forma como o Soberano Congresso tratava os brasileiros.

Meu Pai, e Meu Senhor – Desde que a Devizão Auxiliadora sahio, tudo ficou tranquilo, seguro e perfeitamente adherente a Portugal; mas sempre conservando em si hum grande rancor a essas Cortes, que tanto têm, segundo parece, buscado aterrar o Brazil, arrazar Portugal, e entregar a Nação à providencia [...] Os Brazileiros e eu somos Constitucionaes, mas Constitucionaes, que boscamos honrar o Soberano por obrigação de subditos, e para nos honrarmos a nós, por tanto a raiva he só a essas facciozas Cortes e não ao systema de Cortes deliberativas, que esse systema nasce com o homem, que não tem alma de servil e que aborrece o Despotismo.

O regente considerava-se a si próprio, como também o Brasil, vítimas da cegueira dos deputados portugueses, e percebe-se no seu texto uma linguagem

D. Pedro – Imperador do Brasil e rei de Portugal

cada vez mais explícita de apego à terra onde ficara e que considerava sua. Fora-se abrasileirando, inclusive na linguagem, usando, por exemplo, a palavra "ficada". Além disso, entrevê-se o seu progressivo caminho para a emancipação. Leia-se a continuação da mesma missiva de 14 de março, relativa à esquadra que vinha para permanecer, substituindo os homens de Avilez:

> No dia 9 do corrente apareceô a Esquadra, mandei-a fundear fora da barra por o povo estar aqui mui desconfiado de tropa, que não seja Brazileira, e tem razão, porque huma vez, que os chefes hão de obedecer às Cortes actuaes, temem a sua ruina total. Naquella mesma noite vierão os Commandantes a terra e se portarão bem, escreverão um protesto, que remetto incluzo impresso: no outro dia entrarão para o pé da Fortaleza de Santa Cruz para se municiarem de viveres, e voltarem o mais tardar até 26 deste.
>
> Se dezembarcasse a tropa, immediatamente o Brazil se desunia de Portugal, e a independencia me faria apparecer bem contra minha vontade por ver a separação; mas sem embargo disso, contente por salvar aquella parte da Nação a mim confiada e que está com todas as mais forças trabalhando em utilidade da Nação, honra e gloria, de quem a libertou pela elevação do Brazil a Reino, d'onde nunca descerá.
>
> A obediencia dos Commandantes faz com que os laços, que união o Brazil a Portugal, que erão de fio de retroz poudre, se reforçassem com amor cordial à Mai Patria, que tão ingrata tem sido a hum filho de quem Ella tem tirado as riquezas, que possuio. Peço a Vossa Magestade mande apresentar esta às Cortes, para que saibão, que o Brazil tem honra e he generozo com quem lhe busca o mal e diz o ditado Portuguez que bem folga o Lobo com o cousse da Ovelha.

A fechar, desabafa D. Pedro, em tom magoado e irônico:

> honrem as Cortes ao Rei se quizerem ser honradas e estimadas pela Nação, que lhe dêo o poder legislativo somente", deixando mais uma seta apontada ao comportamento dos deputados: "Deos Guarde a persioza saude de Vossa Magestade e vida, que

tão persioza he para todos os Portuguezes honrados, e para nós Brazileiros, a quem está incorporado.[30]

A leitura atenta desta mensagem de D. Pedro, que solicita seja entregue ao Soberano Congresso, inclui algumas ideias e constatações de relevante significado: a tropa portuguesa constituía insuportável elemento de perturbação da paz, as Cortes agiam pessimamente, aterrando o Brasil e arrasando Portugal, deixando a nação à deriva, provocando rancor e raiva ao príncipe e aos brasileiros, cujos interesses não coincidem com os dos portugueses, já há brasileiros e portugueses e não apenas portugueses nascidos em ambos os hemisférios, como antes se afirmava, as Cortes, que só possuem poder deliberativo, não têm respeitado o soberano e o seu lugar-tenente no Brasil, inclinando-se elas próprias para o despotismo, o povo fluminense só confia nas forças militares brasileiras, uma vez que as portuguesas obedecem às Cortes e estas pretendem "aterrar" o Brasil; este desunir-se-ia de Portugal e proclamaria a sua independência, os laços que uniam os dois países são de fios delicados e podres e, para cúmulo, afirma D. Pedro, a mãe-pátria tem explorado o filho (Brasil), donde "tem tirado as riquezas que possuio". Desconhece-se o impacto desta missiva no Congresso Soberano. Porém, a ruptura estava praticamente consumada. Aguardava-se apenas mais algum pretexto. O príncipe sentia-se profundamente ofendido com o procedimento desrespeitoso dos constituintes para com a parte do Reino Unido que regia, para com seu pai e para com ele próprio, isto é, para com a própria monarquia. Constitucional continuava a considerar-se, mas com honra, pela qual, aliás, arriscaria mais tarde a vida, arruinando a saúde.

A mensagem terminava de forma enfática e explícita: o príncipe revê-se nos portugueses honrados, para os quais a saúde do pai é preciosa e considera-se a si próprio brasileiro ("nós Brazileiros"), cidadania que alarga ao progenitor. Na verdade, Pedro de Alcântara chegara ao Rio menino, crescera em liberdade e entusiasmo nessa terra que tão bem o acolhera, experimentara todas

---

30 *Cartas...*, de 1822, p. 4 e 5.

Armitage, ao abordar este episódio, escreveu que D. Pedro explicava ao pai que o seu comportamento para com a tropa portuguesa "mostrava que o ódio não é aos portugueses, mas a todos e quaisquer corpos regimentados que não sejam brasileiros, a fim de nos colonizarem". Cf. *História do Brasil, cit.*, p. 60.

as virtualidades de uma mocidade acarinhada e feliz, tornara-se homem, saboreando todos os prazeres das carnes tropicais e fora sensibilizado, por Frei Sampaio e outros, para os novos valores das Luzes, que adotara como lema das monarquias atualizadas.

Regularizara-se a situação no Rio e procurava o governo recuperar a autoridade central, que a legislação oriunda das Cortes pusera em causa. E o trabalho dirigia-se ao triângulo-chave, composto por Rio, São Paulo e Minas. A Junta desta última mostrava procedimentos que indiciavam sentimentos de autonomia, senão mesmo de separatismo. O governo e o ministro Bonifácio entendiam que, se fosse conseguida a cooperação leal das três províncias centrais, as demais acabariam por se solidarizar com elas e o regente recuperaria a autoridade central, que as Cortes destruíram. Caso contrário, o Brasil ver-se-ia reduzido a comunidades locais, cuja evolução política ninguém poderia prever. Exigia-se ação rápida e enérgica para atrair os hesitantes ou até descontentes. Quem melhor do que o príncipe, em pessoa, poderia assumir esse encargo patriótico? Assim aconselhou José Bonifácio e o regente seguiu-lhe o alvitre. No dia 25 de março, logo que houve certeza de que a tropa portuguesa se fizera ao largo, avançou D. Pedro para Minas, acompanhado de uma pequena comitiva. Tinha aí havido perturbações, é certo, mas não seria pelo uso da força que se chamariam os mineiros à razão. A comitiva pedrina ia para convencer, para atrair confiança, e, por isso, apresentar-se-ia da forma mais modesta, sem protocolo, sem servidores. Comeria da cozinha mineira, feijão, angu e couve, dormiria sobre uma esteira de palha, provaria da cachaça local.

Finalmente, saía do Rio e aventurar-se-ia por esse interior, que ansiava conhecer e de que tanto ouvira falar. Confiava no seu cavalo, com o qual constituía um corpo em movimento, nos homens que o acompanhavam e na sua capacidade de dialogar. A causa era nobre e os mineiros entendê-lo-iam.

A viagem corria a bom ritmo. Pousou na fazenda do padre Correia, no Córrego Seco, de que muito gostou e onde o seu filho Pedro II, mais tarde, fundaria Petrópolis. Daí foi ganhando as várias povoações mineiras. Havia rumores de que Vila Rica se preparava para o repelir, através das forças de um tenente-coronel Pinto Peixoto. Porém, desde o dia 1 de abril iam correndo informações da excelente recepção que lhe faziam as populações mineiras e isso desencorajou os renitentes. Estes acabaram por se render e D. Pedro acabou por ser recebido em Vila Rica (depois Ouro Preto) em apoteose, dizendo-lhes: "Uni-vos comigo e marchareis constitucionalmente: confio em vós. Confiai em mim. Não vos deixeis iludir [...]."[31] Sucederam-se os vivas: a el-rei, à religião, à constituição, aos homens honrados, aos mineiros. Seguidamente legislou sobre as mais variadas matérias e apelou à "união de tão ricas províncias", terminando com a afirmação de que o Brasil continuava um Reino Unido com Portugal. Previra uma estadia de dois meses para unir os Mineiros ao governo da regência e solidarizá-los com o Brasil emergente. Bastaram três semanas...

Regressava ao Rio, donde as notícias não eram tranquilizadoras. Nas Cortes portuguesas discutia-se asperamente a situação brasileira. Os deputados americanos eram frequentemente vaiados pelos seus colegas reinóis. Houve quem preconizasse uma expedição punitiva ao Rio, dando origem a troca de palavras muito azedas. Os ânimos continuavam exaltados. Mesmo no Rio, houve quem, invocando as Cortes, pretendesse apear o ministério, insistindo em eleger uma junta provisional e não o Conselho de Procuradores, para aconselhar a regência. D. Pedro, avisado, regressou a galope. Da viagem ficara-lhe grata recordação. O povo acolhera-o carinhosamente, divisou a vastidão das terras interiores, tornou-se mais brasileiro ainda. Como bem observou Tarquínio de Sousa, a partir da sua viagem de pacificação e adesão de Minas, passou a assinar, nas cartas ao pai, "[...] os portugueses e nós brasileiros havemos mister".[32] Dir-se-ia que optara pela nacionalidade da terra da regência, tão animado estava com notícias que lhe foram chegando de Montevidéu,[33] de Pernambuco, de Piauí. Sentia-se amparado pela ciência, bom senso e sentido de Estado de José Bonifácio. Cada vez se apegava mais ao Brasil, como reverso do desgosto que as Cortes lhe haviam e continuavam a provocar. Em desabafo ao pai, dizia-lhe em 11 de março: "Eu e os brasileiros estamos desesperados com as maroteiras das facciosas Cortes feitas a Vossa Magestade e ao Brasil." Começava a germinar a ideia de convocar umas Cortes no Brasil, desagravando-se, desse modo, os deputados brasileiros, ultrajados em Lisboa. Ou o Soberano Congresso as autorizava, ou então, ameaçava ele, "eu as covoco". O objetivo era defender "os direitos inatos dos povos

---

31 SOUSA, I, p. 307.

32 SOUSA, p. 308.

33 Em carta ao rei, de 14 de março de 1822, escrevia: "Dou parte a Vossa Magestade que Monte Vidêo se quiz voluntariamente unir ao Brazil de quem já se conta parte componente [...]" (*Cartas, cit.*, p. 11).

tão livres como os outros que os querem escravizar" (carta de 28 de abril de 1822). A Antônio Carlos, vaiado nas Cortes de Lisboa por defender os direitos dos brasileiros, comunicava: "[...] conheça-me a mim como o maior Brasileiro e que pelo Brasil dará a última gota de sangue". E convidava-o: "regresse que o queremos cá".[34] Preparava-se uma Constituinte no Brasil. Disso se fazia eco o jornal *Revérbero Constitucional Fluminense*, de 30 de abril: "Não desprezes a gloria de ser o fundador de um novo Império." Alargava-se a base que o apoiava no caminho da autonomia. O militar Domingos Alves Branco Moniz Barreto, vulto de grande relevo na cultura brasileira finissecular, reformista, patriota, colaborador devotado de D. João VI, lembrou-se de lhe conferir mais um galardão, o de protetor e defensor perpétuo e constitucional do Brasil. A proposta surgia do seio da Maçonaria, da loja Comércio e Artes, e a investidura marcar-se-ia para o dia 13 de maio, aniversário de D. João. O título de defensor perpétuo vinculava-o ainda mais ao povo que, através da loja, o aclamava. Recebeu o príncipe a honrosíssima distinção e organizou-se para tal uma cerimônia militar de milhares de soldados fardados a rigor, à moda da Boêmia, o que muito agradava a D. Leopoldina. O passo seguinte, ainda sob o impulso da Maçonaria, mas veiculado pelo senado da Câmara do Rio, consistia na convocação de uma Constituinte. D. Pedro explicava ao pai, em carta de 21 de maio, que "leis feitas tão longe de nós por homens que não são brasileiros e que não conhecem as necessidades do Brasil, não poderão ser boas". Nela ia mais longe: "sem igualdade de direito em tudo e por tudo não há união. Ninguém se associa para ver piorar a sua condição e aquele que é o mais forte melhor deve saber sustentar os seus direitos. Eis por que o Brasil jamais perderá os seus, que defenderei com o meu sangue, sangue puro brasileiro, que não corre senão pela honra, pela nação e por V. M.".[35] A 3 de junho convocava D. Pedro a assembleia de representantes das províncias do Brasil, chamando-lhe Assembleia Luso-Brasiliense ou Assembleia Geral Constituinte e Legislativa. Após o "Fico", este parlamento dos notáveis do Brasil abria caminho à independência. Ao pai, refrescando-lhe a memória, repetia:

---

34   SOUSA, I, p. 310.

35   *Idem*, p. 313.

> Eu ainda me lembro e me lembrarei sempre do que Vossa Magestade me disse [...] Pedro, se o Brasil se separar, antes seja para ti, que me hás de respeitar, do que para algum desses aventureiros. Foi chegado o momento da quase separação e estribado eu nas eloquentes e singelas palavras expressadas por Vossa Magestade, tenho marchado adiante do Brasil, que tanto me tem honrado.[36]

Estava-se apenas a pouco mais de três meses do dia 7 de setembro.

Antes disso, e sabendo que sua mãe D. Carlota instigava seu irmão Miguel a rejeitar as propostas constitucionais, como o pai lhe comunicara, e ela fazia tudo para afastar o herdeiro da sucessão portuguesa, convidou-o a ele a juntar-se-lhe no Brasil. Aí acompanharia o crescimento de sua sobrinha Maria da Glória, com a qual, em devido tempo, casaria. Parecia-lhe um meio de o irmão aceder à coroa de Portugal de forma pacífica. Mas D. Miguel seria desencorajado por muitas pessoas, incitando-o a que não fosse para o Brasil. D. Pedro, em linguagem desbragada, aconselhava-o a responder-lhes: "Manda-os à merda."[37] Era assim D. Pedro: corajoso, intimorato, generoso, sentimental, mas também rude, a cair na boçalidade!

A 14 de agosto empreendia novamente viagem o regente, agora para São Paulo, onde tudo lhe era desconhecido. Acompanhavam-no algumas pessoas de confiança, como Saldanha da Gama, Gomes da Silva, *o Chalaça*, Francisco de Castro Canto e Melo e dois criados fiéis, João Carvalho e João Carlota, a que se foram adicionando outros. Antes de partir, tivera o cuidado de entregar a regência a D. Leopoldina, para que o governo não ficasse paralisado, uma vez que ministério e conselho de representantes a acompanhavam, encontrando-se em plenas funções.

Na tarde de 24, já acampara na Penha, arredores da cidade, de onde mandara Gomes da Silva e Canto e Melo observarem o que se passava. Outra versão dos acontecimentos dá-o como tendo ido incógnito e disfarçado, sem qualquer comitiva acompanhante, inspecionar o meio, que desconhecia completamente e onde esperava ter êxito, como sucedera em Minas.

---

36   Carta de D. Pedro, A. M. I.

37   MACAULAY, *cit.*, p. 118: "tell them to eat shit".

Os objetivos da viagem consistiam em pôr termo a "dissensões ocorridas entre o presidente da respectiva Junta e a família dos Andradas, que motivaram a expulsão de Martim Francisco".[38] Em São Paulo não se formara nenhum "partido português", como ocorrera na zona mineira, mas havia fortes tensões internas decorrentes da ação dos irmãos Andrada nos lugares de destaque da administração pública.

Esta viagem marcaria, para sempre, o futuro do Brasil e o do próprio príncipe, embora por razões diferentes, como veremos. Transformar-se-ia na mais política e mais emblemática de quantas o regente haveria de fazer, tornando-se São Paulo, daí em diante, o fulcro das atenções internacionais. Há mais de dez dias marchava o príncipe. Pelo caminho, as demonstrações de cortesia e de júbilo sucediam-se. Alimentação suficiente, mas frugal, pouco descanso e em condições nem sempre aceitáveis ainda deixavam tempo para manifestação do seu irreprimível erotismo. O sexo compunha a sua natureza e picava-lhe o apetite permanentemente, como um aguilhão. Teria de o extravasar, de o partilhar, mesmo que fosse em situação de circunstância única, irrepetível. A consorte ficara longe. Ele dormia pouco. Não queria desperdiçar as oportunidades que lhe fossem surgindo, talvez únicas. Logo em Taubaté, às portas da cidade, fora-lhe proporcionada ocasião para encontrar certa mulher, de que lhe haviam falado e que, ao convite, não se fez rogada. Recompensada a contento e refeito o viajante, continuou o percurso a ser trilhado de acordo com o previsto, mas já com incidências políticas: recepção de delegados da câmara e nomeação de um novo governador de armas, marcação de horas para entrar no centro da cidade, que seria a 25 e com todo o cerimonial protocolar, guarda de honra, câmara, pálio, missa na Sé catedral com *Te Deum*, seguida de beija-mão, para todos. Na noite desse dia puseram-se luminárias e o clima de festa continuou. Criara-se o ambiente desejado que punha fim às discórdias intestinas e projetava nova luz sobre os destinos da cidade e do seu povo, ali reunido à volta do mais alto representante do Brasil, o seu defensor perpétuo. Com muita ousadia e à vontade, malícia e popularidade, conseguia ele ir atraindo os vários grupos e pessoas singulares, falando-lhes a sua linguagem, apresentando-se-lhes como o sinal vivo de uma nova era, que havia começado já. No paço da cidade recebera delegações das várias povoações da província, de Itu, de Campinas, de Sorocaba, de Santos. Carregou apenas o semblante para

---

38   ARMITAGE, *cit.*, p. 63.

com os instigadores da "bernarda" contra os Andradas, alguns dos quais mandou que se apresentassem no Rio, para ficarem longe do foco de agitação. No final da viagem, ao fazer o balanço, D. Pedro, no plano político, podia ufanar-se de ter conseguido um resultado pleno, quanto ao que havia previsto. Pacificara os corpos urbanos, mostrara-lhes a sua indiscutível autoridade, respaldara a ação dos ministros, que agiriam com pleno poder, inspecionara destacamentos militares e fortalezas. Antes de regressar ao Rio, quis ir a Santos, conhecer o núcleo onde nascera a província, partindo da primeira vila brasileira, São Vicente, fundada quase há três séculos por Martim Afonso de Sousa, e visitar pessoas da família dos Andradas, seus amigos, que muito estimava. Daí regressaria a São Paulo, de onde buscaria o Rio de Janeiro. Algo lhe alterara, contudo, a forma física: padecia de uma diarreia constante, obrigando-o a descer frequentemente da montada e, em condições deploráveis, desfazer-se do resultado do trânsito intestinal, ou, como referia o coronel acompanhante, descia do cavalo para prover-se.[39] Viagem atormentada, entremeada com dores e vômitos e que, contudo, o conduziria ao momento supremo da sua curta vida, talvez mais emocionante do que o do triunfo da causa liberal, no velho Portugal europeu. Deste já poucas recordações agradáveis guardava, e dele, nesse momento, o iam fustigando com notícias deploráveis.

Um dos seus acompanhantes, Francisco de Castro Canto e Melo, dera-lhe a notícia de que chegara do Rio correio muito urgente. Como era seu timbre, cavalgou na direção dos mensageiros, encontrando-se uns e outros "no alto da colina próxima do Ipiranga". Começou a abrir o expediente que lhe fora dirigido: cartas de D. Leopoldina, dos irmãos Andrada (José Bonifácio e Antônio Carlos), decisões das Cortes, missivas de D. João e do cônsul da Grã-Bretanha. Sofregamente, rasgou os sobrescritos e começou a ler. À medida que ia lendo o texto emanado do Soberano Congresso, começara a subir-lhe o sangue à cabeça e a afoguear-lhe as faces. De pálido que se mostrara pela indisposição fisiológica sofrida, virou rubro de cólera e de emoção. Lera e nem quisera acreditar no que via escrito. Deixaria de ser regente e transformar-se-ia em simples delegado das Cortes, mas apenas nas províncias onde exercia autoridade efetiva (Rio, Minas, São Paulo), subordinando-se as demais diretamente às Cortes; a sede do governo do Brasil transferir-se-ia imediatamente para Lisboa, de onde partiria a nomeação dos

---

39 SOUSA, II, p. 36.

seus ministros; anulava-se a convocação do Conselho de Procuradores. Por fim, para cúmulo, submeter-se-iam a julgamento todos aqueles que houvessem contrariado as decisões das Cortes. Estas "ordens" tinham chegado ao Rio no barco *Três Corações*, a 28 de agosto.

D. Leopoldina, ao conhecer o conteúdo dos documentos, ela que, após o "Fico", decidira permanecer para sempre no Brasil, adotando-o como sua pátria,[40] instigou-o a que não se vergasse às exigências chegadas de Lisboa, onde, a seu ver, o príncipe estava a ser indignamente tratado. José Bonifácio, acrescentando mais elementos de informação, mostrava-se ainda mais exaltado e explícito. Não suportava que a sua pátria fosse espezinhada e retalhada em fatias pelos constitucionais portugueses. Estes, além de seiscentos soldados que mandaram desembarcar na Bahia, centro de operações de onde haveria de fomentar-se o esfacelamento do Nordeste e Norte do Brasil, ligado a Lisboa, estavam a organizar uma expedição de mais de 7000 homens para atacar o governo do Brasil. Soara a hora. Não se podia mais contemporizar. O Andrada escrevia, em raiva e desespero: "Senhor, o dado está lançado e de Portugal não temos a esperar senão escravidão e horrores. Venha V. A. R. quanto antes e decida-se [...]."[41] Estas palavras soaram aos ouvidos de D. Pedro como punhaladas no seu orgulho másculo, no seu temperamento exaltado e imprevisível. Nunca agirira como o pai, que usava a lentidão e a prorrogação de decisões como forma de desmobilização e aconselhamento. O filho era pessoa de decisões fulgurantes, às vezes até precipitadas, de que mais tarde se arrependia, mas não admitia que lhe beliscassem a autoridade que recebeu do pai, o único detentor legítimo do poder, à partida para Lisboa. Ainda mais: Chamberlain, o cônsul britânico, informava-o de que sua mãe se recusara a jurar a Constituição portuguesa, mantendo-se fiel ao absolutismo, e que tramava nos bastidores para o substituir por D. Miguel na ordem da linha de sucessão. Isso equivalia a deserdá-lo da sucessão de D. João, à morte deste.

Com todas essas informações, encorajado pelo ambiente brasileiro, que agora conhecia como nunca, desde que viajara a Minas e, agora, a São Paulo, tendo consciência de que já desobedecera às Cortes, quando decidiu ficar, incorrendo, pois, em eventual processo e julgamento, lembrando-se de que prometera

---

40   OBERACKER JR., *cit.*, p. 247.

41   SOUSA, II, p. 37.

defender e proteger os interesses do Brasil, de que a única terra que dera provas sobejas de o estimar e apreciar era esta, de que seus filhos aí nasceram e de que, afinal, se a vida trazia consigo momentos felizes e plenos de prazer, fora aí que os desfrutara, não hesitou, nem se conteve. Em atitude solene, com voz firme, olhando para os que o rodeavam, clamou: "É tempo. Independência ou morte. Estamos separados de Portugal." Há muito lutava no seu íntimo para se conter. Rebentaram os diques de bloqueio do seu temperamento neurótico. A raiva tomara-o e explodira, ao que conta uma testemunha, amarrotando e calcando os papéis acabados de ler. Em revide, ainda terá acrescentado:

> As Cortes perseguem-me, chamam-me com desprezo *Rapazinho* e *Brasileiro*. Pois verão agora quanto vale o rapazinho. De hoje em diante estão quebradas as nossas relações; nada mais quero do governo português e proclamo o Brasil para sempre separado de Portugal."[42] Pedro Calmon assim imaginou este momento supremo da história da sua pátria: "Aquella jornada, da marinha ao planalto [de Santos para São Paulo] [...] levava a vibração intima das grandes atitudes. D. Pedro amava – com os doces transportes de um romantico, e odiava – com a furia terrivel de um selvagem [...] Na altura do Ypiranga, nova parada. O Ypiranga é um ribeiro que se desenrola, límpido, pela collina relvada. À beira do caminho, numa taberna sertaneja, a guarda se desalterou, jovial, num ruído de metaes, acima, na meia encosta, alvejava a calissa de uma estancia [...] O caminho vermelho, serpeava pela baixada [...] O principe apeiou-se perto da estancia. Um cavalleiro, que à brida solta corria, encontrou-o ahi, em companhia do padre Belchior. O correio da corte. D. Pedro empallideceu: era Paulo Bregaro, o melhor correio do Paço.
>
> Balbuciando, o estafeta de sua alteza contou que arrebentara varios cavallos para lhe trazer, da parte da princeza e do governo, papeis importantissimos [...] A mão do correio tremia; o principe, máo grado seu, tremeu tambem. Foi numa afflicção que desembrulhou os documentos, devorou-os com a vista accesa, as faces vivamente coloridas... As Côrtes de Lisboa tratavam-no como inimigo [...] Montou, quasi sem dar por isto [...] Os soldados da guarda de honra aproximaram-se. De

---

42 Versão atribuída ao padre Belchior de Oliveira, um dos membros da comitiva do Rio, que deixou um relato do que ocorrera nesse 7 de setembro de 1822. Cf. SOUSA, II, p. 38.

subito, como numa explosão, elle se transfigurou. Os papeis cahiam-lhe da mão. Esporeou a montada, que saltou, desembainhou num gesto solenne o sabre, e quando os companheiros o rodearam, bradou, num grito estridente e feroz, que lhe arrancava d'alma o despeito, o enthusiasmo, o desafio, o sonho: "Independência ou Morte!"[43]

O calendário gregoriano marcava 7 de setembro de 1822. Em gesto complementar, refere o acompanhante Canto e Melo, o príncipe arrancou o laço azul português que trazia no chapéu, arrojando-o para longe, clamando: "Pelo meu sangue, pela minha honra, pelo meu Deus, juro fazer a liberdade do Brasil."[44]

De Ipiranga partiu a comitiva para São Paulo, onde se espalhou celeremente a notícia e em cujo teatro, bem ao gosto de D. Pedro, foi festejada a independência. O príncipe tornara-se, a partir de agora, brasileiro, pois abrasileirado já estava há muito. E a jornada de São Paulo marcar-lhe-ia a carne, abrasá-lo-ia através de alguém que aí conhecera e se tornará mãe de filhos seus: Domitila, a futura marquesa de Santos. Em carta ao pai, de 22 desse mês, usara uma linguagem duríssima, quase inaudita:

> [...] sei que Vossa Magestade está positivamente preso [...] Embora se decrete a minha deserdação, embora se cometam todos os atentados que em clubes carbonários forem forjados, a causa santa não retrogradará [...] digo a essa cáfila sanguinária, que eu, como Principe Regente do reino do Brasil e seu defensor perpetuo, hei por bem declarar a todos os decretos pretéritos dessas facciosas, horrorosas, maquiavélicas, desorganizadoras, hediondas e pestíferas cortes que ainda não mandei executar, e todos os mais que fizeram para o Brasil, nulos, írritos, inexequíveis e como tais como um veto absoluto, que é sustentado pelos brasileiros todos, que unidos a mim me ajudam a dizer: "De Portugal, nada, nada; não queremos nada [...] jazemos por muito tempo nas trevas; hoje vemos a luz. Se Vossa Magestade cá estivesse seria respeitado, e então veria que o povo brasileiro, sabendo prezar a sua liberdade e independência, se empenha em respeitar a

---

43   *O Rei Cavalleiro*, 1933, p. 119-121.

44   SOUSA, II, p. 39.

autoridade real, pois não é um bando de vis carbonários e assassinos, como os que têm Vossa Magestade no mais ignominioso cativeiro".

Numa resposta irônica e desafiadora, conclui: "O Brasil será escravizado, mas os brasileiros não; porque enquanto houver sangue em nossas veias há de correr e, primeiramente hão de conhecer melhor o – Rapazinho – e até que ponto chega a sua capacidade, apesar de não ter viajado pelas cortes estrangeiras."[45] O tom sarcástico e depreciativo para com as Cortes, que considera vexatórias para com a dignidade do pai, que sempre ouviu e estimou, ainda aumenta, juntando-lhe mais uma ponta de veneno: afinal elas hoje não representam senão Lisboa, não sendo, por isso, gerais, e delapidam constantemente esse "tísico tesouro".

Despediu-se o príncipe, pesaroso, de São Paulo. Deixava lá o governo entregue ao bispo, ao ouvidor da cidade e ao comandante militar. Isso não o preocuparia mais. Na verdade, do que não conseguia libertar-se era da doçura de uns olhos negros e das carícias que envolveram a sua boca e o seu corpo cansado das viagens. Os beijos, os abraços, os sorrisos, a ternura e a meiguice de Domitila de Castro, em cuja casa se demorou e que lhe submeteu, para análise e despacho, um processo que corria contra o seu ex-marido, um militar violento e rude que a maltratara, isso não olvidava o príncipe. Pretendia ela divorciar-se, mas o processo arrastava-se. Estaria o regente interessado, agora que o caso lhe foi exposto, em interceder por ela junto do ministro do Reino, o também paulista José Bonifácio? Na viagem de regresso, rápida, apesar da chuva, das trovoadas e da muita lama, jamais se libertara o príncipe dos encantos dessa mulher. Conhecera muitas, às dezenas, umas mais belas que outras, portuguesas, brasileiras de vários tons de pele, francesas, uruguaias..., tantas, tantas, que nem ele saberia enumerar. Foram-se sucedendo e a última obnubilava o semblante, talvez até os encantos, da anterior. Esta, porém, distinguia-se de todas as demais. Deixara nele um sentimento estranho, que parecia nunca ter percebido no seu íntimo: ciúme. D. Pedro regressava ao Rio rendido aos encantos de uma mulher, até um pouco mais velha do que ele. Que estranho! Ficara perturbado no mais íntimo de si.

---

45 *Biblioteca dos Sesquicentenário de D. Pedro I. Proclamações, Cartas, Artigos*, Rio de Janeiro, 1973, p. 311-313.

Capítulo 8
A consolidação da Independência (1822-1831)

No rastro do grito do Ipiranga

O período que se alargou entre 1822 e 1831 coincide com aquilo que costuma designar-se como o Primeiro Reinado. Na verdade, durante ele, D. Pedro acedeu ao trono do Brasil e manteve-se à cabeça dos seus destinos, não como rei, mas como imperador constitucional. Proclamara a independência num grito de revolta, de afirmação, de esperança. Faltava consolidá-la e os caminhos que se apresentavam aos patriotas divergiam, quanto a projetos e quanto a pessoas que os corporizassem. Urgia uni-los, na medida do possível, e prosseguir nas várias frentes.

Cavalgara de São Paulo para o Rio sem descanso. Cobrira o percurso em pouco mais de metade do tempo que habitualmente gastavam os viajantes. Como sempre, dormia pouco e junto das montadas, alimentava-se dos frutos da terra, que saboreava, embora com frugalidade. Pretendia chegar depressa. Com 23 anos de idade, mas a caminho dos 24, que completaria no mês seguinte, dotado de força e energia, dava largas ao seu temperamento hiperativo. Só o viam inativo durante o sono. Preferia o movimento, a ação, os desafios que o seu caráter instável e irrequieto buscava sem cessar. Nisso se distinguia visceralmente do pai. A 14 de setembro, pela tarde, entrava na Quinta da Boa vista. A viagem decorrera sob a influência da mudança de estação, iniciando-se o período das chuvas. Caíram estas com violência, tornando os caminhos lamacentos e esburacados. Em muitos lugares passava-se com dificuldades e por atalhos. Ventos ainda frios e chuvadas frequentes ensopavam as roupas dos cavaleiros, mas eles suportavam o desconforto para chegarem depressa. No palácio, esperava-o ansiosamente Leopoldina, a quem teve de contar tudo o que de mais importante no plano político, ocorrera em São Paulo. Ela ouviu-o atentamente e, após relatar-lhe o que o governo, sob a sua presidência, fora praticando, enquanto ele se ausentara, abraçou-o e juraram ambos bater-se pela independência. Passaram a usar um laço verde, que significava a autonomia e que começaram por distribuir às pessoas do palácio, para que os imitassem. À cor verde, da Casa de Bragança, juntara-se logo a seguir a amarela, que identificava os Habsburgo-Lorena. Verde e amarelo transformaram-se nas cores principais e simbólicas da independência e pendiam do braço esquerdo daqueles que, optando pelo Brasil, rejeitavam as exigências das Cortes e as suas cores (azul e branco). O dia seguinte, aniversário da adesão de Lisboa à causa liberal, iria ser festejado no teatro São João, onde se concentrava, em ocasiões solenes, a população representativa da cidade. D. Pedro compareceu acompanhado por D. Leopoldina, tendo o casal sido recebido com enorme entusiasmo, gritando-se vivas. Desapareceram nas indumentárias as cores azul e branca, substituídas pelas verde e ouro, onde havia sido gravado o lema "Independência ou Morte". Estas cores tornaram-se obrigatórias, em vestes oficiais, por decreto de 18 de setembro, onde se falava das "dezanove províncias compreendidas entre os grandes rios que são os seus limites naturais", o Amazonas, a norte, e o estuário platino, a sul. Estes, os seus afluentes e o pantanal mato-grossense davam corpo, no plano cartográfico, à ilha Brasil.

Na noite da sua entrada no Rio, dirigiu-se D. Pedro a uma reunião no Grande Oriente. A Maçonaria, embora proibida por D. João VI, ressurgira clandestinamente após a revolução liberal e assumia cunho autonomista e nativista. A loja Comércio e Artes protagonizara a atribuição a D. Pedro do título de protetor e defensor perpétuo, sob proposta de José Clemente Pereira, que foi aceite "por condescendência para com o povo", e também "em nome de meu Pai". Decorria o mês de maio desse ano de 1822. Logo a seguir, no dia 22, essa loja cindia-se em três, acrescentando outras duas à já existente, a União e Tranquilidade e a Esperança, de Niterói. Essa tríade compunha o Grande Oriente do Brasil, para cujo grão-mestre foi escolhido José Bonifácio. Porém, entre muitos patriotas liberais e o ilustre paulista surgiram logo desconfianças. Bonifácio observava, com suspeição, a ação dos pedreiros-livres que, a vários títulos, lhe pareciam seus concorrentes na orientação da ação governativa e, mesmo, na privança com o ainda regente. Quando Martim Francisco, irmão de Bonifácio, entrou para o executivo, em 4 de julho, agudizaram-se as tensões entre os grupos. Os maçons hostilizavam abertamente a força e a influência dos Andradas sobre o protetor e defensor perpétuo do Brasil. Este ouvia-os e respaldara-os com a viagem a São Paulo. Ela constituiu também uma vitória dos irmãos Andrada na província.

Mas na capital, Maçonaria e Senado da Câmara, onde pontificavam pedreiros-livres, hostilizavam o chefe do governo. Este não disfarçava a sua aversão aos inimigos, hostilizando-os, desdenhando-os, ameaçando-os. Os seus maiores rivais eram Ledo, José Clemente e Cunha Barbosa. Nessa noite de 14 para 15 compareceu D. Pedro à reunião do Grande Oriente e nela pretendia demonstrar que, embora amicíssimo e apoiante dos Andradas, não se transformara em joguete nas suas mãos. Nem se divorciara do grupo maçon que o hostilizava. Ledo, José Clemente e Barbosa continuariam a gozar da sua confiança. E queria apresentar-se como o primeiro em tudo. Não admitia ser secundarizado por ninguém. Na sessão do Grande Oriente foi investido no título de grão-mestre, que deixava de ser de Bonifácio, e adoptou o nome de irmão *Guatimozin*, último rei do México.[1] Afrontara o amigo e assumia uma postura de consequências imprevisíveis. De fato, a Maçonaria pretendia influenciar-lhe a ação, abatendo a força dos irmãos paulistas.

> Ahi a opinião do Rio crystallizara em rethorica; os sacerdotes do rito patriotico ahi se reuniam, maiores pelo mysterio de que se rodeavam [...] Alves Branco saudou o jovem Guatimozin. Os maçons cercaram-no, enternecidos [...] As acclamações romperam, espontaneas, eletrizou-se o ambiente: D. Pedro contou, calorosamente, que proclamara a independencia; e Alves Branco, num arremesso erguido sobre um banco, a estourar de santo regosijo, gritou: "Viva o imperador!" "Viva o imperador", "Viva o senhor D. Pedro I". A maçonaria era o cerebro; o Senado da Câmara o braço. Na manhã immediata, a municipalidade recebia ordem de promover a acllamação de sua majestade o imperador. A notícia rastilhou; o povo encheu-se de alegria; a tropa, alliviada, festejou a nova era; portugueses, brasileiros, a mó de gente que atestou as praças, repetiram fervorosamente os vivas ao sr. D. Pedro, o I.[2]

---

1   D. Pedro pretendia pairar acima de quaisquer facções, mesmo dentro da Maçonaria. Acumular cargos nas sociedades secretas não lhe parecia inconveniente. Pelo contrário: "Não existia a seus olhos qualquer incompatibilidade entre esta nova dignidade e a de arconte rei que lhe tinha sido conferida, antes da sua partida, pelo Apostolado da Nobre Ordem dos Cavaleiros da Santa Cruz, fundada por José Bonifácio para apoiar a independência do Brasil" (DALBIAN, *cit.*, p. 64-65).

2   CALMON, *cit.*, p. 125-126.

Parecia uma festa partilhada por todos. Não o era, porém.

Os Andradas sentiam-se atingidos no peito. O discurso do militar Domingos Alves Branco Moniz Barreto, maçon dos quatro costados e apologista da virtude da agremiação, servia-se desta para visar os irmãos ministros.

> Precavei-vos, respeitável grão-mestre, de embusteiros. Não vos abandoneis a enredos, a vãos caprichos [...] Se mãos ímpias pela intriga pretendem apagar a sagrada tocha que nos alumia, sejam estes sacrilegos lançados para fora do nosso grêmio e sejam detestados e os seus nomes apagados da tabela que nos honra [...] Apartai-vos, digno grão-mestre de homens coléricos e furiosos. Por mais cientes que eles sejam nunca acham a razão e só propendem para o crime.[3]

No calor do entusiasmo e numa tentativa de apaziguar tensões, D. Pedro concedia a cidadania a quem a quisesse e vivesse no território e concedia uma amnistia geral para os acusados de opiniões políticas discordantes, mormente para os de São Paulo, que eram visados por decreto de 23 de setembro. José Bonifácio, ressentido pelo que se passara na Maçonaria, agravado por este ato político, que ilibava os seus adversários, pediu a demissão. Ela não foi, por enquanto, aceita, mas o caminho para isso ficava aberto.

A investidura na dignidade imperial preocupava o círculo mais politizado. Em que qualidade deveria ser ele investido? Ser filho primogênito do rei de Portugal não lhe conferia nenhum vínculo nesse sentido, pois que se haviam quebrado todos os laços entre os dois reinos e, portanto, entre os seus representantes. De agora em diante, o Brasil escolheria livremente as suas instituições, as suas leis, os seus representantes, o seu modelo de organização. Contudo, se alguém trabalhara pela causa nacional, com dedicação e eficácia, fora ele. Merecia, pois, ser recompensado. Além disso, a sua condição de alienígena permitia-lhe pairar acima de regionalismos perigosos. Ele transformara-se, assim, na figura emblemática e indiscutível da independência e da unidade nacionais. Usando a figura de D. Pedro, as elites perceberam-lhe a importância e também que ele representava a ordem, opondo-se, como mais de uma vez fizera, contra a temida anarquia. Por isso mesmo, houve quem o tenha analisado e classificado – e bem –, como

---

3 SOUSA, II, p. 46.

"imperador-contrato".[4] Este baseava-se e justificava-se através das leituras e teorias contemporâneas do direito natural, muito vulgarizado no Brasil, e num golpe muito inteligente de José Bonifácio. Para captar a adesão das províncias exteriores ao triângulo Rio-Minas-São Paulo, instituíra-se o Conselho de Procuradores, que, vindos de todos os espaços geográficos, deliberariam sobre os destinos do Brasil. Assim se cooptava por um centro, sem se esquecerem as periferias.[5] O próprio título ou dignidade de imperador e não de rei "nasceu exclusivamente de José Bonifácio e foi adotada pelo príncipe com exclusão de outra qualquer".[6] A fórmula escolhida para a legitimação da assumção da dignidade foi a "unânime aclamação dos povos". Não havia usurpação, mas decisão dos corpos legítimos da sociedade. D. Pedro seria aclamado Imperador constitucional do Brasil. A data prevista era a do seu aniversário: 12 de outubro. Com exatamente 24 anos de idade assumia a dignidade máxima.

Imediatamente foi mandado executar um decreto que previa as eleições dos deputados para a Assembleia Constituinte. Difundida a notícia, tudo foi preparado para a cerimônia do dia 12. Apesar das chuvas diluvianas, a praça ou Campo de Santana, no centro, pejou-se de gente. Preparou-se um pavilhão para receber D. Pedro, D. Leopoldina e cerca de 6000 soldados alinhados em filas regulares montavam a guarda. O casal fez-se acompanhar de cinco criados da corte, vestidos de verde e amarelo: um índio, um negro, um mestiço e dois brancos. Quando o par subiu ao pavilhão, o presidente da Câmara Municipal leu a ata de proclamação e D. Pedro respondeu acedendo a aceitar o título de imperador.[7] As aclamações e os vivas sucederam-se perante a nova bandeira: verde, cor da Casa de Bragança, amarelo dos Habsburgo e do ouro brasileiro,

---

4   SOUSA, p. 107 ss.

5   *Idem*, p. 143.

6   SOUSA, II, p. 53.

7   "Aceito o título de imperador constitucional e defensor perpétuo do Brasil, porque tendo ouvido o meu Conselho de Estado e de procuradores gerais, e examinando as representações das Câmaras das diferentes províncias, estou intimamente convencido que tal é a vontade geral de todas as outras, que só por falta de tempo não têm ainda chegado." Em carta a D. João escreveu: "Vossa Magestade saberá pelos papéis que remeto inclusos a alta dignidade a que fui elevado por unânime aclamação destes bons, leais e briosos povos, a quem sou sobremaneira agradecido, por quererem e de fato sustentarem a mim, a minha imperial descendência e a dignidade desta nação, de quem tenho a honra de ser imperador constitucional e defensor perpétuo" (carta de 23 de outubro de 1822).

com dezenove estrelas, representando as províncias, e, sob a esfera armilar e a cruz, um ramo de tabaco e outro de café.

Todos os grupos sociais se agregaram à festa, cada um a seu modo. Os ricos proprietários viam aí uma nova oportunidade para dinamizarem os seus negócios e, simultaneamente, assumirem influência política, como sucedeu com Felisberto Caldeira Brant Pontes, aristocrata viajado e elegante, futuro marquês de Barbacena, figura da maior confiança de D. Pedro e seu conselheiro particular um pouco mais tarde.

Após a proclamação, preparou-se outra festa de grande alcance nacional, a da coroação, que teria lugar no dia 1 de dezembro. A cerimônia delineara-se, em boa parte, sobre a que sagrara Napoleão, afinal, seu concunhado e já morto no exílio. D. Pedro levava sobre os ombros um manto imperial em forma de poncho e de veludo verde bordado a ouro de folhas e frutos de palmeira e a pelerine, também nas cores nacionais e toda revestida de penugem de tucanos, para frisar a nota indígena. Assim vestido, sentou-se D. Pedro no trono e assistiu à missa, recebendo então com as respectivas palavras do ritual, a espada, a coroa e o cetro. A espada nua foi-lhe entregue com a frase "Accipe gladium [...]".[8] O cetro, de ouro maciço, era coroado por um dragão alado, também em ouro. Jean-Baptiste Debret pintou a cena, que se transformou num símbolo do novo Brasil.

No teatro São João, onde decorreram as grandes manifestações cívicas, tanto do Reino Unido, como do Império, reunida a mais alta e representativa sociedade fluminense, compareceu D. Pedro, à noite, para assistir à cantata *Independência da Escócia*, de Troncarelli, adaptada para a festa. As manifestações públicas de júbilo continuaram, revestindo múltiplas formas. Ficava implantado no Brasil um império constitucional hereditário. Portugal seguia outro rumo político.

Quando se preparavam e festejavam estes memoráveis e marcantes acontecimentos, outros, que tocavam fortemente D. Pedro, também ocorriam e também relevantes para D. Pedro. Hogendorp, o velho general holandês, huguenote, amigo e colaborador direto de Napoleão, acerca do qual tanto havia coloquiado com D. Pedro, agonizava lentamente na sua humilde cabana, no sopé do Corcovado. Acamado, com febres altas, sem um rendimento assegurado, que lhe havia sido prometido pelo imperador corso, mas que nunca lhe pagaram, arrastava a sua

---

8   Cf. OBERACKER JR., *cit.*, p. 302-303.

existência em condições deploráveis. Nem dinheiro para comer lhe restava. Vivia como um excluído, ele que, outrora, fora governador de Hamburgo. Vindo a saber que ele estava doente e não podia participar nas manifestações que se seguiram ao "Fico", o príncipe enviou-lhe auxílio. A 23 morria esse homem com passado de glória e presente de miséria. D. Pedro, já imperador, mandou fazer-lhe funeral condigno. A sua fé calvinista impedia-lhe de ser sepultado segundo o ritual e os hábitos católicos, retirando-lhe isso parte do cerimonial público. Acabou por ser enterrado no cemitério protestante do Rio. Só ao prepará-lo para o meter no caixão se deram conta os encarregados de o sepultar que o seu corpo se encontrava completamente tatuado, segundo o costume dos indígenas de Java.[9]

Em 17 de novembro de 1822, escrevia o recém-aclamado imperador uma carta, a primeira no tempo, à mulher que o enfeitiçara em São Paulo e que nunca mais esqueceu, Domitila de Castro, na qual lhe declarava que persuadira o pai a ir buscá-la, bem como à família, para o Rio, "que não ha de cá morrer de fome", prontificando-se a fazer por ela sacrifícios. Na verdade já ela se encontrava "pejada de mim", como ele afirmava. Viria, de fato, para o Rio, e daí em diante perturbaria a serenidade e a paz conjugal de D. Pedro. Neste período crucial da sua vida, ao fazer 24 anos, o seu apego à terra de adopção enraizara-se mais. Chegaramlhe filhos de duas procedências, que não enjeitaria. As festas da aclamação e da coroação do imperador coincidiam com uma queda sentimental da qual teria, anos mais tarde, enorme dificuldade em libertar-se. Por agora, como as flores e os odores de que o rodeavam, só sentia perfume no ar...

Arquitetura do império

A consolidação do império foi-se impondo em poucos anos, embora com algumas tensões internas, tanto no plano militar, como civil. Quanto a este último, já se vinham acumulando sintomas de divergências sérias entre o grupo da Maçonaria, que atraíra D. Pedro e os Andradas. Preparar-se-ia uma Assembleia Constituinte, onde tudo pudesse ser discutido amplamente e que catalisasse os interesses da nação e os objetivos dos vários grupos sociais. Nisso havia pleno acordo. Onde ele faltava era num ponto nevrálgico e muito sensível. O grupo de Ledo, Cunha Barbosa, Clemente e Moniz Barreto pretendia que o imperador

---

9   DALBIAN, *cit.*, p. 67.

jurasse as bases da constituição que iria ser feita, submetendo-se, portanto, à partida, às decisões vinculativas dos deputados. Tratava-se, pois, de um aval prévio a um texto jurídico-legal *in fieri*. Os Andradas e seus apoiantes, em número mais reduzido, entendiam que esse juramento não só constituía uma violência para com o soberano, mas se arriscava a ceder a uma demagogia perigosíssima para o país. Não seria difícil que, no clima de exaltação nacional que se vivia, os deputados, em maioria, optassem pela aprovação de um texto radical que, tanto no plano interno como, sobretudo, internacional, prejudicasse gravemente a imagem e os interesses do Brasil. José Bonifácio detinha a responsabilidade pelos Negócios Estrangeiros e, por isso, não admitia correr esse risco. D. Pedro havia, aliás, afirmado que defenderia a Constituição, se a achasse digna do Brasil e dele próprio. O poder da Assembleia não era irrestrito. Desde sempre, ele mostrara um jeito muito especial de entender o poder supremo, não se limitando apenas aos assuntos de Estado. Interessava-se também pela administração do cotidiano. Saía cedo do palácio de São Cristóvão, visitava as repartições públicas de surpresa, apontava faltas de funcionários, inspeccionava pesos e medidas, controlava gastos e custos. "Grafómano incorrigível – suas cartas, bilhetes, artigos de jornal, versos, rascunhos de discursos formariam grossos volumes – ordeiro, meticuloso, preocupado em excesso com despesas e gastos",[10] assim o caracterizou o seu melhor biógrafo.

Esta forma de agir, obviamente exagerada no pormenor, chocava-se com os democratas mais exaltados. Um deles, Cipriano Barata, teria dito: "Nosso imperador é um imperador constitucional e não o nosso dono."[11] Mesmo antes de a Assembleia reunir, já se discutia que rumo haveria de presidir à discussão. E a experiência colhida das Cortes portuguesas não era nada abonatória, ao que se ia sabendo pelas notícias chegadas ao Rio.

No dia 3 de maio de 1823 iniciaram-se os trabalhos. Que elementos a compunham? Armitage di-lo:

> A maioria formava-se quase exclusivamente de magistrados, juízes de primeira instância, jurisconsultos e altas dignidades da Igreja, sendo pela maior parte homens quinquenários, de noções acanhadas

---

10 SOUSA, II, *cit.*, p. 83.

11 *Idem*, p. 86.

e inclinados à realeza. A minoria era composta de clero subalterno e de proprietários de pequenas fortunas, ávidos de liberdade, mas liberdade vaga e indefinida, que cada um interpreta a seu modo e guiavam-se pelos seus próprios sentimentos. Eram filantropos de coração; mas nem estes, nem seus oponentes, estavam habilitados em aptidão prática para bem exercerem as suas atribuições.[12]

A verdade é que, além dos Andradas, compunham-na homens da mais alta craveira intelectual, mas não em número suficiente para se imporem como um grupo forte e homogêneo. Estalaram, de imediato, as diferenças, quando não as divergências, entre os deputados. O poder supremo estava, segundo alguns, nas suas mãos. Outros, como Antônio Carlos, inteligente e experiente, perguntavam-se se haveria superioridade de um poder que, por natureza, era temporário e um outro que concentra toda uma delegação soberana e é hereditário. Tais hesitações e orientações prenunciavam o futuro conflito entre o imperador e a Constituinte. Era aconselhável ter em conta a personalidade do imperador, que muitos, eventualmente, ignoravam. Pedro Calmon, mais uma vez certeiramente, afirmou:

> D. Pedro não achou que a Constituinte que o império forjava batendo-lhe com os malhos da rhetorica, fosse digna delle. Daria à Constituição tudo. Por amor a ella estudara seriamente os jurisconsultos, ou Benjamim Constant, que os resumia; aprendera theorias constitucionaes como um philosopho; discutia-as com os diplomatas estrangeiros em Santa Cruz, maravilhando-os. Porém, a Constituinte queria governar. Desvairara-se, a inexperiente; e desmandara-se. José Bonifacio soffreu do mal que enervou e desfibrou o primeiro parlamento brasileiro [...] Pensou ser o tutor da corôa que apelintrava uma frivola cabeça de adolescente. O imperador era liberal por sentimento, por vaidade e por imitação: de coração, permanecia soldado. A liberdade era nas suas mãos um mimo, que elle depunha galantemente nas mãos do povo; dava-a. Não tolerou jamais que lha tomassem por força: foi sempre o homem insubmisso em quem ninguem mandou.[13]

---

12   1981, p. 75-76.

13   1933, p. 132-133.

Por se tratar de questão interna e de grande delicadeza no âmbito da evolução política interna brasileira, não nos demoraremos em considerações que poderiam parecer pretensiosas. Resumiremos apenas os dados essenciais, aliás bem conhecidos.

O debate político interno entre 1822 e 1824 centrou-se na discussão do conteúdo de uma constituição que, adaptando-se ao tempo e ao lugar, pudesse merecer aprovação, ainda que não unânime. Ela estava prevista mesmo antes da independência. As eleições ocorreram a 7 de setembro e os constituintes, vindos das várias províncias, começaram a reunir-se, no Rio de Janeiro, em maio de 1823. Ao dirigir-se aos deputados, no discurso de abertura dos trabalhos, D. Pedro foi claro:

> Como Imperador Constitucional e mui especialmente como Defensor Perpetuo deste Império, disse ao povo no dia 1º de dezembro do ano próximo passado, em que fui coroado e sagrado – que com a minha espada defenderia a Pátria, a Nação e a Constituição, se fosse digna do Brasil e de mim – Ratifico hoje mui solenemente perante vós esta promessa e espero que me ajudeis a desempenhá-la, fazendo uma Constituição sábia, justa, adequada e executável, ditada pela razão e não pelo capricho, que tenha em vista somente a felicidade geral [...] Afinal, uma Constituição que, pondo barreiras inacessíveis ao despotismo, quer real, quer aristocrático, quer democrático, afugente a anarquia e plante a árvore daquela liberdade, a cuja sombra deve crescer a união, tranquilidade e independência deste Império, que será o assombro do mundo novo e do velho.[14]

Estava dado o mote por parte do imperador. A Constituição teria de ser sábia, justa, adequada e executável, digna do Brasil e do imperador. Ao que parece "a frase não era sua, sendo cópia da existente na carta constitucional da França, de junho de 1814, por meio da qual o Rei Luis XVIII tentou retomar a tradição monárquica, após a derrota de Napoleão".[15] A decisão final de aceitar, ou não, a Constituição cabia, pois, a D. Pedro. Ele, nesse mesmo discurso de abertura, criticava e se demarcava das constituições que "a experiência nos tem mostrado que

---

14 ARMITAGE, p. 76.

15 FAUSTO, 1996, p. 148.

são totalmente teóricas e metafísicas e, por isso, inexequíveis". As visadas na sua reprovação eram as da França, da Espanha e "ultimamente Portugal".

Hoje considera-se que os deputados eleitos para essa Constituinte de 1823 não eram nada radicais, pois que os mais exaltados, provindos do seio da Maçonaria, que havia sido encerrada por ordem de D. Pedro e da facção oposta aos Andradas, haviam fugido ou sido presos. Alguns eleitos recusavam-se a discutir numa assembleia cercada de soldados, muitos deles oriundos de Portugal ou assumindo-se como defensores do "partido português". Foi o caso, por exemplo, do baiano Cipriano Barata, atrás evocado. A marca liberal, burguesa, essa sim, estava claramente representada nos constituintes, mas de postura moderada. Apoiava uma monarquia hereditária, constitucional, em cuja carta magna estivessem contemplados os direitos individuais e se consagrasse alguma forma de limitar os poderes imperiais.

Como seria de esperar, D. Pedro seguia atentamente o que lá se ia discutindo e cedo se apercebeu de que o rumo das discussões não se coadunava com os seus pontos de vista. A princípio, era apoiado pelo seu poderoso ministro José Bonifácio, embora este já lhe tivesse merecido alguns reparos. Mas, quando se discutiram as atribuições do poder executivo, que lhe cabia, e também do legislativo, que os deputados consideravam prerrogativa sua, estalaram as divergências profundas. Os deputados entendiam (e queriam fazer valer o seu ponto de vista) que o imperador não dispunha de poderes para dissolver o Parlamento, forçando, desse modo, novas eleições. Mas, talvez ainda mais importante do que isso, era, a seu ver, a impossibilidade de o imperador usar o direito de veto absoluto. Através dele, qualquer lei aprovada nas Cortes podia ser posta em causa e não implementada pelo imperador. Ficava este, pois, com poderes sobre as decisões da própria Assembleia. Ora, sem isso, nenhum governo disporia de força, prestígio e durabilidade. Ficaria à mercê da força dos deputados. José Bonifácio, seus irmãos e o círculo que os apoiava temiam ter de ceder perante os manipuladores, demagogos, os que não cuidavam das necessidades mais urgentes do Brasil, que eram a centralização de poderes, a organização da economia, dos tribunais e os cuidados para garantir relações externas credíveis e estáveis. As tendências democráticas e desagregadoras da unidade nacional podiam voltar a manifestar-se, transformando-se num perigo a evitar desde logo. Por essa razão, o imperador deveria concentrar poderes que garantissem estabilidade e solidariedade nacional.

Contudo, jogos de equilíbrio e de influência foram minando o poder dos Andradas, sobretudo do mais velho. À medida que a discussão avançava, menos respaldo a sua posição conseguia reunir. Os meses de junho e julho foram-lhe adversos. Os liberais visavam-no constantemente e os conservadores, onde militavam muitos portugueses, também o hostilizavam abertamente. Não lhe perdoavam a constante barreira, que ele lhes opunha, de chegarem à presença do imperador, acusando-o, aliás, de ser um manipulador. O certo é que D. Pedro cedeu e afastou-o do poder em julho de 1823. Daí em diante, os irmãos Andrada tornaram-se inimigos encarniçados, tanto do novo governo, como da própria Constituinte, que criticavam em público no famoso jornal *O Tamoio*, órgão de grande violência antigovernamental. O próprio imperador se sentia atingido, como não podia deixar de ser, uma vez que o governo em funções dimanava da sua iniciativa. José, Martim Francisco e Antônio Carlos usavam um sarcasmo mordaz para com os "corcundas", isto é, conservadores e reacionários, os "pés de chumbo", os portugueses, e os radicais ou democratas.

Na sequência destas clivagens, D. Pedro aplicou o seu golpe. Dissolveu a Assembleia, apoiado pelos militares. Ao fazê-lo, declarava que "tinha lançado mão desta medida pelo perjúrio da Assembleia, mas que convocaria outra imediatamente", declarando, a 13 de novembro, que "a acusação de perjúrio feita a toda a Assembleia, só era aplicada aos indivíduos facciosos, que por sua preponderância haviam dominado o Congresso".[16] Foram presos os Andradas e seus partidários para, dizia-se, evitar a anarquia. De imediato se começou a elaborar um projeto, que acabou por resultar na Constituição de 1824, promulgada a 25 de março. Coincidia, em parte, com propostas dos deputados da anterior Assembleia, mas com diferenças. Ela era doada pelo imperador, portanto não se originava nas bases populares, mas era imposta pelo soberano. Foi redigida por uma comissão especial, composta por dez personalidades, de que se destacou José Joaquim Carneiro de Campos, seu principal redator, e à qual presidia D. Pedro. Além de Carneiro de Campos, colaboraram D. Pedro, que ditava, corrigia e emendava, e Gomes da Silva, *o Chalaça*, que escreveu um texto, que existe. O imperador supervisava. Por isso escreveu Octávio T. Sousa: "Não é demais renovar a afirmação, fundada em provas inequívocas, de que o imperador era de uma inteligência acima do comum e simpático às ideias do

---

16   ARMITAGE, *cit.*, p. 83.

tempo. Se estava longe de merecer o qualificativo de culto, longe andava também do ignorantão que os seus crespos deslizes de gramatica fazem crer."[17] Os liberais mais exaltados imaginavam que o imperador, sendo sucessor de D. João, queria voltar a reunir sob a mesma coroa Portugal e o Brasil. Desse modo a própria independência corria risco. "Por estes motivos a facção republicana tentou assassiná-lo e para este fim destinaram o dia em que ele devesse jurar a nova Constituição."[18] O assassinato ocorreria no teatro, ao qual se lançaria o fogo, o que, na verdade, ocorreu. D. Pedro, contudo, escapou do atentado.

Esta Constituição, que vigoraria até à República, organizava os vários poderes, garantia direitos, definia atribuições. A questão de fundo consistia em que, na prática, só alguns estavam em condições de usufruir de direitos individuais, designadamente os proprietários e burgueses. A tradição autoritária de comportamento social continuava e dos escravos não se falava. Só em libertos.

O governo manter-se-ia monárquico e hereditário, mas norteado por uma Constituição. Criara-se uma nobreza de títulos, não transmissíveis, e, portanto, não se perpetuava uma aristocracia de sangue, como a europeia. Mantinha-se a religião católica como a do Estado, embora se permitissem outros cultos, mas em privado, nunca em manifestações públicas. Portanto, só poderia haver templos católicos.

O poder legislativo assentava em duas câmaras, sendo uma eletiva e temporária, e a outra, o Senado, vitalícia. Os senadores seriam indicados em lista tríplice por província, cabendo ao imperador a escolha do eleito. Na prática, o Senado transformou-se num instrumento dócil nas mãos do imperador, que escolhia, vitaliciamente, os seus protegidos. O voto era indireto e censitário, isto é, através de colégios, restringindo drasticamente a participação popular. O acesso à Câmara dos Deputados obedecia também a regras muito precisas. Não seriam eleitores os menores de 25 anos, os criados de servir, os que não tivesem determinada renda anual e os eleitos saíam de votações sucessivas, que constituíam um filtro difícil de ultrapassar.

O Brasil dividia-se em províncias, cujos presidentes dependiam da nomeação do imperador e, finalmente, instituiu-se o poder moderador, a que se juntou um Conselho de Estado. Este, nomeado pelo imperador, vitalício,

---

17   1988, II, p. 151.

18   *Idem*, p. 85.

deveria ser ouvido em assuntos relevantes, tanto de política interna como internacional. O poder moderador cabia ao imperador, na perspectiva teorizada por Benjamim Constant, sendo neutro ou moderador, isto é, intervindo na orientação política quando entendesse. Por último, a pessoa do imperador era inviolável e sagrada, não se lhe podendo exigir responsabilidade. Cabia-lhe nomear senadores, dissolver a Câmara, convocando eleições e sancionar, ou não, as decisões das câmaras.

Os poderes imperiais alargavam-se a todos os campos, sem contestação. D. Pedro tornara-se, de direito e de fato, um verdadeiro imperador, pairando acima de pessoas e de instituições.

Fim da rebeldia das províncias

O grito do Ipiranga, a aclamação do imperador, a sua coroação e sagração divulgaram-se rapidamente pelo espaço brasileiro, mas não convenceram todas as províncias a juntarem-se à obediência ao governo independente. Para submeter os rebeldes foi necessário recorrer à força militar. D. Pedro orgulhava-se de dirigir um império que se alongava do Prata ao Amazonas, refazendo, através dele, o mito da ilha Brasil, tão caro a autores como Jaime Cortesão e a muitos cartógrafos anteriores, Na verdade, esse imenso território que, através das cláusulas do Tratado de Madrid de 1750, esboçava as suas fronteiras interiores, encontrava-se rodeado de bacias hidrográficas regulares que o individualizavam, como se fosse uma ilha gigantesca. Porém, em 1822 continuavam a existir bolsas de resistência armada, sobretudo em regiões onde os portugueses mantinham posições predominantes. Tal sucedia na Bahia, em Pernambuco, no Piauí, no Maranhão, no Pará, que haviam optado pela obediência às Cortes portuguesas e continuavam dissidentes em relação ao governo central brasileiro. Isso era olhado como intolerável e perigoso, pelas consequências múltiplas que daí resultariam. E uma delas consistia numa ameaça externa. Enquanto na Bahia as forças portuguesas, lideradas pelo brigadeiro Madeira de Melo, se mantivessem no governo da cidade e da província, poderia a Santa Aliança pretender repor a legitimidade de D. João VI, desembarcando aí forças europeias, através das quais se iniciaria a recuperação do Brasil para a monarquia portuguesa[19]. Mobilizaram-se, pois, os brasileiros favoráveis à independência para lutar contra as tropas portuguesas que nessas províncias permaneciam. Contudo, o exército brasileiro quase não existia. Menos ainda a marinha, cujos barcos, marinheiros e soldados eram, na esmagadora maioria, lusitanos, e, portanto, raramente se punham ao serviço da causa independentista. Foi necessário recorrer a quadros militares europeus, para que organizassem e comandassem tropas nativas.

Um desses foi Pedro Labatut, que, ainda antes da independência, fora encarregado pelo então príncipe regente de organizar os contingentes militares terrestres que lhe eram leais. E os seus esforços e forças voltaram-se primeiramente para a Bahia. Lá continuava Madeira de Melo a encabeçar o "partido" português. Em carta ao pai, D. Pedro referira-se-lhe anteriormente nestes termos: "O Madeira na Bahia tem feito tiranias, mas eu vou já pô-lo fora, ou por bem ou à força de miséria, fome e mortes feitas de todo o modo possível para salvar a inocente Bahia."[20] Ninguém tinha conseguido demovê-lo, até depois da independência. Agora tornava-se inadiável expulsar os Portugueses. D. Pedro para lá enviou uma expedição, sob as ordens de Labatut. Esta conseguiu desembarcar em Alagoas, para, a partir daí, poder avançar. Sobrevieram, contudo, múltiplas contrariedades, porque Labatut agia de forma prepotente, arrogando-se do prestígio de ter servido nos exércitos de Napoleão, de ter tomado parte ativa nas guerras de independência da Venezuela, de ter-se incompatibilizado com Bolívar. Os seus detratores acusavam-no de ter-se apoderado ilegitimamente de fundos e, por isso, de ter sido banido de todos os lugares pelos quais passara. O certo é que, mesmo no cerco à Bahia, foi acusado pela Junta da Cachoeira de ter pago os seus homens com fundos de que se apropriara indevidamente. Preso pelos oficiais do seu círculo, foi posto à ordem do governo central. Substituiu-o no comando o general brasileiro José Joaquim de Lima e Silva. As tropas brasileiras avançavam, mas surgira um foco de tensão inesperado: escravos revoltavam-se. A liberdade

---

19   Em muitos círculos os Lusitanos assumiam importância indiscutível, como, por exemplo, junto do regente e depois imperador, que os ouvia, os protegia, os acolhia na intimidade. Talvez por isso mesmo e pela sua ligação aos interesses de Portugal, muitos brasileiros os cobriam de sarcasmo e ironia, subalternizando-os. Era o caso de José Bonifácio, que "não escondia a ojeriza aos que chamava pejorativamente de "chumbáticos", "chumbeiros", "pés de chumbo" e "chumbos". Cf. SOUSA, II, p. 108.

20   Carta de 22 de junho de 1822, *Proclamações, Cartas...*, p. 303.

de que tanto ouviam falar também lhes cabia, pensavam eles. Opinião contrária mantinham os senhores das fazendas de açúcar, de café, de algodão, de tabaco, para os quais a mão de obra escrava se antevia como fundamental à economia local. A repressão sobre os amotinados foi duríssima. Madeira de Melo e os seus homens, aos quais o cerco terrestre não tinha conseguido asfixiar pela fome, continuava a comandar as forças portuguesas e a presidir à Junta, uma vez que ia recebendo mantimentos pelo mar.

D. Pedro, sabendo do que se passava, decidiu enviar uma esquadra, para que cortasse as ligações marítimas. Para isso foi nomeado o almirante inglês Cochrane, vindo do Chile, onde havia sido contratado. Homem de grande currículo em guerras navais, ávido por dinheiro e honras, acusado de envolvimento em escândalos, inclusive financeiros, exigindo um salário enorme, recusando-se a obedecer a qualquer oficial brasileiro, apesar das reservas do governo, conseguiu convencer o imperador a ceder às suas pretensões. A 21 de março de 1823 foi nomeado por D. Pedro primeiro-almirante da frota nacional e imperial.[21] Organizando as suas forças, em boa parte recrutadas entre estrangeiros e desempregados, a 3 de abril, a frota de Cochrane fez-se ao largo, a caminho da Bahia. Finalmente, a 2 de julho de 1823, as forças brasileiras de terra apoiadas pelos senhores de engenho e pela marinha, que bloqueara a Bahia de Todos os Santos, obrigaram à capitulação e retirada das forças portuguesas, lideradas por Madeira de Melo. Daí em diante, essa data tornou-se para os baianos tão sugestiva como o 7 de setembro, na marcha para a independência nacional.

À submissão da Bahia seguiram-se as outras províncias rebeldes: o Piauí, o Ceará, em março de 1823, depois o Maranhão e o Pará, para onde se haviam dirigido, em apoio aos independentistas, as forças de Cochrane. Com a Cisplatina outro tanto sucedeu: resistência das forças pró-portuguesas, cerco terrestre e naval pelos independentistas brasileiros e capitulação das primeiras, face aos comandados por Carlos Frederico Lecor. No início de 1824 D. Pedro foi aclamado em Montevidéu e jurada depois, na Cisplatina, a Constituição do império.

O Recife e, por extensão, Pernambuco, constituíram um caso de resolução intrincada para o império. Dissolvendo a Constituinte e decretando a Constituição de 1824, o poder imperial não deixava dúvidas sobre a sua força

---

21 DALBIAN, *cit.*, p. 70-71.

e a do círculo que o apoiava, constituído, em boa parte, por portugueses. Nessa província nordestina a jugulação da revolução de 1817 não calara os descontentes. Desconfiava-se da centralização do poder e, por isso, circulavam ideias republicanas, democrático-liberais e outras, que não se coadunavam com as exigências do poder emanado do Rio de Janeiro. Os Portugueses canalizavam sobre si próprios o descontentamento de muitos brasileiros natos, fato que fora, aliás, bem visível em tempos anteriores com a famosa Guerra dos Mascates, que opusera os senhores de engenho, de Olinda, aos reinóis, do Recife. As aspirações dos revolucionários de 1817 não se extinguiram. Pelo contrário, ficaram bem vivas, à espera de poderem reacender-se. Cipriano Barata, que estivera nas Cortes portuguesas em representação da Bahia e conhecera as tendências europeias, ajudou a polarizar essa hostilidade aos Portugueses e à centralização fluminense. A imprensa, em crescendo, ajudava a criar ou aumentar um clima de autonomia regional que os Pernambucanos desejavam, sobretudo quando eram atacadas medidas autoritárias do governo central. Cipriano Barata fazia-se eco dessas opiniões na *Sentinela da Liberdade*, enquanto um frade, conhecido por Frei Caneca, usava o jornal *Tífis Pernambucano* com idêntico objetivo. Um e outro acabaram por ser presos, o primeiro enviado para o Rio, onde permaneceu até 1830, enquanto o outro, cujo nome era Frei Joaquim do Amor Divino, já implicado na revolução de 1817, foi preso e fuzilado, por o carrasco se recusar a enforcá-lo. Educado no seminário de Olinda, que desde o tempo do bispo Azevedo Coutinho se tornara um centro de ideias ilustradas e liberais, converteu-se num erudito e num símbolo da resistência ao poder central. Transformou-se num herói local.

A nomeação de um governador não afeto aos descontentes lançou o rastilho da discórdia e da revolta. Surgiu um chefe, Manuel de Carvalho, que proclamou a Confederação do Equador, a 2 de julho de 1824. Admirador das teorias de Monroe, casado com uma americana, esperava apoio dos Estados Unidos para a sua causa, desdenhando a intervenção dos Europeus nas Américas. A Confederação deveria agregar as províncias da Paraíba, Rio Grande do Norte, Ceará e, talvez, do Piauí e do Pará. A revolta era urbana e popular, e não contava com o apoio dos proprietários e grandes comerciantes. Embora antilusitana, contou com apoiantes portugueses, como o liberal João Ratcliff, filho de polaco. Foi esmagada em novembro de 1824 e os seus cabecilhas condenados à pena capital, terminando, por agora, a oposição declarada ao governo central. Ela voltaria, porém, a manifestar-se mais tarde, em 1848.

Faltava o reconhecimento diplomático da independência, o qual garantia ao Brasil a sua completa autonomia no contexto das nações. A Inglaterra pareceu, num primeiro momento, estar disposta a fazê-lo, desde que o governo brasileiro se dispusesse a renunciar ao comércio de escravos. D. Pedro e o seu círculo, após a outorga da Constituição e o esmagamento da rebeldia nas províncias do Norte, preocupavam-se com essa questão diplomática delicada. Para isso trabalhavam em Londres Caldeira Brant Pontes e Gameiro Pessoa, assim como Teles da Silva, em Viena. Mas essa não se mostrava questão fácil, porque as monarquias europeias cultivavam o legitimismo e porque Portugal constava da lista dos velhos aliados dos ingleses. É verdade que os interesses destes no Brasil aumentavam sempre desde 1810, à mercê do incremento constante da sua indústria e do seu comércio. Isso, contudo, não bastava. Portugal ainda não reconhecera o novo regime do Brasil e, no entanto, os monarcas de ambos os países eram pai e filho. Os demais países aguardavam o que fosse sucedendo. Por isso, a propósito da Abrilada, D. Pedro escreveu a D. João aconselhando-o a reconhecer a independência do Brasil "por seu próprio interesse".[22] Este não dispunha de condições para o fazer. Mais: a diplomacia portuguesa espalhada pela Europa entravava o processo quanto podia.

A Inglaterra resolvera mandar um diplomata prestigiado ao Brasil para tentar resolver a situação: Sir Charles Stuart, antigo ministro em Lisboa e em Paris. D. Pedro, ao saber disso, quis conduzir ele mesmo as negociações. Embora cético, chamando a Stuart "esse espertalhão", soube que ele desembarcaria no Rio a 17 de julho desse ano de 1825, procurando-o logo, em vez de o convocar, tal era a pressa em fazer avançar esse moroso processo. O britânico trazia ordens de Canning para apresentar a questão de outra forma: seria uma doação do rei de Portugal a seu filho a própria independência brasileira. Quer dizer, D. João VI reconhecia o império do Brasil, assumia a dignidade de seu imperador e cedia-a ou transferia-a para D. Pedro, enquanto seu herdeiro e sucessor. A reação, tanto de D. Pedro como dos liberais brasileiros, foi de repulsa e irritação. Não admitiam que a soberania brasileira, pela qual se haviam batido galhardamente,

---

22 SOUSA, 1988, II, p. 178.

fosse, agora, apresentada como um dom. E as conversações estiveram prestes a romper-se. Passavam para o controle de embaixadores, em sucessivas reuniões. Por fim, intervieram duas pessoas com largo ascendente sobre D. Pedro, a saber, Frei Antônio da Arrábida e Domitila de Castro Canto e Melo, sobre as quais observa e ironiza com extrema agudeza Tarquínio de Sousa, ele "que lhe ouvia os pecados", ela "o seu maior pecado".[23] O certo é que, finalmente, a 29 de agosto de 1825, a Inglaterra reconhecia a independência do Brasil, por um tratado chamado de paz e aliança. Uma das cláusulas garantia que o Brasil renunciava a quaisquer ambições sobre os territórios africanos ligados à coroa portuguesa, donde, aliás, continuava a provir mão de obra escrava. O artigo 3º referia: "Sua Magestade Imperial promete não aceitar proposição de quaisquer colônias portuguesas para se reunirem ao Império do Brasil."[24] Uma questão permanecia em aberto no texto do tratado: a sucessão da coroa portuguesa. Ela não se encontrava fora das cogitações de D. Pedro e a Constituição de 1824 não a proibia. A seu tempo, voltaria à cena política. Por agora, o Brasil conseguia o seu objetivo fulcral, que era o reconhecimento e o rei de Portugal também não saía deslustrado, uma vez que no tratado se referia que o soberano português cedera graciosamente a sua coroa a D. Pedro.

O reconhecimento por parte da Inglaterra, combinado pormenorizadamente com os diplomatas de D. João VI, implicou que também Portugal reconhecesse a independência brasileira. Em troca, o Brasil indemnizava-o com 2.000.000 de libras esterlinas, a título de compensação de um empréstimo feito em Londres. As relações entre pai e filho voltaram à maior cordialidade.

Os Estados Unidos, por sua vez, haviam sido os primeiros, pois reconheceram a independência brasileira em maio de 1824. A partir do ano seguinte, em função da atitude assumida por Lisboa e Londres, os demais países foram-se declarando pelo reconhecimento, sem maiores dificuldades. No plano internacio-

---

23   1988, II, p. 181.

24   *Idem*, p. 182. Esta cláusula, "aparentemente estranha, explica-se pelo fato de interesses brasileiros, ligados ao comércio de escravos, estarem fortemente implantados em algumas regiões da costa de África. Quando chegaram a Angola as notícias da separação, surgiram panfletos impressos no Brasil, convidando Benguela a aderir à "causa brasileira". A prevenção portuguesa não era, pois, sem fundamento" (cf. FAUSTO, 1996, p. 144).

nal, finalmente, o Brasil apresentava-se como um novo país de pleno direito, que jamais alguém contestaria.

Consolidara-se a independência. O Brasil, nação independente, seguiria o seu próprio rumo. D. Pedro, durante essa década de 20, tornara-se o seu emblema maior e o seu timoneiro. Abrasileirara-se até à medula, antes e, sobretudo, depois da independência. O seu pensamento continuava vinculado às raízes. Conhecia e estimava os autores clássicos, era católico romano, amava e delirava com a música europeia, sem desdenhar a americana, fascinava-o o teatro musicado, poetava, de quando em quando, não se submetia a rígidos protocolos, mas reconhecia-lhes o valor simbólico. Nascera enérgico, decidido, talhado para mandar e comandar, batia-se pela liberdade, embora entendida a seu modo, afirmava-se constitucional, mas reclamava para si a autoridade suprema, perseguia os ideais dos heróis românticos do seu tempo. Estes deixavam-se conduzir mais pelo sentimento do que pela razão. O coração traía-os frequentemente, trazendo-lhes prazer e paixão, mas também sofrimento, ciúmes, inquietação, escrúpulos. Afastemo-nos das questões internas desse novo e ingente império, fadado para desempenhar relevante papel no contexto das nações do mundo, sem, contudo, deixarmos de o invocar ou dele nos aproximar sempre que isso nos interesse.

Focalizemos agora a pessoa de que nos temos ocupado. Vimo-la sob uma ótica essencialmente portuguesa, enquanto os dois países ainda constituíam um bloco no contexto das nações.

Apenas pontualmente descemos ao íntimo desse Pedro de Alcântara, que se tornou I no Brasil e IV em Portugal, que reinou em dois hemisférios e a ambas as coroas renunciou, que poderia ter acedido ainda a duas outras, que se tornou herói e vilão, que comandou autoritariamente homens e se deixou seduzir e arrastar por mulheres. Entremos na sua intimidade e, na medida do possível, abramos-lhe o coração.

Capítulo 9
O imperador em família

Pedro e Leopoldina até finais de 1822

Conhecendo a personalidade do nosso biografado, ao menos nas suas características essenciais, não surpreenderá que constatemos que a relação entre o casal tenha conhecido momentos de verdadeira euforia, de consonância, de partilha, de amor correspondido, como, aliás, já referimos, e outros de atonia, de algum afastamento e até de crispação. Não será arriscado detectar nela fases, que a própria evolução política do reino condicionou. Na verdade, a princesa, regente e, depois, imperatriz evoluiu muito em termos políticos, embora se mantivesse sempre fiel a um sólido conjunto de valores de base que informaram o seu espírito desde a adolescência. Católica, cultora dos valores da família tradicional, obediente à autoridade constituída, caridosa, culta, educada, sensível e delicada, irmã e mãe exemplar, manteve sempre uma postura de extraordinário equilíbrio e constância nesses domínios. Reservada e prudente, por força das circunstâncias, propensa a algum pessimismo, sabia sofrer em silêncio e sublimar os seus comportamentos, quando havia que salvaguardar valores mais altos. Em muitos aspectos, tornou-se um paradigma de equilíbrio, de fidelidade a princípios, de bom senso, de nobreza de caráter e de resignação.[1] Acompanhou, de perto, o processo que conduziu à independência e foi-se-lhe adaptando, percebendo a inevitabilidade das mudanças em curso. A princípio, isso custou-lhe, pois procedia da cidade sede da Santa Aliança e seu cunhado Bonaparte, marido de sua irmã preferida,

---

1 Os apontamentos, que escreveu em forma de diário, entre 1814, do palácio de Hofburg (1º de dezembro) e 1817 (5 de novembro), e finalizou, quando ainda se encontrava a bordo da fragata *Dom João*, na baía da Guanabara, antes do desembarque, mostram-no à saciedade. Cf. KAISER, 2005, p. 8 a 79.

abalara os fundamentos da legitimidade monárquica, de cuja cepa ela procedia. Mas vivendo na outra margem do Atlântico, em meio sem tradição e estruturas políticas como as que conhecera desde o berço, fora constatando que esse mundo novo exigia instituições diferentes e adaptara-se-lhe. Cultivara algumas sinceras e fortes amizades que, contudo, lhe fugiram, como a de José Bonifácio, grande homem de ciência, de caráter e de Estado, com o qual sintonizava no culto das ciências naturais e de valores morais, e a inglesa Maria Graham, sua confidente, amiga dedicadíssima, culta e de caráter nobre.

Uma prova da sua estatura moral e da sua fidelidade a princípios tê-la-á dado quando, na sequência da dissolução da Constituinte, o meio político fluminense passou a desconfiar das verdadeiras intenções do imperador. Perante a agitação nordestina, que desembocara na Confederação do Equador e mantinha o Norte em estado de rebeldia, terá surgido a hipótese, partilhada por muitos, de que a solução ideal passaria pela abdicação do imperador, retirando-se ele do país. Nessa perspectiva, a tropa e muitos políticos, entre os quais se contariam os Andradas, teriam oferecido a coroa a D. Leopoldina, em cujo procedimento tinham percebido o amor ao Brasil, bom senso, respeito pelas instituições, formação e capacidade para assumir o comando da jovem nação. À proposta secreta ela respondeu com energia e determinação: "Sou católica, dedico-me inteiramente ao meu marido, aos meus filhos e antes de consentir num semelhante ato me retirarei para a Áustria."[2] O grupo monárquico, descontente com muitas atitudes do imperador, terá cogitado, em alternativa, reter no Brasil a imperatriz e os filhos, coroando D. Maria da Glória, por essa data com cerca de 5 anos de idade. Enquanto a popularidade de D. Pedro subia ou descia abruptamente em função de algumas atitudes decorrentes da sua forma autocrática de agir, a imperatriz mantinha uma imagem de bonomia e de aceitação por parte dos súditos. Respeitou sempre escrupulosamente as atribuições do marido, coadjuvando-o diligentemente nas questões essenciais. Agora, isto é, em 1825, era o reconhecimento do império que se impunha como prioritário nas cortes europeias, a começar por Portugal. E D. Leopoldina agiu junto dos diplomatas e de seu pai nesse sentido, de forma discreta. E também junto de seu sogro D. João VI, que sempre a compreendeu e a estimava muito. Este ter-se-á decidido, para resolver a situação, a aceitar para

---

2   Celliez, citado por OBERACKER JR., p. 321.

si e seus sucessores o título de imperador do Brasil e rei de Portugal e Algarves, cedendo-o a D. Pedro, seu herdeiro direto, e terá tomado tal decisão no dia 22 de janeiro de 1825, dia do aniversário de sua nora D. Leopoldina. Esta, aliás, contribuiu decisivamente para o episódio das margens do Ipiranga, quando, na carta que enviara ao marido, a partir do Rio de Janeiro, escrevia:

> Pedro o Brasil está como um vulcão. Até no paço há revolucionários [...] O meu coração de mulher e de esposa prevê desgraça, se partirmos agora para Lisboa. Sabemos bem o que têm sofrido os nossos pais [...] O Brasil vos quer para seu monarca [...] O pomo está maduro, colheio-o já, senão apodrece [...] Pedro, o momento é o mais importante de vossa vida.[3]

Atenta ao momento e aos seus deveres de mulher, mãe e imperatriz estava ela, sem dúvida. Nenhuma ambição, porém, a moveria nunca.

Tentemos acompanhar os momentos mais marcantes da sua vida íntima a partir de testemunhos que até nós chegaram. Desde o início, a sua vida de casada não decorreu sob bons augúrios. Enquanto esperava pelo embarque, na Toscana, as suas relações com o príncipe Metternich azedaram, considerando-a ele uma menina mimada que, a seu ver, deveria ser castigada. Estava ela com 19 anos de idade. O seu crescimento e adolescência atulharam-na de sentimentos contraditórios. Odiara Napoleão, cujas vitórias sobre a Áustria a obrigaram a viver na Boêmia e a olhá-lo como o inimigo por excelência da sua família. Porém, ele, mais tarde, casaria com Maria Luísa, sua irmã preferida, tornando-se, pois, seu cunhado. Como considerá-lo nessa fase? Difícil opção, sem dúvida. A sua vida afetiva não se iniciara, portanto, sem distúrbios emocionais. Mas o casamento com um príncipe que lhe tinham descrito como encantador criara-lhe uma expectativa de vida romântica que a encantava. Iria para um reino novo, onde o seu gosto pelas ciências naturais e pela descoberta de minerais, plantas, peixes, aves e animais exóticos se saciaria, acrescentando novidades aos museus austríacos, que levava como referências. Deixaria a família, a pátria, mas talvez pudesse, um dia, voltar

---

3   Carta de D. Leopoldina a D. Pedro, enviada para São Paulo, em inícios de setembro de 1822. Cf. João Hermes Pereira de Araújo, "D. Leopoldina e a independência do Brasil", in *200 Anos. Imperatariz Leopoldina*. IHGB, 1997, p. 32.

com a sensação de ter ajudado a promover os "selvagens" da América, quiçá mais estimáveis e honrados do que os Europeus, cheios de astúcia, de vícios, de disfarces. Estudara a língua portuguesa, que lhe parecia difícil, informara-se sobre o novo país e fizera propósitos de permanecer sempre uma mulher virtuosa e obediente aos sogros, mesmo sabendo que a mãe de seu marido tinha fama de ser intriguista e ambiciosa, e, também, ao marido desta.

A chegada, após uma viagem muito longa e, em alguns lugares do oceano tormentosa, surpreendeu-a. A terra, que avistava do mar, entrecortada de picos e ilhas, apresentava uma vegetação luxuriante, mergulhada num clima muito quente e úmido, cheia de gente, curiosa, seminua, que a esperava à beira das margens da baía. Nela movimentavam-se pequenas embarcações e uma, maior, aproximou-se do seu barco, trazendo a família real. Pela primeira vez ela e Pedro se entreolharam, curiosos, emocionados, enlevados. Sobressaíram os seus olhos azuis, os seus cabelos loiros, a sua silhueta sólida e alta, à alemã. No dia seguinte, ocorreu o desembarque, muito bem preparado e adornado, mercê do engenho artístico da missão francesa, que conseguira criar uma espécie de cidade de gala, a qual contrastava com a realidade, espantosamente diferente, da sua Viena natal ou da Toscana e até da Madeira, onde a haviam recebido e homenageado. Cedo Leopoldina foi confrontada, após as festas do desembarque e as núpcias, com as enormes diferenças que separavam as duas cortes. A higiene, o calor tórrido, os cheiros estranhos, a alimentação, o vestuário, a cor das pessoas, o palácio, tudo parecia estranho, talvez um pouco medievalizante para olhos de outros europeus. O protocolo régio, com a cerimônia do beija-mão, não deixava de parecer demasiado arcaico. Por sua vez, o príncipe foi revelando hábitos pouco convencionais, na forma de vestir, de se sentar à mesa para comer, de lidar com as pessoas da corte, serviçais ou não, de falar, usando, por vezes, palavras pouco recomendáveis.

Com argúcia, um autor hodierno entendeu dever afirmar que o casamento entre Leopoldina e Pedro "não foi um encontro de almas gémeas",[4] embora, como já vimos, possamos afirmar que, numa primeira fase, o relacionamento decorreu francamente bem. Embora com dificuldades de comunicação oral e o elevadíssimo calor de que sempre se queixou, a arquiduquesa afirmava à tia, em Viena: "Passo os dias a escrever, a ler e a tocar com o meu marido, que domina

---

4   WILCKEN, *cit.*, p. 244.

quase todos os instrumentos bastante bem; acompanho-o ao piano e assim tenho o prazer de estar quase sempre perto dele."[5] Meses mais tarde, confessará que ele, às vezes, é demasiado franco, talvez até brutal, no modo de se comportar, por não aceitar ser contrariado. Exigia que as pessoas se adaptassem a ele. E, com o decorrer do tempo, confidenciará à irmã Maria Luísa que está convencida de ser amada ternamente por ele, embora depois hesite: "Não posso saber com certeza, se tenho um amigo no meu marido e se sou realmente amada."[6]

O tempo corria em desfavor de D. Leopoldina. Ela assistia ao progressivo afastamento da Corte dos seus concidadãos, à desconfiança com que a miravam as damas portuguesas, apontando-a, desdenhosamente, como uma estrangeira, ao progressivo isolamento que lhe criavam, afastando-a até do sogro. Foi-se apoderando dela um sentimento de solidão e de melancolia, misturado com o desconforto de não poder passear à vontade pelos bosques e parques, mas sempre fechada numa liteira, carregada por negros, de cortinas cerradas, sujeita a um calor superior a 30 graus! Além disso, a princesa esteve permanentemente grávida. Esse estado convidava-a a uma vida mais repousada ainda e ela começou a comer e a beber mais do que deveria. Foi-se tornando obesa e o sol que apanhava nos passeios, embora poucos, que dava pela Quinta da Boa Vista, acentuaram-lhe as sardas do rosto. Alguém disse que ela se transformara numa "feiarrona".

Não avancemos apressadamente. Desde quando se deterioram as relações entre o casal? Seguramente a partir de 1822, mas, por certo, já antes. A partir de 1818, ela engravidara e terá começado, a partir daí, o desvario pedrino. A arquiduquesa saía pouco de casa, por princípio, a não ser para as cerimônias religiosas, alguma festa de corte, raras visitas ao teatro. Este ganhara um novo incremento com a chegada de D. Leopoldina. A cidade transformara-se numa espécie de palco gigante,[7] onde, ao júbilo pelo consórcio régio, se juntava o objetivo de aproximar a corte fluminense dos hábitos europeus, em que as classes superiores desfrutavam de espetáculos culturais e musicais, proporcionados sob a forma teatral. Em

---

5   *Idem*, p. 245.

6   OBERACKER JR., *cit.*, p. 164.

7   "Desde o desembarque de D. Leopoldina até o aniversário de D. João no ano seguinte, a corte do Rio de Janeiro foi, por assim dizer, uma festa só [...] O Rio tornou-se nesses dias grandiosos da monarquia, literalmente, o anfiteatro onde a família real fez representar com esplendor os momentos mais elevados da sua passagem pelo Brasil" (cf. MALERBA, 2000, p. 91).

carta a sua irmã Maria Luísa, de 18 de abril de 1818, escrevia ela: a "horrível privação de todo o divertimento e sociedade me torna melancólica" e "de noite às 8 horas [se recolhia] na cama, pois é mais fácil um rochedo se transformar em leite, do que conseguir permissão para frequentar o querido teatro".[8] Cada vez mais se foi fechando sobre si própria, até porque poucas pessoas estariam em condições de com ela conversarem sobre assuntos de interesse cultural ou científico. Além disso, as senhoras e jovens americanas da época viviam praticamente em regime de reclusão na própria casa, lendo pouco mais do que um livro de rezas e de orações. E, pior do que isso, hábitos de excessiva alimentação, predominantemente carnívora e açucarada, de absoluto sedentarismo e ócio "rapidamente deformavam o belo corpo das adolescentes, que aos treze anos assumiam o papel de matronas, aos dezoito já atingindo a plena maturidade física. A escravidão agravava e acelerava esse envelhecimento precoce pela inatividade a que se condenavam as mulheres de extração mais elevada [...]".[9] Leopoldina sentia-se cada vez mais isolada em terra na qual tudo parecia tão diferente da sua Viena.

Porém, nos três primeiros anos de casamento, a despeito de algumas escapadelas de D. Pedro, ela pareceu viver feliz. Essa felicidade apresentava-se nimbada de alguma amargura motivada pela distância da sua corte, de sua irmã e pai e pelo violento contraste com o ambiente em que se movia. As intrigas e mexericos de que a rodearam, o ambiente moral relaxado, a inimizade e permanente acrimônia entre os sogros, a doença do marido e o seu caráter inconstante e algo violento, deixaram-na expectante, lembrando à irmã que seguirá o seu exemplo de "grande sofredora".

Quando nasceram os primeiros filhos, isto é, entre 1819 e 1822, ela julgara reencontrar alegria e serenidade. Sabia-as, porém, transitórias e em carta, mais uma vez, a Maria Luísa confessava: "Se hoje fosse livre, nunca mais casaria, pois apesar das semanas de lua de mel serem semanas belas, o santo matrimônio traz consigo muitos desgostos e aborrecimentos [...]."[10] Ela começara a duvidar do amor sincero do marido. Hesitava em classificar o seu sentimento: seria amor ou

---

8   Citado por OBERACKER JR., p. 176.

9   MALERBA, *cit.*, p. 152-153.

10 Carta de 1820.

apenas respeito, afeto? Não sabia. O certo é que D. Pedro a iludia com as demonstrações do seu amor paternal.

> Pensara, vendo o marido entretido longas horas com os folguêdos de D. Maria da Glória, arremangando-se, infantil como a princezinha loira, que essa jovialidade de pae era uma forma, toda propria de amor conjugal. Afinal, fixava-o; elle ficava, inebriado de ventura, junto da mulher, offegante de calor, a ver correr e saltar a menina [...].[11]

A filha despertara no príncipe um sentimento fortíssimo que lhe caracterizaria a existência: a de pai exemplar. Não, porém, o de marido. Tudo indica que, ao menos nesta fase da sua vida, o casamento muito pouco o influenciara, em termos de comportamento libertino. Talvez se tenha apenas recatado um pouco. Nada mais. A educação que recebera jamais conseguiu enrijecer-lhe a vontade, a fim de que ela se impusesse às suas inclinações e instintos, propensos estes a uma fruição hedonística da pulsão sexual sem quaisquer limitações. É muito provável que isso se devesse ao "estigma de traumatismos psicológicos oriundos de uma infância e de uma adolescência passadas à sombra de um pai que disfarçava a fraqueza em astúcia e de uma mãe que compensava pelo desprezo o malogro das próprias ambições".[12] Se, nesse domínio, este Bragança trilhou caminhos já percorridos pelos seus antepassados recentes, como D. João V ou D. José, noutros, superou-os claramente, pois foi uma personalidade forte, rica de potencialidades, de atividade e coragem sem limites. E destas Leopoldina se apercebeu, desde o início. Por isso o compreendia, o desculpava, e ia tentando influenciar. A natureza dotara-o generosamente, embora lhe faltasse uma clara razão discursiva que o guiasse e o ajudasse a projetar-se no próximo. Ele via-se como um centro, uma espécie de força bruta, com impulsos irreprimíveis, que ninguém deveria contrariar. E se essa característica o elevou a um pedestal invejável de glória e elevação, também o prostrou nos infernos de uma forma de que a sua figura jamais se libertará. Um dos seus erros terá sido o fato de não se ter predisposto a deixar-se influenciar pela arquiduquesa, talvez menos inteligente, menos sedutora no plano social, menos espontânea, mas muito bem formada, refletida e voluntariosa.

---

11   CALMON, *cit.*, p. 160.

12   SOUSA, *cit.*, p. 118.

Vários autores procuraram encontrar explicação para o desmedido apetite sexual de D. Pedro e, portanto, para a fuga aos deveres do compromisso assumido para com D. Leopoldina. A epilepsia que ciclicamente o incomodava, às vezes em circunstâncias penosas e demoradas, embora não o diminuísse perante si próprio (considerava-a uma herança dos Bourbons), provocava-lhe distúrbios psíquicos, conduzindo-o a excessos comportamentais. Os ataques fortes foram espaçados, é certo, mas algumas sequelas epilépticas agiriam sobre a sua consciência, em permanência. O seu caráter neurótico explicaria certos excessos e contrariedades a que estão imunes pessoas normais. O sistema nervoso estaria profundamente fragilizado, propendendo para os exageros.

> E excessivo, exagerado, desmedido ele era sobretudo nas práticas amorosas, numa insaciável fome de mulher, numa exaltação lúbrica, numa lascívia quase sem pausa. Se ninguém juraria pela sua fidelidade à imperatriz antes do encontro em São Paulo com D. Domitila de Castro, a despeito das provas sucessivas de que nunca desdenhara o comércio sexual com a arquiduquesa austríaca, se adolescente e rapaz fora sempre um femeeiro, depois de imperador, como que a plenitude da autoridade e do mando lhe aguçara o erotismo.[13]

Na verdade, após a ida a São Paulo, culminada com a proclamação de Ipiranga, em setembro de 1822, D. Pedro redobrara de atividade. Parecia não parar, sem se saber quando descansava. A contemplação (e fruição) do belo sexo entravam nessa dinâmica:

> Mulher nenhuma encontrava [pela cidade] que não lhe merecesse o olhar atento de avaliador de dotes ostensivos ou recônditos. D. Pedro não é muito delicado em sua escolha, nem pródigo em recompensar o prazer recebido. Várias francesas da Rua do Ouvidor têm essa experiência, asseverou um contemporâneo.[14]

---

13 SOUSA, II, p. 167-168.

14 *Idem*, II, p. 170, citando Schichthorst.

O certo é que a imperatriz, enquanto viveu, se encontrou sempre grávida. Desse modo, pensaria D. Pedro cumprir o seu dever matrimonial e ela satisfazer a sua função primeira: assegurar herdeiros à coroa. Nisso ambos estariam de pleno acordo. A contrapartida redundava no fato de o corpo da imperatriz se ir degradando e, se nunca fora bela, arriscar-se a perder o que lhe restava de feminilidade e, quiçá, de capacidade de sedução. Contudo, durante esse fatídico ano de 1822, Leopoldina e Pedro continuavam a manter um casamento de mútua confiança, a despeito das aventuras a que ele jamais renunciara de todo. Na verdade, em cartas de 19 e de 22 de agosto, enviadas para São Paulo, ela dirige-se ao seu "querido e amado esposo", confessa-lhe sentir saudades e recrimina-o por não lhe escrever, censurando-o por, apesar de tantas finezas, não "provar-lhe a sua amizade e amor". No mesmo mês, mas a 28, pede perdão pelas "ralhas" que lhe dirigiu, mas aproveita para lhe enviar "mil abraços com as expressões do mais terno amor e amizade. Desta sua esposa que o ama ao extremo". Oberacker, que estudou afincadamente a personalidade da arquiduquesa e se tornou em seu mais completo admirador, comentou assim a eventual reciprocidade dos sentimentos do casal: "D. Pedro nunca amava mulher alguma com ternura, seu amor sempre fora mais grosseiro e material, estimava, gostava, respeitava, apreciava e admirava a seu modo a princesa, que de fato o amava com toda a ternura de seu grande coração."[15] A partir dos finais de 1822, apareceria em cena uma personagem que afetaria profundamente a vida íntima do casal imperial: Domitila de Castro. Ela transformar-se-ia na rival invencível e insolente, protegida despudoradamente pelo imperador. Desde esse momento, a vida amorosa de D. Leopoldina transformara-se num patíbulo incruento e indescritível, embora ela continuasse a gerar filhos. A morte afigurava-se-lhe a verdadeira libertação. E foi.

Os anos seguintes

"A grande tragédia na vida de D. Leopoldina foi que D. Pedro na viagem a S. Paulo [...] conhecera, de certo, entre outras, uma mulher que aos poucos viria a destruir completamente o seu matrimônio que ela com tantas renúncias e sacrifícios pessoais mantivera em condições satisfatórias para ambas as partes",

---

15   Cf. obra citada, p. 289.

escreveu o melhor conhecedor da sua vida.[16] Essa mulher chamava-se Domitila de Castro e tornar-se-ia uma das pessoas mais conhecidas da história do Brasil na primeira década do império, por razões pouco lisonjeiras. D. Pedro devotar-lhe-ia uma paixão ardente e incontida, conspurcando irremediavelmente a sua reputação, como, de seguida, sugeriremos. Quem era ela, afinal?

Domitila de Castro Canto e Melo nasceu em São Paulo, a 27 de dezembro de 1797, tendo sido baptizada em 7 de março de 1798, sendo filha do coronel reformado João de Castro Canto e Melo e de sua mulher Escolástica de Toledo Ribas. O pai, com muitos filhos e poucos proventos, mantinha uma tropa de recovagem entre Santos e São Paulo, que era uma fonte de receita regular, e, em 1821, fora nomeado inspector das reparações de estradas da cidade e seu termo. Pertencia, pois, a uma classe média urbana, pois possuía várias dezenas de animais de carga e escravos, através dos quais garantia o transporte de mercadorias entre ambas as cidades. Uma das suas preocupações maiores consistia na educação dos filhos, que assegurava com dificuldades. Parece que tinha fama de assediar e conquistar moças novas, roubando-lhes a virgindade.[17] Sua filha Domitila casara, aos 15 anos, com o alferes Felício Pinto Coelho de Mendonça, filho de uma respeitável família mineira, mas seis anos mais tarde o casamento desfizera-se. A moça regressara a São Paulo para ir viver com a avó, acompanhada por dois filhos e com um no ventre, que aí nasceria. A razão para atitude tão drástica por parte do alferes Felício encontrar-se-ia na honra ferida. Constava que sua mulher se deixara conquistar por um militar de mais alta patente, o tenente-coronel D. Francisco de Assis Lorena. Sabendo da traição, Felício tê-la-á esfaqueado, expulsando-a, a seguir, para longe. Levantou-se o problema da custódia dos filhos, reclamados por ambos. A questão subiu aos tribunais do Rio e foi para acompanhar e agilizar o processo que, em agosto de 1822, se solicitou a intervenção do monarca. Foi essa uma forma, não a única, certamente, de D. Pedro conhecer e penetrar na intimidade de Domitila. Esta não era pessoa de educação aceitável, nem de moral recomendável, como reconheciam os seus contemporâneos. Provam-no as suas cartas e a forma como agiu em finais do período do relacionamento com D. Pedro, como veremos. Este, mais tarde, irado com a sua forma de proceder, afir-

---

16 OBERACKER JR., *cit.*, p. 283.

17 *Idem*, p. 284.

maria que por sua intervenção ela "sahia do nada", o que não pode sequer pôr-se em causa. Após o término do romance imperial, amasiou-se com um brigadeiro, Rafael Tobias de Aguiar, com o qual se manteve em público concubinato, mesmo após a morte do marido, em 1833, quando podia logo voltar a casar. Só o fez em 1842, mas já havendo dado à luz vários filhos desta ligação.

Os contemporâneos referem-se-lhe como sendo uma "pessoa de gênio altivo e arrogante, avara, ávida de dinheiro, ambiciosa de desempenhar um papel",[18] ou, como a caracterizava o filho do marquês de Barbacena, "rica de ardil, de audácia e pobre de educação".[19] Domitila culminou a série de oito irmãos. Entre estes contavam-se dois militares, um tenente, de nome Pedro, que havia sido demitido por má conduta, outro, alferes, Francisco, que acompanhou D. Pedro a São Paulo, em agosto de 1822 como ajudante e que lhe terá apresentado Domitila, sendo posteriormente bem recompensado, e duas irmãs. Destas, Maria Benedita, mulher de Boaventura Delfim Pereira, também alferes, disputar-lhe-á o monopólio da cobiça do imperador, o qual com ela se enredou também, engravidando-a e recompensando-a igualmente, por ela se ter deixado seduzir. Uma outra irmã, Ana Cândida, casara-se, também com um militar. Como se percebe, toda a família vivia, ao menos nos primeiros tempos, à sombra das forças militares, o que lhe traria alguma notoriedade.

O dia certo em que Pedro e Domitila se encontraram pela primeira vez é uma incógnita, mas é muito provável que tenha sido a 24, véspera da entrada do governante na cidade. O alferes Francisco, parte integrante da comitiva, levou a irmã à presença do príncipe, por causa da tutela dos filhos, em disputa jurídica. Foi o momento fatal e, talvez, preparado pela família. Esta conhecia a obessão sexual de D. Pedro por mulheres dotadas e facultou-lha. Logo ali foi marcado um encontro para o dia 30, nos aposentos privados do imperador, em São Paulo, pelas 10 horas da noite, esta, aliás, cheia de chuva e de relâmpagos. D. Pedro tê-la-á aconchegado sob os seus lençóis e, como nunca lhe havia sucedido, soçobrou completamente nas ondas do prazer mútuo e nas artes exibidas por Domitila para domar o real garanhão. O certo é que, a partir desse momento, iniciou-se

---

18   OBERACKER JR., *cit.*, p. 286.

19   Macaulay afirma que esta filha do coronel Castro, proprietário de uma loja de comércio geral e de uma criação de cavalos, em São Paulo, casado com D. Escolástica, filha de uma respeitável família paulista, mas mestiça, "embora inteligente e espirituosa, carecia de educação", como provam as suas cartas conhecidas, "em grande contraste com a erudita Dona Leopoldina" (1986, p. 168-169).

entre ambos uma relação de espantosa densidade sentimental, que durou sete anos e deixou marcas profundas nas pessoas envolvidas, nos filhos e nas famílias. Domitila, a partir desse encontro, percorreu o caminho da sua Ipiranga, isto é, da sua independência, com firmeza, rodeada das mais altas atenções e distinções. De mulher de 25 anos, portanto algo avançada em idade para os padrões da época, de procedência obscura, levando uma existência apagada e dependente, arrastando uma conduta moral pouco recomendável, sobrevivendo num burgo modesto, onde usufruía dos parcos recursos que a família lhe proporcionava, viu-se, da noite para o dia, catapultada para uns píncaros que nunca imaginaria. Iria rivalizar e vencer um duelo surdo com a própria imperatriz, a "primeira-dama", a mulher referência da sociedade brasileira. Saltaria sobre todos os píncaros e ver-se-ia rodeada de honrarias, que com uma educação tacanha de base nem imaginar poderia. O primeiro passo foi deixar tudo o que de medíocre e apagado a rodeava e transferir-se para o Rio, a convite do imperador. O pai, posto sutilmente ao corrente da paixão de D. Pedro, assentiu em tudo o que lhe era proposto, vendo abrir-se uma janela de oportunidades que o arrancariam à apagada e vil tristeza em que decorria a sua existência. E se o imperador protegia sua filha mais nova, divorciada, dependente, incapaz de encontrar um "partido" lisonjeiro, ele próprio lucraria. E toda a família. Por isso o velho coronel reformado rejubilou também. Domitila trouxera-lhes problemas complexos, mas o destino a protegia, terá ele pensado. E se isso cogitou, acertou em cheio.

Francisco de Castro Canto e Melo, o irmão que havia sido remetido de Montevidéu por comportamento menos ético no plano militar, mas que se insinuara e conseguira entrar no círculo pedrino, que guiara o monarca até Domitila e, a partir daí, subira na escala hierárquica militar e nas honras do império, conduzira-a para o Rio, onde já se encontravam em meados de 1823. Acompanhavam-na irmãos, cunhados e provavelmente irmãs, designadamente Benedita, também cobiçada pelo amo concupiscente. Algumas pessoas altamente colocadas na sociedade fluminense da época classificavam este comportamento da família Castro como alcoviteirice e subserviência e, por isso, iam caindo em desgraça perante D. Pedro. Seria esse o caso, desde o início, dos irmãos Andrada, especialmente de José Bonifácio, amigo e confidente de D. Leopoldina, que olhava Domitila como alguém indigno da privança do imperador. Para eles, ela não passava de uma vagabunda, que vendia os seus encantos por um preço demasiado alto. Por isso o imperador começou a olhá-los de soslaio e com menosprezo. Entretanto, ia afastando para longe aqueles que pudessem perturbar-lhe o romance. Felício, pai dos filhos de Domitila, encontrava-se no Rio a prestar serviço, como militar que era. Havia-lhe nascido aí mais um filho. Como poderia tornar-se incómodo tão perto de Domitila, foi transferido para longe, para o 2º batalhão do Pilar e Serra. Assim, a sua sombra não estorvava.

E como decorria a vida conjugal do imperador nestes tempos primordiais da afirmação do império, em que avultavam os problemas com a Assembleia Constituinte, o choque com os irmãos Andrada, a pressão da imprensa fluminense, aguerrida na defesa dos vários pontos de vista, a nomeação do Conselho de Estado, a elaboração de uma Constituição emanada da inspiração dinamarquesa, francesa, espanhola, mas influenciada pelo monarca, a desobediência das províncias do Nordeste e do Norte, culminada no desafio representado pela Confederação do Equador? A resposta ia-se tornando evidente, à medida que o tempo passava: degradava-se progressivamente.

Vários testemunhos desse período chegaram até nós e todos de autores estrangeiros, que conheceram de perto D. Leopoldina. Uns mais linsonjeiros do que outros, é certo, mas todos eles se faziam eco da transmissão da imagem de uma vida relativamente monótona. Levantando-se ambos muito cedo, após comerem alguma coisa, passeavam a cavalo (ou de carro), quando a gravidez da imperatriz ainda a não incomodava, inspecionavam repartições e serviços públicos ou do Paço e voltavam ao palácio. Ela recolhia-se aos seus aposentos e ele trabalhava com os ministros. Ao meio-dia, jantavam separadamente, ela numa salinha modesta a isso reservada e ele em sala contígua ao gabinete de despacho. Comiam em pouco tempo, aí nuns 20 minutos. Ela ia acompanhá-lo à sala onde ele jantava, mas não demoravam. Após isso, ele dormia uma sesta, que considerava indispensável e na qual não admitia ser incomodado, durante cerca de uma hora. Seguia-se novo passeio, a partir da Quinta da Boa Vista que, às vezes, se prolongava, quando, à noite, não houvesse teatro. Nova refeição se seguia e, de quando em quando, o casal ia ao teatro, tocava em conjunto, conversava, ou, em alternativa, D. Leopoldina entregava-se às suas leituras preferidas. O alemão Schäffer foi ao ponto de pormenorizar a ementa da imperatriz, a saber, costeletas, assados de aves domésticas, fruta e vinho. Durante o tempo livre, ela ocupava-se da supervisão da educação das filhas. Ao aproximar-se a noite, ainda cedo, a imperatriz subia para a sua ala, no palácio, e esta fechava-se até à manhã do dia seguinte. Confluem neste ponto os relatos. Os esposos residiam e tomavam as suas refeições em alas diversas do palácio, ele servido por um cozinheiro português, ela por um francês. Maria Graham (ou Dundas), que viveu no mesmo paço, confirma estas informações.[20]

Duas ilações nos são permitidas, ao menos para estes anos posteriores a 1823. A primeira consiste na constatação de que iam muito longe os tempos em que a arquiduquesa comunicava para Viena que o marido a não deixava dormir e que lhe pegava na mão durante a noite. A outra, intrigante e sem resposta, relaciona-se com as razões invocadas pelo imperador para fechar e vigiar a ala do paço em que se alojava a imperatriz durante toda a noite, isto é, desde o anoitecer ao amanhecer. Para a encerrar, por ciúmes, mantendo-a longe de quaisquer contatos menos discretos? Ou, o que é mais provável, para dispor ele da noite à sua vontade, saindo e entrando a quaisquer horas, disfarçado ou não, entregando-se às suas aventuras de incorrigível notívago? Provavelmente seria esta a verdadeira razão desse procedimento estranho. Ele saía, vagueava por onde entendia, regressava tarde e, ainda por cima, revistava a guarda palaciana, para saber se tudo decorria como desejava. A noite transformara-se no manto que protegia e envolvia os desejos e apetites da paulista, em cujos braços o real amante se refastelava!

Instalações modestas, atendendo ao estatuto da imperatriz, vida simples e controlada, de quase reclusão, refeições monótonas e apressadas, falta de oportunidade de diálogo, algumas cerimônias religiosas em comum, como a ida ao culto à Igreja de Nossa Senhora da Glória, às sextas-feiras, eis os parâmetros dentro dos quais decorria a vida conjugal de suas majestades, especialmente a dela. Os seus aposentos, na retaguarda do palácio, dispunham de um mobiliário muito simples, a sensação de conforto era quase desconhecida e o luxo tornara-se arredio, se alguma vez existiu. O imperador tornara-se conhecido pela sua parcimônia nos gastos pessoais, a roçarem a sovinice e a imperatriz queixou-se frequentemente da falta de dinheiro para pagar encomendas, como livros, instrumentos para experiências, balanças. Até o vestuário de ambos era modesto. Weech, que esteve no Rio entre 1823 e 1824, encontrou um dia o imperador no palácio, com uma criança ao colo, vestindo um casaco e calças brancas compridas, calçando uns tamancos e cobrindo a cabeça com um chapéu de palha, de abas largas. E os

---

20 GRAHAM, *Escorço, cit.*

europeus, em visita ao palácio, consideravam-no como uma simples residência burguesa continental, com escadas apertadas, longos corredores escuros, cozinhas e quartos pouco asseados e ambiente circundante mal cheiroso, pela proximidade das estrebarias e falta de condições de higiene da criadagem. O vestuário de Leopoldina roçava o desleixo, sendo largo, de qualidade e cores muito discutíveis e confecção inferior. Ela, que nunca se esmerara em cuidar do seu aspecto físico, ia-se agora desmazelando cada vez mais. Diríamos que renunciava voluntariamente à vida social privada. Restavam-lhe, para lhe fornecerem ocasiões de se sentir ainda viva, algumas cerimônias oficiais. E os homens da inteira confiança do imperador controlavam-lhe os passos e tinham nomes conhecidos: João Carlota ou João da Rocha Pinto, Plácido Antônio Pereira de Abreu e Francisco Gomes da Silva. Alguns deles eram homens de baixa extração social. Todavia, galgaram o *cursus honorum* com maior rapidez e dispunham-se a satisfazer todos os desejos e caprichos de seu amo, complicando a vida à imperatriz. O último, Gomes da Silva, o famoso Chalaça, com cultura acima do comum, colhida no seminário de Santarém, subiu aos mais altos postos e condecorações do Estado, mas tornou-se amigo indefectível do monarca. Armitage afirma mesmo que o seu ascendente sobre D. Pedro foi tal que com ele partilhava a autoridade suprema. À morte do amo, tornou-se fiel secretário da rainha viúva D. Amélia, segunda esposa de D. Pedro. As suas *Memórias* transformaram-se num manancial riquíssimo de informações, embora, como seria de esperar, possam fornecer uma versão distorcida daquilo que relata. D. Leopoldina desconfiava da sua imparcialidade, evitava-o. E com razão, é claro. Quanto a Rocha Pinto é de justiça lembrar que dispendeu os seus bens ao serviço do Imperador, tornando-se também um dos seus indefectíveis, em todas as circunstâncias.

A grande, sincera e indiscutível amiga da imperatriz fora Maria Graham, estrangeira como ela, filha de um almirante britânico, viajada, culta, que iniciou, como governanta, a educação de D. Maia da Glória, que D. Leopoldina pretendia que fosse acompanhada à europeia. Infelizmente, o cargo que ocupou, em 1824, foi de pouca duração. Mas o testemunho que deixou da sua passagem pelo Brasil, redigido após a morte do imperador e com o objetivo de lhe não denegrir a imagem, reveste-se da maior importância, tanto pelo que relata, como por revelar a figura moral da sua autora e da própria imperatriz. Vítima de uma cabala, cujo objetivo era atingi-la e, também, a imperatriz, foi expulsa do Paço, onde vivera pouco mais de um mês e forneceu dados únicos sobre as pessoas imperiais. D. Pedro reconheceu, depois, o erro que cometeu ao afastá-la da educação de sua filha e respeitou-a, enquanto ela permaneceu no Brasil, ou seja, até setembro de 1825. Como se verá, entre a inglesa e a austríaca gerou-se um vínculo de fantástica cumplicidade, que nem a morte prematura da imperatriz liquidou. E Maria Graham ouviu de D. Leopoldina, na tocante despedida de ambas, palavras de resignação e de asco pela canalha de que a haviam rodeado, prevendo a inglesa, com enorme argúcia, "uma vida de vexames maiores do que todos que ela já havia sofrido até então".[21] Acertava em cheio e, por isso, aceitou levar consigo para Inglaterra uma mecha do cabelo loiro de Leopoldina, saindo, com um sentimento de opressão e a certeza de que a saúde da sua amiga não resistiria por muito mais tempo. Estava-se em setembro de 1825.

Desde quando percebeu a imperatriz que à sua ilharga vivia uma amante, que galvanizava e atraía irresistivelmente D. Pedro? Ao certo, não se sabe, mas cedo. Não há dúvida de que Domitila se deslocou para o Rio logo em 1823, no máximo aí por meio do ano, e que foi viver para Mata-Porcos, um arrabalde sul da cidade, modestamente, onde o imperador, disfarçada e clandestinamente, coberto pela família Castro, a passou a visitar. Foi apresentada à imperatriz pelo próprio irmão Francisco, dissipando, desse modo, alguma suspeita. D. Pedro, apesar de a ter mandado mudar-se para o Rio, não estava ainda cego de paixão e temia que, se o seu relacionamento com ela fosse tornado público, a sua reputação, nessa época já beliscada por algumas medidas impopulares e drásticas, pudesse ficar fortemente abalada. Ela tinha sido repudiada por adúltera, mantinha-se casada, mesmo estando separada, o que levaria a sociedade a rejeitá-la. Era necessária prudência e tempo. Daí o disfarce e ocultamento imperiais. Com que armas ou artes Domitila foi avassalando e obnubilando o ânimo de D. Pedro ninguém sabe. A sua beleza tornou-se assunto de desencontradas opiniões. Forte, sem ser gorda, de cabelos e olhos negros, compleição alentada, pele branca, não terá sido uma beldade, nem também seria pessoa de aspecto repelente, embora muitos contemporâneos a tenham considerado sedutora e atraente, ao menos, nos belos tempos.[22] Contrastaria, em alguns predicados físicos, com D. Leopoldina, que

---

21   *Escorço*, p. 164.

22   Del Priore, 2003, p. 9.

envelhecera precocemente, por efeito da alimentação pesada, do sol fortíssimo e do calor, do sedentarismo a que se entregara, das permamentes maternidades.

Num domínio a imperatriz se impunha sem rivalidade: era culta, virtuosa, simples, afável, bondosa e nisso todos os contemporâneos concordaram. O alemão Carl Seidler deixou dela um retrato porventura lisonjeiro. Mas conheceu-a pessoalmente e, portanto, não o devemos ignorar. Escreveu ele:

> Nunca eu havia visto a imperatriz, mulher divina que todo o Brasil endeusava e que tantas vezes entrara como mediador entre o povo e o imperador. Não se podia desconhecer que era da casa de Habsburgo. O cabelo louro, ondeado, o olho azul, cismador, a testa alta, sonhadora, o nariz orgulhoso, brandamente curvo, a tez ofuscante de brancura, à qual o clima da terra mal comunicara leve sombra que ainda a embelezava, o rubor suave, mas ético, pousado em suas faces, a encantadora simpatia que falava em todos os seus gestos e palavras, a grande bondade, que, de par com a brandura e a majestade, transluzia de cada um dos seus movimentos e que envolvia como uma auréola de glória toda a sua peregrinação terrena – tudo realçava aquela figura encantadora, era o orgulho e o prazer de um grande império.[23]

Sendo o autor alemão e a imperatriz austríaca, não surpreende tanta empatia entre ambos e, portanto, aconselha-se algum distanciamento desta imagem escrita, referente a 1824. Contudo, o essencial das qualidades da senhora não escapou ao cronista. Outros estrangeiros, que estiveram no Rio, na época, como Maria Graham e Jacques Arago, não diferem muito desta versão, sem dúvida algo idealizada. Alguns autores brasileiros posteriores exageraram a "frieza" da imperatriz, para, desse modo, irem ilibando os desmandos do imperador, exaltando, em contrapartida, a beleza e a capacidade de sedução de Domitila. Estão neste caso Alberto Rangel e Pedro Calmon, por exemplo.

Uma apresentava-se vestida com singeleza e simplicidade, procurando recatar-se de olhares indiscretos, enquanto a outra, cuja formação e qualidades ficavam a uma desmesurada inferioridade, procurava impressionar, expondo o corpo bem adornado. Nisso a diferença era abissal. Leopoldina apenas se vestia

---

23 SEIDLER, 1980, p. 85.

adequadamente para cerimônias ou recepções oficiais, o que, aliás, era hábito no Brasil contemporâneo. Nas outras ocasiões usava traje de montar, algo masculinizado, ou roupa larga e despretensiosa, embora nessa matéria haja testemunhos contraditórios. D. Pedro mostrar-se-ia ciumento quando ela usava vestuário mais elegante e fino. Para manter recato e paz familiar, ela aceitaria tornar-se discreta, quiçá em demasia. Faltava-lhe também dinheiro de que dispusesse à vontade.[24] Por todas estas circunstâncias, Leopoldina, sabendo-se traída e secundarizada pelo marido, ia resvalando para a melancolia e um certo estado de prostração psíquica. Em carta a Maria Luísa, de 10 de outubro de 1824, confidenciava: "Você não iria conhecer a sua velha Leopoldina em mim; minha natureza alegre e brincalhona transformou-se em melancolia e misantropia."[25] O seu descuido com o aspecto exterior deve observar-se nessa perspectiva. E nos anos seguintes tudo pioraria, a partir do momento em que Domitila conseguiu infiltrar-se no paço. O contraste entre ambas acentuava-se dia a dia: uma ricamente vestida, adornada, cuidada; a outra cada vez mais desinteressada e distante dos truques da afetação feminina. E os olhos de D. Pedro fixavam-se essencialmente na cobiça viril, no sexo, nos dotes da sedução física. Nesse domínio, a imperatriz perdera totalmente o confronto. Sabia-o e desistira de se bater, de lutar. Não se rebaixaria a comportamentos que Domitila não enjeitava e que fascinavam Pedro. As cartas que este lhe escreveu e às quais nos referiremos mais adiante enxameiam de expressões que traduzem comportamentos quase aberrantes e que são lembrados, como momentos de êxtase. Não. Leopoldina considerava-se uma mulher normal, digna, comedida. Jamais se rebaixaria, mesmo que isso lhe custasse muito caro.

E o momento em que se sentiu já ultrapassada, sem retorno, terá sido quando, em meados de 1824, Domitila e sua irmã Ana Cândida foram elevadas à categoria de damas do Paço. Aliás, Domitila começara a exibir a sua força e ascendente sobre o imperador, vingando-se dos tempos de "pobreza, de obscuridade e de desquite", anteriores a agosto de 1822. Em setembro de 1824 entrou num teatrinho da cidade, frequentado por gente de bem, sem convite. Questionada e surpreendida por não possuir o ingresso indispensável, foi intimada a sair. Quando o imperador soube, apossou-se de enorme fúria e até o teatro foi desmantelado,

---

24 Oberacker prova isto abundantemente, entre as páginas 362 e 370 da obra citada.

25 *Idem*, p. 370.

por sua ordem. Domitila ganhava, em público, o embate e D. Pedro assumia ares de um quase déspota, autoritário, que, no passado, criticara. A cidade começou a propalar a notícia e choveram comentários cáusticos ao comportamento do imperador, que, por causa da dissolução da Constituinte, via a sua popularidade baixar constantemente. Os validos, manobrados pela paulista, acobertavam-lhe as manobras de bastidor, mas alguns estrangeiros, moradores na cidade, como Debret ou Mareschal, associavam o comportamento do monarca a alguns dos grandes escândalos que tinham varrido, outrora, algumas cortes europeias (como a de Luís XIV), mas que, agora, isto é, após o movimento iluminista e constitucional, seriam intoleráveis na Europa. Além disso, Domitila não se assemelhava à Pompadour ou à Du Barry. D. Pedro criara um escândalo de que a sua imagem pública haveria de ressentir-se duradouramente.

O passo seguinte da escalada de Domitila foi a gravidez. Conseguiu a pretendida separação judicial e a tutela dos filhos, que houvera com Felício. Este, por sua vez, emudeceu, pois foi beneficiado com uma nomeação para o cargo de administrador de uma feitoria real em Periperi e afastou-se da corte. Em 23 de maio de 1824 nascia Isabel, batizada logo a seguir na Igreja de São Francisco Xavier, do Engenho Velho, declarando-se filha de pais incógnitos e exposta na casa do pai de Domitila. Por enquanto, D. Pedro ainda não assumira a paternidade da menina, mas perante o ex-marido de Domitila, a quem esbofeteara, respondeu que "sua mulher [dele] agora lhe pertencia e que se serviria dela quando e como quisesse", segundo informava Mareschal, em ofício de 24 de outubro de 1825,[26] enviado para Viena. O imperador considerava-a como propriedade sua, não admitindo sequer que o pobre Felício se lhe dirigisse.

Outro indicador da progressão da paulista na hierarquia foi a promoção da família Castro na administração cortesã. Boaventura Delfim Pereira, marido da irmã Maria Benedita, foi nomeado, em janeiro de 1825, veador da imperatriz e também superintendente geral das fazendas imperiais, cargo altamente rendoso. Um outro Castro foi encarregado da direção da Chácara do Macaco, atual Vila Isabel, em abril de 1825. Domitila queria tornar cada vez mais notória a sua relação com o monarca. Na Semana Santa desse ano pretendeu assistir numa tribuna, reservada às damas do Paço, a uma cerimônia religiosa. Por ordem do imperador

---

26 Citado por OBERACKER JR., p. 376.

ela foi lá introduzida, sem para tal ter estatuto próprio. As damas, em protesto, retiraram-se ostensivamente. Era o que ela pretendia. Iria mostrar, de uma vez por todas, o seu verdadeiro peso junto do monarca. Na realidade este reservou-lhe, daí em diante, lugar na primeira fila das damas de honra, oferecendo-lhe vestidos caros, joias de alto preço, carros com cavalos ajaezados a rigor. O seu real amante deixara-se enfeitiçar, pela via erótica, cedendo a todas as exigências.

Mais um momento marcante, mas escandaloso, foi a designação para primeira-camareira da própria imperatriz, reconhecendo-a, desse modo, no âmbito do poder instituído. Isso ocorreu no dia de aniversário de D. Maria da Glória, isto é, em 4 de abril de 1825. A nomeação competia ao imperador e colocava-a imediatamente a seguir à imperatriz, ou, dito de outro modo, à frente das demais damas da corte.[27] Assim sendo, ela acompanhava, de pleno direito, todas as atividades da imperatriz e o seu lugar, em cerimônias oficiais, situava-se imediatamente a seguir ao casal majestático, nas igrejas, nas festas, no teatro. Além disso, o estipêndio que recebia situava-se muitas dezenas de vezes acima do das demais damas. O escândalo consumara-se e havia quem murmurasse na cidade que ela se tornara camareira, não da imperatriz, mas do imperador.

Como reagia D. Leopoldina? Habituara-se a não desafiar nunca a vontade de um marido que, se fosse contrariado, podia provocar atos de gravidade imprevisível para a própria monarquia, pondo até em causa o futuro de sua herdeira. Por isso se resignava, sabendo quem possuía como marido. Uma das maiores afrontas da nomeação de Domitila era à família dos Andradas, que, fiéis a Leopoldina, sempre a repudiaram. Ora ela substituía precisamente a camareira-mor Maria Flora, irmã dos Andradas.[28] D. Pedro e Domitila vingavam-se, de forma altaneira e pública. D. Leopoldina fingia de nada saber, porque, desse modo, apenas cumpria a etiqueta protocolar. Se reagisse, o seu orgulho e dignidade pessoais sairiam mais afetados. Esse fingimento, que lhe atingia a alma, permitia-lhe, contudo, ir vivendo em paz com o círculo que a rodeava. Sofria, mortificava-se, mas com dignidade e em silêncio. Desse modo foi ganhando o respeito dos Fluminenses, mesmo das damas que antes a olhavam de soslaio, por ser estrangeira. Quem caía

---

27　Del Priore, 2003, p. 9.

28　José Bonifácio escreveu, a propósito disso, palavras de dureza extrema: "Quem sonharia que a mixela Domitila seria viscondessa da pátria dos Andradas? Que insulto desmiolado!" (cf. OBERACKER JR., citando Vasconcelos Drummond, p. 384).

do pedestal era D. Pedro. Referindo-se-lhe, seu sogro Francisco I terá exclamado, segundo carta de 2 de agosto de 1825: "que homem miserável é o meu genro".[29] Leopoldina andava atenta, mas preferia o seu sacrifício pessoal ao escândalo público, de consequências imprevisíveis, confiando no regresso do cordeiro tresmalhado ao redil. Ela sabia que ele era um erótico insaciável, um tarado sexual, mas que sempre se fartava depressa. Aguardaria, nunca procedendo como uma mulher vulgar. O seu grande desgosto provinha do amor que realmente sentia pelo marido, a única pessoa, além dos filhos, é claro, que a prendia àquela corte, infinitamente inferior à sua de origem. Ela confiava no tempo e na paciência para vencer as provações a que era sujeita. A sua formação religiosa e moral obrigavam-na a olhar o casamento como inquestionável e eterno. Jurara submeter-se às suas exigências e cumpriria enquanto tivesse forças. A paixão erótica cegara o marido. Esperaria que ele voltasse a ver com serenidade e clareza. E isso sucedeu, de fato. Contudo, Leopoldina já havia partido para o além. Irremediavelmente. Aquilo que lhe havia parecido a ele brandura e aceitação era, afinal, resignação e sofrimento cristão. Tarde demais D. Pedro se deu conta da elevação moral de D. Leopoldina. Foi preciso que a morte dela o despojasse do seu egoísmo, da sua insensibilidade, para ele se projetar no outro.

Em 12 de outubro de 1825, outro voo de Domitila. Para comemorar a data dos seus 27 anos de idade, D. Pedro elevou-a à dignidade de viscondessa de Santos, a terra dos seus inimigos Andradas. Era a titulação de uma plebeia, destituída de quaisquer predicados nobiliárquicos, culturais, sociais, filantrópicos, mas que exibia outros. Nestes últimos, talvez se incluíssem, sem dúvida, aqueles que cegavam o aniversariante: sexo, sedução, prazer, jogos de amor, nos quais Domitila se revelava magistralmente douta. Nem precisara de começar por ascender à baronia. Saltava logo para o grau seguinte. Quem seria essa viscondessa, interrogavam-se os brasileiros? E a resposta não podia provocar senão o desdém. Para Leopoldina, no fim de mais uma gravidez, era o supremo agravo e desgosto. O rebento que dela ia nascer chamar-se-ia também Pedro, o segundo do império, e só muito tarde percebeu o sacrifício da mãe, que, aliás, o marcou para toda a vida.

O auge da paulista aproximava-se. A sua estrela atingia o zênite. Nela culminava o que caberia a uma imperatriz, que ela, afinal, era da sensualidade e

---

29   OBERACKER JR., *cit.*, p. 380.

do corpo de D. Pedro, completamente ofuscado pelas suas artes, exibidas entre os lençóis. Avaro e poupado para com a família, como vimos, tornara-se pródigo em extremo. Domitila recebia vestidos luxuosos, chácaras, casas, joias, carros e cavalos, de altíssimos preços. Mas os parentes e aqueles que lhe estavam (ou haviam estado) próximos também se viam magnanimamente contemplados. A mãe passava a dispor de uma mensalidade, o pai ascendeu a visconde, os irmãos e cunhados a barões, viscondes, guarda-roupas, gentis-homens e moços da real câmara e promovidos rapidamente na carreira militar. E refere Oberacker: "Um tio obteve reforma com documentos falsos" e até o militar, presumível amante dela, quando estava casada com Felício, D. Francisco de Assis Lorena, "galgou surpreendentemente de posto em posto".[30] Quem conseguisse a sua interferência subia rapidamente na carreira.

Outro passo na afirmação da agora viscondessa consistiu na aquisição de um palacete de luxo, atualmente conhecido como Casa ou Solar da Marquesa. Tarquínio de Sousa informa que o imóvel fora reformado por Pedro Cravoé, arquiteto da casa imperial.[31] Hoje é conhecido por Museu do Primeiro Reinado. Trata-se de uma excelente construção, adquirida pelo imperador em 1827, na qual residiu a favorita entre 1827 e 1829. Belo edifício, do tipo neoclássico, conserva marcas da missão artística francesa, pois a grande reforma do prédio antigo, colonial, é atribuída ao arquiteto francês Pezérat. No segundo piso há belas pinturas, atribuídas a Francisco Pedro do Amaral, aluno de Debret, sendo dos irmãos Ferrez a decoração em baixo-relevo. Alberga pinturas representando as quatro estações do ano e medalhões mostrando os doze signos do zodíaco. A casa possuía salões extensos, quartos confortáveis e mobiliário de qualidade, levado da Europa. Curioso será referir que existe um túnel que, ao que consta, faria a ligação entre o prédio e o palácio imperial, o que permitia ao imperador efetuar visitas à favorita sem ser alvo de olhares indiscretos. A memória do romance escaldante entre Pedro e Domitila perpassa ainda pelos quadros, mobiliário, lugares recônditos. Situado em frente ao Paço da Boa Vista, convidava à comunicação quase permanente dos dois amantes. Dalbian assim se referiu a este prédio:

---

30 *Cit.*, p. 385.

31 1988, II, p. 221.

> Do oratório à sala de banho, a moradia foi inteiramente remodelada e renovada por D. Pedro, lápis na mão, [que] tinha longamente discutido os planos de recuperação com os arquitetos. Quatro enormes alegorias pintadas a fresco representavam outros tantos continentes, uma águia majestosa ornava o quarto reservado ao imperador, o mobiliário era riquíssimo e sumptuoso. Domitila organizava grandes festas e bailes e a música não era apenas a tradicional, mas incluía a brasileira, como "lundum ou corta-jaca".[32]

Claro que a opulência, de que a viscondessa se rodeou, escandalizava os políticos e os simples cidadãos. Juntou uma fortuna enorme em prédios, recheio caríssimo, dinheiro. Fazia-se servir por grande quantidade de criados vestidos a rigor (libré), uma multidão de escravos e mucamas, não faltando carros e cavalos, em quantidade. Quem pretendia um favor do imperador, solicitava-lho. Ela fazia-se pagar bem, mas conseguia despachar favoravelmente as suas propostas. Por isso os políticos, dignitários, diplomatas, clérigos lhe frequentavam a casa. O sexo cegava D. Pedro, que, se antes economizara e disso fazia gala, agora esbanjava. Os jornais criticavam-no, mas ele ensurdecera. Até o tratado que Portugal e Inglaterra subscreveram, em agosto de 1825, reconhecendo a independência do Brasil, parece ter tido influência de Domitila, através do embaixador Stuart, que esqueceu Leopoldina e optou pela sua ajuda. Mareschal oficiava, em agosto de 1826, para Viena: "Todas graças, ofícios, empregos que vêm a tornar-se vagos são dados, ou aos amigos e parentes da favorita, ou por intermédio da sua recomendação [...]; a [sua] casa transformou-se num verdadeiro escritório de negócios, onde tudo tem o seu preço."[33] D. Pedro deixara-se corromper vergonhosamente, tornando-se esse expediente um hábito do estado imperial. Antes, quando regente, jurara nunca pactuar com tal procedimento. Como havia mudado! Os encantos da *maîtresse* varreram-lhe o cérebro. A sua cobiça libidinosa transformou-o noutro homem, fez dele um quase adolescente, sem experiência. Aos olhos de alguns, como do velho José Bonifácio, exilado em França, tornara-se ridículo. Esqueceu-se até dos amigos. Havia prometido a Frei Sampaio, seu mentor

---

32   1959, p. 105-106.

33   OBERACKER JR., *cit.*, p. 386, citando o diplomata austríaco.

intelectual, amigo e confidente, a mitra de São Paulo. Mas, a pedido de Domitila, entregou-a ao arcipreste paulista Manuel Joaquim Andrade.

E Leopoldina? Ciente do que a rodeava, canalizou a sua atividade noutras direções. O marido já não a ouvia. Ela passou a dedicar-se, desesperadamente, às ciências da sua predileção. Saía sozinha, de preferência. Ele continuava a fazer seus passeios equestres pelas matas fluminenses, mas agora com outra companhia, como testemunha uma paulista em passeio pelo Rio de Janeiro.[34] A imperatriz viajava pelas matas durante muitas horas, por vezes até dias, coleccionando pássaros, minerais, plantas, borboletas, insetos, que mandava para a Áustria, logo que conseguisse portador. Debret conta que, a seu pedido, desenhou muitos materiais e que essa ocupação se transformara num dos poucos divertimentos que lhe restavam. O resto do tempo dedicava-o a acompanhar a educação dos filhos, ou a escrever para os parentes. Manteve praticamente até à morte a esperança de um dia rever a sua pátria, os irmãos, os amigos. Esse sentimento ajudava-a a suportar uma vida plena de desgostos, de desconsiderações, escondendo-os, por pudor e prudência. Outra das suas preocupações consistia em encorajar obras de beneficência, como os asilos, que recolhiam expostos em número sempre crescente. Bondosa, afável, caritativa, como se lhe referiu Maria Graham, tornara-se um modelo de respeitabilidade popular pela sua modéstia e resignação perante os desvarios do marido.

Uma das suas derradeiras e grandes alegrias foi o nascimento de um filho varão, fazendo-a esquecer os incômodos decorrentes da gravidez. Ele viu a luz em 2 de dezembro de 1825, sendo baptizado na capela imperial, ricamente ornada, uma semana depois. A cidade festejou o nascimento do imperial rebento, que corporizava as esperanças de unir o império, o que, na verdade, ocorreu durante quase 50 anos. E o menino herdou muitas qualidades da mãe. Poucos dias depois nascia outro filho de D. Pedro, mas bastardo, havido do comércio carnal com a paulista. E, por ironia, ambos se chamaram Pedro, mas, neste caso, o primeiro se transformou em II.

O começo do ano de 1826 trouxe consigo o momento culminante da desfaçatez de D. Pedro. Resolveu deslocar-se à Bahia por temer que pudesse vir a ocorrer aí alguma revolta, parecida com a de Haiti. Homens de cor amotinavam-se e

---

34   RANGEL, 1926, p. 184 ss.

ameaçavam a população portuguesa ou de origem europeia, à semelhança com o que ocorria também em São Domingos. Maciel da Costa presidia aos destinos da província, mas o imperador tinha "o desejo de se dar a conhecer, se possível, por todos os súditos", como declarava na proclamação de 31 de janeiro. Preparou-se a viagem marítima e constavam do séquito a imperatriz, D. Maria da Glória, então com 6 anos, muitos titulares, várias damas e, dentre elas, a viscondessa de Santos. A 27 de fevereiro desembarcava-se na Bahia, senão perante grande entusiasmo da população, ao menos respeitosamente e com júbilo. O imperador ia reinar e também governar, o que iniciou logo que chegou.

Contudo, mesmo antes da partida do Rio, haviam surgido pasquins atacando o comportamento descarado de o monarca se fazer acompanhar também da favorita. Ele ignorou essas invectivas e a imperatriz, que de tudo sabia, resignara-se a cumprir, mais uma vez, uma função oficial. Temia as consequências do escândalo, mormente junto da filha, de quem Domitila procurava aproximar-se o mais possível. Os conselheiros, como Gomes da Silva, tinham procurado que ele se abstivesse de provocações a bordo, onde cerca de 300 pessoas observavam minuciosamente os seus passos. A imperatriz comia geralmente só, enquanto o imperador se rodeava da filha à direita e da paulista à esquerda, na mesa do refeitório. Os monarcas alojaram-se na cidade soteropolitana em prédios diferentes. Ele no paço, ela no edifício da Relação, ficando D. Maria da Glória num aposento do passadiço que unia os dois prédios. Porém, a viscondessa quedava-se no prédio do imperador, embora no andar superior. Tudo fora preparado a contento de ambos. E a intimidade, pública e privada, estreitou-se mais ainda, tanto nas viagens pela cidade, nas quais a imperatriz seguia à frente e D. Pedro, filha e Domitila a par, tanto a cavalo, como nos carros puxados por animais.

Sobreviera, no entretanto, nessa ocasião, a morte do filho de Domitila, bastardo de D. Pedro, de nome Pedro de Alcântara Brasileiro. Estava doente há muito, mas a mãe preferiu acompanhar D. Pedro, abandonando o filho no Rio. Grande problema se pôs aos dignitários da corte: o que fazer à criança, tratá-la como imperial, ou não? Após discussão, encontrou-se um meio-termo. Ela seria embalsamada, esperando o regresso dos pais, mas far-se-iam cerimônias religiosas dignas de pessoa régia, na igreja do Engenho Velho. Ao sepultamento assistiram os dignitários, diplomatas, cortesãos. Ficava publicamente assumida a consequência da relação amorosa de D. Pedro com Domitila. Reconheciam-na as figuras públicas do Império. Leopoldina perdia em toda a linha, sobressaindo a viscondessa, mais e mais. A 28 de abril regressou a esquadra ao Rio, sendo as pessoas recebidas com alegria. À guisa de balanço, Leopoldina escrevia ao pai, em carta desse mês, comunicando que "a viagem para a Bahia [foi] extraordinariamente desagradável em todos os sentidos",[35] falando no mesmo tom em carta a Maria Graham.

Durante a viagem sucedeu outro fato de enorme importância: a 10 de março falecera D. João VI, cuja notícia chegou ao Rio em 24 de abril. D. Pedro encontrava-se numa encruzilhada. Na sua superação mostrou, mais uma vez, a sua sagacidade e o seu rasgo político. A Assembleia ou Parlamento deveria iniciar as suas funções dias depois. Como iria ela abordar a posição de D. Pedro face aos novos eventos decorridos em Portugal? Não era ele o sucessor da coroa portuguesa? E o Brasil como ficaria, ele que já estava reconhecido como independente? Nas atuais circunstâncias havia que agir depressa. Poderia cingir as duas coroas, a que preparara e a que herdara? Essa, sem dúvida, a grande incógnita. Ele havia prometido aos Brasileiros que ficaria, que de Portugal não queria nada. Porém, a coroa portuguesa vinha-lhe dos antepassados, já permanecia na posse dos seus maiores há oito séculos. Havia que ser prudente, mas firme. Cogitou. Voltou a ler a Constituição que dera ao Brasil e nela constatou que não havia proibição de unir na mesma cabeça duas coroas. O que se proibia era juntar novamente os dois países numa união. O imperador preparou logo uma Carta Constitucional que daria a Portugal, decalcada sobre a brasileira, separaria os países e abdicaria da coroa de Portugal a favor de D. Maria da Glória. Ele ficaria no Brasil, a braços com problemas gravíssimos, como a guerra na Cisplatina, e sua filha, sob condições, viria a governar Portugal. Assim ele acalmava os Brasileiros, inquietos com o seu futuro político, e garantia a continuidade da sua coroa na Europa. Foi, sem dúvida, um gesto e uma decisão de grande alcance e que revelaria o seu rasgo político, a sua coragem e astúcia. Na decisão de permanecer houve quem divisasse influência da viscondessa, que não imaginava perder o amante e protetor pródigo. Para se respaldar politicamente, solicitou oito pareceres a questões que se lhe colocavam: o pai deixara uma regência em funções a governar Portugal, mas determinara que ele

---

35 Citado por OBERACKER JR., p. 406.

agisse como entendesse para o futuro, uma vez que era o herdeiro. O império do Brasil, "zeloso da sua indisputável independência", não podia ser prejudicado. E a questão fundamental colocava-se deste modo: Haverá razões de fundo que se oponham à independência do Brasil, se o seu imperador também for rei de Portugal, governando-o a partir do Brasil e continuando a existir as duas nações, embora completamente autônomas? Isso opor-se-á à Constituição? E ainda: haverá inconveniente em que uma nação europeia seja governada a partir do Brasil? E, em caso afirmativo, em quem deve ser feita a abdicação?

Claro que os pareceres pedidos vieram ao encontro dos desejos de D. Pedro. Poderia acumular as coroas, embora por tempo limitado. Desde finais de abril, até ao fim da primeira semana de maio de 1826, ele outorgava a Carta Constitucional, nomeava os pares do reino de Portugal e abdicava na filha, agora com 7 anos de idade. Baseou-se para isso nos conselhos do representante britânico Stuart, na Constituição Brasileira de 1824 e no texto que Gomes da Silva, o famoso Chalaça, lhe redigira e que ele, aqui e ali, corrigiu. A Carta de 1826, sobre a qual já tanto se escreveu, embora com adaptações, logrou vida longa, o que significa que se adequava perfeitamente à situação de Portugal. Doada a partir do Brasil, centralizadora e fortemente monárquica, traduzia bem a genial argúcia político-institucional do seu inspirador.

E tudo isso ocorria em períodos de crispação entre as duas mulheres que de mais perto o rodeavam, ambas grávidas em simultâneo. Leopoldina chorará sinceramente com a morte do sogro. Entre ambos havia mútua complacência e afeto. A sua preocupação maior resumia-se agora ao futuro da filha mais velha. Fora engendrada uma solução de compromisso que não lhe agradava: casa-la com seu tio D. Miguel. Não apreciava o gênio do cunhado e entendia que um enlace consanguíneo se revestia de múltiplos inconvenientes. Além disso, pensava-se enviá-la cedo para a Europa, onde seria educada. Tal implicava uma separação temporária da filha, o que muito a afligia. Isso mesmo confessou ela a sua amiga Maria Graham: "Dentro em pouco serei obrigada a fazer um novo sacrifício [...] É o de me separar de uma filha que adoro." Leopoldina ainda mantinha a secreta esperança de um dia voltar à Europa e visitar a sua querida Áustria.

A 20 de maio, novo passo ousado do imperador: reconhecimento público da filha da sua rival. D. Pedro perfilhava a menina Isabel Maria, que, quatro dias depois, recebia o título de duquesa de Goiás. Pretendeu que a criança fosse reconhecida pelo nome dos pais no livro de assentos da paróquia do Engenho Velho.

O pároco, de acordo com o bispo, resistia. Não se dispunha a arrancar a folha do livro na qual constava que a menina duquesa era filha de pais incógnitos. O imperador já lhe tinha atribuído as ordens do Cruzeiro e de D. Pedro I. O seu amigo Chalaça foi incumbido de demover o pároco da sua teimosia. Entre ameaças e promessas, acabou por conseguir o efeito desejado. D. Pedro ainda não estava satisfeito e mandou registar nos livros da Secretaria de Estado dos Negócios do Império que D. Isabel Maria de Alcântara Brasileira era sua filha, "que houve de mulher nobre e limpa de sangue", mandando-a criar em casa do avô, gentil--homem de sua imperial câmara, João de Castro Canto e Melo. A partir de agora, D. Pedro não escondia a ninguém a sua paixão e encandeamento pela favorita. A imperatriz ficava vexada em público. Grande recepção na casa de Domitila assinalava, perante nobres, diplomatas, embaixadores e políticos, a nova condição da menina, de sua mãe e avô. Como estava agora este longe da sua condição de tropeiro entre São Paulo e Santos, das dificuldades em colocar a família, da fama, pouco lisonjeira, de "Quebra-Vintém"! A imperatriz, desolada e desconsiderada, abandonara o Paço para ir arejar para longe. Oficialmente fora à caça. A 28 do mesmo mês, para satisfazer um costume do Império, a nova duquesa foi apresentada pelo avô à imperatriz, que, num gesto de magnanimidade e de consideração pela inocente criança, a terá beijado, dizendo entre lágrimas: "Tu não tens culpa [...]."[36] Ninguém se manifestou publicamente contra este comportamento eticamente reprovável, mas o imperador, ao contrário da esposa, ia perdendo o respeito da opinião pública em formação. A imperatriz pensou seguramente em abandonar o paço e fugir, mas os filhos prendiam-na ao homem que, apesar de tudo, amava. Continha-se, isolando-se. D. Pedro sabia que o povo a compreendia, a estimava e apreciava pelo seu sentido de família e do bem público. Por isso a vigiava de perto, temendo alguma manifestação a favor dela que, automaticamente, seria contra ele próprio. Agora avolumava-se a suspeita de que ela pudesse assumir alguma atitude que o prejudicasse.

A crispação entre ambos tornara-se visível. Ela suportava tudo, amparada pela fé religiosa, pela educação recebida e por amor à causa dinástica. O ciúme mordia-a, martirizava-a, mas preferia esperar por melhores dias, que, afinal, jamais viriam. D. Pedro dava-lhe ordens para ocupação do tempo, destinava-lhe

---

36 Assis Cintra, *Revelações...*, p. 122 ss., citado por OBERACKER JR., p. 409.

companhias nos passeios para a poder controlar de perto. Ela, abandonada por todos, resignava-se, amargurada. Esperava que o tempo se lhe aliasse, como normalmente sucede. O imperador haveria de fartar-se, de se deixar guiar pelo bom senso, como pensavam muitos diplomatas e titulares. O dia-a-dia da imperatriz humilhava-a, pois D. Pedro levava frequentemente Bela, a duquezazinha, para o paço, misturando-a com os demais filhos, na presença da imperatriz, que reagia, embora conhecendo o temperamento colérico do marido. Por isso usava de prudência. Mas foi durante este ano de 1826, especialmente a partir de maio, que se degradaram as relações entre o casal imperial. Leopoldina não se conformava em ver crianças oriundas da mais alta estirpe europeia misturadas com outras, oriundas de gente não nobre e, ainda por cima, fruto de relações espúrias, concubinárias. Tratava-se de manter a dignidade original de seus filhos que lhes daria direito a reinar por si mesmos, pela estirpe que representavam. D. Pedro, embora sabendo disso, fechava os olhos, exigindo que Bela se misturasse com os meio-irmãos, como sucedeu no ato de reconhecimento de D. Pedro II como herdeiro do trono imperial. Os choques na família imperial originaram-se sobretudo desta duplicidade de perspectivas. Poucos meses antes de morrer, em carta à irmã, escrevia, desolada: "[...] devo confessar-te sinceramente: cada vez fico mais convencida de que somente a paixão mútua e o conhecimento pode fazer feliz o matrimônio, e nós princesas parecemos dados que se jogam, dizendo sorte ou azar".[37] Ela e o marido constituíam caracteres diversíssimos. Ela amava e sacrificava-se por ele. Este nunca soubera entregar-se totalmente, mantendo-se ferozmente egoísta, mesmo com a marquesa de Santos, como prova a sua correspondência. Ele seria sempre, na sua ótica, o centro de tudo, exigindo conformismo com a sua vontade e até com os seus caprichos. Pedro só se apercebeu verdadeiramente do amor de Leopoldina após a morte desta, como ele próprio reconheceu.

O sexo exacerbado levava-o às maiores loucuras. Resolveu partir para a fazenda de Santa Cruz, acompanhado da marquesa e da filha, em agosto. A imperatriz ficava no Paço e até a administração pública emperrava. É certo que algumas pasquinadas lançavam as suas setas envenenadas, que o público se aterrava com os desatinos do monarca, mas nada, nem ninguém travava o concubinato

---

37 OBERACKER JR., *cit.*, p. 413.

público. Um amigo dos proscritos Andradas, simpático à imperatriz, escrevia palavras duríssimas:

> [...] o imperador achava-se embriagado em crapuloso deboche [...] rodeado de cortesãos da mais baixa extração, ignorantes e corruptos, que eram seus alcoviteiros. Uma Messalina governava o império, tinha uma corte sua e o próprio imperador era o mais vendido de seus escravos. A virtuosa e infeliz imperatriz, espectadora de tais cenas de escândalo, era maltratada, morrendo de dor e desespero.[38]

Leopoldina vagueava à roda da cidade, perdida, renunciando a quase tudo: ao cuidado com o vestuário, à alimentação adequada, às tarefas científicas e familiares, à convivência com pessoas de nível. Fazia-se noite na sua alma, mesmo durante o dia. Gastava o tempo da forma mais monótona possível. Definhava como uma árvore a que falta a seiva. Refugiava-se numa religiosidade e numa prática devocional quase obsessiva, sinônimo do seu desespero e pessimismo.

Surgiu mesmo o boato de que ela queria partir para a Europa e um jornal de 30 de agosto explicava porquê, dirigindo-se ao imperador: "[...] a sega paixão amorosa que V. M. I. ha tributado a Mulher indigna de tal sorte por sua má conducta, e baixa educação".[39] Pressagiava-se, se tal sucedesse, a ruína do império. O remédio seria enviar a paulista para a Europa, quanto para mais longe melhor. A própria imperatriz aludia, em carta a Maria Graham, a um desígnio de descansar na Europa.[40] Pasquinadas voltavam à carga contra o imperador e temia-se algum motim. Cipriano Barata, exilado em Buenos Aires e inimigo confesso de D. Pedro, perguntava de lá ao povo: "Que esperaes desse marido brutal, que escandalosamente libertino, nada respeita [...]."[41] O certo é que, quando reuniu a deputação extraordinária da Assembleia para reconhecer o herdeiro, D. Pedro estava amedrontado. Visitara de surpresa os quartéis, andava fortemente armado e temia que a amante e a família pudessem ser vítimas de represálias. Voltou D. Pedro, talvez por medo, a reaproximar-se da imperatriz, apresentando-se com ela em público e não se mostrando ao lado da marquesa.

---

38   Drummond, *cit.* por OBERACKER JR., p. 414.

39   RANGEL, *Textos...*, p. 215.

40   *Escorço*, p. 169.

41   Citado por OBERACKER JR., p. 418.

Esta, como a restante família, foram contemplados com promoções na escala hierárquica, a propósito do aniversário de D. Pedro, a 12 de outubro. Domitila, de viscondessa passou a marquesa, seu pai a visconde, o cunhado, marido da irmã Benedita, que também gestara um filho de D. Pedro, a barão de Sorocaba, e os irmãos foram também promovidos nos seus postos. Dizia-se que Domitila se converteu na primeira marquesa do império "por merecimento próprio", como se escrevia no documento que a elevava à dignidade. Dias depois, isto é, em setembro de 1826, adoecia o velho pai dos Castro Canto e Melo. D. Pedro assistia-o e há mais de um mês não ia dormir, nem era visto no Paço da Boa Vista. A imperatriz, perante isso, pediu para regressar à sua pátria de origem, começando por alojar-se, desde logo, no Convento de Nossa Senhora da Ajuda. O marido ficou estupefato com o pedido, por escrito, de Leopoldina. Esta endurecera a sua posição e parece ter havido altercação forte entre ambos. D. Pedro, no calor da discussão, tê-la-á agredido no ventre, embora nunca se haja encontrado qualquer testemunho a tal respeito. Mas não é improvável que tal haja sucedido, dados os hábitos que o imperador exibia de agredir quem o contrariava, mesmo em público. E a sua condição de epilético a isso o inclinava, também. Tratou-se, contudo, de incidente grave, que foi invocado mais tarde, quando D. Pedro, viúvo, procurava outra esposa na Europa. Esse procedimento prejudicar-lhe-ia gravemente a reputação.

Em 2 de outubro faleceu o pai de Domitila. Nova ocasião para a prodigalidade insultuosa do imperador. O funeral, as cerimônias e missas importaram numa fortuna e o próprio Imperador, em artigo por si escrito, bajulava o velho coronel, cujo mérito foi, afinal, propiciar e encorajar o concubinato com a filha.

A saúde da imperatriz, debilitada a partir de 1825, deteriorava-se. Deprimida, melancólica, abúlica, fechava-se, descuidava-se cada vez mais. Os médicos não acertavam com a terapia adequada. Adoeceu gravemente nos inícios de novembro, renunciando às cerimônias oficiais, como a inauguração da Academia de Belas-Artes, no dia 5.

D. Pedro, algo inesperadamente, decidiu ir pessoalmente à Cisplatina para animar as tropas brasileiras que se opunham à sua incorporação na Argentina. Desse modo, evitaria mais escândalos com a marquesa na Corte e recuperaria algum prestígio pessoal, tão abalado estava ele. No dia 20, houve beija-mão de despedida, ao qual esteve presente a marquesa, mas não a imperatriz, pretextando esta febre, falta total de apetite, fraqueza generalizada. O imperador pretendia nesse ato juntá-las, para assim desfazer opiniões desfavoráveis que corriam pela cidade. Leopoldina, desta vez energicamente, recusou o espetáculo, que considerava atentatório da sua dignidade. O marido, em fúria, tentou arrastá-la para a sala do beija-mão, como refere Alberto Rangel, maltratando-a por palavras e atitudes violentas, a roçarem a agressão. Vários autores a isso se referem de forma categórica, como Walsh, Armitage e Seidler. Armitage, sinteticamente, escreveu:

> [...] infelizmente para o crédito de D. Pedro, a verdade é hoje muito conhecida. Antes da sua partida, tivera ele uma entrevista com a Imperatriz, de que alguma altercação resultou: a sua união desde muito tempo era infeliz [...] A sua conduta para com a Imperatriz era a mais dura; assevera-se até que lhe dera pancadas na precipitada altercação [...], o certo é que a desgraçada Imperatriz, que se achava nessa ocasião muito adiantada na sua gravidez, foi conduzida do lugar da entrevista para o leito de dor [...].[42]

Seidler, ao noticiar a morte súbita da imperatriz, faz-se eco de que havia boatos de envenenamento. Ele optou por "outra versão, talvez mais fundada, dizia que D. Pedro em momento de cólera maltratara gravemente a sua esposa em adiantada gravidez, mesmo que lhe dera pontapés, e que essa fora a causa da morte".[43] Há, pois, concordância de pontos de vista entre autores muito diversos. Oberacker, o meticuloso biógrafo de D. Leopoldina, inclina-se também pela agressão de D. Pedro, embora esta nunca se tenha provado, em absoluto. Mas o imperador, após lhe conferir a regência, como fizera quando foi a São Paulo, em 1822, partiu para o sul a 23, ao que parece, pesaroso. Levava remorsos e a consciência acusava-o. O estado fisiológico dela foi piorando. Entre os dias 1 e 2 de dezembro abortou, ou melhor, expeliu um feto masculino. A febre biliosa não abrandava e, juntando-se ao seu padecimento moral, vitimou-a. No dia 8 e 9 ainda se foi despedindo dos seus criados, pedindo-lhes perdão, se os tivesse molestado, mesmo involuntariamente. O mesmo sucedeu com os filhos, demasiado jovens para se aperceberem da tragédia que se desenrolava à sua volta. D. Maria, a mais

---

42   1981, p. 140.

43   1980, p. 89.

velha, contava apenas 7 anos de idade. Maria Graham conta que "seus sentimentos relativos à madame de Santos, a nomeação desta para primeira dama da corte e sua escolha para companheira de viagem à Bahia haviam sido as circunstâncias que haviam ferido profunda e fatalmente a imperatriz".[44] Sentindo que o fim se aproximava, ditou, a 8 de dezembro, à sua camareira-mor, marquesa de Aguiar, a última carta para a irmã Maria Luísa, encontrando-se "reduzida ao mais deplorável estado de saúde e chegada ao último ponto de minha vida", implorando-lhe socorro para os filhos, que temia viessem a ser entregues à marquesa de Santos. Por agora, eles ficavam ao cuidado da marquesa de Aguiar, "athé que o meu Pedro, não disponha, o contrário". Misturavam-se a dor, a tortura moral, a apreensão pelo destino daquelas pequenas crianças.

Começava a agonia da imperatriz, que morria continuando a amar o seu único homem, o seu adorado Pedro. Domitila invocou o seu cargo para a ir visitar no leito de moribunda, mas foi impedida de o fazer, jurando vingar-se dos membros do ministério. O povo fluminense, alertado para o que ocorria, consternou-se e acorreu ao Paço, manifestando o apreço, o carinho, o amor à imperatriz, rezando e mortificando-se nas igrejas e capelas pelo restabelecimento da sua saúde. No dia 10, ela recebeu a extrema-unção, após se ter confessado ao bispo D. José Caetano, e, no dia seguinte, expirava pelas 8 horas da manhã. Perdoava ao marido todas as ofensas, mas não deixava de, na última carta, ainda lúcida, abrir a sua alma à irmã:

> À quaze quatro annos [...] que por amor de um monstro seductor me vejo reduzida ao estado da maior escravidão e totalmente esquecida do meu adorado Pedro. Ultimamente acabou de dar-me a ultima prova de seu total esquecimento a meu respeito, maltratando-me na presença daquela mesma que he a causa de todas as minhas desgraças.

Sem revolta, não podia calar a sua dor e identificar o seu agente.

A notícia da morte da imperatriz espalhou-se de imediato. Seguiu-se-lhe a consternação geral, com provas de dor de toda a ordem. Os negros e os asilados, no dizer de Maria Graham, sentiam-se mais profundamente atingidos. Oberacker refere, com razão: "D. Leopoldina, sem dúvida, perdera o coração do marido infiel,

---

44 *Escorço*, p. 170.

conquistara, todavia, em compensação, o coração de um povo inteiro."[45] As cerimônias fúnebres e as manifestações de pesar provaram isso mesmo. D. Leopoldina morrera, fora sepultada com todo o ritual adequado, mas imortalizara-se na consciência coletiva brasileira. A morte satisfez-lhe um desejo veemente: repousar, longe da favorita, no convento da Ajuda, onde o seu corpo foi depositado.

D. Pedro soube do que ocorria por informação da marquesa. Decidiu regressar, de imediato, ao Rio para vingá-la das afrontas dos ministros durante a agonia da imperatriz. Desembarcou a 15 de janeiro e mandou logo demitir o ministério; o mordomo-mor, a camareira e Frei Arrábida foram despedidos do Paço. Por pouco não fora despedido também ele, do Brasil, quando se soube da morte de Leopoldina. É o que conta Seidler, que garante que as forças alemãs, a que se juntaram jovens militares brasileiros, estiveram prontas a cercar a casa da marquesa e a destituírem D. Pedro. Ninguém, contudo, deu o primeiro passo. Ele pôde, pois, regressar com os ânimos mais serenos.

Ao que parece, chorou sinceramente a morte de Leopoldina, embora fosse descarregar o desgoto nos braços da marquesa, como diz na carta que logo lhe escreveu. Mas, depois, retirou-se para o Paço durante uma semana, onde compôs versos muito conhecidos: "Deus eterno por que me arrebataste a minha muito amada imperatriz?" Falaria ele verdade? Talvez. Era um sentimental e dela nunca tivera razões de queixa. Porém, o seu sentimento nunca por ela fora profundo e constante. Ela deixou dívidas, aliás bem conhecidas, contraídas com beneficência, compra de livros e objetos, roupa, cozinha. Ele não se dispôs a pagá-las, como seria normal. A Assembleia assumiu-as e ele concordou. Mas para com a marquesa esbanjava escandalosamente. Como entender esse dimorfismo comportamental? Contudo, os remorsos perseguiam-no e agora, isto é, a partir de 1827, por mais de uma vez se referiu à perda do seu anjo tutelar. O seu prestígio interno entrara em queda irreversível, por uma conjugação de fatores: vida escandalosa, recheada de episódios chocantes, parcialidade e nepotismo para com a família da marquesa, morte trágica e solitária da imperatriz humilhada, perda da guerra na Cisplatina e preferência ostensiva dada aos Portugueses, em detrimento dos Brasileiros natos.

---

45   *Cit.*, p. 442.

A abdicação, que não tardaria muito, resultava da "expiação dos seus erros de soberano constitucional, educado num meio absoluto, como de suas faltas de particular", afirmou Oliveira Lima, que acrescentou: "Elevando a concubina acima da soberania, determinou uma precoce decadência do regime monárquico e justificou muitos ataques que lhe foram assacados." Na verdade, os choques entre portugueses e brasileiros tornaram-se cada vez mais frequentes, acicataram o nacionalismo brasileiro contra os lusitanos (que D. Pedro representava), a vida privada do imperador passou a ser cada vez mais devassada e criticada em público e, quando pretendeu voltar a casar-se, teve de resignar-se a uma princesa de categoria menos nobre, porque algumas das pretendidas, ao saberem do seu passado, negavam-se a desposá-lo. Com isso o Brasil foi progressivamente arrefecendo o entusiasmo que lhe havia votado no "Fico" e em Ipiranga.

Faltava-lhe Leopoldina, que, de estrangeira, se transformara em brasileira de coração e mente, enquanto ele, de brasileiro, como mais tarde se intitularia enfaticamente, se foi, progressivamente, aportuguesando. Essa foi, aliás, uma das maiores contradições da sua figura: transformou-se em português, no Brasil e em brasileiro, em Portugal. Assim abriu caminho para a abdicação em 1831, regressando a Portugal e, também, para o convite para retornar ao Brasil, como imperador, em 1834. Foi, realmente, uma figura singular e com papel de relevância desempenhado em dois mundos e outros tantos continentes.

Uma palavra final. Em 1954, os restos mortais de D. Leopoldina foram transladados para o monumento da Independência, no Ipiranga, em São Paulo, depositados no panteão nacional. Em 6 de setembro de 1972, juntaram-se-lhe os restos mortais de D. Pedro, embora sem o coração. Esse ficou, por doação expressa de sua parte, na igreja da Lapa, no Porto,[46] fundada, aliás, por iniciativa de um paulista, músico e missionário do século XVIII, o padre Ângelo de Sequeira. Finalmente, talvez para sempre, se voltaram a juntar, agora definitivamente, os restos mortais do primeiro casal imperial do Brasil, aquele que, no caminho para a sua independência, esteve intrinsecamente unido!

---

46 Sua filha, D. Maria II, mandou executar a vontade do pai, cedendo o coração à cidade do Porto. Conserva-o a irmandade de Nossa Senhora, que administra os bens do templo.

Capítulo 10
O imperador (quase) nu

Um romance tórrido

É incerto o dia em que Pedro e Domitila se conheceram durante esse mês de agosto de 1822. Um dos livros mais recentes dedicado ao romance dessas duas figuras maiores da história do Brasil da primeira metade do século XIX, apresentado sob a forma de contos, opta pela data de 25,[1] contrariando outras hipóteses, como as de 24 ou 30. Como quer que tenha sido, iniciava-se, por esses dias, um relacionamento entre duas pessoas ainda jovens, ambas com experiência forte de vida, cuja natureza e circunstâncias recebeu, tanto dos contemporâneos, como dos estudiosos posteriores, todos os qualificativos imagináveis. Tornou-se assunto incontornável em qualquer abordagem às figuras marcantes do primeiro reinado. Procuremos seguir-lhe os rastros com a objetividade possível. O nosso desígnio apresenta-se, por natureza, polêmico, uma vez que quase só escutaremos uma voz, a masculina. As cartas, através das quais D. Pedro vasou para o exterior a sua sensibilidade, propiciam o acesso à nudez autêntica do homem que as redigiu, traduzindo estados de alma e uma cachoeira de sentimentos tão complexa, como o próprio ser humano. Fraquezas, generosidade, afoiteza, coragem, gozo, prazer, dor, amor, paixão, ciúme, tudo aí se mistura, de forma única. Escrever cartas de amor, como sagazmente observou Fernando Pessoa, é arriscar-se a parecer ridículo aos olhos dos outros. Todas as cartas amorosas o são. O nosso biografado assumiu essa coragem e, por esse viés, ficamos a conhecê-lo melhor. Nelas se espelha a sensibilidade de um jovem a quem o amor, no sentido mais carnal do termo, transtornou o equilíbrio psicológico que se exigia a um marido e pai de uma prole régia. Fragilizou-o

---

1   *Marquesa de Santos. Ficção em Doze Contos*, prefácio de Mary del Priore, 2003, p. 238. Contudo, D. Pedro, em carta de 27 de dezembro de 1825, diz que foi a 29 de agosto.

aos olhos do público, que passou a ver nele uma espécie de adolescente imberbe, em absoluto contraste com a coragem e a decisão do seu perfil político. Nas cartas de Pedro de Alcântara emergiu o menino que ele nunca fora, a submeter-se às carícias e afagos de Domitila, como se ela fosse uma mãe, embora ele a tratasse por "filha". Na loucura da sua paixão avassaladora, ele arriscou tudo e errou tanto que foi preparando a sua queda, desde longa data. Porém, um apaixonado nunca perde tudo. Ganha também, na medida em que perde. Nesse sentido, D. Pedro foi bem o nosso rei romântico. Bem poderia ter adotado para si, se a tivesse conhecido, a máxima que Mary del Priore chamou à colação, a seu propósito, no prefácio do livro de contos supracitado: "O amor é ridículo, pois ele não dura. E o sexo é ridículo, pois não dura o bastante."

Pedro de Alcântara, em criança, nunca conhecera a ternura do amor. A mãe jamais lho dispensara e o pai nunca dele se abeirou, de coração aberto. A este escasseava o tempo, àquela o sentimento maternal. As cartas que foram trocadas entre eles bem o indiciam. Com D. João tratou-se sempre de um sentimento de respeito, de filial acatamento das decisões régias, de obediência aos cânones da Corte, embora com algum distanciamento, atribuído, aliás, à interferência de certos ministros.

Com D. Carlota Joaquina nunca houve proximidade. Pelo contrário. Há um maço de cartas escritas pelo filho a "Minha May e Minha Senhora" que se guardam no arquivo imperial, em Petrópolis. Tratam questões muito diversas, como envio de caça, de uma caixa prometida, de um animal abatido em Santa Cruz, de parabéns por uma data festiva, do simples desejo de "que V. Majestade tenha passado bem". Outras apresentam-se mais explícitas e objetivas, como a intercessão a favor de "hum mulato por nome Bernardino Telles casado com huma mulher forra e com nove filhos", como "a tardança de hir por esta maneira saber da saude de Vossa Majestade, na qual me interesso muito como devo mas V. Majestade perdoará aos meus miollos a inconsideração tão mal tida [...]", como a queixa acerca de uma ama que D. Carlota lhe enviara, mas está sempre a chorar "consumida por causa do marido", não comendo, sendo, por isso, necessário substituí-la, até que a situação seja resolvida, como o envio dos nomes "das duas filhas do Caupers", como desculpando-se por não ter beijado a mão da mãe, quando esta veio ao Paço, não o encontrando, "porque eu tinha hido a cavallo em hum cavallo que eu ando ensinando para dar a minha Esposa, quando chegar", enviando-lhe, por último, um ramo de flores, por "monsieur Boiret". Outras ainda parecem mais de circunstância, como as que se destinam apenas a saber da "persioza saude [de] Vossa Magestade", a oferecer-lhe "essa cassada ainda que pequena mas muito gostoza pellas qualidades de passaros principalmente as Arapongas e as Bra[n]cas"; uma, escrita em francês primário, como se fosse um exercício escolar, assinada pelo "fils le plus obeissant e le plus respectueux – Pierre"; duas outras em que inquire da saúde da mana "Annica", isto é, Ana de Jesus Maria, a mais nova da prole do casal régio; outra em que se desculpava de não a encontrar "mas eu estava na lição do Padre Mestre Frei Antonio, que começou hoje"; e, finalmente, outra, na qual comunica "offertar esse pequeno mas exquezito Inseto a que se chama Alenterna".

Não estão datadas estas missivas, mas deverão ter sido escritas entre 1816 e 1817, uma vez que trata a mãe por majestade e que aguarda a chegada da esposa, desembarcada no Rio, como se sabe, em 5 de novembro de 1817. Claro que poderão ser mesmo anteriores, ao menos algumas, porque D. João e D. Carlota, embora não aclamados, já eram, de fato, soberanos há muito tempo. Em todo o caso, o infante era ainda solteiro, como parece evidente.

Elas demonstram, sem dúvida, uma distância e uma quase frieza entre o missivista e a destinatária. Na verdade, além do tratamento formal "minha may e minha senhora", que, aliás, seria expectável, o autor assina-se sempre "Deste seu mais humilde filho que lhe beija a mão", "filho que muito a estima", "sou de Vossa Magestade o filho mais obediente", "este seu mui obediente e humilde filho"... Obediência, humildade, respeito são conceitos sempre usados, com uma única excepção. Numa dessas cartas, Pedro intitula-se "deste seu mais obediente e extremozo filho". Em cerca de vinte, apenas uma foge ao mais seco formalismo. Nenhuma dúvida resta, pois, que a frieza, a distância e a secura de sentimentos entre filho e mãe foram uma constante. O herdeiro disporia de muito conforto, de amas, de aios, de serviçais, de escravos, mas faltava-lhe o essencial, o amor. Isso nunca ninguém lhe outorgara. A não ser, mais tarde, Leopoldina. Porém, o seu compromisso com a *proprietária*, como à esposa se referiu um dia desdenhosamente, não lhe preenchia a sede de conquista e de aventura. Impuseram-lha, sem o terem consultado, sem a sua anuência. Eles, como casal, conviveram em harmonia durante muito tempo, talvez até se tenham amado algum dia. Os corpos entendiam-se. Faltava-lhes, contudo, alma, entusiasmo, o sabor da conquista carnal. Isso lhe ofereceu Domitila. Ele, apesar de tantas experiências anteriores, delirou, perdeu a cabeça. Correu atrás dela, como nunca havia sucedido. Nem voltaria a repetir-se.

Ao observá-lo, a alguma distância, parece-nos que ele se comportava como se o aroma da pele de certas mulheres, o perfume por elas exalado, o fascinasse irresistivelmente. Não se limitaria a contemplá-las esteticamente como obra de arte original da mãe-natureza, todas diferentes, todas perfeitas em suas particularidades e requebros. Não. Desejava-as, conquistava-as, possuía-as, partilhava-lhes o sexo, invadia-lhes a intimidade, engravidava muitas delas. Alguém o comparou a uma borboleta atraída pelo ingrediente químico depositado nas flores ou nos frutos cheirosos. Perante elas, perdia o autodomínio, que, aliás, nunca manifestara em dose considerável. Desde a adolescência se tornara um incorrigível mulherengo, uma espécie de tarado a quem o incessante apetite sexual nunca deixava descansar. Crescera entre cavalos e palafreneiros e, à imagem daqueles, tornara-se um garanhão inextinguível. A aproximação às fêmeas perturbava-o e excitava-lhe o sabor da conquista e da posse. Sempre assim fora. Abrasileirara-se na viagem a Minas, adaptando-se aos comportamentos das gentes do interior, que, pela primeira vez, conhecera pessoalmente.[2] Ao que consta, nessa viagem fizera as suas costumadas conquistas, sempre cautelosamente ocultadas ou atenuadas pelo seu fiel amigo Chalaça.[3] A viagem a São Paulo, em agosto desse ano de 1822, revestiu-se do sortilégio de ter proporcionado o encontro de duas criaturas que "encenaram trepidoso romance, forrado de erotismo sem limite, em que as fraquezas da carne comandavam o espectáculo".[4] D. Pedro, que até então só conhecera um caso de atração irresistível e algo duradouro na pessoa da francesa Noémie, sucumbiu, desvairado, seduzido pela endiabrada filha do coronel Castro. A cavalgada que tivera de empreender do Rio para São Paulo aguilhoara-lhe o

---

2 SOUSA, I, p. 302 ss.

3 A este propósito é muito interessante o volume de ficção de João Pinheiro Neto *Pedro e Domitila. Amor em tempo de Paixão*, Rio de Janeiro, Mauad, 2002. Tenham-se em atenção os contos *A Baronesa de Mombaça*, p. 76 ss., e o seguinte, *Roupa Suja*, através dos quais se procura ressaltar o papel de Gomes da Silva, encobrindo (e ajudando a resolver) o resultado das aventuras amorosas de D. Pedro na sua viagem a Minas, em 1822, das quais havia resultado a gravidez de uma negrinha e acerca da qual D. Pedro teria dito: "Mulher minha é propriedade exclusiva, pode ser branca, preta, amarela, escrava ou nobre. Minha só minha" (p. 78).

4 SOUSA, *Idem*, II, p. 8.

apetite sexual, picara-lhe a carne, que necessitava de descarga da energia acumulada. Antes ainda de conhecer Domitila,

> atravessava o futuro imperador do Brasil viela pouco frequentada de Santos, quando se lhe deparou jovem mulata de grande beleza. Em movimento rápido, de quem não queria perder a caça, embargou-lhe o passo, segurou-a pelos ombros e estalou-lhe, de surpresa, um beijo. Não tardou o revide: desvencilhando-se, respondeu a rapariga com uma bofetada na bochecha do desconhecido, e escapuliu.[5]

A peripécia terá terminado com o desejo de o arrojado conquistador comprar a moça. Contudo, indo na sua peugada, soube que se tratava da mucama de um rico comerciante e acabou por desistir da sua pretensão. Os fados, naquele período, encaminhavam-no para a filha mais nova do coronel açoriano João de Castro Canto e Melo e de sua mulher D. Escolástica de Oliveira Toledo Ribas, nascida em 27 de dezembro de 1797, portanto alguns meses mais velha do que ele. Tarquínio de Sousa, ao referir-se ao encontro dos dois jovens, ele com 23 anos e ela com 24, afirma que ele "teria o primeiro lugar pelos estos de uma paixão de coruscante lascívia", de consequências imprevisíveis, mas escandalosamente nefastas.[6] Ela, segundo o mais completo estudioso da temática, "estava na idade completiva das graças femininas; nem indecisas acusações de broto, nem pendores de ramo a fanar-se".[7] Como já referimos, na comitiva de D. Pedro encontrava-se seu irmão Francisco, que se prestou a ajudá-la no intrincado problema da custódia dos filhos, havido do casamento desfeito com o alferes Felício Pinto Coelho Monteiro, por suspeita de adultério com D. Francisco de Assis Lorena. Por isso a apresentou a D. Pedro, talvez maliciosamente, pois lhe conhecia o fraco pelo belo sexo. Aconteceu o *coup de foudre*, como gostam de afirmar os franceses, ou a explosão. Iniciava-se nesse momento, "o mais escabroso capítulo da vida amorosa do primeiro imperador do Brasil".[8] Para Domitila foi o toque com a varinha de condão, que havia de dourar-lhe a existência e a de todos os seus: pais, irmãos,

---

5   SOUSA, II, p. 32.

6   SOUSA, 1988, II, p. 241.

7   RANGEL, 1928, p. 98.

8   SOUSA, II, p. 33.

tios, primos, amigos, conhecidos. De jovem repudiada e olhada com desdém, transformar-se-ia em nobre, invejada, respeitada, rica e influente. Prestar-lhe-iam homenagem ministros, diplomatas, cortesãos, militares, clérigos, nacionais e estrangeiros. Adornar-se-ia de enorme fortuna, comandaria criadagem numerosa e escravaria em profusão, habitando em casa como se fosse um palácio, frente ao da Boa Vista, ostentaria cavalos, carruagens, joias, quadros, móveis e deslumbraria com festas, quase régias. E, ainda por cima, suas filhas galgariam as honras do império, desde o berço. D. Pedro, até então "sentimental, homem de instintos, invulgar cortejador de mulheres",[9] transformar-se-ia num apaixonado vibrante, ciumento, possessivo. Mesmo que lhe tenha surgido outra mulher – e isso aconteceu – não passaria de mais um fogacho. A constante e duradoura dona de todas as atenções, benesses e cuidados seria ela.

Ninguém ousou nunca tentar explicar as verdadeiras razões que atraíram irresistivelmente D. Pedro para esta mulher. Muitas se foram sucedendo no seu longo rol de conquistador imparável. Nenhuma como esta. Por quê? Mistério.[10] Ela satisfazia-o plenamente no plano sexual, levando-o a confessar, perto de 1826 (a data é desconhecida ao certo): "Forte gosto foi o de hontem à noite, que nós tivemos; ainda me parece que estou na obra. Que prazer!! que consolação!!!, que alegria foi a nossa!!!" E, não satisfeito com estas exclamações, assinou: "Deste seu Amante constante, e verdadeiro, que se derrete de gosto quando... com Mecê."[11] Embora as suas palavras sejam sintomáticas, como "forte gosto", "prazer", "consolação", "alegria", e o subscritor se considere "amante que se derrete de gosto" com Vossa Mercê (diminutivado em "Mecê"), ocorreria perguntar: nunca ele teria encontrado mulher que tanto o satisfizesse? Parece que não. Essa será, provavelmente, a resposta certa. Mais: nesta missiva ele assina-se como "O Fogo

---

9   CALMON, 1933, p. 162.

10   Um autor contemporâneo, Jacobb Gonik, põe na boca de uma personagem contemporânea, velha como Matusalém, os segredos de a marquesa saber dominar D. Pedro: "Com Domitila era diferente, e eu fui a única a entender o porquê. Nesses 160 anos tenho ouvido mulheres gemerem demoradamente de prazer. Os homens podem esperar por elas, deliciarem-se com os movimentos, mas afinal gozam numa rápida convulsão elétrica. Somente em um caso vi um homem ter orgasmo feminino, torcer-se por longo tempo na cama com os dedos apertando o travesseiro, implorar para morrer, enfiar as unhas nas costas da amante e balbuciar expressões apaixonadas. E esse homem era Pedro sob Domitila." Cf. *Marquesa de Santos*, 2003, p. 142-143.

11   RANGEL, 1984, p. 516-517.

Foguinho". Que quererá isso traduzir: que queima, ou que é devorado pelo incêndio, adrede ateado? Bem clamara o nosso lírico Camões que o amor é um fogo que arde. Se o imperador o leu, seguiu-lhe o lema. E a verdade é que se deixou mesmo queimar pela paixão violentíssima. Infelizmente, a linguagem que lhe dirigiu e que ficou gravada nas cartas, de trepidante emoção, não foi um modelo de sensibilidade, nem de linguagem. Pedro Calmon, um entusiasta do imperador, intuiu os desvarios dessa correspondência lamentável, a vários níveis. As cartas ou bilhetes, como lhe chamou,

> são gritos da sua carne exigente, a depravação, a pieguice, a candura, se permeiam de fortes e claros risos de homem feliz. O seu amor é cioso, exclusivista, rústico. Não se lhe descobre uma espiritualidade, mesmo convencional, um entendimento de almas, algum idealismo limpo de animalidade: é material, sanguíneo, primitivo. Compraz-se de intimidades chulas e de um calão de estrebaria. As cartas poderiam ter sido escriptas por um eguariço [...] E ellas não molestavam a destinatária, que as entresoirou, como para legar à posteridade o documento palpitante de uma grande imperfeição de rei [...].[12]

O eminente baiano tinha razão. Se um não subira as escadarias da dignidade de que deveria revestir-se, mesmo nessa comunicação de alcova, o outro, isto é, ela, não fora melhor. Nenhum pudor revelaram na sua linguagem a cheirar a lençóis molhados! Na verdade, o fogoso monarca assimilara-se a um jovem estroina, usando palavreado desbragado e até chocante.

Em vez de considerações sempre subjetivas e discutíveis, sigamos-lhes alguns passos mais sintomáticos.

Domitila, após o encontro íntimo com D. Pedro, em finais de agosto, cujo resultado teria sido uma gravidez logo alcançada, é convidada a partir para o Rio, onde lhe é prometida vida desafogada. Em breve, se instalará na cidade, primeiramente nos arredores, longe das vistas indiscretas da imperatriz e do velho ministro José Bonifácio, que sempre se lhe opusera. Fisicamente seria uma jovem de pele clara, olhos e cabelos negros, sortida de carnes, de estatura alentada e olhar incisivo. A descrição mais fidedigna dela é bastante posterior. Feita por

---

12   CALMON, 1933, p. 162-163.

Isabel Burton, mulher de Richard Burton, que morreu em Santos e a conheceu pessoalmente, ela assim a descreveu:

> Era positivamente uma grande dama, sobremaneira simpática, absolutamente encantadora, sabedora de uma infinidade de casos do Rio de Janeiro, da Corte e da Família Imperial e das cousas daquele tempo [...] Tinha belos olhos negros, cheios de sympathia, inteligencia e conhecimento do mundo. Causou-me o maior interesse naquele lugar fora de mão.[13]

Se não fora uma beldade, em tempos idos, terá sido, contudo, uma moça atraente, apesar das alusões desencontradas dos seus contemporâneos que, ora a adulam, ora a repelem, fugindo, portanto, à objetividade.

Em novembro de 1823, ou talvez antes, já se passeavam pelo Rio os dois enamorados. Foram observados e identificados por uma fazendeira de Campinas (São Paulo), de visita à cidade. Caminhavam na direção da Tijuca, a cavalo, seguidos, a alguma distância, por um pajem, para lhes não escutar as confidências. De repente, "despejava-se uma chuva torrencial, abalando a mataria em volta num abundante e estrepitoso banho".[14] Pedro e Domitila regressaram precipitadamente à cidade, encharcados até aos ossos, não ainda para São Cristóvão, como pretendeu Rangel, mas ela para Mata-Porcos e ele para a Boa Vista. E acrescenta o cronista citado: "Da Tabatinguera e do Ypiranga, em São Paulo, transferira-se a mulher, a que a fortuna sorria a golpes de sua irresistível fascinação."[15] Há quem afirme que a gravura de Gianni executada para comemorar o juramento da Constituição em que D. Pedro aparece enlaçando uma jovem, com traços de índia, a tivera por modelo. Sua irmã Ana Cândida subiria, como ela, aliás, a dama do paço, logo em 1824. E, no ano seguinte, parentes, amigos e até conhecidos beneficiaram largamente da magnanimidade de D. Pedro, como testemunha pormenorizadamente Rangel.[16] Perante ela, ele, ordinariamente altivo, e até arrogante, baixava-se a pedir-lhe perdão. Mudara muito, claro. Rangel, de longe o

---

13 RANGEL, 1974, p. 49.

14 RANGEL, 1926, p. 186.

15 *Idem*, p. 187.

16 1926, p. 189 ss.

mais profundo conhecedor do relacionamento íntimo de ambos, entendeu poder escrever, acerca dele: "arrancou de si o manto imperial até ficar por vezes bem descomposto nos seus chavelhos de um satyro desgalgado e exhorbitante [...]".[17] Dura linguagem, sem dúvida, mas merecida.

Olhemos mais de perto essas cartas, então escritas, as quais, pelo seu conteúdo e escalonamento no tempo, nos ajudam a acompanhar as mutações e as sequências da sensibilidade de quem as redigiu. Alberto Rangel, que as elencou, comentou e estudou minuciosamente afirma que "são, provavelmente, mais de cento e sessenta e seis [...]",[18] embora ele tenha transcrito 151 delas. Sobre estas incidirá, a partir de agora, a nossa atenção. Fá-lo-emos, como sugeriu Rangel,

> sob o ponto de vista estritamente humano [...] Documentos de fragilidade, de espontâneo oferecimento da alma em seus bons e maus momentos, de razões naturais de concordância ou discórdia, entre dous corações, de manifestações abruptas do senso ou da tempérie, não merecem outro ponto de vista [...], senão o que a humanidade traga para explicá-los, justificá-los ou escusá-los.[19]

E o mesmo autor, mas em obra anterior, precavera os seus leitores:

> Esses papéis tudo valem; ao escrevê-los, D. Pedro não procurou escolher assumptos, nem polir a forma de suas expansões; são do mais alto interesse psychologico ou mais particularmente psychanalitico. Freud regalar-se-ia de compulsá-los. Colleccionando no seu regaço de amada esses retalhos de papel, D. Domitila votou à posteridade alguns elementos de estudo incomparáveis pelo despejo e naturalidade verídica de quem os deixou tombar do forro de uma côroa, arrastando chinellas em camisolão de dormir.[20]

---

17 *Idem*, p. 195.

18 RANGEL, 1974, p. 23.

19 *Idem*, p. 37.

20 RANGEL, 1926, p. 195.

Acerquemo-nos, então, do conteúdo dessas cartas, para tentarmos perceber os estados de alma de quem as redigiu, por vezes em circunstâncias bastante precárias.

A primeira foi escrita em 17 de novembro de 1822 e responde a duas, entretanto recebidas e que se desconhecem. Redigida a partir da fazenda de Santa Cruz, foi endereçada à "Chara Titilia". Esta designação era o diminutivo pelo qual D. Pedro a tratava na intimidade. Ela fora batizada, aliás, com o nome de Demitília, o que facilitava este apelativo carinhoso. Ela sentia-se lisonjeada com este tratamento, o qual transbordava "de affeição e furia veneraria", segundo Rangel, e, por isso, o amante repetia-lhe o agrado, em sucessivas cartas. Este comunicava-lhe que "foi ineisplicavel [sic] o praser que tive com as suas duas cartas" e fá-la ciente de que comunicara ao pai, velho de 80 anos, de cepa nobre, originário da ilha de São Miguel (Açores), que ela se encontrava "pejada de mim". Por essa razão a mandara buscar a São Paulo, bem como à família, "que cá não hade morrer de fome". Confessa-se amoroso e pronto a fazer sacrifícios. Nesta data, não imaginaria as complicações que dessa ligação decorreriam. Por enquanto, é o apaixonado que fala. Há, contudo, um elemento interessante a reter. Eles conheceram-se intimamente a partir de agosto de 1822. E daí teria resultado logo a primeira gravidez, da qual nasceu um menino, que cedo morreu. Esta segunda gestação, que daria a ambos a primeira filha, D. Isabel, ter-se-ia iniciado em setembro desse ano.[21] Ninguém sabe, contudo, quando é que os Castro Canto e Melo e familiares rumaram ao Rio de Janeiro. A família era muito numerosa: sete irmãos, filhos, tios, sobrinhos, cunhados, primos, e todos se deslocaram, a reboque, para perto da Corte, onde, sem exceção, auferiam apreciáveis benefícios, prodigalizados pelo imperador.

Significativa e muito sintomática se apresenta a forma de despedida do libidinoso apaixonado. Transcreve-se aqui tal como chegou até nós:

> Aceite abraços e beijos e fo...
>
> Deste seu amante que suspira pela ver cá o quanto antes.
>
> O Demonão.[22]

---

21 É sintomática a "leitura" que do nascimento desta filha de D. Pedro fez João Pinheiro Neto. Cf. obra citada, p. 228 ss.

22 RANGEL, 1974, p. 45.

Esta linguagem, que, como veremos, irá em crescendo e atingirá tons muito mais fortes e explícitos, pode fazer corar. Ela extravasa uma enorme grosseria e salacidade por parte de quem a usa, mesmo tendo em conta que o idioma lusitano da época não primava por suavidade e delicadeza de expressão. Desprezava eufemismos e paráfrases, preferindo a rudeza da palavra, explosiva e bruta. Muitas vezes a escrita imitava uma enorme liberdade vocabular usada na comunicação oral, onde o calão mais reles assumia foros de uso corrente entre amigos, cúmplices ou conhecidos. O amante – a palavra é essa – assinou: "o Demonão". Entre 1822 e 1825 esse designativo entremeia-se com outros, um dos quais foi "Fogo Foguinho" (julho de 1823). Qual o seu alcance? Tais pseudônimos, cujo verdadeiro simbolismo apenas os dois conheceriam, cheira a alcova, a lençóis molhados e em desalinho, a cama e a contorsões de corpos nus. Talvez seja um sintoma de sexo selvagem, tão malicioso e pecaminoso como o demônio e tão violento e comburente como um fogo inextinguível.

O imperador, na sua correspondência com Domitila, tocará muitas vezes a obscenidade e a inconveniência, trazendo para uso corrente expressões como "diarreia", "prisão de ventre", "indigestões", "cólicas", "arêas" (cálculos renais), "urina clara", "gonorreia", "furúnculo" (leicenço). Trata-se de verter em palavras escritas uma familiaridade de baixo grau, sem qualquer sentimento de nível que a acompanhe. Essa correspondência tresanda a sexo, por vezes mal cheiroso, a uma sensualidade primitiva e quase animalesca, sem quase nada que a distinga, em vez de brotar de seres que se entregam com prazer e entusiasmo, mas que, no ato sensual, inserem alguma espiritualidade, agindo com gozo e fruindo, esteticamente, a beleza do outro. Dir-se-ia que topamos aqui um sexo selvagem, quase animalesco, despido de qualquer delicadeza e criatividade expressivas. O autor das missivas revela, pois, uma postura e formação demasiado rudes e destituídas de vergonha e contenção. Onde estão a poesia, o sonho, a doçura de expressões altruístas e de fruição estética? Mesmo a beleza dos corpos enlaçados e fundidos, em doces abraços prolongados, não aparece. Ao contrário, topamos com vulgaridade, alguma baixeza de comportamentos, inconveniências desajustadas.

O amor cortês, melífluo e sonhador, cantor da beleza física e transparecendo inocência e elevação, infelizmente, está ausente. Pedro Calmon, mais uma vez muito crítico do seu idolatrado rei-cavaleiro, exclamava, acerca do amor de Pedro e Domitila traduzido nas cartas: "Não se lhe descobre uma espiritualidade, mesmo convencional, um entendimento de almas, algum idealismo limpo de animalidade."[23] Sabemos que muitos contemporâneos se surpreenderam ao toparem D. Pedro em comportamentos quase de rural: chapéu de palha, calças enrugadas e pouco limpas, botas enlameadas ou a federem a estrebaria, camisa aberta, chicote na mão, lavando cavalos, ferrando-os, gesticulando com criados, inspeccionando o estado de carros, testando arreios. Esse comportamento extravagante quase os chocava, por o considerarem impróprio de um monarca, de quem esperavam porte aprumado, gestos contidos, postura digna e quase exemplar. Por isso esta linguagem das cartas pareceu-lhes indigna de um fundador de Império, de continuador de uma linhagem que se situava no cume da pirâmide das honras, das dignidades, dos comportamentos. Inimigos da monarquia aproveitaram estas cartas para atacarem de frente o estofo, considerando-o reles, do símbolo da automomia brasileira. Alberto Rangel, complacente para com o casal de amantes, procurou explicar essa indecência de linguagem:

> A culpa da trivialidade inclusa nessa correspondência é devida à rudeza e desatavio inseparáveis da formação de D. Pedro. Não se lhe poderia exigir senão o que lhe fosse possível conceder. Que demonstram essas transmissões do Imperador, meio cavalariço e enfiado no seu roupão de dormir, senão até que grau de intimidade havia ele chegado, destemperando-se a sós e entre lençóis com a sua bela manceba? A verdade é que de quase todos os homens não se poderia reclamar mais reservas de compostura, situados na atitude de privança a que fossem levados pela força das cousas [...].[24]

Não parece muito convincente o meticuloso autor. A D. Pedro não faltaram condições, nem mestres, nem teorias. O que o impediu de se comportar e de se exprimir de forma adequda e comedida foi uma natureza impulsiva, violenta, autoritária, egoísta, que se olhava a si própria como fonte de legitimidade inquestionável. Familiaridade e inconveniência nunca foram sinônimos. E Leopoldina, na sua amargura e frustração, bem o demonstrou.

---

23   1933, p. 162.

24   RANGEL, 1974, p. 173.

D. Pedro, é forçoso reconhecê-lo, caiu aqui numa vulgaridade e numa boçalidade de sentimentos e expressões que o atiram para a galeria do antiparadigma. Isso mesmo nele denota o pouco conceito em que tinha o gênero feminino. Para ele, a mulher só é respeitável e digna, quando lhe agrada ou lhe convém. Nisso ele é bem – e mais uma vez – um homem do seu tempo. Não esqueçamos as suas grandes qualidades, os seus rasgos de coragem, de heroísmo, de sentido de dignidade do seu papel político, a sua argúcia e constância na defesa dos ideais da liberdade, mesmo que entendida a seu modo, a percepção de que há momentos históricos únicos e irrepetíveis, desculpando-lhe as fragilidades de homem de educação solta e de comportamentos quase repugnantes. Perante as suas enormes virtudes e qualidades, olvidemos-lhe os vícios, que foram muitos, sem dúvida. Bem teve razão Maria Graham, grande amiga de Leopoldina e que conheceu muito de perto D. Pedro, quando escreveu que a natureza o dotou de fortes paixões e de grande qualidades.

Ele próprio o reconheceu na carta, datada, seguinte. Ela é de 4 de maio de 1824. Foi escrita sob enorme ataque de ciúmes. Pelo que se entende da sua leitura, D. Pedro ter-se-á dado conta de que Domitila, a quem trata por "filha" e "amiga", foi sensível a conselhos de outra pessoa, do sexo feminino, dando-lhe, porventura, menos atenção a ele próprio. Inicia a missiva com esta pergunta incómoda: "Será possível, que tu estimes mais a alguem do que a mim. Meu coração diz-me que não, meus olhos dizem-me sim." Neste desabafo colhe-se a impressão de que ela o tinha completamente à mercê. Percebera-lhe a sensibilidade e jogava habilmente seus trunfos. O certo é que ele se confessa inseguro e lhe protesta o seu amor, olhando-a como se fosse seu dependente:

> nunca deves desprezar, tratar mal a teu filho a ponto de o fazeres dezesperar e sabe Deus se enlouquecer. O Amor que eu te tenho he do coração pois não precisa proteção nem dinheiro, o e amor que eu tenho nasce do fundo d'alma [...] e às vezes tudo que me dão he para ti ainda primeiro que para meus filhos.

Não contente com as declarações que lhe faz, dispara outra, de enorme alcance, tendo em conta a sua personalidade: "Eu sou Imperador mas não me ensoberbo com isso, pois sei que sou um homem como os mais sujeito a vicios e a virtudes como todos são." A despeito das suas fraquezas e erros, trata-se de um homem realista, inteligente, arguto, poderoso, mas consciente de limitações e de algumas virtudes. Esta confissão, mesmo no segredo do amor proibido, dignifica--o, como homem. Além disso, deixa ainda no ar outra insinuação à "amiga": haverá alguém que possa considerar-se imune às influências exteriores? Por ele, a resposta seria: não, não há. Portanto Domitila apenas o deveria ouvir a ele.

Termina a carta, que é das mais corteses e contidas, assinando-se: "Teu filho amigo sempre fiel constante disvelado agradecido e verdadeiro – Imperador." Perguntar-se-á: para quê tantos adjetivos? Seria necessário convencer Domitila, que já lhe tinha dado uma filha espúria? Estranho, sem dúvida.

Não menos intrigante é invocar o seu estatuto de imperador. Rangel contou cento e quatro vezes a utilização do título ou dignidade imperial nas cartas e entende que ele se destinaria a "manter a aura de posse que a sua união amorosa exigiria. Firmava o monarca a fascinação junto ao coração caprichoso e impressionavel da seduzida".[25] É possível. A nós parece-nos mais adequado ao caráter de D. Pedro, mesmo após as dúvidas, as juras de amor e os lamentos, que ele pretendesse marcar bem as distâncias respectivas. Seduzida estava ela há muito, como se sabe, e, mesmo ao confessar que não se ensoberbece com o título, o simples fato de o invocar já é uma forma de marcar a sua dignidade e posição. Aliás, o próprio Rangel o suspeitou ao afirmar: "Era como se simplesmente o homem, despido de suas honras e privilégios, não bastasse." Desse modo, o arrebatado mancebo juntava o perfume da coroa com os lençóis da amante. Ciúme, poder, suspeição, desconfiança caldeavam-se inextrincavelmente e Domitila, mesmo sem cultura convencional, revelava inteligência e capacidade de sedução bem acima do comum. D. Pedro atraíra muitas, deixara-se cair nos braços de todas, donde saira sem beliscadura. Esta possuía uma mecha oculta à qual o pavio do monarca não conseguia resistir. O fogo devorava-os a ambos, em combustão ruidosa e largamente escandalosa.

A primeira carta foi datada de novembro de 1822 e esta de maio de 1824. E de 1823 nada restou? Com data explícita, não. Porém, assinada por "Fogo Foguinho" existe outra, cujo conteúdo tem de situar-se em 1823. Ela dá conta do estado de saúde do subscritor, que sofreu uma grave queda do cavalo, partindo costelas,

---

25   1974, p. 57.

luxando uma clavícula e contundindo um quadril. Até então teria sido vítima de quase trinta quedas deste tipo. Ora esta, a que a carta alude, teve lugar a 30 de junho de 23: "Eu estou muito milhor, tenho já muito menos dores: dormi bem de noite, estou ligado, mas as costellas ainda me estalão", diz. Manda cumprimentos para a mãe de Domitila e para a irmã e assina-se "crioulo de S. Cristovão".

O elo de ligação fazia-se através de Francisco Castro, irmão dela. A reter, portanto, é que a carta é de julho de 1823, talvez da primeira quinzena, e D. Pedro, além do tratamento a si próprio atribuído, denotador da maior intimidade, assume ser o crioulo de São Cristóvão. Como sabemos, nesta época designava-se assim um europeu de gabarito, nascido na América. O imperador considerava-se um brasileiro nato. A proclamação do Império conferira-lhe esse direito. É a única vez, ao que sabemos, que ele se reclama desta condição de crioulo americano, tal como haviam feito Bolívar, San Martin, Miranda e outros.

A propósito da assinatura aposta nas cartas, destaquemos, desde já, algumas notas de interesse. De 1824 apenas se conhecem duas cartas datadas, esta, de 4 de maio, e outra de 23 de novembro. Nesta última, curta, volta a assinar-se como "O Demonão". Contudo, a temperatura sentimental já subira, visto que a dirige ao "Meu amor do meu coração" e declara-lhe, antes da assinatura: "Deste seu amante fiel, e constante e disvellado." O conteúdo dela apresenta-se quase trivial. Não a esquece e manda um beijo para a "nossa querida Bellinha". Esta, como já se referiu, nascera a 23 de maio de 1824, contando, portanto, exatamente seis meses de idade. Dois anos mais tarde seria reconhecida como sua filha (20 de maio de 1826), sob o nome de Isabel Maria de Alcântara Brasileira. De filha de pais incógnitos, como tinha sido registada no ato de batismo, passava a descendente do imperador, ou, por outras palavras, de espúria transformara-se em legitimada. O vigário da igreja da freguesia do Engenho Velho resistiu quanto pôde a mudar a situação sociojurídica da criança, mas, perante ordem dos ministros, não lhe restou outra alternativa senão obedecer.[26] A menina receberia o título de duquesa

---

26 Conta-se que, para o sensibilizar, D. Pedro lhe ofereceu um quadro no qual estava pintada a cena do perdão de Jesus a Maria Madalena, a pecadora pública. Assim como ela fora perdoada, também ele se sentia no direito de exigir idêntico gesto ao clérigo. Este mantinha-se, contudo, intransigente. Mas a ordem, vinda de cima, tinha de ser cumprida. E foi. A 24 de maio, o imperador assinava o decreto de reconhecimento.
Em 25 de novembro de 1829, para não embaraçar mais a situação familiar de seu pai, saiu do Paço de São Cristóvão, onde passara a residir juntamente com os filhos legítimos de D. Pedro e seguiu

de Goiás e ficava à guarda do brigadeiro Castro Canto e Melo, avô materno e responsável pela sua educação. Ao ser reconhecida oficialmente, houve festa de gala, em casa da mãe. Esta nunca foi nomeada. Era como se, oficialmente, não existisse. A imperatriz, informada do que se passava, ausentara-se para uma caçada fora da cidade! Um ano mais tarde, em 24 de maio de 1827, repetiu-se a festa, mas agora na Quinta da Boa Vista, com banquete e beija-mão. D. Leopoldina, ao morrer, deixara o espaço livre. A menina duquesa seria tratada de acordo com a condição do seu nascimento,[27] sempre seguida cuidadosamente pelo pai e, após seu falecimento, por D. Amélia.

A outra carta, terceira da série das datadas, dá conta do envio de caça para a imperatriz e também para Domitila, chama a esta "meu benzinho", envia-lhe um "coração saudoso" e termina indicando o nome do correio direto, Plácido Antônio Pereira de Abreu, que começara como barbeiro do príncipe, em 1815 e se tornara, uma década depois, homem influente e de absoluta confiança de D. Pedro. Com pouca formação e escrúpulos, era detestado por D. Leopoldina e Maria Graham vituperou-o. Acabou por atingir a dignidade de administrador da Casa Imperial, tesoureiro da Irmandade do Senhor dos Passos, muito prestigiada na cidade, e, em 1831, era oficial da mesma Casa Imperial. A abdicação de D. Pedro, nesse mesmo ano, fê-lo cair em desgraça. A marquesa, retirada definitivamente da corte (fora para Santos), fê-lo seu procurador no Rio para que recebesse as suas rendas e tenças e lhas enviasse. Ele, contudo, recusou o encargo. Serviu-a, quase a bajulou, enquanto ela se mantinha favorita. A queda dela foi-lhe fatal. Plácido só se mostrara seu amigo por interesse. Faltava-lhe formação humana, como a tantos outros. E este juízo não se aplicou apenas aos homens daquela época...

De 1825 apenas se conhecem três cartas datadas e uma outra do mesmo ano, embora sem data explícita. Todas apresentam em comum o modo derretido como o subscritor se dirige à paulista: "Meu Amor, minha Titília", exceto na última, datada, em que prefere "Meu amor e meu tudo [...]". Em todas assina "Imperador", exceto naquela que não exibe data, onde deixou escrito "O Demonão P.". Mas antes do nome, ou título, escreveu "Seu verdadeiro amante, fiel, constante, disvellado e

---

para Paris, num barco com o seu nome, para entrar num colégio de elite. Acabaria por ser protegida pela segunda esposa de D. Pedro, casando com um conde alemão e vindo a falecer em 1898. Cf. RANGEL, 1974, p. 60-65.

27 RANGEL, 1974, p. 202.

agradecido, e como seu Imperador", ou então "Seu fiel, constante, disvellado, agradecido e verdadeiro amante do fundo da alma e coração O Imperador". Como se poderá supor, três anos de intimidade redundaram num permanente crescendo da paixão. Contudo, nenhumas palavras nossas levarão o leitor a penetrar na palpitação da intimidade pedrina como as suas próprias palavras. Nada as substituirá. Elas aqui ficam, na sua dimensão humana e cultural.

Peças para um libelo

Transcrevem-se, seguidamente, algumas dessas cartas, dentre as mais de centena e meia que chegaram até nós. Como se verá pelas respectivas datas, elas referem-se a momentos diversos (1825-1829) e inserem-se em contextos diferentes. Cada uma delas será seguida de um pequeno comentário com o objetivo de ajudar o leitor a seguir com mais facilidade passagens menos acessíveis. Limitarnos-emos ao essencial, quer para não nos alongarmos, quer para permitirmos uma sequência do discurso do seu autor.

Meu amor,
minha Titília

Eu não sei já onde tenho a minha cabeça e por pouco que não perco o juízo, considerando em tantas coisas.

O amor que lhe tenho está provado com as provas irrefragáveis. Se ele era grande, hoje, com a nova prova por mercê dada a sua amizade para comigo e constância, meu coração fica muito mais cativado e procurarei dar cada vez mais demonstrações do quanto o estimo e lhe sou obrigado e agradecido, pois vejo e conheço o quanto me tem sofrido, tudo procedido do grande amor que me tem e que eu prometo pagar com outro igual. Quanto ao que me diz de ingrata, respondo que sou infeliz e que pouco durarei para lhe não dar mais que sentir, pois a minha aflição de hoje tem sido tão forte que sinto meus nervos tão afetados que bem temo algum acidente.

Mártir da verdade, sou infeliz, não comporta querer-lhe muito, muito e muito. As suas palavras para mim não são evangelhos e muito acredito nelas, tanto como eu mesmo. Sinto que me diga que uma ingrata não deve ser acreditada, pois eu nunca disse que a não acreditava, bem pelo contrário.

Pelo amor de Deus, pelo amor de Deus lhe peço que não me despreze por lhe dizer a verdade e me perdoe algum excesso que tivesse no momento de me dizer "é o que se pode esperar dos amigos". À tarde vou aos seus pés e deles não me levanto sem que mecê me perdoe, pois eu, se isso não acontecer, receio muito de mim, porque me vejo num estado triste e sem me sair da cabeça que mecê me ficou... não sei dizer mais, pois me falta prosa, única vez em minha vida, só sei dizer que por Deus que está no céu e que eu me não salve se a não estimo, se lhe não quero bem e se até a não (não é lisonja) a não adoro.

Assim confirmo como homem de palavra, como

Seu verdadeiro amante fiel, constante, desvelado
e agradecido e como seu

Imperador

Boa Vista, 18 $\frac{4}{8}$ 25.

Esta carta de D. Pedro mostra o frenesi que o amor a Domitila lhe provocava. Repassada de sentimento, pretende mostrar a ligação que o une à sua amada. Para isso jura, implora, invoca os Evangelhos, prostra-se aos seus pés, solicita perdão, teme pela sua saúde, protesta querer-lhe bem e até adorá-la. Como escreveu o autor de *Marginados*,

> É um eco de transporte, prolongado nas linhas de tão fraco e comovido dizer [...] Em suas declarações repete os advérbios de quantidade, as frases interjetivas, tentando avaliar o quanto lhe quer. É humildoso e reconhecido, duas formas e impulsos aditícios do verdadeiro amoroso. Nos seus períodos há empenho, confiança, temor e aflição [...] Tolhido e sobressaltado, suas frases modelam-se imperfeitas e rasas, tomadas, porém, do calor de incontestável paixão. Parece esta carta marcar o ápice da inclinação por sua preferida. Dir-se-ia indicar a altura máxima de seus sentimentos, estadeados na linha diagramática de certas afeições mais indizíveis e pessoais. Seja como for, sente-se quanto D. Pedro quis à sua Domitila

"[...] Tudo comprova o grau de apego extremado do soberano à sua escolhida, junto da qual, ao fim de três anos, ele sente a necessidade de despejar o peito trêmulo e mal parado"[28].

Sabemos que a família Bragança e Bourbon foi sujeita a múltiplas manifestações de epilepsia, que, sempre iminentes, fragilizavam os seus membros. Ele teme um ataque na sequência de ser contrariado e quase a responsabiliza por antecipação, se tal viesse a ocorrer. Seríamos levados a tentar saber o que é que essa mulher exibia de mágico que o enfeitiçava completamente. Nunca D. Pedro se mostrou tão dependente.[29]

Nas outras duas cartas desse ano de 1825 reafirma o "gosto de a abraçar e beijar" à noite, lembra-lhe que, em 29 de agosto, fez três anos que a conheceu, coincidindo essa data com o reconhecimento do império por Portugal. Associa os "acontecimentos políticos, com os nossos domesticos, e tão particulares!!!!". Confessa que vê nessa coincidência de datas algo de misterioso, que crê na Providência, a qual "vella sobre nos (e se não ha pecado) athe como aprova a nossa cordial amizade".[30] Hesita entre classificar o seu relacionamento como desviante do comportamento de um católico, que sempre julgou ser, embora o seu velho confidente Frei Arrábida sempre o haja compreendido e, quiçá, atenuado a sua culpa.

Entretanto, a 7 de dezembro de 1825 nascia outro filho de Pedro e Domitila, ao qual foi posto o nome de Pedro; segundo um oficial alemão, o pai pretendia fazê-lo duque de São Paulo. A morte, em 13 de março de 1826, inviabilizou esse projeto. Quando ela ocorreu, os progenitores estavam na Bahia, onde haviam chegado a 27 de fevereiro, como acima referimos. Recorde-se que este foi o terceiro rebento do casal, já que o primeiro, um menino, não vingou com vida.

De 1826 ficaram seis cartas datadas, duas para os pais de Domitila enviadas a partir da Bahia e as demais para Domitila, domiciliada no seu palacete, frente ao paço de São Cristóvão. À favorita chama "meu encanto e meu tudo", mas, ciumento, inquire-a sobre a razão pela qual viu duas seges paradas à sua porta,

---

28 RANGEL. 1974, p. 57.

29 Uma observação gostaríamos de deixar, desde já. Esta carta é de redação prolixa, nervosa, repetitiva, difícil de seguir. Talvez a pior das que escreveu. Neste aspecto, as seguintes apresentar-se-ão muito mais acessíveis e claras.

30 Carta de 27 de dezembro de 1825.

desconhecendo-lhe os proprietários. Afinal, "quem está lá?". Como se percebe, zeloso de manter a exclusividade da amada, D. Pedro vigia-a, mantém observação permanente. Desconfiará?

Ao pai de Domitila, em missiva de 2 de fevereiro, atira: "Os imperadores são homens, e como homens tem amigos e assim devem desempenhar seus deveres como taes por isso eu lhe escrevo." Nem mais. O monarca confessa-lhe sua amizade, pergunta-lhe pela família e pelos filhos, Isabel e Pedro, que deixara à sua guarda.

Mais sintomático é que, na carta escrita à "minha velha", ou seja, à mãe de Domitila, no dia 7 de março desse ano de 1826, classifica como "meus afilhados" os próprios filhos, netos de D. Escolástica, ainda não assumidos, como sabemos, nessa data. Dá e pede notícias como se a família Castro fosse a sua, refere que "Nhatitilia", isto é, a senhora Domitila, se encontra com dor de ouvidos, mas que ele assumiu o papel de seu enfermeiro, "pondo-lhe sinapismos" e "deitando-lhe bixas". O pretexto da doença permitia-lhe uma aproximação maior à cabeceira da enferma, que não enjeitava, como confessa. Fala, de raspão, da imperatriz e de D. Maria da Glória. No final da carta, em *post scriptum*, envia "mil abraços aos meus caros afilhados pelos quais todos os dias choro". Eufemisticamente confessa-se saudoso desses filhos naturais, o que indicia um dos traços mais marcantes da sua existência, a saber, o entranhadíssimo amor aos filhos, fosse qual fosse a sua proveniência. Aqui fica uma concludente prova desse vínculo paternal. Aliás, em carta à amante, de 21 de julho, fala de uma menina trazida por Luís do Rego [Barreto], antigo governador e capitão-general de Pernambuco. Ao que parece, serão os restos mortais, embalsamados, da filha de D. Pedro e da bailarina francesa Noémie Thierry. Na ordem de geração, esse terá sido, ao que se conhece, o primeiro rebento da verga de D. Pedro, que ele jamais esqueceu, como por esta carta se prova.

Termina as suas mensagens suspirando pelo advento da noite "para gozar da tua para mim muito grata companhia". Isso prova que o imperador se resguardava, evitava as aproximações diurnas, tinha consciência de que não convinha fornecer elementos comprometedores aos bisbilhoteiros. Disso há inúmeras provas. Maria Graham, sempre perspicaz, afirma que "por um verdadeiro respeito pela imperatriz, as relações com Madame de Castro eram encobertas quanto possível". Em alguns aspectos, convirá corrigir exageros que os detratores da imagem pública do imperador plasmaram e fizeram circular profusamente.

As mais marcantes deste ano de 1826 foram escritas em simultâneo, mas com destinatários diversos: uma para a imperatriz, outra para Domitila. Leiamos os respectivos conteúdos

(A D. Domitila)

as 5h 1/2 da tarde.

S.tª Catharina, 18 $\frac{29}{11}$ 26

Minha querida filha e
amiga do meu coração

Neste momento fundiamos com muito boa viagem e com o comboio todo junto ao largar ferro cahio um Pampeirete com trovoada; mas fraca. Esta manhan as 9 horas avistamos huma corvetta com bandeira franceza demos-lhe cassa por 2 horas, e meia, e não entrando com ella pois andava mais voltamos a entrar com o Combo. Mandei o Passaro por excellencia que he a fragatta Izabel que tendo este nome não podia ser má, e anda muito, e tenho subejas esperanças que seja agarrado o tal inimigo que he uma linda curvetta, e esteve tão perto da Nau como pode ser de tua caza a ilha da Caxassa. Pertendo partir se Deus quizer depois de amanhan para o Rio Grande pois assim farei que com mais facilidade a tropa se vá encorporar ao Exercito. Não te posso minha filha explicar as acerbas saudades que dilacerão o coração do teu constante, fiel saudoso filho. Nada mais digo senão que [sou] só teu, e do mesmo modo quer esteja no Céo no inferno ou não sei aonde. Tu existes e existirás sempre em minha lembrança, e não se passa um momento que meu coração me não doa de saudades tuas, e da nossa querida Bella em quem darás mil beijos e abraços de minha parte. Recomenda-me a tua mai a Nha Candida, e acredita que sou o mesmo teu amante filho e amigo *fiel constante disvellado agradecido, e verdadeiro*, e saudozo por estar de ti auzente.

O Imperador.

(A D. Leopoldina)

as 5h 1/2 da tarde.

S.tª Catharina, 18 $\frac{29}{11}$ 26

Minha querida Espoza
do meu coração

Agora neste momento fundiamos com muito boa viagem, e o comboio todo junto, e ao largar ferro cahio hum Pampeirete com trovoada, mas fraca. Esta manhan ás nove horas avistamos huma Curvetta com bandeira Franceza demos-lhe cassa por duas horas, e meia, e não entrando com ella pois ella andava mais voltamos a entrar com o Comboi, e mandei o Passaro por excellencia q he a Fragatta Izabel q anda muito, e tenho subejas esperanças q seja agarrado o tal amigo q he huma linda Curvetta. Pertendo partir pª o Rio Grande por ser assim mais conveniente pª fazer hir a tropa com brevidade pª o Exercito. Agora so me resta patentear-lhe por este modo as acerbas saudades q tinha da Imperatriz q pode contar q he amada do fundo do coração. Deste seu Espozo amte e saudozo.

O Imperador.

P. S. – Abraços, e beijos em todos os nossos queridos filhos, e conte qe qtº mais depressa eu poder lá estarei.

O mínimo que nos sugere a leitura será considerar chocante, ao menos para a sensibilidade hodierna, o procedimento do imperador. Em viagem ao sul, por causa da situação na Cisplatina, escrevera estas duas cartas, datadas do mesmo dia e hora. O autor de *Textos e Pretextos* assim se lhes refere: "Na mesma hora e dia, com a mesma tinta, as mesmas palavras talvez a mesma sinceridade. Moldadas foram uma pela outra as cartas de ausencia e de saudade aos dous corações rivaes. Que duplo documento sentimental de um homem a duas amarras, a excitar acuidades de um observador sthendaliano."[31] Uma, a endereçada à imperatriz, mais

---

31   RANGEL, 1926, p. 202.

formal e evasiva, termina por recordar "as acerbas saudades" e dizendo-lhe "que he amada dos fundos do coração. Deste seu Espozo amante saudozo". Seria mesmo verdade? Poderemos, legitimamente, duvidar? Penetrar nos arcanos da alma alheia nunca será possível. D. Pedro manifestara desde jovem um caráter desconcertante, pleno de contrastes, alardeando até desdém pelo incumprimento das regras de cortesia e pelas convenções sociais[32] e, portanto, nada nele poderá surpreender. Nem mesmo a sua eventual sinceridade.

A outra refere intimidades, maior afetividade e cumplicidade (ao informar que a nau inimiga estivera a uma distância da sua embarcação como a "de tua casa à ilha da Caxassa)". Enquanto na missiva para a imperatriz se mostra mais frio e formal, na que endereçou a Domitila abria os arcanos do seu coração. O remetente assume-se como um apaixonado explícito. Dias depois, em circunstâncias dramáticas e algo misteriosas, envoltas em muita especulação e algum secretismo, a malograda imperatriz empreendia a derradeira viagem, rumo ao Além, que ardentemente desejara, em momentos de desespero, libertando-se de desgostos e afrontas constantes. D. Pedro ficava viúvo, livre novamente, apto a poder exibir uma postura diversa. Ninguém arriscaria prever qual o rumo de vida que adotaria, no imediato. Contudo, ninguém ignorava que não se limitaria a carpir o sucedido. A ação sempre o fascinara. Iria agir e depressa, como era seu hábito. Tal sucedeu, de fato.

Recebeu, quando ainda se encontrava no sul, notícia do infausto acontecimento através de informações de seus ministros e de Frei Antônio da Arrábida. Murmurava-se também que a marquesa lhe dera notícias do que ocorrera, queixando-se de que alguns cortesãos a afastaram do acesso ao quarto da imperatriz agonizante, o que a impedia de exercer o seu direito de camareira. Perante o sucedido e, talvez, até antes, D. Pedro decidira regressar à Corte onde percebia agitação e uma oposição surda à sua forma de governar, agravada pelo escândalo público da mancebia com Domitila, demasiado exposta agora à murmuração pública. Aliás, o divórcio concedido à marquesa, com rapidez e eco coletivo, concitara contra si uma oposição surda de parte do clero e de uma elite local, muito marcada pela moral católica tridentina, ao menos no plano normativo. A prática quotidiana mostrava-se mais tolerante, é certo, mas os princípios nunca tinham

---

32 SOUSA, 1988, II, p. 225, escreveu: "o príncipe, em momento de bom humor, proclamava a sua falta de educação".

sido postos em causa, como agora sucedera. E os amantes percebiam claramente essa sensibilidade coletiva, que, com o desaparecimento da imperatriz, afável, bondosa, caritativa, mãe extremosa, se tornava incómoda e até perigosa.

Apesar da sua atração carnal, do fascínio sexual que a marquesa constantemente sobre si exercia, D. Pedro, perante a notícia da morte da imperatriz, que, se não amava ternamente, ao menos apreciava e, de certo modo, respeitava, foi acometido pelo remorso agudo, que lhe provocou desespero. Angustiado, escreveu: "Deus eterno por que me arrebataste a minha muito amada imperatriz? [...] Tu decerto contra mim te iraste [...] Ela me amava com o maior amor." Talvez a sinceridade dos seus sentimentos aí se espelhe. Não declarava amá-la, mas admirava-a pela "candura, bonomia e caridade". O remorso assaltara-o e ele sabia bem a razão. O sentimento de culpa emergia nesse momento, porque ele sempre fora um sentimental. Estouvado, sem dúvida, mas capaz de senso moral, de ternura de coração.[33] Apreciava, sentia falta da mulher, mas a paulista, que o esperava impaciente e vingativa, fascinava-o, a sua imoderada paixão por ela alargava-se como um polvo, que multiplicava tentáculos.

A 15 de janeiro regressava, finalmente, ao Rio. Ao avistar a cidade, assaltavam-no sentimentos contraditórios: luto e pesar pelo desaparecimento da mãe de seus herdeiros e amados filhos, agora órfãos e à sua mercê, e a brutal atração pelos encantos da bela paulista, irresistível e fatal conquista dos seus desejos e instintos animais. Esta iria ver-se vingada pelas desconsiderações anteriores e recolheria as carícias do seu afago saudoso. Demitiu imediatamente o ministro, conservando apenas dois, porque considerava que, ao barrarem o acesso de Domitila ao leito de morte da imperatriz, dando ouvidos ao povo murmurador, o censuravam veladamente. Medidas excepcionais de segurança por eles tomadas por ocasião das exéquias fúnebres pareciam-lhe um desafio à autoridade e força incontestada que julgava possuir. A demissão constituía, pois, mais uma prova da sua supremacia absoluta sobre o funcionamento do Estado, amedrontando os mais afoitos críticos. A mão de Domitila agia por detrás deste procedimento. Aqueles que a hostilizaram sofreriam os efeitos da sua força sobre o monarca. A camareira-mor, o mordomo e até o seu confessor e amigo Frei Arrábida foram logo afastados, todos pessoas da sua maior intimidade e com provas dadas de

---

33 SOUSA, *idem*, p. 227.

complacência para com a sua pessoa. Mas a concubina aproveitava agora o vazio para exibir o seu ascendente e avisar quem a censurasse. Após isto, ao menos publicamente, o imperador retirava-se para observar luto e carpir a falta da imperatriz. Juntava-se aos filhos na intimidade e recato do palácio. Findo o tempo de nojo, procedeu-se a solenes exéquias por alma da defunta, à recepção oficial de pêsames e visitas de devoção.

Porém, alguma opinião maldicente cochichava que o imperador, em lugar do retiro oficialmente anunciado, fora afogar as saudades de quase dois meses de ausência no regaço da marquesa, nos primeiros dias, absorvido pela volúpia do seu instinto. O seu comportamento, além de suspeito, tornou-se "tão leviano, tão imprudente, que não se embaraçou em procurar, nas cerimônias religiosas em sufrágio de D. Leopoldina, a companhia da amante, por sinal grávida".[34] A paixão pela marquesa, agora que ele se encontrava mais livre do que nunca, avassalava-o. Por ela afrontaria todos os obstáculos. Prova irrefutável disso está contida na carta que se segue, escrita entrando na cidade.

Bordo da nau Pedro Primeiro
entrando no Rio de Janeiro a

$$18 \ \frac{15}{1} \ 27$$

Minha querida
filha do meu
coração e minha
amiga

Teu tio Manuel Alves, meu íntimo amigo e inseparável companheiro de dia e de noite, é portador deste. Ele, minha filha, te contará os incômodos, sofrimentos, aflições, pesares e, mais que tudo, o desgosto pela morte da minha adorada esposa. Saudades e cuidados em ti e em todos os meus, digo, nossos filhos me têm feito quase enlouquecer, chegando a ponto de não comer três dias quase nada e não dormir. Ele te contará do célebre sonho que tive em 11 do mês passado, que desde então data a minha aflição e disposições para vir

---

34 SOUSA, *idem*, p. 230.

unir-me contigo e junto de teu peito e sobre ele depositar minhas lágrimas. Eu tomo nojo por oito dias e [é] esta a única razão que faz com que eu não vá logo, como desejava, abraçar-te e mais nossa Bela, que tanto cuidado me deu, e sim vá à noite, como teu tio combinou contigo. Pedro Primeiro, que é teu verdadeiro amigo, saberá vingar--te de todas as afrontas que te fizeram, ainda que sua vida lhe custe. É ao mesmo tempo com todo o gosto e verdade que tenho o prazer de poder dizer com toda franqueza e contentamento que

Sou o teu mesmo amante, filho e amigo fiel, constante, desvelado, agradecido e verdadeiro, digo, outra vez amante fiel

O Imperador.

O conteúdo desta dispensa quaisquer comentários. O tio a que se refere chamava-se Manuel Alves de Toledo Ribas e era irmão da mãe de Domitila. Militar, como os homens da família, marcara passo na hierarquia até 1824. Porém, a partir de então, ascendera meteoricamente nos postos castrenses, chegando a brigadeiro, a comendador, a guarda-roupa honorário, inspetor das coudelarias nacionais e comandante de divisão.[35] O diplomata austríaco informava a sua corte, em 23 de outubro de 1826, de que D. Pedro reconhecia "com perfeita justiça as virtudes de sua Esposa", mas acrescentava maliciosamente, "apesar da sua ridícula paixão", pela marquesa, como é evidente.[36] O desgosto com que lamenta a morte da esposa compreende-se perfeitamente e manteve-se durante toda a sua curta vida, manifestando-o ainda explicitamente, em 1833, já em Portugal.

Nesse momento crucial da vida de D. Pedro, isto é, a partir dos finais de janeiro de 1827, ascenderia ainda mais a paulista no coração do monarca. Ambiciosa, calculista, vingativa, julgava ter chegado o momento de mudar de estatuto: de barregã sonhava transformar-se em esposa. O caminho parecia livre. Ignorava, contudo, como observou ironicamente Sanmartini, "que nobres só se casam com nobres de sangue e não com nobres de cama como ela".[37] Mas os diplomatas estrangeiros, nas respectivas informações, não se cansavam de alertar para

---

35 RANGEL, 1974, p. 124.

36 Idem, p. 125.

37 Casa de Bragança – Casa de Habsburgo..., p. 39.

essa possibilidade, considerando-a perigosa. Em abono das suas observações e receios, constatavam que, nesse momento, se começou a ventilar a hipótese de provar que a família de seu pai descendia de Inês de Castro. Dois Pedros, duas Castro, ambas fatais e irresistíveis, que faziam tremer os fundamentos da coroa. Que coincidência!

Porém, este Pedro mostrava-se demasiado cioso do seu sangue real, da sua linhagem ascendente, nunca se esquecendo de que herdara, por direito, duas coroas. A paixão carnal tirava-o de si, mas não lhe obnubilava o entendimento. Casar pela primeira vez não passara pelo seu acordo prévio, pelo assentimento. Assumira foros de enlace de Estados. Agora, porém, que tinha descendência legítima e nobre, se voltasse a casar, seria a seu gosto e por iniciativa própria. Por enquanto, como estava disponível maritalmente, o melhor era fruir o mais possível das delícias proporcionadas pela sua Castro. E, se assim pensou, prontamente o executou. Partiu com ela e a filha de ambos, duquesa de Goiás, para a serra, para o sítio da atual Petrópolis, fugindo ao calor da orla marítima carioca desse mês de março. Disso dá conta a seguinte carta, escrita à mãe de Domitila:

> Minha querida
> velha do meu
> coração
>
> Correia
>
> $18 \frac{18}{3} 27$
>
> Agradeço-lhe muito as lembranças que me manda na sua carta, e eu e mais sua filha muito sentimos o seu incômodo. A duquesa, essa, amiga, tem tido um grande defluxo de tosse, mas sem febre. Hoje tomou um choque de poaia e está muito melhor. Todos nós vamos bem e eu e mais a minha (perdoe) marquesa e amiga do fundo da alma nos recomendamos muito saudosamente àquele que tanto nos merece: a ela por mãe e a mim porque muito a estimo e lhe desejo muitas felicidades como quem é
>
> Seu Imperador.

As cartas, que se seguem, dispensam quaisquer acrescentos. O crescendo das manifestações dos amores mútuos não sofre contestação. Os olhos dos súditos miravam-nos com redobrada atenção. Aos ardores da cada vez mais notória consideração do imperador pela marquesa iam correspondendo rumores de que ela iria, se quisesse, instalar-se no Paço, que promoções, tanto de eclesiásticos, como de civis, só se sucediam por sua intercessão direta. Assim ocorrera, por exemplo, na promoção do arcebispo da Bahia, que pagara grossa soma à comborça para aceder à dignidade. Na medida em que subia a temperatura entre os amantes, descia a popularidade do imperador. Os que suspeitavam de que Leopoldina fora maltratada por causa do ascendente da marquesa pareciam ter razão. Quem esperava obter algum benefício da administração pública tinha de se abeirar dela, de a atrair e de solicitar o seu apoio. D. Pedro abrira-se ao nepotismo mais descarado, que outrora censurara nas cartas ao pai. Os brasileiros mais exigentes cada vez menos se reviam nele.

$$18 \ \frac{4}{5} \ 27$$

Minha filha
e minha amiga

Posto que tu me trates por "meu senhor", o que não acontece senão quando tu estás mal com teu filho, eu te digo que não te tachei de ingrata na minha outra carta, antes disse que fazias bem de a estimar, mas que eu era amigo e não queria ser preferido, isto pouco mais pouco menos.

Dizeres-me tu que eu não estava satisfeito de te mortificar esta manhã, agora acabava, é muito bem dito. Mas não sei que mortificações eu te dê por querer ser eu tratado como mereço. Teu filho sempre é teu filho e os mais são enteados. Sinceramente te ofereço um queijo e uns figos que me deram a Maria e a Paula e igualmente remeto papel, e sabe que eu não chamei bonito ao papel por ironia, pois ele o é. Mas acho que não era preciso para dizer que lhe era custosa a saída da tua... que é castigo de Deus unicamente para lhe abater a altivez de não querer (como te disse) estar às sopas de João José, por isso para lá torna por seu gosto, pois a questão não foi com ela e sim contigo, que decerto me achas razão de não querer ser preferido nem por Deus, se fosse possível. Eu não te acho ingrata. Amo-te muito, e se te não amasse não faria os excessos e até destes esbarrundos que faço por ti e de que me não arrependo. Quero-te muito, muito e muito e não quero que tu queiras bem a mais ninguém, pois eu assim o faço. Eu te dei o meu coração inteiro, quero também possuir o teu inteiro entregue. Este é o meu protesto de amor para castigo, e espero que nunca mais me chames senão filho, pois assim te trato por filha e não posso ser tratado de outra maneira. Tu não ignoras o que é amor e o que é ciúme, e neste ponto é só o amor quem fala, pois no ciúme não toco porque conto contigo assim como tu contas comigo. O muito amor é quem nos faz mal, digo, ter questões, mas antes isso que sermos pacientes, pois assim somos gente e de outro modo seríamos pedras. Conta sempre comigo, com quem só por zelo e amor tem questões e tem a glória e fortuna de assinar-se

Teu filho, amigo e amante fiel,
desvelado, agradecido, constante e verdadeiro,

O Imperador

P.S. Sempre assim existiremos; vire o mundo o que virar, em nós não faz brecha.

Ciúme, paixão, descontrole e irracionalidade estuam nesta primeira carta. Na missiva, o imperador cruzou o seu nome com Domitila, sugerindo um abraço interminável: O Imp**e**rador / Dom**i**tila

Quase doentio esse traçado de cruz imaginária, revelando um estado de espírito de neurótico descontrolado.

Na segunda, escrita apenas três dias depois, o tom não abranda. Pelo contrário. Recorre a uma aura de linguagem religiosa, que soa a eternidade. Esta, porém, logo se esvai com a expectativa do deleite em "tua caza".

18 $\frac{7}{5}$ 27

Minha filha e
minha amiga do meu
coração

Eu não quero que tu estejas nem um instante mal comigo nem quero que tu suponhas que eu o testou contigo. Eu creio que é impossível entre nós existir por mais do tempo que as palavras gastam a serem proferidas alguma raiva, e por isso pego na pena a pedir-te que (posto que tu deste o princípio para alguma pequena desavença, o que motivou alguma grosseria minha) me perdoes qualquer raiva que te fizesse ter e que me escrevas tratando-me de teu filho e teu amigo e teu amante, como o sou e serei para sempre, amém. Logo passarei por tua casa e espero que tu trates bem e sem que mostres má cara a

Este teu filho, amigo e amante
fiel, constante, desvelado, agradecido e
verdadeiro,

O Imperador.

A sequência das epístolas desse ano mantém o mesmo entusiasmo imperial. Entre notícias, juras e protestos vai-lhe comunicando algumas importantes questões de Estado, como o tratado de paz com Buenos Aires, a propósito da presença brasileira na região platina (carta de 25 de maio de 1827).

Junho, porém, iniciara-se com maus presságios para Domitila. D. Pedro, após a morte de seu pai, preocupara-se cada vez mais com a situação interna portuguesa, donde seus amigos, como Saldanha, o conde dos Arcos e outros, lhe enviaram notícias preocupantes. As Cortes portuguesas não tratavam, como deviam, a pessoa do monarca, desrespeitando-o. Urgia não se remeter ao papel de espectador puro. No Brasil, a situação também se ia tornando cada vez mais tensa. As concepções de D. Pedro e de muitos políticos sobre o verdadeiro papel da monarquia liberal não coincidiam. Ele entendia que lhe cabia, por direito e por lei, o poder de nomear e destituir ministros, além do exercício pleno do poder moderador. Eles, os liberais mais exaltados, afeiçoaram-se mais ao parlamentarismo puro. Os ministros responderiam perante os representantes do povo, os quais fiscalizariam os atos de governo. Chocavam-se, pois, as convicções e as práticas, ao menos desde finais de 1826. O relacionamento, para muitos escandaloso, com a concubina oficial agravava a imagem pública de D. Pedro. Entrara em rampa descendente, e pasquins, desenhos, caricaturas, versos de parede e até jornais se iam sintonizando com essa corrente de opinião.

Uma forma de contrariar essa degradação da figura do titular da monarquia seria voltar a casar, mas a alto nível, com pompa e circunstância, recuperando o prestígio de uma Corte, então assenzalada, minada de intrigas e escândalos. Urgia repor a dignidade monárquica para recuperar o prestígio abalado. D. Pedro cada vez sentia mais a falta da defunta imperatriz. Sempre que a evocava, rolavam-lhe as lágrimas pela face, dificilmente contidas. Assim sucedeu na abertura da Assembleia Geral, a 3 de maio, e repetiu-se a cena mais tarde. Domitila estava aí, ao seu dispor. Entregava-se-lhe, mas apaziguava-lhe só a carne e apenas momentaneamente. O espírito, esse, fugia para longe, inquietando-o. Um novo casamento parecia a única saída adequada. Transformar-se-ia agora, por sua vontade expressa, num misto de gostos pessoais interligados com os interesses de Estado. Buscar noiva, onde? Apenas na Europa, claro. Porém, a fama de homem desbragado e violento prejudicava-o. E Viena conhecia essa faceta do seu caráter. A partir daí se espalhara a fama do concubinato com a marquesa e do mau feitio conjugal de Pedro. Considerando que para um homem de 28 anos (só completaria 29 em outubro) se tornava indispensável um novo matrimônio, abriu-se com o já ministro plenipotenciário austríaco Mareschal, que o ouviu pacientemente e o aconselhou.

Nesse mês de junho, a 27, este falara sem rodeios, embora em moldes respeitosos. A relação mantida com a marquesa tornara-se uma pedra de escândalo público. Todas as Cortes europeias conheciam e condenavam esse comportamento e Francisco I ainda chorava sua infeliz filha desconsiderada, vexada, humilhada, perante uma plebeia, sem quaisquer pergaminhos. Nesse momento, a situação tornara-se acintosa: a marquesa encontrava-se novamente grávida e em estado avançado e a duquesa de Goiás misturara-se com os filhos de D. Leopoldina. A solução só podia conduzir a uma saída: afastar a marquesa, que levaria consigo a filha. A condição de grávida não permitia enviá-la para a Europa, mas ela poderia regressar a São Paulo ou a Santos, dispondo de bens que lhe permitissem vida desafogada e tranquila. Desvencilhando-se de mãe e filha poderia dedicar-se exaustivamente aos exercícios de poder, que tanto o entusiasmavam, e até satisfazer seus apetites sexuais, mas de forma recatada e inconsequente. Se essas condições se verificassem, então o seu governo, o da Áustria, empenhar-se-ia em descobrir noiva para o imperador viúvo. Várias foram logo ventiladas, como hipóteses, é certo, mas muitas outras surgiriam. D. Pedro ouviu, pensou e ficou a refletir.

Passou seguidamente à ação, escrevendo para a Europa. E começou pela família de Leopoldina, confessando que resolvera mudar de vida, tornando-se "um verdadeiro cristão", para descarregar os seus remorsos de consciência. Em simultâneo, passou a dirigir-se à marquesa de modo muito mais formal e frio. As cartas versam questões correntes, mas delas se ausentava o entusiasmo. Exemplo disso aqui fica:

Santa Cruz 18 $\frac{21}{9}$ 27

Querida marquesa

Recebi a sua carta que me trouxe o seu irmão Francisco e na qual me beija a minha imperial mão e de minhas augustas filhas. Eu lhe agradeço sobremaneira obrigado que tem na minha imperial família e lhe desejo a mais perfeita saúde como quem é seu amigo como de homem para homem e seu

Imperador

P.S.

A duquesa já não tem nada e a Maria Isabel cada vez mais gorda e mais bonita.

Esta Maria Isabel já não foi reconhecida no imediato (isso ocorreria futuramente, segundo promessa do pai), tornar-se-ia duquesa do Ceará e usaria o tratamento de alteza. D. Pedro visitou a mãe quando ela nasceu, prometendo ao plenipotenciário austríaco que não mais a veria. A menina, nascida a 13 de agosto desse ano de 1827, morreria com apenas quinze meses de vida, sendo o funeral discreto, por vontade do imperador.

Aparentemente tudo se conjugava para que o imperador cumprisse a sua promessa ao diplomata. Como se vê pela carta anterior e, também, pela que se segue, ele recolheu as filhas da marquesa ao paço, juntando-as com os descendentes de Leopoldina, o que não agradava à corte austríaca. Contudo, a promessa era afastar Domitila para longe e fazê-la acompanhar das respectivas filhas. Mas a carta de 23 de setembro deixa entrever a incapacidade de D. Pedro para satisfazer a expectativa criada. Ele continua com as meninas sob sua alçada direta, mas cumula a favorita de atenções, elogia-lhe rasgadamente os dotes corporais e confessa-se infeliz. Cairia novamente nos seus braços? A atração por ela mantém-se, pois escreve: "[estimo que] estejas boa de saúde, porque em bondade de corpo, digo elegância e bom modo ninguem te poderá exceder [...] Filha já te não ofereço o coração porque he teu; mas sim te digo que muitas saudades tuas me atormentão este teu coração que nasceu para ser para todo o sempre infeliz".

Ocorrera, entretanto, um incidente grave durante o mês de agosto. A propósito da festa de Nossa Senhora da Glória, de cuja devoção a família imperial era muito próxima, lançava-se fogos de artifício na ladeira anexa à capela. Nesse ano assistia à festa Maria Benedita de Castro, baronesa de Sorocaba, irmã de Domitila. Mais velha do que ela, apesar de tudo, ao que informara Mareschal, podia designar-se como um "pedaço de mulher". D. Pedro tinha-a seduzido, mas recompensara-a, assim como ao marido. Durante os fogos de artifício foram disparados tiros contra a sua viatura. Partiram apenas os vidros. Constava que fora obra dos amigos da marquesa, movida esta por ciúmes contra a irmã. D. Pedro demitiu o intendente da polícia, mas não aludiu a nada nesta carta seguinte. Confessava a sua paixão por ela, mas distanciava-se o mais discretamente possível, mandando-a retirar-se para São Paulo. Esta não viajaria para a Europa por causa da gravidez avançada, mas teria de sair da corte. Domitila protestava a sua inocência no atentado e ia-se deixando permanecer no Rio, no seu belíssimo imóvel, frente ao Paço da Boa Vista, de dois pisos, com nove janelas na frontaria e seis laterais. Palacete bem construído, excelentemente decorado, incluía um oratório onde foram batizados filhos de amigos da marquesa, amplos salões, jardins, chácara anexa. Voltou à posse de D. Pedro e de sua filha D. Maria da Glória mais tarde, tornando-se, por isso, conhecido como Palacete da Rainha. Nessa magnífica residência se recolhera Domitila a partir de agosto de 1827, esperando instruções do imperador e confiando nas suas (intactas) capacidades de o voltar a seduzir.

As cartas (ou bilhetes) que se seguiam iam-lhe fazendo chegar notícias triviais, acerca das filhas, das pessoas amigas, de conhecidos. O correio transmissor era o famoso secretário particular, amigo, colaborador e confidente de D. Pedro, Francisco Gomes da Silva, conhecido como Chalaça, já por nós referenciado como companheiro das estúrdias noturnas de D. Pedro, fidelíssimo secretário que, após a morte de seu amo, permanecerá fiel à rainha D. Amélia e à Casa de Bragança, atingindo as mais altas honras do Estado.

A 12 de outubro atingia o imperador 29 anos de idade. Escreveu-lhe uma carta repassada de saudades "como teu filho, amigo e amante". Confessando-se "n'hum estado de tristeza e melancolia com saudades tuas alem de toda a expressão", arrancou alguns "dos cabellos do meu bigode" para lhe enviar. Alberto Rangel considera esse gesto "de irrestível grotesco", adiantando um dado espantoso: "Junto às cartas de D. Pedro, conservadas na Biblioteca Nacional do Rio de Janeiro, existe um pacotinho de papel, encerrando cabelos de suspeita origem. Dessa vez seria o Imperador menos avaro dos seus pelos mais recônditos."[38] Se existe ainda esse pacote, está indisponível na biblioteca. Deduz-se que foi enviado à marquesa e que os pêlos dessa região recatada do corpo traduziam a maior intimidade e ligação afetiva entre as pessoas envolvidas.

Naquela época, enviar cabelos a alguém significava garantir uma presença constante de quem os enviasse. D. Leopoldina prometeu-os a Maria Graham, D. Pedro na primeira carta ao pai pede-lhe "hum bocadinho de cabello"; o imperador, pensando que sua filha D. Paula havia falecido, pede que lhe guardem "hum bocado de seu lindo cabello" e D. Amélia, mais tarde, enviará para os filhos de seu marido cabelos do pai, acabado de falecer. Como se procedera ao longo dos séculos, os cabelos mantinham-se como relíquias vivas, indecomponíveis, que simbolizavam sentimentos imperecíveis. D. Pedro não se eximiu a esse gesto de profundo significado para com a marquesa, nesse dia de festa.

A carta, que seguidamente se transcreve, desnuda a alma e o corpo do imperador. Ele abre-se, revelando à marquesa a sua intimidade. Continuava decidido a casar-se e, para isso, enfrenta os sacrifícios correspondentes. Parece disposto a mudar o rumo de vida. Contudo, o seu carinho para com ela não sofre qualquer beliscadura. Ainda não a visita novamente, sexualmente sente-se inferiorizado

---

38 RANGEL, 1984, p. 286.

pelo estado em que se encontra a sua "maquina triforme", a "tua coisa". Esta vem "expremendo alguma umidade". Porém, chora a sua infelicidade e faz "votos aos Céos". Estará realmente mudado?

Minha querida filha e minha
amiga do coração

Nosas filhas estão boas e mui boas, e estimarei que tu estejas já boa da tua dor e que a chuva fosse tanta que tu não fosses à ópera para não ires namorar as paredes, porque a homem eu estou certo que o não farás. Estou muito envergonhado porque me deitei ontem a dormir a sesta tendo já dormido uma hora antes da janta, eram três horas e acordando só três vezes, dormi hoje as seis horas da manhã: 15 horas já é dormir!! Não quero deixar de te dar parte que hoje tua coisa vinha espremendo alguma umidade, mas podes estar certa que não é nada, senão da mesma debilidade de uretra que já existia e que sempre fazia de manhã deitar como uma lágrima, que é o que hoje também deitou e que, limpando na camisa, faz uma nódoa como goma de polvilho e que, esfregando depois, sai toda e a camisa fica clara. Desgraçado aquele homem que uma vez desconcerta a máquina triforme, porque depois, para tornar a atinar, custa os diabos, e muito mais desgraçado sou eu por ter feito (antes de 10 de setembro, que te dei a minha palavra que sustento e hei de sustentar) este desconcerto com ofensa tua de ti, minha filha, a quem eu tanto devia em amizade, que só te pagaria atormentando-me para te não desgostar. Não falo em coisas passadas, pois o remédio é a emenda, só faço chorar o tê-las feito. Eu dou-te parte agora para que tu não me digas, quando eu for, "escreve-me" e "não me mandou dizer nada, então é coisa nova de Santa Cruz". É para evitar isto que te participo ainda que vista faz fé, e tu a hás de ver no dia 18, quinta-feira; então tu verás que é um apuro de falar verdade e de te não querer encobrir nada que me obriga a fazer-te esta participação. Nem por sombras desconfies de mim, porque por minha desgraça bem me basta ter-te perdido para sempre com o casamento e ter-me atormentado por tudo que tem havido para te perderem. Adeus, minha filha, diverte-te bem na função e eu cá chorarei a minha infelicidade de não poder assistir a ela e gozar da tua para mim amável companhia e pela qual faço votos aos céus.

$18\ \dfrac{14}{10}\ 27$

às sete horas da manhã.

Sou com todo o prazer e saudades teu filho, amigo e amante fiel, constante, desvelado, agradecido e verdadeiro,

O Imperador.

Ainda durante esse mês, confessa-lhe que está pessimista quanto à cura da sua gonorreia, que fará "algumas injeçoens fortificantes para acabar com esta "catingação", isto é, cheiro desagradável (carta de 21), mas, logo em 27, estabelece com ela encontros confidenciais, fora de olhares curiosos. Pede-lhe cumplicidade para que não "andemos nas viprinas línguas dos malditos falladores" e jura que "por ti vou ao fundo do mar". A reincidência confirma-se.

Na verdade, precisa de manter aparente distância para convencer opinião pública e diplomatas. Isso ultrapassa, por agora, as suas forças. Dubiedade, disfarce, jogo de dissimulação, eis ao que se presta. A razão de Estado não conseguia suplantar-lhe o apetite carnal. A atração pela paulista mostrava-se superior às suas forças. Continuava a amá-la e a reconfortar-se nos seus abraços e beijos, "mas sem que ninguém o pense e disfarçando nós sempre", como conclui essa estranha missiva. Logo se segue um desaguisado entre ambos. D. Pedro oferecera-lhe um anel, onde estava aposto o seu monograma, P.I. (Pedro Imperador). Por causa desta necessidade de disfarce, contrafeita, a marquesa

descobriu o seu jogo. Queria ser a segunda imperatriz do Brasil. Pensava seriamente em casar-se: mulher alguma foi tão habil no seu enrêdo, tão persuasiva na sua intriga, tão fina na sua política como essa, em cujos dedos o destino do imperio era um fio dócil. A sua belleza ganhara com a idade, perdendo aquelle tom igenuo e enleiado de 1822 [...] Polira-se, amadurecêra, illustrara-se: a provinciana amorosa, acicatada pelo instincto, cedera à dama. Viera para o Rio divertir um amante; transformara-se em senhora. A sua elegancia adquiriu um equilíbrio severo, porem gracioso; o seu olhar endureceu; a boca rasgada e sensual reassumiu ironia e dominio; um penteado majestoso, abrochado de joias, lhe deu à testa intelligente um relevo proprio. Sobre a blusa amarella a banda branca e rosa da Ordem de Santa Izabel cahiu regiamente; o seu famoso decote descobriu o mais formoso collo da côrte; e as gemmas que usou, numerosas, riquissimas, deslumbraram a phantasia popular. A aristocracia, que a recebera friamente, abrandára.[39]

D. Pedro, embora não podendo satisfazer-lhe a aspiração suprema, também não conseguia resistir-lhe. Amuava, agora, porque ela lhe devolvera o anel e uma viola que lhe pedira para um padre. Porém, passado o rompante, como era seu timbre, pedia-lhe que aceitasse o anel, que lhe devolvia. Enfim, verdadeiros caprichos de enamorados, como pombos a arrulharem antes do acasalamento. A carta que se segue, de 2 de dezembro, não é mais que um chorrilho de ciúmes, paixões incontidas, queixumes. Transcreve-se, porque vale como um testemunho autêntico do caráter de quem a escreveu. Comentou Rangel: "D. Pedro rezingava, exprobava, atucanava, queixava-se e vinha às boas [...] A paulistana teria muito o que suportar em D. Pedro. Natureza explosiva, pático e sentimental até às unhas, engolfado no hábito dessas relações que vinham de longe [...] nada disso faria do imperador um homem fácil de manejar ou dominar."[40] Não, de fato. Porém, passada a contenção racional, derretia-se como manteiga e jurava-lhe fidelidade!

Filha

Escrevi-te como imperador agora te escrevo como teu filho. Eu estimo muito que passasses bem o resto da noite, eu também passei. Hoje fui ao banho, não ficou um dito. À noite há ópera, e eu lá vou; se tu fores, estarei até o fim; se não fores, venho antes do fim para ir estar contigo, aonde eu tenho prazer neste mundo, e se assim não é, Deus me não salve. Como tu queres que nós não tenhamos dúvidas, se elas nascem de amor? Por força as há de haver, mas eu vou tratar de coibir-me não te escandalizar. Vamos ao caso: a janela da tua câmara fechada, tudo o mais aberto é acaso, mas eu não desejo que haja; aqui tens esquisitice, paciência, que é boa para a vista. Adeus, filha, recebe o coração cheio de saudades que, posto que seja teu,

---

39 CALMON, 1933, p. 173-174.

40 RANGEL, 1974, p. 245.

contudo tu não me privas que to ofereça, até mesmo única pessoa a quem o dediquei e por quem ele sempre suspirará dentro do peito.

18 $\frac{7}{11}$ 27   Deste teu filho amigo
e amante etc.

Imperador.

Durante todo o ano de 1827, D. Pedro viveu intensamente o seu romance com a favorita. Dirigia-se-lhe dos modos mais variados, como "filha", "querida marquesa", "marquesa de Santos", ou então evitava nomeá-la, entrando nos assuntos diretamente. Assinou-se sempre como Imperador, mas a linguagem mudava bastante, denotando estados de espírito diversificados, mas tendendo para o arrefecimento. Contudo, embora lhe tenha pedido para destruir as suas cartas (o que a marquesa não executou), para que elas lhe não viessem a manchar a honra, abriu-lhe todos os poros do seu ser. A linguagem atinge, por vezes, cores pornográficas, como não pode ignorar-se. Chega a tornar-se chocante. Ele partia do princípio de que a sua intimidade nunca ultrapassaria os umbrais do conhecimento de Domitila e, portanto, nunca viria a ser desnudada perante qualquer outra pessoa. Nesse sentido, a sua sinceridade quase roçou a humildade de um adolescente a iniciar-se nas andanças do comércio sexual, aberto a todos as indiscrições e perigos. Emerge desta correspondência um homem emotivo, preocupado (chega a escrever mais do que uma vez por dia), alguém cujo coração balança permanentemente entre o dever e o instinto, entre as exigências da moral religiosa e as cedências indomáveis do impulso sexual e afetivo. A sua autenticidade é total.

À medida que o tempo se escoa por entre as carícias dos amantes, as formas de tratamento evoluem: "querida amiga", "minha querida filha e amiga do coração", "minha filha e amiga", "meu amor", "minha Titília", "meu amor do meu coração", "meu bem", "meu benzinho", até chegar às expressões mais secas e formais, como "senhora marquesa", "marquesa", "minha filha", "filha". Ele próprio se contém. Em vez das sete expressões de enfiada (filho, amigo, amante, fiel, desvelado, agradecido, verdadeiro), despede-se como "seu amo que muito a estima", dedicando-lhe uma "licita e sincera amizade".

O ano de 1828 marcou, quase em definitivo, o ocaso das relações entre ambos. O marquês de Barbacena seguira para a Europa, em agosto de 1827, para cuidar de relançar as negociações acerca do segundo casamento do imperador, que se foram deparando com sucessivas dificuldades. Isso o aconselhava a mostrar-se prudente e a ir-se distanciando da favorita, o que as cartas revelam à saciedade.

No espírito do monarca outras ingentes preocupações se levantavam: em março, ele ordenava que Portugal só fosse governado em nome de D. Maria da Glória; em junho, em reunião dos três Estados do reino, era ele deposto da sucessão à coroa de Portugal; D. Miguel disponibilizava-se para restaurar o absolutismo; D. Pedro cancelava, para todos os efeitos, o contrato de núpcias de sua filha com o tio Miguel; começava a emigração em massa dos liberais. Em dezembro, D. Pedro criava um governo de regência.

Nesse contexto, o imperador repete aquilo de que já a avisara desde dezembro de 1827: "Tu não has de querer a minha ruina, nem a do teu e meu País." Vai preparando Domitila para o desenlace. Aconselha-a a partir, distanciando-se da Corte. Prefere a via da persuasão, uma vez que lhe garantirá meios de sobrevivência condignos e que continua a considerá-la do fundo do coração. Porém, se ela não ceder, terá de assumir o seu papel de monarca: ordenar-lhe-á que saia, com prazos firmes. O seu casamento exige-o. Ele está disposto, se tal se revelar necessário, a deslocar-se pessoalmente à Europa para remover todos os obstáculos. Durante o mês de maio de 1828, as cartas e bilhetes sucedem-se a um ritmo nervoso: 8, 9, 10, 13 (por duas vezes), 22...! A marquesa começa a ceder. Ainda entende poder reivindicar alguns privilégios: cede as suas chácaras, trocando-as por uma boa propriedade urbana, mas até sugere o que pretende. Deixa, porém, a escolha ao monarca e beija-lhe a mão. Acabava-se o seu sonho dourado. Retornaria a São Paulo, onde encontraria um substituto, na pessoa do brigadeiro Tobias, junto do qual colheria os frutos, antes profusamente sazonados, voltando a ter filhos e a refazer a sua vida social. Em 28 de agosto desse ano de 1828, em carta muito cordial e ainda afetiva, lembra a sua solidão e chora "pela perda da minha querida Leopoldina e por ti". Consumava-se o afastamento interior.

Contudo, em questões amorosas, as ondas são semelhantes às do mar, ora desfazendo-se em espuma pulverizada, ora regressando em força. Tal sucedeu, mais uma vez, agora pela última. Domitila, que já se retirara para São Paulo, comunica-lhe que vai regressar ao Rio. Ele, que está dilacerado interiormente, que em carta de 31 desse mês, em *post scriptum*, lhe confessa que "estes negocios são de dois ou melhor de nós dois e quatro beiços", encontra-se, de novo, junto ao abismo. Reincidirá com enorme estrondo, embora por pouco tempo.

Dois bilhetes o comprovam, de forma aparatosa. Em 29 de maio de 1829, com a marquesa novamente no Rio, escreveu ele uma das suas mensagens mais pornográficas. Continuava afetado pela moléstia sexual antiga, com corrimento na uretra, que o incomodava e até cheirava desagradavelmente. Consultara dois médicos. Descrente das suas prescrições, confessa que "o remedio heroico foi..., que descoberta, para quedas de costas pôr-se huma pessoa de bruços"! Por outras palavras, praticou o coito, como remédio, ironizando que executava exatamente o que o curaria: se caíra de costas, a solução seria executar o exercício na posição contrária, de bruços. No bilhete seguinte, de 1 de junho, envia-lhe um abraço e pede-lhe "hum beijo para minha coisa". Mesmo com o pênis pouco recomendável, pretende tratá-lo da forma mais carinhosa e nobre. Descarado, incorrigível, inconveniente, desbragado, enfim, todos os adjetivos ficarão aquém daquilo que legitimamente se lhe aplicaria com propriedade. Nesse aspecto Domitila assumiu verdadeiramente um papel de amante destituída de tabus, de comedimento, de contenção. Tudo parece legítimo imaginar-se, ultrapassando qualquer fronteira. A volúpia rasgou todos os limites, atingindo as raias do inimaginável. D. Pedro volta a assinar-se como "filho amigo e amante athe à morte" ou "filho Amante e Amigo verdadeiro e fiel athe à morte". Bem lhe recomendavam os clínicos de então que o abuso dos prazeres venéreos não convinha a um epilético, que sofrera fortes convulsões públicas em 1816 (duas), 1822, 1829 e 1830. Nada o detinha, quando o instinto mordia. A partir de meados de 1829, as exigências do casamento reduziram a cinzas e a recordações, porventura remotas, as relações entre os dois amantes. Enquanto durou, porém, o idílio revestiu-se de inaudita intensidade, de transes paroxísticos, de aromas e sabores afrodisíacos únicos. Também nesse aspecto D. Pedro imperou. Tê-lo-á alguém ultrapassado?

No final deste livro, em anexo, mas apenas na edição portuguesa, reproduzem-se algumas cartas, transcritas *ipsis litteris*, da publicação feita pelo Arquivo Nacional, em edição da Nova Fronteira, de 1984. O leitor olhá-las-á em função da sua curiosidade. São insubstituíveis, porque a linguagem e o conteúdo não podem ser intermediados por ninguém. As que não exibem data são de época incerta. Algumas, pelo conteúdo, podem aproximar-se de tempo exato. Outras, não. Comentá-las uma a uma ultrapassaria largamente os limites impostos a esta biografia. Para nos acercarmos da pessoa, elas apresentam-se, contudo, impres-cindíveis. Se alguma chocar o leitor, solicitamos-lhe, desde já, em nome do grande homem de Estado que foi D. Pedro, compreensão e complacência. Como român-tico, participou bem das grandezas e misérias da condição humana. Olhemos o que ficou para sempre, e, nessa perspectiva, emergem as virtudes de quem soube antecipar o seu próprio tempo. A despeito de a casca poder ser grossa, a fruta era, porém, fina, como magistralmente se definiu, na carta de 13 de dezembro de 1827. Saboreemos-lhe o paladar, rejeitando a casca para o lixo dos tempos.

Capítulo 11
Mulheres e filhos

Pedro partilhou a intimidade com bastantes mulheres e, nesse sentido, teve muitas, por mais ou menos tempo. Muitas mesmo. Quantas? Ninguém saberia responder. Nem ele próprio, certamente. As mais recentes iam diluindo o que, porventura, ainda restasse das anteriores. A sucessão de figuras femininas na sua vida afetiva foi-lhe satisfazendo o prazer da conquista, a volúpia da posse, o desfrute do sexo cobiçado. Voou, como as borboletas, de flor em flor, desde as adolescentes negras e mestiças, como as da fazenda de Santa Cruz, até às moças brejeiras da Corte, no viço da idade e da beleza, saltitando pelas mais maduras e experientes, talvez, atingindo a sua concupiscência também pessoas bem mais velhas do que ele próprio. De muitas delas não chegaram até nós senão alusões vagas, através de testemunhos de contemporâneos. Acerca de outras sabemos mais alguma coisa, seja pela circunstância do mútuo encontro, seja por alguma consequência que dele decorreu. A imagem que o jovem imperante guardava do sexo feminino, desde a sua infância, não era lisonjeira. A avó enlouquecera e tornara-se uma espécie de fantasma vivo para a Corte, a mãe, feia, ambiciosa, intriguista, nada feminina, distante e presunçosa, maquinando contra o pai, obrigando-o a afastar-se dela e a menosprezar as suas ideias e atitudes, manchando-lhe a honra, ao que constava, nunca o amara ou acarinhara. A distância entre ambos foi-se cavando sempre. E, contudo, ela era a rainha. Talvez devesse transformar-se em modelo. De quê, porém? Outras mulheres conhecera, como as amas, as aias, as camareiras, as irmãs. Uma das mais simpáticas ficara viúva e vivera na sombra da Corte: era sua tia-avó, Maria Benedita Francisca de nome. Nenhuma verdadeiramente o marcou pela positiva. E a sociedade colonial, extremamente permissiva, cosmopolita e machista, secundarizava-as abertamente. Servir-se dos seus atrativos e encantos, usá-las durante certo tempo e, ao sabor de interesses posteriores, abandoná-las tornara-se corrente. Salvo numa circunstância muito particular, qual era a constituição de uma descendência legítima e/ou de um conluio de interesses, ou, então, quando o coração impunha as suas exigências. O amor podia fazer-se sentir subitamente, transtornar planos, desafiar valores e convenções. Pedro conheceu tudo isso.

Amara na adolescência, mas teve de renunciar, casara por razões de Estado, não valorizara, como deveria, Leopoldina, porque para tal nunca se preparara. Noémie deixara-lhe um sabor amargo, proporcionara-lhe um romance bonito, mas fugaz. Era como se as mulheres pudessem jogar-se como peças de xadrez. Verdadeiramente poucas lhe tocaram o íntimo, quatro ao todo: a bailarina francesa, Leopoldina, a irresistível Domitila e D. Amélia, à qual nos referiremos mais adiante. Duas tornaram-se esposas legítimas. Às outras o coração adoptou, fugindo às normas, mas marcando-o profundamente. Contudo, até ao último casamento, D. Pedro considerava-se um solitário. Dispunha de muitas, mas não tinha nenhuma. As cartas à paulista referem-no explicitamente. Ele tornara-se possessivo, ciumento, desconfiado, porque necessitava de proteção afetiva. O tratamento que o embevecia era chamarem-lhe "filho". Permaneceu sempre uma criança carente, buscando segurança interior. E o usufruto do sexo exacerbado parecia-lhe um meio para lá chegar. Derretia-se perante a meiguice feminina e buscava-a por toda a parte, aliando-a à função estética. Não lhe servia qualquer mulher. O requisito essencial era a beleza.

Contemplemos mais de perto aquelas acerca das quais chegou até nós notícia certa ou, ao menos, suposição credível. Não nos preocupemos em contá-las, uma vez que as discrepâncias sobre o seu número nos surpreenderia. Alberto Rangel, que esmiuçou a vida afetiva de D. Pedro, tentando penetrar em todos os seus arcanos, cita uma autora americana, segundo a qual as suas conquistas extraconjugais ascenderiam a quinze. E desvenda-lhes os nomes: Domitila de Castro; Mariquita Cauper, filha do camareiro Pedro José Cauper; Ana Rita, mulher de Plácido de Abreu; Joaquina (ou Ludovina) Avilez, esposa do general Jorge Avilez; Carmen García, uruguaia, atriz, a mulher do naturalista Bompland; Maria Joana, filha do capitão Ferreira Sodré; Regina de Saturville, mulher de um relojoeiro e ourives da Rua do Ouvidor; Carlota Ciríaco da Cunha, filha de um rico industrial; Clémence Saisset, mulher de um comerciante francês, e outras de que apenas ficaram os nomes: Joaninha Mosqueiro, ou Joana Mosquera (que lhe daria um filho, José, nascido em 1829), Luizinha Meneses, Andresa Santos, Gertrudes

Meireles, Ana Sofia Steinhaussen e Androsinda Carneiro Leão.[1] A lista apresenta-se considerável, porém, incompleta, como já sabemos.

Se algumas constam da relação de todos os autores, outras ficam de fora, aparecendo apenas num deles. Queremos aqui lembrá-las todas, sem discriminação. Octávio Tarquínio de Sousa, probo e profundo conhecedor da vida e obra de D. Pedro, junta outras à lista, a saber: a irmã da marquesa, Maria Benedita, mulher de Boaventura Delfim Pereira, viscondessa de Sorocaba; Luísa Clara de Meneses, uma mineira de Paracatu, esposa do general José Severino de Albuquerque; Heloísa Henri, mestra de dança, francesa; a mulher do Dr. Roque Schüh; as mães de Umbelino Alberto de Campo Limpo e de Teotônio Meireles, bem como a atriz Ludovina Soares. E o autor acrescenta outras, outras, muitas outras, acerca das quais não pode haver certezas. Era recheado o serralho de D. Pedro, sem dúvida, mas a efabulação alargou-o ainda mais.[2] Que ele foi um femeeiro incorrigível, sempre pronto a avançar na pegada de uma conquista avistada no horizonte, está fora de dúvida. Nas cartas a Domitila jurara fidelidade, quando o ciúme o roía. Mas o povo português, sempre pragmático e sábio nos seus provérbios, refere: "Quem mais jura, mais mente." Este monarca corporizou, como ninguém, esse comportamento. Acabava de jurar e imediatamente recaía. Aliás, ele era um relapso constante. A sua volubilidade advinha-lhe da natureza. Promessas e declarações ele fazia, mas logo deslizava alegremente, repetidamente. Em momentos de clarividência até assumia a sua visceral incontinência. À marquesa teve a frontalidade de afirmar "eu não te engano", referindo-se ao seu comércio com outras mulheres. Bem sabia ele que enfurecia a amante quando a traía, mesmo com a irmã, mas o que lhe ocorria fazer, de seguida, resumia-se a um arrependimento momentâneo.

Jovem, impetuoso, aventureiro, amoroso, marcado pela compulsividade romântica, filho de rei e sucessor, bem constituído e atraente, enredou-se desde cedo nas teias dos amores mais ou menos fugazes. Um autor contemporâneo observa, com argúcia, que

> A sofreguidão de D. Pedro I [do Brasil] por carinho feminino, bem pode ter origem na época em que se moldam as personalidades, a primeira infância vivida em Queluz e Mafra, durante a qual viveu

---

1 RANGEL, 1974, p. 244.

2 SOUSA, 1988, II, p. 250.

292   Eugénio dos Santos

abandonado de cuidados maternos. Tudo permite crer, também, que a necessidade permanente de novas conquistas femininas esteja ligada a esse abandono. Além, é claro, da herança recebida diretamente da própria mãe. Igualmente, parece provir da primeira infância – na qual, relembre-se, só teve a companhia de servidores – a tendência às mulheres de condição social menos aquinhoada: à excepção de D. Leopoldina e de D. Amélia [...], todas as demais o foram.[3]

Nesse aspecto, como em tantos outros, não se lhe conhece a seleção de pessoas para consigo privarem, em função da linhagem. Os seus maiores amigos de sempre recrutou-os entre gente de escalão humilde, como o ex-barbeiro Plácido de Abreu ou o secretário privado, filho de um ouvives, embora com cultura, Francisco Gomes da Silva, o conhecidíssimo Chalaça. Essa falta de atenção à aristocracia chocou D. Leopoldina, proveniente de uma sociedade na qual os privilégios oriundos da cepa familiar não se ignoravam. Por isso, ela se queixava da atenção e da credibilidade que seu marido conferia a pessoas de baixo estrato social, mostrando-se escandalizada e confessando-o, por exemplo, à sua amiga Maria Graham. Se não o impressionava a procedência familiar dos amigos, tão-pouco a das amigas íntimas.

O primeiro caso sério do fogoso príncipe estalou quando contava 17 anos de idade e já foi referido acima. A francesinha Noémie, bailarina escultural do teatro São João, bela e de boas maneiras, cegou-o. Não a via senão a ela, escandalizando a Corte e os seus amigos, que logo perceberam que o romance não teria futuro. Ele, porém, obstinara-se. Queria-lhe de verdade. Cortejou-a, namorou-a, foi-lhe apresentado, cobiçou-a e acabou possuindo-a. Ela, por sua vez, acreditava que a lenda do príncipe encantado até podia tocar a realidade. Viveram ambos uma aventura de sonho, bonita, envolvente. Teve de ser curta. Porém, enquanto durou, fê-los felizes a ambos. Aliás, o príncipe deixara-se arrastar inicialmente por sua irmã Georgette, que cedeu ao seu convite e aos seus encantos irrecusáveis. A paixão aproximara-os e o sexo colara-lhes as carnes frementes, em amplexos longos e frequentes. O príncipe procurava-a, cortejava-a, presenteava-a, distinguia-a com a sua companhia e a sua atenção. Andavam enlevados. Na gala, ocorrida no teatro, a propósito do aniversário do pai, Pedro lançou o seu olhar lascivo

---

3   SILVA, Paulo Napoleão da, 2000, p. 94.

também sobre a sua irmã mais nova, Noémie. Esta invejou o apaixonado da irmã. Ele soube e, de repente, cobiçou-a também. Começara um grande caso de amor da vida de D. Pedro, o primeiro, que não seria único. Marcou-o fortemente, até porque a francesinha engravidou e isso tocou a consciência do herdeiro bragantino. O caso acabou por se transformar em assunto de Estado, na medida em que os enviados de D. João VI encetavam negociações, na Europa, para o casamento do príncipe. As duas irmãs perderiam o príncipe para sempre. Mas a lembrança daqueles corpos esbeltos e ágeis, daquela pele alva e acetinada, daqueles cabelos loiros e olhos azuis, como o firmamento, jamais o deixou. Ficou-lhe a nostalgia para sempre. As irmãs constituíram para ele uma espécie de troféu. Foram a sua primeira grande conquista. Durante algum tempo manteve-as em simultâneo, mas tivera de optar. Quando tal sucedeu, inclinou-se para a mais nova, fincando nela seus zelos e atenções. Imaginaria ele, nesse tempo, que cerca de dez anos mais tarde outras duas irmãs o atrairiam, o disputariam e, posto perante o dilema, também optaria pela mais jovem? Noémie venceu. A marquesa, ciumenta, suspicaz, combativa, libertar-se-ia também da irmã, convencida de que o monopolizaria em absoluto. Não aceitava rival, nem mesmo sua irmã. A mãe, essa, fingia de nada saber. E os irmãos também. Domitila, contudo, não admitia concorrente, ao menos conhecida. Outro tanto havia ocorrido com Noémie. Parecia fado. E a cena repetir-se-ia com mais duas irmãs, vítimas da rapinagem sexual de D. Pedro e do seu insaciável apetite: as filhas de Cauper, guarda-roupa do palácio. Estas, porém, acomodaram-se facilmente aos hábitos da terra e procuraram estado com maridos que o monarca, como era seu timbre, protegeria. Bastava-lhes isso a elas e ao subserviente pai, que, contudo, para evitar escândalo, foi mandado com as filhas para Lisboa. Dessa época manteve-se a fragrância de Noémie, que ele frequentava, disfarçado, durante a noite, coberto com um chapéu preto de abas largas, no largo do Rossio, onde a bailarina morava. A aventura da fuga noturna, dos beijos e abraços da francezinha terna e envolvente enlouqueciam-no. Levava-lhe prendas caras: tecidos finos, joias, pedras preciosas. Queria assumir o papel de um autêntico galã de sangue real. Amor, boemia e liberalidade corriam em paralelo. Até que um dia surgiu uma enorme conta para pagar. Foi necessário encontrar dinheiro sem que o monarca e os seus validos se intrometessem. Logo um botequineiro, cuja casa o príncipe frenquentava, se dispôs a avançar com a quantia, doze contos, a troco de manter a privacidade do príncipe e de, um dia, vir a ser contemplado com a magnanimidade régia. Desse modo, Joaquim Antônio Alves, conhecido por "Pilotinho", com estabelecimento na Rua dos Barbonos, se tornou cúmplice da prodigalidade e dos amores enfáticos de Pedro de Alcântara. Noémie teria de partir para longe, ainda mais por se encontrar grávida. Nasceria uma menina, mas a mãe, já casada, havia sido dotada convenientemente. A criança não sobreviveria senão alguns meses. O funeral que lhe fizeram dignificou mãe e filha. O pai, de longe, associou-se à perda da menina, e não a esqueceu.[4]

Podemos repetir a interrogação: afinal quantas mulheres dispuseram das delícias dos amores de D. Pedro? É impossível lembrá-las todas, mesmo apenas de nome. Damas do paço, camareiras, escravas, mulheres e filhas de funcionários e militares, artistas, modistas, filhas de comerciantes, europeias, brasileiras, uruguaias, brancas, índias, negras, mulatas... Até freiras se deixaram seduzir, enlear, pelo real amante. Em que número? Nem o próprio saberia, em verdade, responder.

Algumas tornaram-se notórias pelas razões mais diversas. E essas o leitor tem direito a conhecer melhor. Ana Steinhaussen, austríaca, acompanhara o pai ao Brasil, encarregado de uma missão diplomática junto da corte fluminense, enviado por Metternich, chanceler da Áustria. Adolescente, como D. Pedro, rendeu-se aos encantos deste. Repetiram-se encontros, passeios, carícias mútuas e, quando o diplomata Steinhaussen se apercebeu do romance, a filha encontrava-se grávida. Discretamente, foi recambiada para a sua pátria e posta ao serviço de Maria Luisa, mulher de Napoleão, irmã de Leopoldina. A criança nasceu, um rapaz, a moça casou com um funcionário imperial e, por desígnios insondáveis, este, que era bibliotecário, foi colocado ao serviço de D. Leopoldina e mandado para o Brasil mais tarde.

Caso não menos relevante sucedeu com Odília Denys, camareira da própria Leopoldina. Cedeu aos desejos e às solicitações de D. Pedro, vindo a ter um filho, mas havendo casado e iniciando uma família aristocrática brasileira, linhagem de uma série de ilustres militares, não o importunou e seguiu a sua própria trajetória de vida. Clémence Saisset (ou Saissait) caiu também na rede das cobiçadas pelo príncipe. E, como também já era habitual, cedeu à sua voracidade masculina. Mulher de um próspero comerciante francês, este, a princípio, ignorou o *affaire*,

---

4   SILVA, 2000, p. 95 ss.

mas, em determinado momento, pretendeu tirar proveito da aventura da mulher. Passou a espancá-la, a gritar em público para provocar escândalo e atrair sobre o casal as atenções da sociedade carioca. Para que se salvaguardasse a dignidade do chefe de Estado, interveio um ministro. Negociou-se uma saída airosa para ambas as partes envolvidas: o casal receberia uma soma choruda e ausentar-se-ia, para sempre, do Brasil. Assim sucedeu, de fato. Mas D. Pedro vingava-se da teimosia e da alarvidade do marido. Ao retirar-se, Clémence ia grávida. Nasceria um varão, a quem seria posto o nome de Pedro de Alcântara Brasileiro. Cresceu com sua mãe (de nome Henriette Josephine, quando solteira), acabaria por ser educado a preceito e, mais tarde, fixar residência na Califórnia, definitivamente. Em 28 de dezembro de 1828, o imperador concedia a Clémence uma pensão mensal de 1250 francos. Após a morte de D. Pedro, em 28 de setembro de 1834, comunicava Francisco Gomes da Silva à Saisset a morte do imperador, referindo-lhe que, no testamento feito, D. Pedro não esquecera esse filho. Cerca de 30 anos mais tarde, Pedro, filho de Clémence, escreveu a seu meio-irmão Pedro, segundo imperador do Brasil, uma carta na qual lhe revelava que, no espólio da mãe, encontrara documentos que provavam a sua verdadeira identidade, que ele, até então, desconhecia. A carta estava datada de 30 de janeiro de 1865. Nela revelava que morava na Califórnia desde 1849, que se dirigira a Paris, onde a mãe falecera e lhe pedira para ir tomar posse dos papéis que lhe deixara. Foi então que soube que era filho de D. Pedro. Estava-se em dezembro de 1864. Além disso, encontra-ra 70 a 80 cartas que D. Pedro escrevera à sua mãe e que esta sempre usufruíra de uma pensão vitalícia para poder viver decentemente, além de uma soma razoável em dinheiro para que ele, Pedro Saisset, pudesse receber uma educação adequada, o que, de fato, ocorreu, no melhor colégio de Paris. A missiva entre os meios-irmãos, sem qualquer tipo de reivindicação do bastardo, revela um homem educado, muito respeitoso da memória do pai e disposto a cooperar, no que pudesse, com D. Pedro II. Belo gesto fraterno!

Carmen García engendrara uma filha natimorta, portanto não representando qualquer problema para D. Pedro, uma vez que ela logo encontrou um amante substituto, em Lavaleja.

Adèle de Bompland, outra bela francesa, esposa de um naturalista que fora aos trópicos como cientista, demorou-se na corte do Rio, procurando apoios para libertar o marido, aprisionado no Paraguai. Pediu intermediários para chegar até

D. Pedro. Conseguiu-o, insinuou-se, mas pagou o seu preço: tornou-se mais uma das "mulheres" de D. Pedro. Acabou por não conseguir a libertação do marido, porque o presidente do Paraguai, um tal Dr. Francia, se fechara a qualquer influência. Mas Adèle foi bem tratada no Rio e conseguiu viagem para regressar a França sem ter de pagar passagem, tanto sua, como de uma filha, menor.

Outra francesa, rendida à sedução do imperador, chamou-se Regina Saturville. Só se lhe sabe o nome. Ainda no Rio, ele conhecera uma Madame Buchantal, cujo marido era judeu e lhe tratava dos negócios pessoais. Por iniciativa de um deles (ou de ambos) estalou mais uma aventura amorosa entre o imperador e a senhora Buchantal. Ela, após a abdicação do império, veio para Lisboa, onde se fez ainda ouvir.[5]

Também uma freira caiu nos braços ternos de D. Pedro. Foi Ana Augusta Peregrino Faleiro Toste, responsável pelo toque dos sinos do Convento da Esperança, na ilha Terceira, então com 23 anos de idade. Provavelmente entrara no convento apenas por conveniência familiar, mas continuara a aspirar a amar alguém que lhe oferecesse carinho, compreensão, proteção. D. Pedro reunia todas as características e era um príncipe: era bravo, arrojado, boa figura, lutava por uma causa justa e nobre. A freira encantou-se e... engravidou também. Mais um Pedro de Alcântara nasceria, mas morreria cedo. Os liberais terceirenses deram-lhe sepultura adequada.

Ficaram-se por aqui os "amores" extraconjugais de D. Pedro? Ainda não.

Na viagem à Bahia, em companhia de Leopoldina, da marquesa e da filha D. Maria da Glória, embora servindo de diligente e solícito enfermeiro a Domitila, que se queixava de uma otite, dispondo da sua privacidade no quarto que ela ocupava, mesmo assim não se conteve. Semeou descendência, ao que parece. Quando seu filho e herdeiro se deslocou em visita imperial a Salvador, foi abordado por uma mulher de cor, bem madura, que lhe apresentou uma mulata, dizendo: "Esta, sinhô imperadô, é sua irmã por parte de pai." Quarentona, algo perturbada, a moça olhava o imperante. Este, calmamente, perguntou. "E a mãe?" A baiana, trajada a preceito, sorriu, mostrou a dentadura branca que contrastava com a pele negra e respondeu: "Está aqui na frente de vossa mercê!" O jovem Pedro II

---

5   PIMENTEL, 1896, p. 29.

olhou-as bem, abraçou-as e conferiu-lhes um benefício que lhes permitisse viverem de forma digna.

Como ia longe o ano de 1826, mas os ecos do que então ocorrera ainda permaneciam, perpetuando o sangue e a fogosidade do primeiro imperador do Brasil! Enfim, no Porto, durante o cerco, as exigências dos impulsos sexuais do pai da rainha continuaram. Alberto Pimentel, referindo-se-lhe, evoca um "episódio trivial" ao qual conferiu pouco relevo. D. Pedro não resistiu às carnes abundantes de uma comerciante de louças, da Rua da Assunção, sedutora, de boa presença, mas de costumes pouco recomendáveis. Daí terá resultado uma infecção venérea que o atormentou, tanto pela doença, como pelo respeito e contenção que haveria de manter, face a D. Amélia com qual casara e com quem haveria de voltar a conviver. Nunca verdadeiramente se apurou se se tratou de uma recidiva do mal de que tanto falara à marquesa de Santos, ou se ocorreu nova infecção. D. Pedro julgava ser um homem fisicamente robusto, forte, resistente. A verdade era, porém, outra. Alimentava-se mal, repousava pouco, gastava-se excessivamente.

Após o que se referiu, outra questão surge como inevitável: quantos filhos teve D. Pedro? A resposta não deixa de ser idêntica à fornecida acima, a propósito das mulheres: muitos. Quantos, ao certo? Sabê-lo-ia ele? Não parece. Tentaremos, contudo, satisfazer a curiosidade do leitor, perfeitamente legítima, aliás.

Consideremos, em primeiro lugar, os legítimos. Do casamento com Leopoldina resultaram oito filhos nascidos e um abortado, o primeiro. Em carta ao sogro, após a morte da imperatriz, ele confessou: nove anos de casamento, nove filhos engendrados. Destes, oito sobreviveram, ao menos durante algum tempo. Contam-se nesse caso de curta vida dois meninos, a saber, D. Miguel, morto quase ao nascer, e D. João Carlos, com algum tempo de vida, mas ainda muito criança, ao qual já nos referimos. Os outros chamaram-se D. Maria da Glória, nascida em 1819, D. Januária, assim chamada em homenagem ao Rio de Janeiro, em 1822, D. Paula, lembrando a sua ida a São Paulo, proclamando a independência, em 1823, D. Francisca, em 1824, D. Pedro, seu sucessor, em 1825, e, por último, a criança nascida em 1826, de cujo parto morreu D. Leopoldina. Esta senhora, consciente de que uma das suas funções primordiais consistia em fornecer infantes à monarquia, cumpriu plenamente o seu propósito. Sempre se manteve grávida ou em vias disso. E o marido, a despeito das múltiplas e constantes aventuras envolvendo sexo, nunca se ausentou do tálamo matrimonial.

Dos bastardos, legitimados ou não, destacam-se os havidos do comércio sexual com a marquesa. O seu número ascendeu a cinco, a saber, um menino, logo morto (1823); uma menina, D. Isabel Maria, que viria a ser duquesa de Goiás (1824); um menino (1825), morto quando os pais se deslocaram na viagem à Bahia, em 1826; outra menina, Maria Isabel de Alcântara Brasileira, nascida em 13 de agosto de 1827, também desaparecida prematuramente, que haveria de ser duquesa do Ceará; e, finalmente, outra menina, a última (1830), condessa de Iguaçu, que viria a casar com o filho do marquês de Barbacena e que se envolveu em alguma polêmica com seu meio-irmão D. Pedro II.

Outros filhos indiscutíveis resultaram da atividade extraconjugal de D. Pedro. De Maria Benedita, irmã da marquesa, houve Rodrigo Delfim, nascido em 1823; da uruguaia Maria del Carmen García nasceria uma criança morta, em 1828, em Montevidéu; de Clémence Saisset nasceu Pedro, em 1829, em Paris; a 29 de fevereiro de 1830, nasceu em São Paulo mais uma menina por ele nomeada;[6] da freira açoriana Ana Augusta brotaria outro Pedro, nascido em 1833. A este rol alentado juntar-se-á o rebento nascido da francesinha bailarina Noémie, o filho da austríaca Ana Steinhaussen, o filho de Odília Denys e, a dar crédito à baiana que se encontrou com D. Pedro II, mais uma mulata, que ficou para sempre em Salvador, na Bahia. Salvo falha involuntária, descenderam de D. Pedro pelo menos vinte e cinco rebentos, pois falta à lista já elencada juntar a filha do último casamento, D. Maria Amélia, nascida em Paris, em 1 de dezembro de 1831. Se um rei deveria assegurar descendência farta para prevenir mortes prematuras e/ou dificuldades de sucessão, este filho de D. João VI e de Carlota Joaquina cumpriu largamente esse desígnio. E nunca se sentiu penalizado por isso. Pelo contrário. Sua filha D. Maria herdou-lhe o sangue e um profundíssimo instinto maternal, morrendo de parto, como a mãe. Também aspirava a ter muitos, muitos filhos à sua volta. Em pleno século XIX cultivava-se o ideal da família numerosa, ao menos entre as proles reais. D. Pedro cumpriu, em absoluto, dentro e fora do casamento.

O imperador, já o sugerimos, poderá ser classificado como um pai extremoso e exemplar. Alguns testemunhos e comportamentos o atestam. Tratou sempre

---

6   Cf. PIMENTEL, *cit.*, p. 30.

todos os filhos, legítimos ou não, com desvelo, carinho, atendendo pessoalmente às suas carências infantis.

D. Maria da Glória, a menina rainha, duquesa do Porto, recebeu as primícias do enlevo paterno desde o berço. Brincava com ela sempre que podia, aconchegava-a no colo pelas salas do palácio da Boa Vista, mesmo perante a surpresa de diplomatas ou dignitários do Império, tolerava-lhe comportamentos e pequenas birras infantis que surpreendiam até seus educadores. Conta-se que, um dia, a infanta ao ser repreendida por atitude menos cordata para com uma outra criança de cor, se espantou, replicando: "Todo o mundo diz que sou igualzinha ao papai." Verdade ou não, a certeza é que os seus pais a estimaram muito. As cartas de D. Leopoldina para seus familiares em Viena, o convite feito e aceite por Maria Graham para sua governanta (não professora ou aia) e todas as alusões de D. Pedro à filha Maria confluem no sentido de que ela recebeu de seus progenitores um máximo de atenção e amor parental, que, aliás, recordaria pela vida fora. Ao bater-se pelos seus direitos como um bravo, arriscando a vida para lhe recuperar a coroa intacta de Portugal, que outra prova exigiríamos ao pai de D. Maria da Glória, como garantia e caução do seu amor paternal?[7] Traumatizou-o a morte de seu filho D. João Carlos, em 1821, em circunstâncias trágicas, por causa da viagem forçada à fazenda de Santa Cruz. Disso deu conta, com enorme amargura e raiva, ao pai, queixando-se de que lhe haviam destruído o filho, então herdeiro. E todos os demais filhos nascidos do ventre de D. Leopoldina o arrebataram de orgulho e vaidade incontida. Na sua correspondência eles estão permanentemente em foco, como se fossem a luz dos seus olhos. Todos os autores, contemporâneos ou não, o reconheceram e salientaram como um pai muito atento e dedicado aos filhos.[8]

Os bastardos, legitimados ou não, foram por ele encarados com a mesma preocupação. Desde logo cuidou de salvaguardar os filhos havidos da marquesa, aliás, filhas. Só duas sobreviveram, Isabel Maria e Maria Isabel. Quando a menina Bela (como a tratava) foi legitimada, levou-a para o Paço, misturou-a com os demais filhos, exibindo-a ostensivamente, orgulhoso, mesmo com as reservas,

---

7   Chamou-se a menina Maria da Glória em homenagem à devoção que os pais consagravam ao santuário de Nossa Senhora da Glória, em plena cidade do Rio, onde se dirigiam semanalmente para assistirem à missa ou a outras cerimônias alusivas. A passagem pela colina e a entrada no templo fazia parte dos seus frequentes passeios, a cavalo, por essa zona da cidade.

8   SOUSA, 1988, II, p. 252.

legítimas, sem dúvida, de D. Leopoldina. Esta não queria mal à criança, nascida da relação adulterina do marido. Pelo contrário. Compreensiva, estimava-a, olhava-a com complacência. A grande mágoa da imperatriz provinha do fato de a mãe da menina, a sua rival temida e sedutora, morar ali perto, continuar o comércio sexual intensíssimo com o marido. E a menina estabelecia a ponte, além de se transformar numa pedra de escândalo, à clara luz. Porém, D. Pedro insistiu, como sempre fez, que os filhos não podiam, nem deviam, expiar os pecados, os desvios ético-morais dos respectivos pais. A estes cabia acompanhá-los, acarinhá-los, proporcionar-lhes um futuro adequado à sua condição. Ora os descendentes do imperador mereciam tratamento e dignidade condizentes. O seu amor paternal deve encarar-se nessa perspectiva, embora, na época, muitas vezes tal não sucedesse. Nesse aspecto também D. Pedro se sintonizava com o futuro, adivinhando-lhe valores e referências.

Uma prova (mais uma) de que não descriminava os filhos proporcionou-a quando, estando viúvo e em negociações para casar, recolheu todos os filhos no palácio, sob sua supervisão. Quatro nasceram do casamento com a imperatriz (D. Maria da Glória, D. Januária, D. Francisca, D. Pedro) e dois (Isabel Maria e Maria Isabel) provinham do seu relacionamento com a marquesa. Moravam todos em conjunto, sendo tratados sem discriminação. Em carta de 31 de janeiro de 1828, referindo-se, a todos, comunicava à marquesa que lhe quer muito bem "como a mim e a meus filhos". Não escreveu "nossos", mas "meus filhos", igualando-os a todos.[9]

Como sabemos, Isabel Maria foi elevada a duquesa de Goiás com tratamento de Alteza e a outra seria duquesa do Ceará. O embaixador austríaco, Mareschal, ao correrem as negociações para o segundo casamento, aconselhava o imperador a afastar as meninas espúrias da corte, talvez enviando-as para a Europa, o que sucedcria com a primeira delas, ou, então, para longe, mesmo que dentro do Brasil. Porém, o pai honrava-as o mais que podia e sentia-se lisonjeado e agradecido quando percebia deferências para com estas, que reconhecia não disporem do sangue imperial em pleno. Alberto Rangel subscreveu, a este propósito, juízos a ter em consideração:

---

9   RANGEL, 1974, p. 322.

O seu [do imperador] espírito de probidade e afeiçoamento dera todas as licenças para o ato publico e oficial, que deveria tirá-las de um simples indicativo de pais incógnitos, num livro de sacristia, para o livro de ouro dos Quatro Costados do Imperio [refere-se à legitimação das filhas da marquesa]. Eram de seu sangue as pequerruchas, sangue estouvado, mas real, não mereciam ser esquecidas ou rejeitadas na vala dos registos da igreja do Engenho Velho. Duas belas meninas, amadas e bem criadas, à sombra do Paço, não teriam no seu destino senão o que muito honrar à sua família e ao Brasil. Morreria uma ainda bem no alvor da idade; outra, porém, traria à galeria das belezas e virtudes brasileiras o modelo de rara mostra. A paternidade carinhosa de D. Pedro não veria outra causa, nesse lindo par de filhos, debatendo-se-lhe nos braços, sorrindo-lhes no colo. O homem estremecia no imperante [...].[10]

O humanismo de D. Pedro é irrefutável. E começava pelos próprios filhos, dos quais sempre foi pai solícito e carinhoso, mesmo que tivesse de os castigar. O reverendo Walsh, que o conhecera, escreveu: "Era ele um estrito e severo pai, mas um pai afetuoso, eles [filhos] por sua vez o amavam e o temiam."[11] O representante austríaco partilhava a mesma opinião.

As cartas endereçadas a Domitila evocam constantemente os filhos, sem os discriminar. Quando algum adoecia, ele tomava a seu cuidado administrar-lhe as terapêuticas adequadas: dietas, ingestão de produtos naturais, como óleos ou chás, vacinações, purgantes, exercícios físicos, deixando de dormir para ir acompanhando a evolução do seu estado de saúde. Observava-os permanentemente para não permitir o avanço de qualquer sintoma de alarme. A prova de que os filhos de seu sangue lhe mereciam todos o mesmo desvelo foi a redação do testamento em Paris, em 21 de janeiro de 1832, no qual os nomeava e contemplava.

Quando abdicou do império, em 1831, escolheu José Bonifácio para tutor das crianças que deixava, órfãs de mãe e separadas, talvez para sempre, do pai. A escolha recaiu num homem da maior envergadura, com estatuto de estadista, que, a despeito dos seus erros anteriores, D. Pedro agora reconhecia. Ambos se reconciliaram com nobreza de caráter e o ex-imperador forneceu-lhe, nesse

---

10 *Idem*, p. 488.

11 Citado por RANGEL, 1974, p. 184.

momento, a maior prova do seu apreço e respeito. O velho Bonifácio ficava reabilitado perante o Império. Cabia-lhe a formação do caráter do novo soberano, ao qual se devotou afincadamente. A correspondência que D. Pedro lhe dirigiu, a partir da Europa, coloca, face a face, porventura as duas maiores figuras do império brasileiro.

D. Pedro, ao que parece, gizou "um programa para a educação dos filhos, traçado por seu próprio punho".[12] Infelizmente, não o conseguimos encontrar, mas sabemos que os estudos, tanto de humanidades como das ciências, dele faziam parte essencial. Em 1832, a 27 de maio, mandava ao tutor uma missiva entre o desencanto por não ter recebido notícias das crianças e a pungente saudade que o acompanhava pela separação delas, reclamando que o informasse. As suas preocupações maiores centravam-se na saúde e no andamento dos estudos. Queixava-se nos moldes seguintes: sejam quais forem as razões da demora de notícias, não existe nem

> huma só e cabal para deixar de dar parte a hum pai carinhozo da saude dos seus innocentes filhinhos [...] Eu sou pai desses innocentes príncipes brasileiros quero saber delles, de sua saude e da sua educação; quero ao menos ficar certo de que estão bons de que estudão bem e de que hum dia serão dignos da Nação a que pertencem [...] Sei que meus amados filhos lhe tem merecido todo o cuidado e mesmo disvello; sempre assim o esperei, e de todo o coração lhe agradeço o interesse que tem tomado por esses innocentes; de quem tenho immensas saudades.

Durante o cerco do Porto, em 14 de março de 1833, redigiu uma carta pungente, patética e contrita, a propósito de notícias que recebeu. Abrira a missiva recebida cheio de entusiasmo e alegria. As notícias eram, porém, das piores. A infanta Paula, nascida em 1823, encontrava-se gravemente doente e

> poucas ou nenhumas esperanças dava aos facultativos de poder escapar à foice da morte. Ah, meu caro amigo, faça ideia do estado de aflição em que ficaria um pai extremoso que tanto ama seus filhos,

---

12   RANGEL, 1974, p. 185.

que se acha izolado de sua família; cercado de perigos; atormenta-do com trabalhos de espírito e corpo; que tem sobre seus hombros huma enorme responsabilidade moral; cheio de pungentes saudades de sua esposa e de seus charos filhos; sem esperança de poder saciá--las tão cedo de hum lado e vendo do outro que isto lhe [é] quasi impossível; e que finalmente recebe huma tão triste notícia qual he a de se achar à morte huma sua filha a que elle tanto estima; que elle pelos seus disvelos tinha já uma vez salvado das garras da morte e à qual não pode pessoalmente prestar socorro algum e que não lhe resta mais que fazer votos aos Ceos por ella e chora-la desde já!!!

Continua a sua sentida carta lembrando ao amigo que muito lhe agradece "o interesse que toma por todos os meus caros filhos", lastimando não estar presente porque "os meus esforços nascidos do mais puro amor e a influencia que, como pai, poderia exercer para lhe tomar os remédios obteria hum muito maior resultado sobre a desgraçada enferma". Sentimental, como só um romântico pode ser, mas pragmático, como político e soldado, pede, por fim: se ela tiver morrido, faça duas coisas: "a primeira he ter guardado para mim hum bocado do seu lindo cabello; a segunda he tê-la feito depositar no convento de Nossa Senhora da Ajuda e no mesmo logar em que se acha depositada sua boa mai a minha Leopoldina pela qual ainda hoje derramo lagrimas de saudade [...]". No caso de tal não ter sucedido "eu lhe peço como pai e como pai desolado de pena que me faça o favor de hir em pessoa depositar aos pez do corpo de sua mai este fructo do seu ventre e de nessa occazião rezar por uma e por outra". A princesa D. Paula morreu, de fato, aos 9 anos de idade, no paço de São Cristóvão, no dia 16 de janeiro de 1833.

Que pai, tantas vezes acusado por alguns de "ignorantão" e egoísta, seria capaz de exteriorizar mais autênticos, mais nobres e mais puros sentimentos do que estes? Recorde-se que chora, por antecipação, a perda da filha, pretende um pouco do seu cabelo como relíquia, tão ao gosto da época, mas prostra-se, também ele, aos pés da mãe. Quer que as duas repousem para a eternidade, lado a lado. Chora, mais uma vez, Leopoldina, que não compreendeu, como devia, enquanto viveu, e, por último, olha para os Céus, pedindo orações por ambas. Foi, de fato, um imprudente durante vários anos da sua curta vida. Arrependeu-se, reconsiderou e mortificava-se, interiormente, mais tarde. E não se esquecia da sua formação cristã, haurida sobretudo junto de dois frades, que muito o desculparam, o compreenderam e lhe foram perdoando: Frei Arrábida e o brilhantíssimo Frei Sampaio. Nas horas de maior clarividência ou de perigo, confessava-se, arrependia-se... Voltava a cair, é certo. Mas não é essa a condição de todo o homem? D. Pedro pecou por amar demais e isso prejudicou-o. Foi, contudo, um homem de grande envergadura, é forçoso reconhecê-lo. E, se ele não compreendeu Leopoldina, enquanto viva, ela foi, contudo, mais constante e prospectiva e compreendeu-o a ele. Ao partir para a eternidade, continuava a clamar pelo seu adorado Pedro! Tinha razão. Tarde, é certo, mas também ele retribuiu. Afinal, foram dignos um do outro. E o Brasil orgulhou-se do seu primeiro casal imperial. Os seus restos mortais repousam juntos em São Paulo, em Ipiranga. Finalmente...

Segundo casamento. Intimidades (quase) obscenas

Procurara-se, em vão, na Europa, durante os anos de 1827 e 1828, uma noiva para D. Pedro. As várias diligências e intermediações foram fracassando. Casar-se não seria para ele fundamental, é certo, mas era-o para o Império. Ele contava 29 anos de idade e o decoro cortesão não se compadecia com uma viuvez permanente. A marquesa vislumbrara a perspectiva de se sentar no lugar da imperatriz, mas logo sofreu a decepção. Faltava ascendência real ao sangue que corria nas suas veias, instrução, prestígio familiar e o reconhecimento de estatuto superior por parte das velhas monarquias europeias. E D. Pedro considerava-se sucessor de D. João VI, nele entroncava a legitimidade da filha para se tornar numa rainha de uma monarquia do velho continente. Teria de casar-se com alguém cujo estatuto não deslustrasse. Para isso se preparara psicologicamente nos dois últimos anos.

As ordens para que Domitila se afastasse da Corte sucederam-se. A princípio, resistiu, usou todos os artifícios ao seu alcance. Em 27 de junho de 1828 rumava a São Paulo, mas ainda guardava uma réstia de esperança de poder voltar. As negociações na Europa esbarravam sempre com um novo e inesperado obstáculo. D. Pedro reagia furiosamente e o seu estado de espírito transparecia para o exterior. Em vez de intermediários, num momento de crise, cogitou ir ele mesmo à Europa resolver o assunto. Não podia, contudo, abandonar o governo do Brasil, nem a situação interna portuguesa lho permitiria. D. Miguel e os absolutistas não haviam desarmado. Teria de confiar nos seus enviados e aguardar. Mas uma exigência podia e devia tornar clara. O marquês de Barbacena, seu amigo, confidente e plenipotenciário, ao partir para o Velho Mundo, acompanhado por D. Maria II, recebera o conjunto de condições imprescindíveis à pretendida noiva: nascimento, formosura, virtude, educação. Transigência poderia existir em relação a algumas delas, mas não nas demais. Encontrá-las todas reunidas numa só pessoa afigurava-se pouco viável. Nesse caso, transigir-se-ia em relação à primeira e à quarta, mantendo-se intocáveis as outras.

Viena não lhe parecia o melhor destino da viagem, pois aí pontificava Metternich, era a sede da Santa Aliança, já daí haviam partido recusas para encontrar esposa para D. Pedro. Preferiu Londres, próxima da Dinamarca, onde reinava um monarca liberal, pai de três filhas e tio de duas sobrinhas casadoiras. Mais uma vez a diligência falhava, porque todas elas eram feias e protestantes. Para onde olhar agora? Para a Casa de Orleães, para a Holanda, para a Alemanha?

Por agora, a questão portuguesa tornara-se delicadíssima e prioritária. Era indispensável garantir a coroa para D. Maria, que havia sido miseravelmente usurpada. Por essa razão, D. Pedro estava rodeado de conselheiros, de emissários, de diplomatas, que lhe monopolizavam a atenção. Crescia o descontentamento entre uma ala liberal brasileira que entendia que, sendo D. Pedro seu imperador, deveria desligar-se de tudo o que ocorria em Portugal. Deixasse-o entregue aos seus representantes e parlamentares. Se D. Miguel reinasse com apoio da mãe, que importaria isso ao Brasil? Era o nativismo brasileiro a manifestar-se, o patriotismo americano à maneira de Monroe, a rejeição de qualquer laivo de colonialismo, como sugeriam Evaristo da Veiga, Bernardo de Vasconcelos, ou mesmo Feijó. Ocupar-se da questão portuguesa, pensavam estes, significava secundarizar as atenções ao Brasil.

No quadrante oposto se encontravam os liberais portugueses, emigrados, abandonados, batendo-se pela causa de D. Pedro e da rainha e convictos de que o imperador, monarca de um enorme império, os esquecera e abandonara. Ele sentia-se bem, comodamente, no Brasil, fora-os deixando entregues a si próprios, sem um chefe indiscutível e legítimo, que só podia ser ele próprio.

Delicadíssima situação rodeava D. Pedro nesses finais de 1828 e primeira metade de 1829. A imprensa brasileira e, até a da emigração liberal lusitana, atacavam a atuação do Imperador e do seu governo. Este ia respondendo no mesmo tom e pelos mesmos meios, mas cada vez mais fragilizado. E as negociações morosas e imprevisíveis para o casamento irritavam-no, tornavam-no suscetível. Alguma vez ele se queixara de lhe faltarem mulheres, sequer imaginara essa hipótese? Por que, agora, tanta dificuldade? Não compreendia. Os elementos afetos à Santa Aliança obstaculizavam o seu enlace com alguém ligado a Napoleão, cuja linhagem juravam extinguir. Ele, contudo, não pensava assim. Sempre admirara as águias imperiais e Hogendorp pintara-lhe as vantagens das conquistas sócio-culturais iniciadas por Napoleão. Concordara e nunca mais as esquecera. Afinal, optar por elas significava dignificar o homem e o cidadão. A isso estava ele disposto. Lutaria de armas na mão por esse ideal, se necessário fosse.

Parecia eternizar-se o processo conducente ao casamento pretendido. Ele continuava decidido, mas pessimista. Nunca imaginara tantos obstáculos. Bem sabia que nunca fora um santo, homem de comportamento exemplar, que se deixara envolver em paixões descontroladas, comprometedoras, que escandalizaram a nobreza, a diplomacia e as cortes europeias. Mas... tudo isso era passado. Decidira mudar radicalmente. Já o provara. Libertara-se da marquesa. Esta resistiu quanto pôde, mas, em agosto de 1829, percebendo que não lhe restava outra hipótese, decidiu partir. Era o dia 24. Em São Paulo ainda corria o inverno, frio e cinzento. Tal o seu estado de espírito. Vivera uma aventura única, que a tornara conhecida e invejada, dentro e fora do Brasil. Enriquecera, relacionara-se com os grandes do mundo. Regressava, de novo, a São Paulo. Aí a esperava o "reizinho", o brigadeiro Rafael Tobias de Aguiar, que ainda lhe daria mais filhos e a acompanharia na sua velhice. De D. Pedro nunca mais teria notícias diretas. Ficavam algumas decepções, é certo, mas ufanava-se de ter excitado nele um grande amor, uma paixão tão quente como o tórrido sol fluminense dos meses de verão!

Eis que, finalmente, foi encontrada uma segunda esposa para D. Pedro. Chamava-se D. Amélia Augusta Eugênia Napoleão de Leuchtenberg e transformara-se na "mansa ovelhinha que não receara o lobo esfaimado", como se lhe referiram os privados de D. Pedro.[13] Ao enviar-he o retrato dela, em carta de 22 de maio, desse ano de 1829, Barbacena comunicava-lhe: "Aí tem V. M. I. o retrato da linda princesa, que aconselhada por seu tio, o rei da Baviera, inimigo de Metternich e

---

13 SOUSA, 1988, II, p. 298. Enganavam-se os que assim se lhe referiam. Os dentes de lobo, que tivera, haviam-se rompido progressivamente. Amansara. O seu próprio corpo ia dando sinais de algum cansaço. Começava a mudar de comportamento, como confessava em linguagem crua, quase chocante, como veremos.

doador, como V. M., de constituições liberais, ousa passar os mares para se unir a um soberano que todos os ministros austríacos da Europa pintam como o assassino de sua mulher. O original é muito superior ao retrato." Através do conteúdo desta missiva percebia D. Pedro a razão de tantas recusas à sua proposta de casamento: ele tornara-se um liberal suspeito aos pilares da Santa Aliança e, ainda por cima, maltratara Leopoldina. A corte de Viena não se esquecia.

Mas ele interrogava-se, a propósito da sua jovem noiva: seria ela mesmo bonita ou, como no caso de Leopoldina, não estariam a exagerar? Após tantas recusas, enfim, sossegava e, talvez, ela fosse mesmo formosa e educada. Era essa a sua esperança. Por isso rejubilava na resposta a Felisberto Caldeira:

> Meu marquês, meu Barbacena, meu amigo e não sei que mais. Quão satisfeito estou pelo negócio do meu casamento ir desta vez ao fim! Se fosse possível pintar-lhe nesta carta meu contentamento para que [...] a mostrasse a Minha Salvadora, à Salvadora do Brasil, à Minha Adorada Amélia, que felicidade seria a minha! [...] Meu entusiasmo é tão grande que só me falta estar doido, eu não sossego, eu só suspiro pelo dia feliz, ou da minha salvação, ou da minha sentença de morte, se acaso falha. Eu sinto não adivinhar o que seria mais agradável ao meu Amor, à Minha Adorada Amélia, que eu fizesse para lhe provar de antemão minha paixão, a fim de fazê-lo, e poder à sua chegada logo ser olhado, não só como esposo, mas sim como verdadeiro amante e até devoto [...] Sou e serei cada vez mais seu amigo. Pedro. 29 de junho de 1829.[14]

Nunca se lhe ouvira tanta efusividade sentimental, pelo menos numa linguagem contida, romântica, despida de erotismo de grande alcance, ao que parece com sinceridade: "Minha Adorada Amélia", "Minha Salvadora", "Salvadora do Brasil". Ainda a não conhecia, não lhe podia, portanto, devotar amor, mas o seu entusiasmo transbordava, como se ele voltasse à adolescência a jurar amor eterno a uma namorada, que imaginava dotada de todas as virtudes. Foi preciso atingir os 29 anos de idade para se distanciar desse amor carnal, violento e sensual, que o caracterizara, sobretudo entre 1822 e 1827.

---

14   Transcrita por SOUSA, 1988, III, p. 16.

Amélia era sobrinha do rei da Baviera e da imperatriz da Áustria, e Miguel Calmon, visconde de Pedra Branca, com excelentes relações diplomáticas na Europa, estabelecera a ponte entre as partes interessadas. É verdade que a origem de Amélia não a colocava na primeiríssima linha das linhagens europeias. Filha de Eugênio de Beauharnais, descendia de cepa aristocrática e a sua tutora era a duquesa de Leuchtenberg. Sacrificava-se, pois, a primeira cláusula indicada por D. Pedro, mas com seu pleno assentimento. Contudo, o segundo requisito, a beleza da noiva, ficava totalmente salvaguardado. Barbacena garantia sua impecável perfeição física. Modelo de beleza, contava apenas 17 anos de idade, impunha-se pelo seu porte e por sua educação. Na Alemanha não se conhecia pessoa mais dotada e o povo da Baviera admirava-a e dela se orgulhava.[15]

O contrato nupcial foi assinado, na Inglaterra, em Cantuária, em 30 de maio. Barbacena representava D. Pedro e Luís Planat de La-Faye a duquesa de Leuchtenberg. Metternich não via com bons olhos o enlace e temia-se alguma manobra de bastidor que o prejudicasse. Tudo, porém, avançou e, a 2 de agosto, celebrou-se o casamento em Munique. Os receios de que o imperador reincidisse, caindo nos braços da marquesa de Santos, não se verificaram. Da Europa, os seus representantes iam-no avisando de que, acerca da sua fama de mulherengo, continuavam a circular notícias nada lisonjeiras e, portanto, era fundamental desmenti-las. Valeria a pena esperar. Amélia constituía a perfeição em pessoa.[16]

Desta vez, D. Pedro agiu como devia. Afastou definitivamente Domitila para São Paulo. Sentia-se vaidoso e responsável pela jovenzinha que lhe coubera agora. A mãe, a princesa Amélia Augusta, escrevia ao genro, recomendando-lhe a filha, a qual classificava como a pureza em pessoa. Inteligente e decidido como era, o imperador não se contentava com o envio da sua antiga barregã para longe. Também a filha de ambos, a duquesinha de Goiás, seguiria para a Europa, onde a esperava o Colégio do Sacré-Coeur, que lhe proporcionaria uma educação ao mais alto nível. Não mais a sua presença se tornaria incômoda perante a corte

---

15 *Idem, ibidem.*

16 "Belleza, juventude, espiritualidade; graça e virtude; filha de Augusta, a esposa exemplar, e Eugénio, o justo; meio sangue real; nobreza mais de carater que de pergaminho, sobretudo moral; uma rara mulher [...] Realmente, pareceu a D. Pedro um sonho delicioso aquelle matrimonio ao cabo de dez noivados imaginados e desmanchados [...] Tamanho abalo causou ao noivo essa imagem de gentileza, que Don Juan desapareceu e em seu lugar ficou o namorado romântico" (CALMON, 1933, p. 199-200). D. Pedro regenerara-se, em termos comportamentais.

imperial. O seu grande amigo Teles da Silva, marquês de Resende, conheceu D. Amélia quando o contrato já fora consumado. Ficara fascinado pela sua beleza, sua finura e trato, sua educação e suas virtudes. Ainda não esquecera outras recusas e julgara que elas redundaram num benefício para seu amo. Nenhuma das outras apresentava este perfil físico e humano e recomendava-lhe: "Faça feliz a única princesa que o quis, e a que, pelo que vejo, sinto e creio, pode e há-de encher as medidas do seu coração." Referia-se, depois, aos seus dotes físicos para insinuar que D. Pedro nunca possuíra mulher assim. Ele deixar-se-ia galvanizar pelos seus encantos fisiológicos, que tanto costumavam impressionar D. Pedro. Terminava a carta aguçando-lhe o apetite e levantando o véu da sua voracidade sexual: "Que fará o nosso amo na primeira, na segunda e em mil e uma noites? Que sofreguidão!"[17]

Começava uma nova fase na vida sentimental e íntima de D. Pedro. Entregara-se a todos os exageros. Derramara o seu exacerbadíssimo erotismo sobre muitas mulheres, desde as mais jovens às adultas, algumas até algo avançadas em idade. Conseguira desvencilhar-se de todas elas. Restavam os bastardos. Desses teria de cuidar. Fá-lo-ia com magnanimidade, como a sua condição exigia. O filho que mais complicações lhe trouxera chamava-se Pedro Saisset ou Pedro de Alcântara Brasileiro. Mãe e filho ver-se-iam dotados de meios de sobrevivência, ela para poder carregar uma velhice digna, ele estudando no melhor colégio de Paris, recebendo uma educação esmerada que lhe permitiria estabelecer-se, como sabemos, mais tarde, na Califórnia, constituir família e garantir um padrão de existência tranquila e segura. Só posteriormente, através do testamento parisiense de D. Pedro, viria a descobrir a sua verdadeira identidade, mas não manteve qualquer mágoa em relação aos procedimento do pai. Os outros, todos os outros, legítimos ou não, mereceram o seu cuidado de pai responsável e dedicado. Até o filho de Maria Benedita, a baronesa de Sorocaba, Rodrigo Delfim Pereira, mandara também para a Europa educar-se. Queria-os todos bem, embora sem lhe tolherem os movimentos e atrapalharem o relacionamento íntimo com a nova imperatriz. Muito sintomático é que tenha exigido que o pequeno Rodrigo aprendesse adequadamente o português e não apenas as línguas estrangeiras. Na carta que sobre

---

17 SOUSA, 1988, III, p. 20.

isso escreveu a Barbacena adverte-o: "Não quero que depois de grande me apareça dizendo – minha cavalo, minha pai etc."[18]

Apesar da intensidade com que olhava tudo o que se relacionava com a sua condição de recém-casado, aguardando a chegada da noiva, continuava mais ativo e interventivo do que nunca. Ele pretendia dirigir e centralizar tudo e olhava para a Assembleia com alguma suspeição. Mesmo absorto com os pormenores da recepção a D. Amélia, com as questões que a situação interna portuguesa constantemente colocava à sua consideração, com uma fuga ou outra para caçar em Santa Cruz, nada lhe escapava na governação do país. Parecia deter o dom da ubiquidade e supervisionava o que era da competência dos ministros, obrigando-os a prestarem constantemente contas da sua ação pública. Começava a tornar-se cada vez mais notória uma antipatia entre os deputados, que se reclamavam de direitos oriundos da sua eleição popular, e a atuação do imperador. Este considerava o governo seu e não admitia críticas a ministros. O atraso, por exemplo, na questão da discussão do orçamento, criticado por certos deputados, irritava-o profundamente. Não cederia a exigências fosse de quem fosse. O poder supremo estava nas suas mãos e exercê-lo-ia como entendesse.

O casamento fazia-o passar, às vezes, para segundo plano, as questões internas, mormente as fricções com a Câmara. A 11 de setembro, chegava ao Rio a notícia do casamento efetuado. Como sempre, estalaria o júbilo público, organizar-se-iam festas, acender-se-iam luminárias, haveria teatro, execução de hinos, músicas, paradas militares, repiques de sinos, foguetes, salvas de artilharia. A chegada da nova imperatriz daria origem a quatro dias de festa, com danças e "mascarados". Claro que o júbilo também se revestia do esplendor religioso, com *Te Deum*, missas, cerimônias de luz, som, sermões, incenso queimado, paramentos luxuosos. A capela imperial, o Paço da cidade, o teatro São Pedro organizaram festejos públicos também a pretexto da comemoração do aniversário de D. Pedro, a 12 de outubro.

A grande festa, porém, que o fez chorar de alegria, estava reservada para a chegada das duas mulheres por quem tanto ansiava: sua filha D. Maria, a rainha menina, e a jovem e bela imperatriz. Foi ao seu encontro ainda fora da barra. Abraçou a filha com tal emoção que ela quase perdeu os sentidos. A imperatriz,

---

18   SOUSA, 1988, III, p. 21.

espantada e tímida, aguardou a sua vez. Abraçaram-se também e, em seguida, a ternura do primeiro encontro tomou conta deles. Jantaram os três a bordo da fragata *Imperatriz*, entretidos a contar cenas da viagem e a planejarem os atos cerimoniosos do dia seguinte. Às 11 horas da manhã, dava-se o desembarque no Arsenal da Marinha. O cortejo seguiu para a capela imperial, onde foi executado um *Te Deum*. D. Pedro estalava de contente. Ela era mesmo bela, mais ainda do que a haviam pintado. Após a cerimónia religiosa, a que assistiu o irmão da noiva, o príncipe Augusto, que viria a tornar-se genro de D. Pedro, pois casaria com a menina rainha D. Maria, iniciaram-se as núpcias tão desejadas. Corria o dia 17 de setembro.

No seguinte, o casal recebeu os cumprimentos do corpo diplomático e da corte. O imperador, num gesto comemorativo, criou a Ordem da Rosa e conferiu ao cunhado o título de duque de Santa Cruz, com tratamento de Alteza Real. Generalizou-se o clima de festa pela cidade. O Brasil voltava a possuir uma corte à altura do prestígio do Império. E, mais uma vez, a família real se deslocou ao outeiro da Glória para agradecer aos Céus o êxito do enlace e, na igreja, rezar pela ventura da rainha de Portugal, cujo futuro se apresentava carregado de nuvens negras. Não o confessando explicitamente, aí lhe voou o pensamento para D. Leopoldina, com quem tantas vezes aí fora também. Emocionou-se por causa dela. Pesava-lhe a consciência por tê-la desconsiderado, humilhado, feito sofrer. Disso tinha clara percepção e agora se arrependia. Não sabia se a tinha amado a sério, é certo. Mas, quando ficou sem a sua companhia, percebeu quanto perdera e passou a evocá-la com saudade e muita consideração. Ela fora um modelo de mãe, o que muito o sensibilizava, e de virtudes discretas. Jamais a poderia olvidar, sobretudo ali, no morro da Igreja da Glória, na presença de sua filha Maria, que adoptara esse nome também. A filha catapultava-lhe a imaginação para a mãe. Como viúvo recém-casado, comparava as duas esposas. Sentia-se enlevado e ufano por esta, jovem, muito bela, educadíssima, meiga, serena, disposta a compreendê-lo, a ajudá-lo na teia de exigências impostas pelos dois tronos, que considerava seus. Mas assaltavam-no saudades de Leopoldina, mulher recatada, culta, solitária, que só verdadeiramente percebera depois de ela ter desaparecido.

Os primeiros tempos de vida em comum do casal parece terem favorecido D. Amélia. Ela conseguia estabelecer sutilmente laços de interação com o marido. E ele sentia-se mais próximo dela, mais solícito, talvez apaixonado. O relacionamento íntimo decorreu excelentemente: "Amélia concorreu [...] para que o ano de 1830 começasse como uma era de reparação. Cordial, sensata, generosa", escreveu Calmon.[19] O imperador não perdia de vista, nem por um instante, o governo. Estava, porém, cansado de se ver acusado de possuir um "gabinete secreto", do facciosismo ministerial, das violentas críticas que lhe iam dirigindo. Entregara a Barbacena a tarefa de encontrar um governo de consenso, apaziguador. Ele, imperador, pretendia, agora, dedicar-se mais à nova família, isto é, à esposa, ao cunhado, à filha rainha.

Os meses finais de 1829 e os primeiros de 1830 iam-se sucedendo, ele observava a mulher com a qual se ia deliciando nas "mil e uma noites" vaticinadas por Teles da Silva, e a sua surpresa subia de tom: ela não engravidava. Esperara, com paciência, fora proporcionando os meios ao seu dispor, possuíra-a com a veemência e a voracidade de um erótico permanente e... nada de resultados. O que se passaria? Foi sob esse estado de espírito que pegou na pena e papel, escrevendo ao seu amigo e confidente marquês de Resende, uma carta difícil de qualificar com adjetivos, tal a sua crueza de linguagem e a autenticidade de sentimentos explícitos. Embora correndo o risco de chocar, mais uma vez, o leitor, aqui fica transcrito esse documento espantosamente humano (e masculino), em que se misturam alguma decepção, humor, cinismo, frieza de auto-análise e autenticidade. Leiamo-lo:

> Meu Rezende:
>
> Esta vai cauzar lhe a recepção de todas as que me tem escrito e fazer lhe conhecer que sou aquelle mesmo, que sempre fui e, por isso o tirei d'ir morar na Russia, e agora ate mesmo de la ir, pois mandei que fosse o Maseys (?), que de la deverá vir para cá... A estas oras já terá visto [em Paris] minha filha Duqueza [de Goiás], e mesmo o pequeno Pedro [Saisset] que la nasceo em setembro parece-me que no intervallo não o fis mal; aquelle que foi feito naquella noite de 27 de janeiro de 1823 e nasceu a 5 de novembro do mesmo anno, por um motivo bem simples, que a mãe não era burra e se chama Rodrigo [Delfim Pereira] e que lhe morreu o Pai putativo [visconde de Sorocaba, marido de Maria Benedita, irmã de Domitila], está em Inglaterra. Em

---

19   1933, p. 201.

S. Paulo existe tambem uma feita em quanto os Senhores levarão tempo a me arranjarem casamento [refere-se a Maria Isabel, futura condessa de Iguaçu, última filha da marquesa]. Em casa, por ora, nada, mas o trabalho continua e, em breve, darei cópia de mim e farei a Imperatriz dar copia de si, se ella me não emprenhar a mim, que é a unica desgraça que me falta soffer. Se eu me tivesse como o Gageo (?) e não sei quem mais aplicado às Sugovias [*í. e*, se me tivesse masturbado] nem teria filhos nem incommodos por consequencia, e que são cadilhos de quem tem filhos e as quesillas (ai perdôe) quezilhas de quem tem filhos, nem teria feito metade das despesas, que tenho feito; mas emfim que quer que lhe faça? Ja não ha remedio.

Agora fis proposito firme de não... [refere-se ao acto sexual] senão em casa, não so por motivos de Religião, mas ate porque para a pôr assim já não é pouco difficultozo. Vamos indo com os pés pra cova para depois nos encontrarmos no vale de Josaphat aonde cabemos todos segundo diz a escriptura, e o Pe. Vieira o prova em um dos seus Sermões duvidando ao mesmo tempo (o que eu tambem duvido) que aja e caiba um Dezembargador com honra muito principalmente em 1830 em que o câmbio está a... e o oiro a...; em tudo vamos vivendo mal e pobremente, para não dizer porcamente; mas Barbacena que está ao leme e dirige tudo = abaixo de mim = está esperando de alcançar vitoria = hagasse el miracolo, hagalo el Diabolo. S.tº Amaro lá vai tratar da questão Portuguesa. Gomes [o Chalaça] e Rocha [João da Rocha Pinto] a passeiar, em summa ministerial e constucionalmente portos fora ao que eu annui por interesse d'elles e meu; não que elles estejão fora da minha graça e a prova é que lhes dou Pensões. Gomes vai encarregado d'arranjar meus negocios e Rocha de passear; a S.tº Amaro vai, creio, que por causa deste; forte tolo, como se em França não houvessem milhares de Putas milhores do que ella. Acabou-se o papel e a carta

Seu Amo e Amigo Pedro.[20]

---

20 *Arquivo Imperial (Petrópolis)* I – POB 22.04.1830 PI BC. No mesmo arquivo há uma carta que é atribuída a D. Pedro, com letra de Gomes da Silva e dirigida a Antônio Teles da Silva Caminha e Meneses (1790-1875), marquês de Resende, cujo conteúdo é altamente pornográfico e inconveniente. Tem data de 27 de janeiro de 1825. Aqui transcrevemos algumas passagens, por revelarem uma faceta obscena da sua intimidade: "Meu Amigo: Como vossê é formoso – porra – a sua carta é tão difusa e confusa que não sei como lhe hei-de responder... Tenho muita pena de não ter o caralho do Pe. Martinho para poder daqui foder la essas meninas que tanto gostão do meu retrato (o

Esta carta exibe a data de 22 de abril de 1830. É tão explícita que quaisquer comentários parecerão inadequados. Dela transparece algum desapontamento face à imperatriz. Tantas mulheres engravidaram quase às primeiras arremetidas sexuais de D. Pedro e esta, mesmo esforçando-se ele, continuava imune ao esperma que no seu útero ele derramava. Onde se encontraria o segredo? Nele, ou nela? É provável que, apesar da sua continência recente, a "máquina triforme", como se referira ao seu aparelho genital em cartas anteriores, junto à marquesa, não se encontrasse nas melhores condições. As antigas mazelas teriam sido curadas de vez? O seu médico, barão de Inhomirim, prescrevera-lhe um regime draconiano, em 18 de junho de 1829, no qual afirmava: "O abuso dos prazeres venéreos é ruína certa e quando não produz prontamente efeitos terríveis, prepara-nos a decrepitude no meio da época da virilidade."[21] A dúvida começava a inquietá-lo. Estaria ele atingido por essa decrepitude na sua, ainda, virilidade? Mas já depois da manifestação de sintomas preocupantes a marquesa voltara a engravidar. A falha não podia, portanto, ser-lhe atribuída. Isso o tranquilizava e o aconselhava a continuar, como confessava. Constava que a mulher de Santo Amaro o traía e, por essa razão, o Rocha fora no encalço dela para Paris. O comentário do imperador não podia ser mais cortante e cínico acerca dessa decisão do amante, entusiasmado com a mulher do amigo. Ao enviar Gomes da Silva e Rocha Pinto para a Europa, D. Pedro cedia à influência de Barbacena, que considerava esses portugueses antipáticos para a opinião pública brasileira e para o seu governo.

D. Amélia mostrara-se, desde o início, muito ciosa do cerimonial da Corte. A seu pedido, D. Pedro renovou o mobiliário, comprando um novo ao chileno Carlos Arcos, recuperou algum cerimonial de ostentação, adquiriu tecidos finos, louças requintadas, objetos de decoração. A própria imperatriz cuidava de garantir maior esmero e ordem no funcionamento do Paço, nisso se distanciando do desleixo dos últimos anos de Leopoldina. Com razão, observou Tarquínio de

---

que não quereria, pois não gosto da merda e tenho cá coisa boa...) se vossê fosse elegante, esbelto e amigo de moças, você teria feito pelas mulheres algum arranjo, pois ellas são mui atacadas dessa mollestia, mas que há de ser? Se vossê assenta que aquelle pãozinho aberto é boca do inferno e tem dentes, desengane-se que provando a primeira vez, jamais fiará a sua coisa d'umas desconhecidas. Queira-me bem que não lhe custa nada. Receba recados de todos os seus amigos ainda que elles não mos encommendarão [...]." A carta refere-se à eleição do deputado Luis Augusto May para a Assembleia, por Minas. Cf. I – POB, 27.01.1925. PI BC.

21 Citado por SOUSA, 1988, III p. 34.

Sousa que, pelo fato de ela provir de uma corte menos nobre do que a da arquiduquesa, necessitava de se rodear de mais luzido cerimonial.[22] É certo. Mas D. Amélia acompanhava também o marido nas questões mais candentes do momento. Falou com José Bonifácio, que o imperador lhe apresentara, e pediu-lhe ajuda. Este dispôs-se a mostrar ao imperante aquilo que considerasse a verdade "nua e crua". Voltaram a reatar a velha amizade, de que D. Pedro nunca se esquecera. Ele admirava a frontalidade do velho Andrada, sabia quanto este detestava a influência da marquesa sobre o seu amo e percebeu que, afastada ela, em definitivo, deviam reatar uma amizade que tinha a felicidade do Brasil como objetivo único. E assim sucedeu. Contava com ele e o "velho" não desmereceu a sua confiança. Ao assumir a tutoria do filho querido e sucessor de D. Pedro, consciente da responsabilidade e da dificuldade do encargo, provava-lhe toda a sua lealdade e amizade sincera.

Com a esposa, a vida decorria na maior normalidade, cumulando-a ele de atenções. Mostrara-a à sociedade fluminense, num grande baile, oferecido pela corte, a 20 de janeiro e realizado no Senado, onde foi executado um hino composto pelo próprio. Após isso, levou-a consigo para passarem uns dias na serra do Correia, cujos terrenos, aliás, fora comprando com intenção de aí instalar uma fazenda e construir um palácio. Este levantar-se-ia por iniciativa de seu filho e nas imediações surgiria a cidade de Petrópolis. Quando ainda se encontrava na serra do Correia, em descanso e lazer com a nova imperatriz, recebeu notícia da morte da mãe. Ficou chocado. Mesmo não havendo gozado do seu amor materno, nem apreciado os seus jogos de bastidores, reconhecia-lhe perspicácia política e uma ascendência das mais altas da Europa. E era sua mãe. Não o podia ignorar. Por isso a chorou. Não gostou nada da carta que, a propósito dessa morte, lhe enviara seu irmão D. Miguel. Contra ele escrevera D. Pedro, na sequência do que estava ocorrendo, para ser publicado num jornal: "elle é mau tio, pior irmão e péssimo filho". E acrescente-se ainda o que do mesmo infante escrevia Teles da Silva, marquês de Resende: é um ignorante, pois assinava sempre "Migel", em vez da forma correta.[23]

---

22   *Idem*, p. 27.

23   SOUSA, 1988, III, p. 30.

Esse ano de 1830 tornar-se-ia fulcral para D. Pedro decidir, em definitivo: optaria pelo Brasil, em detrimento de Portugal, ou o contrário? A opinião liberal e o sentimento nativista dos Brasileiros pressionavam-no a decidir-se. Afinal, as duas coroas não se tornavam incompatíveis? Os seus planos para transmitir a coroa a sua filha, casando-a com D. Miguel, fracassaram. E agora? Sua irmã D. Isabel Maria continuaria na regência de Portugal até à maioridade da sobrinha, se D. Miguel, em 1 de julho de 1828, não tivesse sido aclamado rei de Portugal. Que fazer após isso? Haveria de garantir o trono para a filha, de vingá-la da usurpação do tio. Era esse o seu propósito. Agora, que voltara a casar, que recuperara a filha regressada ao Rio, como havia de proceder? E o Brasil? Ele era o seu imperador. Nomeara um governo de gabarito, em 4 de dezembro de 1829, recheado dos maiores valores brasileiros. Era o melhor que poderia escolher. Porém, a ala radical dos liberais não partilhava a mesma opinião.

D. Pedro deixara-se absorver cada vez mais pela questão portuguesa, da qual nenhum ministro se alheava. Recolhiam-se fundos no Brasil para os emigrados portugueses, que Gomes da Silva encaminhava para os destinatários. A traição de D. Miguel ligara novamente D. Pedro a Portugal. Não podia abandonar os direitos da filha. Abdicara da coroa portuguesa, é certo, mas retomava-a de fato, na qualidade de tutor da rainha, sua filha. Em 15 de junho de 1829 nomeara uma regência na ilha Terceira, em nome da filha, para suavizar as inquietudes brasileiras. A jovem D. Maria da Glória fora, entretanto, acomodada no palacete que pertencera à marquesa de Santos, servindo de sede da Corte de Portugal, improvisada. Os Brasileiros haviam-se tornado ultrassensíveis a tudo o que se relacionava com o governo de Portugal. Seria, segundo eles, uma questão exclusivamente para resolver na Europa. O corte com Portugal, em 7 de setembro de 1822, não admitia qualquer tergiversação. D. Pedro, ao agir como rei de Portugal, ofendia o sentimento nacional brasileiro. E nem sequer na Europa havia consenso, quanto à legitimidade de D. Pedro. Pelo contrário. Áustria, França e Inglaterra haviam desejado que D. Miguel governasse, após a morte de D. João, casando com a sobrinha. De fato, seria ele a governar, mesmo que fosse na qualidade de rei consorte. Só após a revolução liberal francesa de 1830 é que D. Pedro passou a ser olhado com alguma simpatia e a dispor de mais apoio europeu. A ele repugnava aceitar a usurpação de seu irmão. Estavam em causa a legitimidade, a dignidade e a honra, sua e de sua filha. Referia-se agora ao irmão da forma mais violenta, apelidando-o de désposta, tirano, infame e perjuro, acusando-o de ter assassinado o pai, por envenenamento. Nunca usaria o Brasil para combater contra Portugal, mas jamais cederia aos apoiantes do usurpador. Mais cedo do que imaginava se libertaria do encargo do governo do Império americano, por si fundado, para se disponibilizar a reivindicar, na Europa, o trono para sua filha. Restauraria um trono liberal, ao qual doara a Constituição de 1826 e entregá-lo-ia à jovem rainha D. Maria da Glória. Nesse ano de 1830, quando de si exigiam os Brasileiros posições claras e frontais, D. Pedro fechava-se sobre si próprio e não respeitava a própria Constituição, que doara em 1824 ao Império. Tornara-se cada vez mais autoritário e desconfiado. Terminava as cartas ao seu amigo Barbacena deste modo sintomático: "Tenha saúde, união e olho bem vivo e diga ao mar que ronque." Isto é, mantenha-se atento, una-se aos seus pares e amigos do governo e não queira saber da opinião liberal mais acirrada. Ela não é nenhum papão, palavra que usava frequentemente. Que se manifeste à vontade, que ronque. Cavava o imperador a sua ruína, a muito curto prazo, em relação ao governo do novo país americano, fundado por seu pai, em 1815, sob a designação de Reino Unido e que ele transformara em grandioso Império, há menos de uma década.

Capítulo 12
A caminho do fim

A abdicação

O ano de 1830 iniciara-se em clima de esperança e acalmia de tensões anteriores. O imperador estabilizara do ponto de vista familiar, rodeado de duas mulheres, de que muito se orgulhava: a sua filha D. Maria da Glória, a menina rainha, por cuja coroa estava disposto a bater-se até ao sacrifício supremo, e a jovem e generosa imperatriz D. Amélia. Esta reunia algumas qualidades invejáveis: era muito bonita, culta, generosa, nobre. Seu pai, Eugênio de Beauharnais, filho de Josefina, primeira mulher de Napoleão, fora por este adotado e casado com a filha do rei da Baviera. Descendia ela, pois, das mais altas famílias europeias e Napoleão encontrava-se na sua ascendência. Dir-se-ia que o destino aproximava irrecusavelmente os dois homens que marcaram, cada um a seu modo, a cena política atlântica do início do século XIX. Cogitou-se, num primeiro momento, casar o infante português com a filha de Murat, aproximando-o do corso. Depois, surgiu na sua vida a arquiduquesa Leopoldina, irmã de Maria Luísa, segunda mulher deste, tornando-o cunhado de Napoleão, embora já na fase em que este caíra em desgraça política. Agora, voltava a casar com a neta da primeira mulher do grande imperador dos franceses. Admirador do grande general, acerca do qual lhe falou entusiasmado Hogendorp, antigo governador da ilha de Java e de algumas cidades do norte da Alemanha, refugiado e morto no Rio de Janeiro, D. Pedro sentia por ele enorme admiração e respeito, apesar do seu fim trágico. A sua jovem esposa, de gosto requintado e delicada, constituía uma companhia estimulante e moderadora. Ela travara conhecimento com Barbacena e com José Bonifácio. Este regressara do exílio, conciliara as suas boas vontades com a do imperador e dispusera-se a estabelecer fontes de diálogo e de ação entre as várias tendências da sociedade brasileira, de que tivera conhecimento direto na viagem de quase núpcias, que efetuara à serra fluminense e a Minas. Barbacena liderava um governo conciliador, dialogante, atento às exigências dos deputados, cujas reivindicações e atribuições conhecia e que não se chocasse com as funções do Imperador "ciumento em extremo da autoridade que encarnava [...], que, não obstante os seus pendores liberais, colocava-se diante do Parlamento numa atitude prevenida de defesa e até de mal disfarçada hostilidade".[1]

Bonifácio negara-se a regressar ao executivo por considerar que este, integrando Barbacena, Calmon e Caravelas, todos monárquicos constitucionais, cultos e prestigiados, apaziguaria as facções em luta. Os dois grandes objetivos a alcançar pelo governo resumiam-se a recuperar a confiança da facção liberal, muito ativa e exaltada, e a reequilibrar as finanças públicas, que se encontravam à beira do caos. Não sendo, por natureza, questões simples de resolver, tanto pela sua delicadeza, quanto pelas mudanças e pela austeridade que implicavam, ainda se avolumaram pela imponderabilidade que a presença do imperador implicava. Com muita argúcia, referiu Calmon acerca deste período:

> Sem partidos definidos, sem instituições ajustadas ao espírito nacional, e sem que podesse a monarchia impôr a confiança precisa, a vontade do imperador foi a mola principal do Estado. A machina da administração rodava ao seu impulso e a vida política refletia-lhe a personalidade, feita de força, imprevisto e cavalheirismo.[2]

Nestas circunstâncias, o governo não imaginava para onde conduzir primordialmente a sua diplomacia: para apaziguamento dos desejos dos deputados, ciosos de exercerem as suas atribuições, ou para agradar ao imperador, ciumento, exaltado, autoritário? D. Pedro desdenhava do voto legislativo, sendo o seu parlamentarismo rude e primitivo. Por isso mesmo, Barbacena, que o conhecia bem, conduzia uma administração mais diplomática do que executiva, isto é, procurando mais conciliar as diferenças de pontos de vista do que optar por soluções adequadas à situação econômica, antipáticas e impopulares. Num primeiro momento, Barbacena foi impondo os seus pontos de vista. O imperador "desterrou" para a Europa as suas duas sombras portuguesas, Rocha Pinto e Gomes da

---

1 SOUSA, 1988, III, p. 54.

2 1933, p. 209.

Silva, as figuras-chave do chamado "gabinete secreto". Parecia satisfeito o novo governo com essas cedências do monarca. Mas, na sombra, maquinava-se contra ele, por parte, sobretudo, de alguns membros do anterior gabinete, como José Clemente, despeitado pelo seu afastamento do executivo. Isso agradava ao imperador na exata medida em que olhava essa postura como um reforço do seu poder, contrariando o parlamentarismo da facção liberal mais radical. Começaram a circular notícias de que iriam ser substituídos alguns ministros e de que o chefe do anterior ministério se reunia frequentemente com D. Pedro, envenenando-o contra os atuais governantes. Mais depressa do que seria de esperar, Barbacena foi caindo no prestígio face a D. Pedro, na medida em que cada vez mais se aproximava dos desígnios da Câmara dos Deputados.

A gota de água que extravasou o copo irrompeu quando Chalaça enviou informações que sugeriam que Barbacena abusara dos fundos postos à sua disposição, na Europa, pelo imperador, quando foi necessário custear as despesas conducentes ao segundo casamento. Barbacena tinha entregue os documentos de despesa, mas o imperador confiara. Agora, observando a sua aproximação à Assembleia, começava a duvidar. Não seria ele mais instrumento dos radicais liberais do que executor fiel das indicações do seu amo? As insinuações que Gomes da Silva lhe comunicava de Londres talvez tivessem fundamento, pensava ele. O abuso do marquês na utilização dos dinheiros imperiais ficava beliscada. E, a partir de agosto, D. Pedro comunica a Felisberto Brandt que vai começar a pagar o que deve ao tesouro. Gastou-se muito em seu nome. Agora ele terá de repor o dinheiro, até para fornecer o exemplo a todos. Tudo parecia claro e transparente. E seria, se o imperador não fosse um homem avaro, desconfiado quanto a uso indevido de dinheiros, quase um sovina. Herdara essa propensão de seu pai. "Crescera numa côrte decadente e parcimoniosa, gafada pelas dívidas, assaltada pelos agiotas, e a prosperidade não lhe tirará dos olhos o exemplo de D. João VI, com a sua rabona histórica coberta de nódoas."[3] Começou a analisar minuciosamente as contas, a querer pagar rapidamente o que devia, a suspeitar de que Barbacena abusara da sua confiança. E a sua sovinice aumentou-lhe as suspeitas acerca da fidelidade do marquês.[4] "É imaginar, assim, a cólera de D.

---

3   CALMON, 1933, p. 211-212.

4   Pedro Calmon insiste em que D. Pedro fora um homem de contrastes, "um perdulário de energias que não esbanjava a fortuna". E esse traço do seu caráter ficou explícito quando, ao querer

Pedro, ao saber que Barcelona exaggerara as grossas despesas do casamento e viagem da rainha de Portugal, [...] revolveu papéis, fez conversões de moeda, balanceou contas, para concluir que estava lesado."[5] O marquês tinha os dias contados na amizade do imperante. E o mesmo sucedeu com o ministro dos Negócios Estrangeiros Miguel Calmon, que D. Pedro hostilizava em público. Este pediu demissão, que foi aceite. A remodelação do ministério fez cair também Barbacena, em setembro, no dia 30, em circunstâncias estranhas. Este saía, mas continuava prestigiado, portanto causando algum escândalo na opinião pública. D. Pedro demitira-o e os jornais pretendiam saber porquê. Barbacena defendia-se publicamente, apoiado por muitos parlamentares. Criou-se uma situação de crispação, ao mais alto nível. D. Pedro deixou de falar com ele e perseguia até quem com Barbacena privasse (Plácido de Abreu, por exemplo). Entre os dois homens da cúpula do Estado caíra o verniz. Atacavam-se com grande violência e Barbacena, em carta corajosa e digna, comunicou-lhe que se retiraria para a sua fazenda do interior, onde aguardaria o desenrolar dos acontecimentos. Não fugia, porque estava de consciência tranquila. Lembrava, contudo, que um dos "tios-avós de V. M. I. acabou os seus dias em uma prisão em Sintra. V. M. I. poderá acabar os seus em alguma prisão de Minas, a título de doido".[6] Atingia-se o cúmulo do exagero de linguagem. Barbacena censurava a D. Pedro o fato de se dizer constitucional e brasileiro e de se comportar como monarca absoluto e português. Neste caso, vaticinava ele, perderia irremediavelmente o Brasil, em curtíssimo prazo. E tal veio a suceder. A carta de Barbacena foi escrita em dezembro de 1830. A 7 de abril seguinte, D. Pedro abdicaria.

E, no entretanto, na Europa, "tombava o absolutismo e a causa de D. Miguel contra D. Pedro acompanhava-lhe o destino. Vencia sobretudo o imperador do Brasil liberal antes dos outros, orgulhoso das duas Constituições que

---

presentear D. Amélia com joias valiosas, "lhe déra as que tinham pertencido a D. Leopoldina, tomando-as, de empréstimo, à legítima dos filhos". Não reformara, em grande, o palácio de São Cristóvão nem empreendera obras de vulto na cidade, mostrando-se nisso a antítese de Napoleão. Uma exceção se lhe conhece, contudo. Foi extremamente pródigo para com a marquesa e seus parentes diretos, como já referido.

5   *Ibidem.*

6   Referia-se, evidentemente, a D. Afonso VI.

dera".[7] Os ventos mudaram de rumo para D. Pedro: favoreciam-no no velho continente, repeliam-no no Brasil. Barbacena, marquês e marechal, simbolizava no Império a ordem monárquica, aliada ao exército. Nele se reviam os poderosos do Brasil: conservadores, proprietários, escravistas, europeizados. E a ordem pública também estava contemplada pela sua componente militar. Na verdade Felisberto Caldeira Brandt Pontes aliava a dupla vertente de brasileiro nato, terra-tenente, rico burguês, diplomata, administrador e militar da mais alta patente, garantindo os dois pilares do Estado liberal. O seu banimento soou como uma provocação. A Câmara dos Deputados, com a qual se mantinha em estreita consonância, haveria de o reabilitar e de o vingar. Fora fulminado do ministério, é certo, mas não cairia no ostracismo. Ganhara um capital de prestígio que haveria de utilizar no Senado, aproximando-se da ala radical, que, aliás, o apoiara, enquanto ele se manteve no governo.

D. Pedro mantinha os seus contatos com os amigos que enviara para a Europa, Gomes da Silva e Rocha Pinto. A este último, ao que parece envolvido com a mulher de Santo Amaro, dirigia palavras de ironia: "Parabéns de já estar em Londres Santo Amaro *et reliqua*, não sei se me explico bem; mas entende-me, não é assim? Parece-me ouvi-lo dizer – metade bastava."[8] Mulherengo como era (ou havia sido), D. Pedro pressupunha que Rocha Pinto se satisfazia apenas com parte dos acompanhantes de Santo Amaro, particularmente sua mulher, na capital britânica. E ironizava à distância. Não os convidava a regressarem ao Rio, para não parecer que a queda do governo redundara na promoção do "gabinete secreto" português, ao qual eles pertenciam, é claro.

Porém, o impacto da monarquia francesa de julho fazia-se sentir. Os jornais atacavam os monarcas autoritários e tirânicos e aconselhavam-nos a libertarem-se de ministros corruptos e aduladores. D. Pedro recebeu com agrado as notícias daquilo que ocorrera em França com a consequente queda de Carlos X. Mais uma vez a sua personalidade contrastante era posta à prova. Por um lado, ele exultava com o constitucionalismo liberal, com o fim da Santa Aliança, com a queda dos conservadores, mas, por outro, receava intromissões na esfera do seu poder absoluto, enciumava-se com o excesso de poder que a Constituição lhe

---

7   CALMON, *cit.*, p. 212. Em meados de setembro chegara ao Rio notícia da revolução liberal em França, com a queda de Carlos X e a subida de Luís Filipe ao trono.

8   SOUSA, 1988, III, p. 67.

conferia e recusava partilhá-lo com a Assembleia ou com outros órgãos de poder. Considerava a sua legitimidade total para agir como entendesse, para bem do Brasil e da monarquia. Numa carta lúcida a Rocha Pinto, de 6 de outubro de 1830, agradecendo notícias sobre a mudança política em França, referiu que não queria ir passar o Carnaval aos Estados Unidos ou a Veneza, em resultado da sua demissão. Citava nisso uma passagem dos escritos de Voltaire, que estava a ler, rematando: "cada vez vez me persuado mais que o verdadeiro governo para o nosso Brasil, digno por certo de mais boa sorte, é o constitucional".[9]

Parecia, nesse final de 1830 que, por força da situação internacional e da moderação do imperador, a Assembleia poderia cumprir a sua missão sem quaisquer limitações. Esta atingira um inegável capital de respeito e consideração por parte da opinião política liberal e com ela parecia sintonizar o imperador, do qual emanavam todos os governos legítimos. Mas a situação financeira interna era grave. Era necessário cortar nas despesas. Os ministros queixavam-se e a Assembleia endurecia as suas posições. Não havia consonância com o Senado. Uma hipótese seria dissolver a Câmara dos Deputados ou prolongar-lhe o mandato. Uma certeza se tornava evidente: esta ia aumentando o seu prestígio, que os jornais corroboravam, e o imperador ia-o perdendo, embora através de calúnias e de injustiças, como referiam alguns conselheiros. Contudo, neste final de 1830, lograou-se um entendimento: deputados e senadores entenderam-se acalmando tensões políticas, sociais, econômicas e militares. Decorreria o Natal em paz.

A opinião política, contudo, radicalizara a sua linguagem, através dos jornais, abordando a magna questão da escravidão da população negra, atacando a "canalha recolonizadora", isto é, os Portugueses, malvistos pela corrente nativista, toda ela de propensão liberal. D. Pedro nunca deixara de ser um luso, sobretudo a partir de 1828, quando a usurpação dos direitos de sua filha à coroa portuguesa o tinham feito voltar a olhar para Portugal como um reino cuja coroa continuava a pertencer-lhe. Isso tornava-o suspeito aos olhos dos brasileiros mais exaltados.

Entretanto, em fins de dezembro, ele decidira viajar até Minas, acompanhado da imperatriz. Esta ainda não engravidara (o que o intrigava sumamente), não se sabia por que razões, mas uma pausa pela serra fluminense e por Minas talvez surtisse efeito. Além disso, acalmar-se-ia alguma agitação dos Mineiros com

---

9   *Idem*, p. 69.

a simples presença do imperador, como ocorrera em 1822. Ao regressar ao Rio, tornaria revestido de maior prestígio e autoridade para se impor à Assembleia, fazendo acalmar alguns redatores de jornais desafetos. O assassínio, em circunstâncias misteriosas, do jornalista italiano de São Paulo, Líbero Badaró, liberal militante, causara comoção entre os seus pares e no país. Em vez do entusiasmo das populações visitadas, a comitiva imperial deparava com respeito, é certo, mas não mais do que isso. E o imperador, arguto e observador, apercebia-se do clima que o rodeava. Lançava avisos contra agitados federalistas, que ameaçavam a unidade brasileira, e contra doutrinas "sedutoras mas perniciosas". Pouca ressonância tinham as suas palavras. Crescia a animosidade contra a sua pessoa e os seus defensores. Por isso, decidiu regressar à capital, antes da data prevista.

Chegava ao Rio a 11 de março de 1831, uns dias antes de ser esperado. Com mágoa, se apercebeu dos constantes ataques aos "pés-de-chumbo" e aos "marinheiros", que eram todos os Portugueses natos. Nem ele escapava dessa insidiosa acusação, fruto do jacobinismo dos Brasileiros, cada vez mais malquistados com a antiga metrópole. Obcecava-os a exaltação do patriotismo e da liberdade, que julgavam desrespeitados por D. Pedro. Outrora atacava-se o governo para o atingir. Agora vibravam-se-lhe golpes em direto, tentando achincalhar-lhe a imagem, minar-lhe a reputação e o respeito popular. No interior da sociedade fluminense foi-se acentuando uma clivagem cada vez mais evidente. De um lado, os portugueses do Rio, em grande número, ricos, ativos, influentes, reagrupavam-se à roda do imperador, cumulando-o de honrarias e de reverências; do outro, os mestiços, negros, brancos pobres, homens de baixa condição, ciosos dos seus direitos e da sua força, fazendo-se ouvir através da imprensa, dos ajuntamentos, dos círculos sociais de base. A estes apodavam os Portugueses "cabras". O choque entre uns e outros na capital tornou-se inevitável.

Os Portugueses decidiram festejar o regresso de D. Pedro ao Rio com luminárias, no centro, fazendo luz sobre as suas casas, dando vivas ao monarca, a partir do dia 11, sexta-feira. Os Brasileiros, irritados, agruparam-se e, em magotes, gritavam, pelas ruas, vivas à Constituição e ao imperador, mas apenas e enquanto constitucional, desde o dia seguinte. No dia 13, domingo, a situação explodiu. Os Portugueses, munidos de armas e fundos de garrafas, atacaram os Brasileiros. Estes responderam. A agitação tumultuária manteve-se pelos dias seguintes. Pedras, garrafas, paus, andavam pelos ares, atirados pelas duas facções em luta aberta, tentando uns manter as iluminações acesas, apagando-as os outros. Partiram-se vidraças, feriram-se pessoas. Garrafas foram lançadas das janelas, aumentando o caos daquilo que passou a ser conhecido como a "noite das garrafadas". Violência gratuita, ausência de autoridade, insultos mútuos acirraram ódios entre portugueses e brasileiros, que se viriam a manifestar pelos tempos fora.

Por ora, D. Pedro assistira sem intervir. Tinha do seu lado o círculo das "Colunas do Trono", de pendor absolutista, que o aconselhava a endurecer o castigo aos insolentes nativistas, ao qual se contrapunham muitas sociedades secretas. Mas era inviável esperar. Deputados enviaram-lhe uma representação que era um ultimato: exigiam um governo novo, liberal, e a reparação dos danos provocados aos Brasileiros pelas garrafadas e tumultos dos Portugueses. A 19, o imperador constituía novo governo, composto apenas por brasileiros natos. Não acalmava os ânimos, contudo, porque os liberais não se sentiam nele representados. Acusavam-no a ele de se comportar mais como D. Pedro IV, de Portugal, do que como D. Pedro I, do Brasil. Estalou aqui mais um braço de ferro entre o imperador e os representantes da facção liberal representativa do Parlamento. D. Pedro continuava liberal, sem dúvida, nas ideias e na doutrina que pretendia ver triunfante. Mas sempre fora um obstinado, um voluntarioso, um corajoso, a quem ceder parecia covardia, fraqueza, falta de honra. O seu temperamento impelia-o a nunca mostrar medo, a parecer até arrogante. Não mudaria.

A 25 de março comemorava-se o aniversário da Constituição. Os liberais aproveitaram para festejar a data sem, para tal, convidarem o imperador. Ela fora doada por ele e não elaborada pelos representantes do povo. Mas estes olhavam--na como a garantia das suas liberdades e, portanto, aderiram a ela com entusiasmo e afinco, esquecendo-se do seu mentor e impulsionador. Mandaram cantar um *Te Deum* na Igreja de São Francisco de Paula, precedida de uma parada militar no Campo de Santana. D. Pedro, posto ao corrente de tudo, ficou perplexo. Não o convidaram e, por isso, não iria. Foi a sua reação primeira. Pensando melhor e aconselhado pela imperatriz e por alguns dos seus íntimos, decidiu-se, por fim, a estar presente. Afinal, ninguém lhe podia negar a iniciativa e a paternidade do texto constitucional. Embora reagisse ao acinte de o ignorarem, não mostraria medo e provaria, mais uma vez, a sua opção pelos princípios liberais. Isso não estava em causa. Nunca estivera, aliás. As leituras do texto da Constituição quanto aos poderes dos deputados e aos do imperador é que variavam. As interpretações respectivas chocavam-se frontalmente.

Optou por ir assistir ao *Te Deum* e manteve sangue frio. No final, ouviram-se vivas à Constituição, à nação, à liberdade, à independência, à Assembleia. Nenhum ao imperador, e isso chocou-o. Onde estava o entusiasmo de outrora com que sempre o envolveram, a euforia à volta da sua pessoa e do cargo que ocupava? Haviam-se esfumado, como a espuma das quedas-d'água de Iguaçu, que o vento e a altura vaporizavam num momento e logo desapareciam, formando um arco-íris. Se a sua presença no centro da cidade nesse dia 25 não foi ignorada, apenas o saudaram como imperador constitucional, ao que ele retorquiu: "Sou e sempre fui." Alguém se lembrou de levantar um viva a D. Pedro II, ao que ele respondera: "ainda é uma criança". Contudo, refere Armitage, "deu estas respostas com ar tão perturbado e inquieto, que parecia não tomar sentido nas palavras que proferira".[10] Sagaz como era, percebeu que perdera a confiança, até dos moderados. O clima, que se respirava à sua volta, cheirava a pré-revolução, à qual, a verificar-se, adeririam os brasileiros, praticamente sem exceção, embora com objetivos imediatos diversos. Aliás, vozes começaram a levantar-se chamando-lhe imperador dos portugueses, dos pés-de-chumbo.

Abril iniciara-se, pois, da pior forma. Exaltação nas ruas, desconfiança nos quartéis, incapacidade do governo. D. Pedro ainda pensou controlar a situação, mandando vir tropas de fora da cidade, o batalhão de Santa Catarina. Era tarde demais. A partir do dia 4, festa de aniversário de sua filha, rainha de Portugal, a revolução urbana consumava-se. Havia mortos nas ruas, feridos e agitadores por toda a parte, apelando à insurreição contra o "tirano" e seus aliados. O exército não avançava, pois se encontrava minado pelos liberais e nativistas brasileiros.

Que caminho seguiria D. Pedro? Só um parecia digno e apaziguador, mantendo a família real em funções: a abdicação. A esmagadora maioria dos liberais, mesmo militares, propendia para a continuação da monarquia liberal, rejeitando ideias republicanas, que fora das fronteiras brasileiras não haviam entusiasmado os patriotas. Havia urgência de reformas, sem dúvida, mas estas far-se-iam estritamente no quadro monárquico-constitucional. No dia 5, D. Pedro ainda tentou um último golpe. Convocou o Conselho de Estado, dando aos ministros quarenta

---

10   1981, p. 222.

e oito horas para resolverem a situação de ordem pública. Não conseguiu levar avante os seus planos. Mas o medo nunca o inibiria de agir. Era um bravo e, por isso, haveria de mostrar ao povo a sua altivez. Passeou-se pela cidade, foi ao arsenal militar, mas não conseguia acalmar os insurretos.

Nomeou um novo ministério, onde ficavam ausentes os liberais, que se recusavam a participar. O novo ministério acirrou mais os ânimos, já em ebulição. A escolha dos ministros pertencia-lhe inteiramente e desse privilégio não prescindia. A notícia da nova composição do governo espalhou-se logo na manhã do dia 6. Provocou um ajuntamento no Campo de Santana, sempre em crescendo. Nem D. Pedro, nem o governo conseguiam acalmar os patriotas exaltados: não aceitavam aquele governo e desconfiavam de quem não houvesse nascido no Brasil. Várias representações foram enviadas ao imperador, a São Cristóvão, mas este reafirmava a sua constitucionalidade, o seu brasileirismo de adopção, recusando agir sob ameaças. Nisso se distinguia diametralmente de seu pai, que tudo fora suportando, mesmo as maiores afrontas, para garantir o trono. Ele nunca renunciaria a um poder que conquistara e que usaria como e quando entendesse.

Nesse momento não afrontaria o povo, mas também não se vergaria aos seus caprichos. Terá dito: "Tudo farei para o povo, mas nada pelo povo." Era ponto de honra. Jamais renunciaria às suas atribuições constitucionais. Nesse momento sentia-se vítima de enorme injustiça e ingratidão. Mais do que revolta, invadia-o o desgosto, o desapego àquilo por que sempre lutara. Mas jamais renunciaria à sua honra de homem de palavra. Diligências sucessivas dos amotinados não o demoveram: nunca mais readmitiria o ministério anterior. Poderia até pensar noutro, diferente do que acabava de nomear, mas devolver o governo ao antigo tornava-se impensável. Perante a intransigência de ambas as partes, com os revoltosos sempre a engrossarem, acompanhados pelos militares, soou o momento decisivo: cederia perante as baionetas e os canhões ou seria feito prisioneiro.

Rodeado pela imperatriz em pânico, pelos representantes da França e da Inglaterra e por alguns súditos fiéis, sabendo-se abandonado pela tropa, decidiu-se:

> Prefiro descer do trono com honra a governar desonrado e envilecido
> [...] Todos quantos nasceram no Brasil estão no campo contra mim.
> Espero por isso há muito. Não me querem para governo, porque sou

português [...] Meu filho tem vantagem sobre mim. É brasileiro e os brasileiros gostam dele. Reinará sem dificuldade e a Constituição lhe garante os direitos. Descerei do trono com a glória de findar como principei, constitucionalmente.[11]

Emergia o homem, caindo o imperador. Abdicava do trono em favor do príncipe herdeiro. Mantinha a honra intacta.

Ao enviado dos amotinados mandava esta mensagem: "Usando do direito que a Constituição me confere, declaro que hei mui voluntariamente abdicado na pessoa do meu muito amado e prezado filho o Sr. D. Pedro de Alcântara. Boa Vista 7 de abril de 1831, décimo da independência e do Império."[12] Salvava a honra e entregava o império ao filho criança. Outros horizontes o esperavam, a partir dessa data paradigmática. Disse, por último, ao mensageiro: "eu me retiro para a Europa e deixo um país que tanto amei e ainda amo". O representante da França informava Paris: "Soube melhor abdicar do que reinar [...], o soberano elevou-se acima de si próprio."

Três momentos decisivos marcaram, para sempre, a permanência de D. Pedro no Brasil: o dia do "Fico", o gesto e a frase de Ipiranga e, agora, a abdicação. Qual deles o mais relevante? Ninguém saberá, com propriedade, responder. Constituíra-se uma nação, dotara-se de instituições modernas, conferira-se-lhe uma constituição adequada e ideologicamente avançada, garantira-se uma unidade territorial, conseguira-se o seu reconhecimento internacional e, finalmente, entregara-se o seu destino político aos Brasileiros. Em todos estes momentos, D. Pedro comportou-se como um herói, na bravura, na coragem, na decisão certa, relegando para segundo plano as suas convicções pessoais e os seus interesses.

Sem esta figura ímpar, o Brasil seria, seguramente, outro. E ele amou-o tanto como aos filhos que deixou, ao embarcar precipitadamente para a Europa. Ouçamos Pedro Calmon:

> A emoção suprema daquella noite de desalinho e vigilia foi a despedida dos filhos [...] O imperador beijou os cabellos às filhas e demorou-se

---

11 SOUSA, *cit.*, p. 111.

12 *Ibidem.*

a olhar o menino [de cinco anos] a quem transferira a enorme herança do Império. Os seus olhos laivados de sangue coruscavam [...] Ali estava o novo imperador do Brasil. Seu filho! E em Portugal havia de reinar D. Maria da Glória. Sua filha! O coração de pae serenava [...].[13]

Em busca da outra coroa

O Brasil ficara para trás. O ex-imperador assumia agora, claramente, erros que o incompatibilizaram com uma opinião pública ainda em afirmação, mas muito militante e determinada, que ele conhecera no interior da Maçonaria e procurara rebater, mais tarde, nos jornais.[14] Ela manifestava-se no Parlamento e na imprensa e assentava em algumas medidas arrojadas que assumira e, na despedida, recordava: o fechamento da Constituinte, em finais de 1823; a forma violenta e cruel como reprimira a Confederação do Equador; os escândalos públicos e a corrupção do tempo da sua ligação a Domitila e família; as circunstâncias trágicas associadas à morte da imperatriz Leopoldina; o fracasso da guerra da Cisplatina; as constantes mudanças de ministérios, alguns dos quais odiados pela facção liberal e, mais do que tudo, o seu envolvimento com as questões portuguesas, posteriores à morte de D. João VI. Desaparecido seu pai, a coroa lusa pertencia-lhe e, portanto, parecia-lhe legítimo decidir o que bem entendesse. Mas os Brasileiros não gostavam de ver o seu imperador, o seu Pedro I, a agir como o rei D. Pedro IV de Portugal. Ele procurara separar esferas de ação, mas alguns dos seus delegados misturavam-nas, cuidando, em simultâneo, dos interesses de ambos os países. Isso malquistou-o com os Brasileiros, acirrou os seus sentimentos nacionalistas. Agora, porém, dedicar-se-ia exclusivamente àquilo que constituía uma obsessão: recuperar o trono e a totalidade de direitos para sua filha D. Maria da Glória, cuja legitimidade não podia ser discutida. Tratava-se de uma questão de honra.

Tendo abdicado, desejava "cobrir o rosto para não ver mais o Rio de Janeiro" e embarcar o mais rapidamente possível, como um simples particular, embora com o coração partido por causa dos quatro filhos, que deixara no palácio de São Cristóvão. Levava apenas a mais velha, a menina rainha. Os que ficavam eram queridos aos Brasileiros. Esta que ia, embora também fluminense

---

13   1933, p. 237-238.

14   Viana, 1967, *D. Pedro I. Jornalista.*

de nascimento, tornara-se portuguesa ao cingir a coroa lusitana. Dela os brasileiros não se lembravam. O navio britânico *Warspite* esperava-os no cais, onde os receberia o almirante Baker. A passagem dos escaleres para o navio obrigava D. Amélia a saltar de uma embarcação para outra. D. Pedro, olhando-a, preveniu: "Lembre-se, querida, que está sem calças", pedindo, ao mesmo tempo, uma cadeira para ela subir sentada, resguardando, desse modo, a sua intimidade.[15] Abalado, mas pragmático, ele vestia um fraque castanho, cobrindo a cabeça com um chapéu redondo, na maior simplicidade de apresentação. Ia-se despedindo de quem o saudava e pensando nas múltiplas questões ainda a resolver, designadamente quanto ao futuro dos filhos que ficavam e quanto a meios de subsistência. Uma certeza lhe ficava: implantara um regime de liberdade nessa terra que fora sua durante vinte e três anos.

Para garantir a educação dos filhos escolheu D. Pedro o homem de maior envergadura cultural e moral que conhecera no Brasil: José Bonifácio. Em 6 de abril, antes de abdicar oficialmente, redigira um decreto em que afirmava: "hei por bem [...] nomear, como por este imperial decreto nomeio, tutor dos meus amados filhos ao muito probo, honrado e patriótico cidadão José Bonifácio de Andrada e Silva, meu verdadeiro amigo". Conheciam-se ambos como ninguém. Divergiram. O patriarca censurou-o por causa de Domitila e por respeito a D. Leopoldina. Naquela época o imperador, cego de paixão e amor próprio, não o escutou. Exilou-o. Apreciou-lhe, contudo, sempre a probidade, o amor à pátria e à causa monárquico-constitucional, a frontalidade e o sentido do bem comum. E Bonifácio percebera quanto o Brasil devia a D. Pedro, perdoando-lhe os erros e as precipitações. Em 1831, a estatura moral de ambos emergia, esquecendo-se um e outro das quezílias do passado. A carta que, nesse dia 6, o imperador lhe escreveu não carece de comentários:

> *Amicus certus in re incerta cernitur.* É chegada a ocasião de me dar uma prova de amizade tomando conta da educação do meu muito amado e prezado filho, seu imperador. Eu delego em tão patriótico cidadão a tutoria do meu querido filho, e espero que educando-o naqueles sentimentos de honra e patriotismo com que devem ser educados todos os soberanos para serem dignos de reinar, ele venha um dia a

---

15   SOUSA, III, p. 116.

fazer a fortuna do Brasil, de quem me retiro saudoso. Eu espero que me faça este obséquio, acreditando que a não me fazer eu viverei sempre atormentado.[16]

Logo a seguir à aceitação de Bonifácio, dirigiu-se à Assembleia Geral nestes termos:

> [...] resta-me agora como pai, como amigo da minha pátria adoptiva e de todos os brasileiros, por cujo amor abdiquei de duas coroas para sempre, uma oferecida e outra herdada, pedir à Augusta Assembleia que se digne confirmar esta minha nomeação. Eu assim o espero confiado nos serviços que de todo o meu coração fiz ao Brasil [...] aliviando-me um pouco as saudades que me atormentam, motivadas pela separação de meus caros filhos e da Pátria que adoro.[17]

A Assembleia acedeu.

Resolvida essa magna preocupação, enfronhou-se nos cuidados com os bens de que dispunha, para deles tirar o máximo proveito, agora que se engolfava no desconhecido. Considerava-se uma pessoa com poucos meios e fadado a deparar com dificuldades financeiras na Europa. Daiser, o austríaco que não nutria simpatia por ele, tê-lo-á ouvido dizer a D. Amélia, com alguma rispidez: "em geral, nosso casamento só me tem custado muito dinheiro; e é tudo quanto dele tenho até agora".[18] Em vésperas de partir para o velho continente, pretendia saldar todas as suas dívidas (e o casamento implicara gastos muito elevados), e continuava intrigadíssimo por não ver a ex-imperatriz engravidar. Seria culpa sua? A moléstia sexual que o afetara continuaria presente? Embora deixando muitos filhos, sentia-se frustrado por não ver D. Amélia oferecer-lhe mais herdeiros.

Um cuidado que tornou patente foi fazer-se acompanhar dos materiais da sua biblioteca, como livros, mapas desenhos. Pelo menos desde 1828, dispunha ele de um bibliotecário privativo, Germano Lasserre, incumbido do "arranjo da

---

16 Estes documentos e outros sobre matérias idênticas encontram-se no Arquivo Imperial de Petrópolis. As datas em que foram escritos não se apresentam consensuais, mas seguramente foram redigidos entre os dias 6 e 8 de abril de 1831.

17 Transcrito por SOUSA, III, p. 124, datado de 8 de abril.

18 RIHGB, tomo 84, p. 302.

minha livraria particular", com um soldo de 400$00 por ano e logo aumentado para 1000$00, com o título de "bibliotecário da minha biblioteca particular". Os volumes cobriam cinco línguas – português, castelhano, francês, inglês e latim. Ora, a simples constatação deste seu cuidado com um patrimônio pouco valioso, em termos econômicos, desmente um traço que sempre o tem acompanhado: a sua incultura ou ignorância. É verdade que não foi um humanista versadíssimo na cultura superior do seu tempo. Porém, a inversa é ainda mais verdadeira. Ao longo dos anos evoluiu muito e foi aprendendo, seja por interesse próprio, seja por contato e convivência com pessoas mais cultas. Basta ler as suas cartas, decretos, recados aos amigos, para nos apercebermos de uma notável mudança qualitativa. É claro que as cartas que redigiu para a marquesa não o abonam, em nada. Não se esqueça, porém, que muitas foram redigidas em condições muito precárias (lugares inadequados, à socapa, sem meios desejáveis, sob o impulso de violência sentimental). Mas os documentos mais tardios, escritos por seu punho e, portanto, de autenticidade indiscutível, revelam alguém que lia autores contemporâneos (Voltaire, por exemplo), que ironizava com à-vontade e que traduzia o seu pensamento com clareza e propriedade. Talvez a morte de Leopoldina, culta, bibliófila, informada, em 1826, lhe tenha despertado o gosto para o mundo das ideias, do saber, da filosofia. As recomendações que, por escrito, vai fazendo aos filhos que deixa no Brasil para que estudem e se ilustrem intelectualmente provam o seu apreço pela cultura, no seu sentido mais lato.[19]

Idêntica precaução de juízo fundamentado acerca da sua personalidade deveremos assumir quando o acusamos de sovina, de avaro, de usurário. É verdade que, sobretudo na hora de despedida do Brasil, foi meticuloso, exigente, reivindicador dos seus bens. Foi também generoso e pródigo. A muitos dos seus criados e servidores doou terras, casas, chácaras, espalhadas pela cidade e arredores, perdoando dívidas a pessoas cujos nomes inventariou. A sua personalidade não pode, pois, ser arrolada na galeria dos avarentos contumazes. Cuidadoso em reivindicar o que lhe pertencia, sim, era-o. Avaro, no que o conceito encerra de mais negativo, não. Antes de deixar o *Warspite* e se transferir para a fragata *Volage*,

---

19 SOUSA, III, p. 130. Em carta à marquesa de Santos, de 22.11.1827, informava-a de que estava a ler Madame de Sévigné e num diário redigido em Paris, em dezembro de 1832, disse que passou uma tarde na Biblioteca Real.

escreveu uma carta sentida para se despedir dos seus amigos e pedir-lhes perdão por alguma ofensa fortuita.

> Faço esta carta para que, impressa, eu possa deste modo alcançar o fim a que me proponho. Eu me retiro para a Europa, saudoso da Pátria, dos Filhos e de todos os meus verdadeiros amigos. Deixar objetos tão caros é sumamente sensível, ainda ao coração mais duro; mas deixá-los para sustentar a honra não pode haver maior glória: Adeus Pátria, adeus amigos e adeus para sempre. 12 de abril de 1831. D. Pedro de Alcântara de Bragança e Bourbon.[20]

No dia seguinte, de manhã bem cedo, deixavam a barra do Rio de Janeiro duas fragatas. A inglesa *Volage*, com D. Amélia, D. Pedro e sua comitiva, e a francesa *La Seine*, levando no bojo D. Maria II e o seu vasto séquito. A prudência aconselhava viagens separadas. D. Pedro, sentimental e romântico, intuía que nunca mais voltaria. Vivera aí 23 anos, tornara-se brasileiro, por opção e por ação. De Portugal não tinha senão recordações vagas. Tudo o que profundamente o marcara era brasileiro. Até a grande paixão amorosa. O seu melhor biógrafo brasileiro pôde escrever, com inteira razão:

> O Brasil devolvia um português desnacionalizado, desnaturalizado. Devolvia [...] um português abrasileirado, um brasileiro adoptivo. Deixando a terra em que se enraizara e na qual dera tantos frutos, D. Pedro tinha a sensação de dirigir-se para terras estranhas. Sua terra, a que lhe suscitava lembranças de três quartos de vida progressa, tumultuada de acontecimentos, era o Brasil. Chão, céu, ar, cores, vento, águas, flores, bichos, tudo era brasileiro, como a gente, os filhos, os numerosos filhos, a mulher entre todas amada. Lá se ia no navio inglês um ex-imperador que só poderia ser do Brasil.[21]

E para sempre. Regressava ao continente em que nascera, mas agora com uma sensação estranha: era um simples particular, livre, independente. Apertava-lhe o coração a saudade dos filhos e da terra amada, pois em carta ao seu

---

20   Transcrita por SOUSA, III, p. 134-135.

21   SOUSA, III, p. 139.

D. Pedro – Imperador do Brasil e rei de Portugal   **335**

imperador, D. Pedro II, escrevia: "o Brasil é também meu filho, não és só tu".[22] Porém, essa sensação de liberdade, mais utópica do que real, inebriava-o. Ao fim de 57 dias de viagem, de alguma tormenta, de um reabastecimento na ilha açoriana do Faial, chegava, finalmente, a Falmouth, na costa britânica. Durante a travessia, alegrara-se com uma boa nova: D. Amélia, finalmente, chegava à Europa grávida. Que alívio! Afinal, a sua "máquina triforme" continuava a produzir, ao contrário do que chegara a recear.

Ao pôr pé em terra, escreveu uma carta ao seu querido Chalaça, dando-lhe conta do que ocorrera no Brasil e remetendo-lhe um artigo para que fosse traduzido e publicado num bom jornal inglês, para que os Europeus soubessem exatamente o que mudara na política brasileira e por que razões abdicara. Temia que seu "infame e traidor irmão" pudesse, através dos seus agentes, envenenar a opinião pública europeia. Ele saíra do Brasil para lhe garantir paz e sossego internos. Acusavam-no de ignorar a Constituição que dera. Caluniaram-no. Ele voltava à Europa exatamente para defender a liberdade constitucional. Daqui haveria de provar aos seus opositores brasileiros que não mudara. Não aceitava, contudo, imperar a qualquer preço. A sua honra sairia impoluta.

Desde que pisou o chão europeu, a vida de D. Pedro tornou-se um corrupio permanente entre Londres e Paris, com passagens por Cherburgo, donde escreveu uma missiva a sua filha bastarda, a duquesa de Goiás, que frequentava um internato no Sacré-Coeur, contando-lhe o que se passara na abdicação e que esperava vê-la e abraçá-la, em breve. Rodeado de atenções de personalidades proeminentes, começava a tornar-se uma bandeira dos liberais exilados, onde se incluíam várias facções, pouco cooperantes entre si: os conservadores, como Palmela, os vintistas e os moderados. Todos se procuravam insinuar junto do tutor da rainha e captar-lhe as simpatias. Pouco tempo sobrava para que ele pudesse desfrutar de uma vida de particular, livre e independente, com a qual sonhara. Felizmente, para ele e para a sua causa, os ventos europeus sopravam de feição para a ala monárquico-constitucional. Ia triunfando a burguesia liberal, o romantismo filosófico e literário e transformava-se a sociedade aceleradamente, mercê da industrialização. Tudo isso favorecia a causa de sua filha, apoiada agora pelos gabinetes de Paris e de Londres, ao menos discretamente. Ambos os

---

22   A.M.I. (Petrópolis).

336 Eugénio dos Santos

governos procuravam informar-se diretamente sobre as suas intenções imediatas. O que pretendia? Reagrupar os liberais e avançar logo contra o usurpador D. Miguel, que não podia continuar no trono sob pena de ser reconhecido internacionalmente? Preferia cingir a coroa espanhola? Não desejaria retornar ao Brasil? Todas as questões pareciam legítimas.

Entretanto, continuavam as manifestações de apreço e simpatia pelo ex-imperador que, antecipando-se à vitória liberal de 1830 na Europa, fizera da causa do constitucionalismo o seu combate na distante América. Da parte dos liberais portugueses havia, contudo, quem, vendo-o viver aburguesadamente em Paris, duvidasse da sua determinação de partir para a Terceira, onde reagruparia as forças para derrubar D. Miguel. José Liberato Freire de Carvalho sugere que D. Pedro secundarizou o papel da rainha, sua filha, porque ainda manteria a secreta esperança de voltar a ser rei de Portugal, de cuja coroa abdicara para a entregar a D. Maria II. Mas agora, em 1831, criticava-o por se ter tornado brasileiro e na América ter agido contra os soldados portugueses (referia-se à Divisão Auxiliadora, de Jorge Avilez) e ter alienado uma parte do patrimônio português (ao contrariar as decisões das Cortes e proclamar a independência do Brasil). O ex-frade, liberal, enfileirava no rol de muitos emigrados que se reviam na pessoa da rainha menina e não na de seu pai.[23] Enorme injustiça e juízo precipitado cometiam eles! O que se tornou patente foi alguma impopularidade de D. Pedro em relação a um grupo dos emigrados, alguns dos quais o tentavam até desacreditar pelo mundanismo de que se deixara ir rodeando, secundarizando a ação política imediata.

Esta, porém, exigia meios e muito, muito dinheiro. Este faltava, aflitivamente. Ao apelo lançado para créditos e doações para custear despesas, poucos respondiam. A solução era ir protelando a iniciativa da luta armada, até que surgissem condições melhores. Ao mesmo tempo, ele acompanharia o parto de D. Amélia, rejubilando por mais um filho. Em Paris apenas se encontrava um seu rebento com o qual mantinha contato: a duquesa de Goiás, interna no Sacré-Coeur, que a ex-imperatriz recebeu bem, quando o pai a trazia para passar o dia consigo. É certo que também aí se encontrava Pedro de Saisset, seu filho. Vivia sob tutela da mãe e D. Pedro não o procurou, talvez para não reavivar o envolvimento que

---

23 CARVALHO, 1982, p. 183 ss.

tivera com ela. Ele estava agora novamente casado e não dispunha de condições para mexer nas cinzas de antigas paixões. Madame Saisset guardava as cartas que o imperador lhe escrevera (eram várias dezenas) e pareceu-lhe mais prudente não desvendar todos os segredos a Pedro Saisset.

Ainda em Paris, juntara-se-lhes sua sogra D. Augusta Amélia, viúva de Eugênio de Beauharnais. Ambos assistiram ao parto de D. Amélia, nascendo, em 1 de dezembro desse ano de 1831, a princesa D. Maria Amélia. Entretanto, sucediam-se os contatos com diplomatas, financeiros, militares e marinheiros para preparar as forças de combate ao absolutismo miguelista. E surgiram os primeiros empréstimos consideráveis de particulares. Tudo se foi preparando e D. Pedro teria de se decidir a partir para, com a sua presença, encorajar todas as alas liberais. Ingleses e franceses apoiavam discretamente a retaguarda, mantendo-se a neutralidade espanhola. O objetivo da expedição foi por ele mesmo assim resumido a um amigo brasileiro: "[...] embarco para me ir pôr à testa da expedição contra o Déspota usurpador do trono da minha filha e assassino de meu pai e da Carta Constitucional". Antes de se fazer ao mar, recomendou à filha que obedecesse à madrasta em tudo e que confiasse nele.

Finalmente, a 10 de fevereiro, após imprevistos retardadores, a esquadra partia de Belle-Isle, rumo aos Açores. Ciente dos riscos que corria, D. Pedro confessou-se em Nantes, comungou e incluiu na comitiva o padre Marcos Pinto Soares Vaz, seu capelão. O mar agitado aconselhou o vice-almirante Sartorius a dirigir a esquadra a São Miguel, em vez da Terceira. Assim sucedeu e D. Pedro, recebido em festa, manteve-se em Ponta Delgada desde 22 de fevereiro a 2 de março. Nesse dia, partiu para a Terceira, chegando a Angra a 3. Os Terceirenses acarinharam-no entusiasticamente. Assumiu a regência em nome da filha e começou a governar, nomeando o primeiro ministério, logo contestado, aliás, por ele não se ter aconselhado com os chefes das facções em litígio. Choveram as decisões desse governo, que parecia fantasma, comparado com o de D. Miguel, inspiradas por Mouzinho da Silveira. Todas elas dimanavam da inspiração liberal e demoliam os fundamentos econômicos e políticos do absolutismo. Emergia a força da soberania popular, consubstanciada na Carta Constitucional de 1826. Desse modo se esperava conquistar para o liberalismo uma parte significativa da população portuguesa, que deixaria o antigo regime com convicção, dispensando-se o uso da força. É certo que se legislava de forma autoritária, quase ditatorial, mas apenas por força das circunstâncias. Quando houvesse condições, funcionariam as Câmaras previstas.

D. Pedro envaidecia-se com este modo de proceder. Dissolvera a Constituinte no Brasil, em 1823 e dera a Carta Constitucional, em 1824; à morte do pai, em 1826, doara a Portugal idêntico documento. Comprazia-se em legislar, assinar decretos, leis, proclamações. Essa era uma das facetas mais marcantes do seu caráter. A atividade política constante fascinava-o. Nela se espelhavam as suas inabaláveis convicções liberais, como comunicava em carta ao filho.[24] Orgulhava-se de comunicar ao seu jovem herdeiro, criança de 6 anos, que "a expedição à testa da qual marcharei, a fim de derribar a Tirania, restabelecer o Império da Lei, a Paladina da Liberdade, a Carta Constitucional, que quando rei de Portugal dei espontaneamente", visava restabelecer "a causa da Humanidade, e de tua Irmã".

Longe do filho, embora sabendo-o bem entregue ao excelente tutor, recomenda-lhe que se concentre nos estudos:

> sim, meu amado filho, é mui necessário, para que possas fazer a felicidade do Brasil tua Pátria de nascimento e minha de adoção, que tu te faças digno da Nação sobre que imperas, pelos teus conhecimentos, maneiras etc., etc., pois, meu adorado filho, o tempo em que se respeitavam os Príncipes por serem Príncipes unicamente acabou-se; no século em que estamos em que os Povos se acham assaz instruidos de seus direitos é mister que os Príncipes igualmente o estejam e conheçam que são homens e não divindades [...] Esta minha linguagem é nascida daqueles mesmos princípios que sempre tive e que jamais abandonarei. Espero que tu leias com atenção esta minha carta; nela verás o interesse que tomo por ti como teu pai e teu Amigo, e pelo Brasil, que desejo ver bem governado, como Brasileiro que sou, e muito Amigo da minha Pátria adotiva, à qual pertence meu coração.[25]

A simples leitura atenta desta missiva revela o essencial do pensamento de um grande espírito: apreço pela cultura da inteligência e pelo conteúdo dos conhecimentos contemporâneos, apego ao sentimento nacional e ao zelo

---

24   A.M.I. (Petrópolis).

25   *Idem.*

do bem-estar coletivo, o primado do sangue real apenas como uma condição do bom monarca, ou seja, a rejeição do princípio do direito divino dos reis como fundamento do poder político, o culto da liberdade como valor supremo para o homem e, por fim, mais uma vez, a declaração do seu amor ao Brasil. Registe-se que, nesse momento, ele se assumia apenas como duque de Bragança e regente de Portugal. Rainha legítima, embora esbulhada dos seus direitos, era D. Maria da Glória. No momento decisivo em que se preparava para correr o risco de morte, afluíam-lhe à mente os valores supremos. Neles se contavam a liberdade, consignada nas instituições legítimas, o amor pátrio autêntico, não aquele que emerge do *ius soli*, do lugar de origem, mas da clarividência em escolher as opções certas em cada momento. Aí deixava ele escapar uma ponta de amargura. Muitos dos que o haviam rejeitado por não haver nascido no Brasil, julgando-se brasileiros, em verdade concorriam para ruína da sua pátria. Rejeitava-lhes os comportamentos, embora lhes reconhecesse as origens e, portanto, os direitos inerentes. Nessa espécie de obsessão pelo Brasil viram alguns contemporâneos e autores posteriores uma eventual saída para o possível desaire da luta contra D. Miguel, prestes a iniciar-se, cuja desigualdade de efetivos era abissal. Enganavam-se os que isso imaginavam. Rejeitou, com determinação e quase sobranceria, o seu possível regresso ao Brasil, como governante. O imperador legítimo era Pedro II, que respeitaria em absoluto. Se pudesse algum dia regressar, iria como pessoa particular, livre e independente. Acabara, em definitivo, o seu tempo de imperante. Para ele, isso tornara-se claro e irreversível. Agora, rodava permanentemente entre as ilhas, inspeccionando tudo, impondo ordem aos batalhões, integrando mercenários e voluntários. O tempo escoava-se.

D. Pedro conservava intactas as virtudes e também os defeitos da sua personalidade multímoda e exuberante. Nos Açores, surgiu mais um caso de amor. Os bailes, recepções, boas-vindas com que os ilhéus o receberam proporcionavam encontros com a melhor sociedade local. Uma freira do Convento da Esperança, de nome Ana Augusta Peregrino Faleiro Toste, como já referimos, abriu-lhe a sua intimidade mais recôndita. Envolveram-se num caso de coração. Ela era jovem, de 23 anos, e fora para o convento, como tantas outras, sem vocação autêntica, sem o toque místico que a reclusão implica. A família, como tantas vezes sucedia, por cálculos de interesses materiais, enclausurara-a. O seu coração de mulher jovem, sonhadora, romântica, continuava vivo e aberto. O regente, mais velho dez anos, olhou-a, compreendeu-a. Amaram-se. Nasceria mais um filho, que aí ficou e a morte levou ainda criança. Com a ex-imperatriz longe, as suas galanterias e deferências pelo belo sexo foram-se sucedendo nas várias ilhas, embora sem outras consequências menos desejáveis. Embora muito preso à sua jovem esposa, muito mais nova do que ele e muito bela, não podia passar sem o perfume de mulher colado à sua pele. As aventuras iam-se sucedendo, assim como as visitas noturnas às tabernas, às salas de jogo, ao convívio com os jovens da sua idade, lembrando-se da sua adolescência no Rio de Janeiro, onde conhecera amigos para toda a vida, como Gomes da Silva, o tão conhecido Chalaça, que tão útil e solícito lhe estava a ser agora. Cultivar o ensimesmamento, o recato e a castidade nunca foram valores que o norteassem. Ele era o seu antônimo personificado: extrovertido, sociável, femeeiro. Jamais mudaria. Comia e bebia moderadamente, não se mostrando seletivo. Mas divertido sempre fora.

Finalmente, a 27 de junho de 1832, pelas duas horas da tarde, a esquadra, comandada por Sartorius, deixava os Açores, dirigindo-se para o continente. Iniciava-se a última e mais sofrida aventura romântica de D. Pedro. Ninguém sabia, ao certo, onde desembarcar. O mar apresentava-se calmo e a viagem tranquila. Chegara-se a norte do Porto, entre Matosinhos e Vila do Conde. Avistaram-se as praias e, reconhecido o local melhor, começou o desembarque, último e decisivo, em Pampelido, não longe de Mindelo. Aí, a 8 de julho, puseram os componentes do exército de D. Maria II os pés em terra firme. Ficariam conhecidos como os "bravos do Mindelo". Iniciava-se a marcha sobre o Porto, que ocorreria no dia seguinte. Tomás de Melo Breyner, um dos soldados do batalhão de voluntários da rainha, arvorava uma bandeira, que D. Pedro lhe entregara e que havia sido bordada pela jovem soberana. Sem dificuldades exageradas, uma vez que as tropas absolutistas se concentravam a norte, perto de Vila do Conde, e a sul, na margem esquerda do Douro, os liberais entraram na Cidade Invicta. O caminho de penetração foi o de Cedofeita, que o garrano montado por D. Pedro percorreu sem garbo nem pressa. Desde esse dia 9 de julho de 1832, até 26 de idêntico mês do ano seguinte, o duque de Bragança morou na cidade. Os seus militares, surpreendidos, mas felizes, pela facilidade com que esta os recebeu, colocaram na boca do cano das suas baionetas a flor azul e branca das hortênsias, que a regência já adoptara desde a sua permanência na ilha Terceira. Era sinal de júbilo, de agradecimento e de convivência pacífica com a população.

Estranha sensação se apoderou de D. Pedro, a partir desse dia 9 de julho de 1832! Como Portugal (e o Porto) diferia do Brasil! Falava-se uma linguagem idêntica, é certo, mas as pessoas divergiam em muitas particularidades. O sotaque, menos aberto, escondia gente menos comunicativa, mais desconfiada das "novidades perigosas", muito tradicionalista e algo primitiva. Não havia etnias mescladas, como as do Rio de Janeiro e o vestuário, higiene, alimentação e hábitos sociais contrastavam em muitos aspectos. As ruas apresentavam-se estreitas, as pessoas amontoadas em bairros pequenos e faltavam os horizontes fluminenses, com os seus mares e baías, os picos e morros, as florestas verdejantes envolventes e os enormes espaços abertos para percorrer, a cavalo, durante muitas horas. E, depois, o Sol, embora quente, de julho apresentava uma luminosidade diversa e a temperatura caía muito, de manhã e à noite. Tudo era tão diverso: os cheiros, o ar, os sons dos sinos das torres das igrejas, as cores das roupas das pessoas e das paisagens, as casas, os palácios, as praças, as lojas, a cozinha, os meios de transporte.

O duque, que regressava à terra dos seus antepassados, sentia-se nela um estranho. Desconhecia, por completo, este país, pobre, rude, atrasado (a comparação com Londres e Paris tornou-se inevitável), que, apesar disso, reivindicava como seu. No Brasil olharam-no sempre de soslaio, por o considerarem português. E era-o, de fato, embora também brasileiro. Porém, como ele se sentia agora diferente da maioria das pessoas! Teria de se adaptar, de lhes ir assimilando usos, costumes, valores, crenças. Ele é que teria de ir mudando. Viera para permanecer, para proporcionar aos seus concidadãos uma mudança. Desejava que assumissem consciência dos seus direitos e deveres. Pretendia que usassem a sua razão criticamente e que se sintonizassem com as exigências de uma vida coletiva pautada pelo predomínio da lei e da liberdade. Era essa missão última que considerava a sua. Não pretendia impor, mas persuadir. Ao abuso da autoridade cega oferecia, em alternativa, o primado da justiça. Haveria de ser escutado. A sua mensagem não deixaria de deparar-se com muitos obstáculos, oriundos principalmente da ignorância e da má-fé, espalhadas pelos seus adversários políticos. Haveria, porém, de vencer. Em nome da lei. Esta consubstanciava-se na Carta que sua filha, a rainha, haveria de garantir. Desse modo, nos dois países que eram os seus, ambas as cabeças coroadas ostentariam na sua fronte o ideal de liberdade. Nascera numa Corte de absolutismo, fora crescendo entre duas tendências e opções, inclinara-se para a via liberal, herdara um trono dividido quanto ao ideal político a seguir, competia-lhe estabelecê-lo, em definitivo. Era essa a missão da sua existência. Ao morrer, sentir-se-ia feliz, se os seus dois filhos monarcas, num e noutro continente, governassem sob o primado da lei. Para isso lutaria, sem tréguas, a partir do Porto.

A primeira reação que colheu da cidade satisfazia-o, mas não completamente. O povo saudava-o, incentivava-o, aplaudia-o, é verdade. Sentia-se encorajado pela arraia miúda, que aspirava por mudanças e deixava reivindicações no ar. Mas, onde estava a gente graúda da cidade? Clérigos, fidalgos, militares, juristas, negociantes? Abandonaram-na à sua chegada, em grande número, fugindo dos *malhados*, como também eram conhecidos os liberais. Exigia-se prudência, mas firmeza. A luta contra os apaniguados do usurpador não se apresentava fácil. As suas forças, sabia-se, superavam os batalhões desembarcados, em proporção esmagadora, mas confiava-se na perícia dos chefes e na bravura dos soldados.

Sabia-se que o Porto era uma cidade de maioria liberal. Aí triunfara a revolução de 1820, que haveria de alastrar a todo o país. Mas o duque de Bragança não ignorava que contra si se proferiam acusações graves, que uma grande parte da população valorizava. Acusaram-no de ser maçon, pedreiro-livre. E este, desde a época do intendente-geral da polícia Pina Manique, identificava-se, aos olhos de muitos, como um inimigo das instituições tradicionais, um afrancesado, que os habitantes da cidade detestavam por terem sofrido horrores perpetrados pelas tropas enviadas por Napoleão, sob comando do general Soult acabadas de expulsar da urbe ainda há pouco tempo. Uma parte da população mais humilde deixava-se influenciar pelo clero, sobretudo regular. A religiosidade católica imbuía-lhe todo o cotidiano. Ora os padres, na esmagadora maioria, temiam os liberais, cujos excessos os assustavam. É claro que também entre o clero havia quem seguisse os ideais de D. Pedro, que eram reformadores e bem-intencionados. Mas o seu número e a sua influência na população apresentavam-se mais escassos. Por isso os fiéis simples e influenciáveis não se deixavam seduzir imediatamente pelos princípios dos liberais. Desconfiavam, porque as acusações de que eles eram alvo inquietavam-nos: anticlericais, pedreiros-livres, inimigos da religião, traidores da pátria. D. Pedro compreendia isso e lastimava-o. Acenar-lhe com a liberdade não bastava. A aristocracia temia perder a sua influência e muitos dos grandes comerciantes haviam sido fortemente penalizados pela independência do Brasil. As aclamações que os bravos liberais desembarcados recebiam representava, pois, os sentimentos de apenas uma parte dos portuenses. E as facilidades encontradas para penetrar na cidade não representariam uma armadilha? Intrigava os expedicionários a facilidade com que entraram no velho burgo. Não iria exercer-se sobre eles algum efeito de tenaz, isto é, o espaço urbano portuense não teria sido oferecido aos liberais para os confinar a uma espécie de prisão? Sobre eles exercer-se-ia, a seguir, uma pressão tão forte que os haveria de asfixiar. Como explicar que os chefes miguelistas, com efetivos muito superiores aos comandados por D. Pedro, não os tivessem enfrentado?

Uma vez entrados na cidade, instalado no Palácio das Carrancas (atual Museu Soares dos Reis), o duque de Bragança dirigiu-se à população, garantindo-lhe que vinha sacudir o "jugo tirânico" e oferecer-lhe "a paz, a reconciliação e a liberdade". Procurou preencher o vazio institucional subsequente à fuga dos titulares, nomeando titulares para a câmara municipal, para a diocese, para a relação, para o governo de armas. A tarefas deste tipo estava D. Pedro habituado, comprazendo-se em executá-las. Faltava, contudo, o apoio maciço das populações, a adesão de soldados desertores das fileiras miguelistas, como se esperava. Os liberais quiseram alargar a sua esfera de ação territorial, mas foram travados e, imprudentemente, cometeram alguns excessos contra mosteiros e conventos, como em Bustelo e em Santo Antônio, em Penafiel. Entre os mercenários liberais havia muitos protestantes, hereges, que a população detestava. Nas primeiras arremetidas para furarem o cerco miguelista, abatia-se o desânimo sobre os constitucionalistas. Não se constatavam adesões à sua causa. Ao contrário, fazia-se-lhes guerra, um pouco por toda a parte. E acabaram por ser cercados no Porto, para onde foram encurralados. Aí se fortificaram e se prepararam para resistir, enquanto fosse necessário, partindo, depois, para o resto do país.

E D. Pedro manifestava uma atividade estuante. Aparecia em toda a parte e supervisionava tudo, queixando-se, em carta para o Brasil, dos "fanáticos" e da "corja infame" que se lhe opunha, mas que haveria de vencer, para bem da liberdade e fim do despotismo. Por enquanto, mantinha-se prisioneiro dentro da cidade, minguando-lhe os meios humanos e materiais para se opor às tropas do irmão. Contudo, a sua determinação e tenacidade na defesa da sua honra e do trono de sua filha superavam todas as adversidades e até jogos de arranjos diplomáticos. A guerra haveria de ser vencida. Isso intuía-o ele. Começara a conhecer bem a cidade e as suas gentes, a dialogar, beber, folgar e a misturar-se com quem lhe aparecia. Deixara o Palácio das Carrancas para ir morar na Rua de Cedofeita. Daí saía a pé para passear pelo Campo de Santo Ovídio e ir até à igreja da Lapa, vestido como um paisano, para se proteger do frio do inverno, úmido e desagradável. Levava uma vida modesta, mas continuava como sempre fora: sociável, afável, divertido, irônico, observador e perspicaz.[26]

Entretanto, de Inglaterra chegava-lhe um socorro magnífico: Napier comandava uma esquadra de cinco vapores que vinham em seu auxílio, trazendo marinheiros e muitas peças de artilharia, chegando ao Porto a 1 de junho de 1833. Foi decisivo. Pouco depois partiu essa esquadra, alargada com chefes portugueses, sobre o Algarve, onde começou D. Maria II a ser reconhecida. Por mar, o eficaz almirante derrotou a esquadra de D. Miguel perto do cabo de São Vicente e bloqueou Lisboa. A 24 de julho de 1833 entravam triunfantes os liberais na capital. A partir desse momento, foram içadas ao calor e à brisa de julho as bandeiras azuis e brancas de D. Maria II. Três anos após a vitória de Paris, implantava-se definitivamente o constitucionalismo monárquico em Portugal. Faltava ainda reduzir o resto do país à obediência aos princípios da Carta Constitucional. Seria isso apenas uma questão de tempo.

Vitória e morte

Continua por entender, em toda a sua plenitude, a derrota das tropas miguelistas na guerra civil, que opôs os dois irmãos e os seus partidários. O país profundo, rural, tradicionalista, legitimista, clerical, fechado sobre si próprio, revia-se em D. Miguel. D. Pedro recolhia simpatia de uma franja da população urbana, como sucedia no Porto e noutras cidades, de intelectuais e burgueses, muitos deles fugitivos do regime absoluto. O seu número ninguém poderia calcular, com

---

26 Alberto Pimentel, ao evocar esta fase da vida de D. Pedro, informa, com ironia: "Não sobejava tempo a D. Pedro no Porto para gastal-o em galanteios. A tradição de que elle amara ali a filha de um dos martyres da liberdade, carece de fundamento, segundo o testemunho de auctorisados contemporaneos. Parece que todas as suas fragilidades amorosas não passaram nunca os limites de uma regular hygiene, sem escolha nem variedade. Uma louceira da rua da Assumpção, pessoa de boas carnes e costumes faceis, foi Venus sufficiente para um principe tão preoccupado com seriissimos negocios" (1896, p. 158). Sobre a guerra civil e o cerco do Porto, muitíssimo se escreveu já. Seria inoportuno voltar a essa temática nesta biografia. Remetemos o leitor para os textos de Luz Soriano, se esse aspecto lhe interessar particularmente.

certezas. Os exércitos, sim, aí os números andariam entre os dez para um. À roda de 7500, no máximo, seriam os bravos desembarcados em Arnosa de Pampelido. Presumia-se que muitos soldados das fileiras absolutistas se lhes juntassem, a curto prazo, desertando, atraídos pelo ideal de liberdade. Tal, porém, não sucedeu, a não ser em número insignificante. Com forças tão desiguais, porque triunfaram os liberais? Por serem conduzidos por grandes chefes. Foram estes que minguaram aos miguelistas. Soldados nunca lhes faltaram, em número. Do que nunca dispuseram foi de cabos-de-guerra determinados, de um comando eficaz e catalisador, de solidariedade de chefias. As rivalidades internas e os ciúmes dos comandantes liquidaram-nos.

Nessa coesão interna e solidária do lado liberal foi determinante o papel de D. Pedro. Aí revelou ele todas as suas grandes qualidades humanas, tantas vezes secundarizadas por força de seus excessos instintivos. No cerco do Porto emergiu o homem total: laborioso até à exaustão, quase não dormindo, frugal e simples de trato, intrépido e corajoso até à temeridade, firme nas suas convicções, jovial e sensível, atento ao que o rodeava, solidário com quem necessitava de ajuda. Desse modo, quase burguês em comportamento, foi conquistando as boas graças daqueles com quem privava. Os seus longos passeios de descontração pela Cidade Invicta foram-no tornando popular. As pessoas apreciavam-no e ele embevecia-se com isso. Porém, o seu dever de chefe exigia a sua presença na capital, agora que ela fora reconquistada para a causa da Rainha (1833). Esperava-o no Douro um barco, para o transportar, o que sucedeu, em 28 de julho. Despedira-se cordialmente dos Portuenses, aos quais deixava esta tocante mensagem: "Amigos portuenses: enquanto esta cidade poderia correr o menor perigo, nunca vos desamparei; agora obedeço [...] à necessidade de deixar-vos por algum tempo, levando comigo a saudade mais pungente de vós e dos meus companheiros de armas."[27] O coração determinou, muito mais do que a razão iluminista e racional, a maior parte da sua curta existência. E o Porto marcou-o e tocou-o como nunca havia sentido. Jamais disso se esqueceria. E a cidade haveria de guardar disso uma prova inequívoca: doar-lhe-ia o coração.

Ao entrar em Lisboa, arvorava a bandeira da reconciliação e da pacificação da sociedade: "não temais vinganças". Prometera o primado da lei e da liberdade.

---

27 PIMENTEL, p. 248.

Iria cumprir, mesmo que isso o malquistasse com alguns. Nenhum sacrifício pessoal enjeitaria, desde que "ele convenha à Nação Portuguesa, à sua Rainha e à Carta, que eu dei, e que toda a Nação jurou". Algumas medidas violentas se tornaram inevitáveis, como a expulsão do núncio apostólico, um absolutista feroz, dos Jesuítas, sequazes de D. Miguel e da perseguição a muitos vencidos, que haviam, por seu turno, cometido as maiores arbitrariedades e prepotências, a partir de 1828. A vingança surgia como um revide, detestável, mas inevitável, em ambiente de exaltação coletiva. O próprio D. Pedro, ainda a cheirar à pólvora das trincheiras portuenses, onde vira cair muitos dos seus soldados, não deixava de ter rancor para com os sentimentos do irmão. Conta-se que, chegado a Lisboa, logo que pôde, foi à Igreja de São Vicente de Fora fazer uma visita e uma oração ao túmulo de seu pai, cuja coroa acabava de recuperar. Aí teria deixado um papel, em que escrevera: "Um filho te assassinou: outro te vingará. 29 de julho de 1833." Nunca o duque de Bragança deixara de suspeitar da morte natural de seu pai. Evocava-a em momento solene. Perdoar, podia. Esquecer, não. Hiperativo como sempre fora, legislava, reformava, decretava. Napier, admirado da sua decisão instantânea e da sua atividade frenética, disse que ele não conhecia a palavra "amanhã", quando se tratava de decidir. Em comportamento, tocava o antônimo de seu pai.[28]

Em 22 de setembro recebeu, em festa, em Lisboa, suas filhas, a rainha D. Maria II e D. Maria Amélia e a mãe desta, a sua bela esposa D. Amélia, vindas da Inglaterra. Em França, não lhes haviam dispensado bom acolhimento. Luís Filipe e a sua diplomacia não gostaram de saber que D. Pedro e D. Amélia preparavam o casamento do irmão desta, o duque Augusto de Leuchtenberg, com D. Maria da Glória. Dessa união julgava-se que subiria ao trono de Portugal um neto de Josefina, mulher de Napoleão. A sombra deste continuava a incomodar a monarquia francesa de julho. A frieza com que as hóspedes foram tratadas pela diplomacia francesa fê-las abandonar território gaulês, sem procederem a qualquer despedida protocolar. O reencontro em Lisboa, após tantos sofrimentos e privações durante o cerco do Porto, transformou-se numa festa magnífica a que estiveram presentes alguns amigos indefectíveis de D. Pedro, como Gomes da Silva, o famoso Chalaça, que se tornara também amigo de Garrett. O duque de

---

28   "Era o homem mais activo que tenho visto; levantava-se cedo e para tudo olhava pessoalmente; e, conhecendo o caráter demorado dos portugueses, tinha razão [...] Tendo tomado uma resolução, era firme e determinado, até mesmo obstinado [...]." Cf. NAPIER, 2005, p. 271.

Bragança pode rever a sua jovem filha, Maria Amélia, de que se separara quase há dois anos. Enquanto ela crescera e se tornara mais bonita, ele envelhecera, carregando-se-lhe o aspecto por causa da longa barba negra, que passou a usar na Cidade Invicta. As saudades dos filhos brasileiros continuavam. Com eles mantinha um contato epistolar permanente. Infelizmente, a princesa D. Paula havia desaparecido do rol dos vivos, o que muito o amargurara. Por isso, mais que nunca, se dirigia aos outros, dando-lhes notícias e transmitindo-lhes "a minha saudade que apesar de tudo ainda é acerba por me ver longe de vós e do *país que adotei por pátria e aonde fui criado*".[29]

D. Pedro tinha tanta ansiedade em resolver alguns assuntos decisivos que convocara Cortes para 15 de agosto, propondo que os deputados viessem revestidos de poderes para resolverem como se estabeleceria a regência, dada a menoridade da rainha e o casamento desta. Esquecia-se que a guerra civil continuava, acesa e dura. Os absolutistas ainda controlavam quase todo o interior do país e mesmo no Porto, a 16 de agosto, ocorrera um desastre, ruinoso para a economia nacional. Arderam 12.000 pipas de vinho e 600 de aguardente, perdendo-se esse muito valioso patrimônio, destruído pelos miguelistas, que, após isso, Saldanha afastou definitivamente da cidade. Mesmo à roda de Lisboa, os combates continuaram, com o sacrifício de muitas vidas. Em carta de 2 de dezembro ao filho, imperador do Brasil, escrevia nesse dia do seu oitavo aniversário:

> Deus Nosso Senhor permitiu que eu tivesse, no meio de todas as minhas atribulações, uma ocasião para mostrar ao mundo inteiro que sou capaz de desempenhar qualquer empresa a que me proponha, e permitiu ainda, para maior glória minha, que esta empresa fosse tal que eu pudesse, desenganando os incrédulos, mostrar ao mesmo tempo quais os meus princípios políticos, e a firmeza que tenho em sustentá-los, não me poupando a expor por eles a própria vida, pelejando desinteressadamente pela Liberdade dos Povos e pela legitimidade dos Reis contra a Usurpação, a Tirania e o Perjúrio. Em breve espero ver terminada tão sanguinolenta e devastadora guerra civil e

---

29 Carta de 17 de outubro, A.M.I. (grifo nosso).

poder, reunidas as Cortes, segundo a Carta Constitucional, consolidar o trono de tua irmã e a mesma Carta.[30]

Desabafa a sua amargura pelo modo como o trataram nas vésperas de 7 de abril de 1831. Porém, agora que estava tão longe, batido pela adversidade e pelas privações de todo o tipo, sonhava com a felicidade dos filhos e declarava um entranhado (e desinteressado) amor ao Brasil. Passemos-lhe, mais uma vez, a palavra: "Meu coração se sente estalar de dor por me ver tão longe de ti e de tuas manas, fora do país em que me criei e do seio daquela nação a que pertenço [...] hoje fazem onze anos que os Brasileiros me pediram que ficasse no Brasil e quem me diria, a mim, que neste ano me acharia tão longe?"[31] Meses mais tarde, ainda do Porto, exclamava:

> Ah! meu amado filho, eu te mereço o amor que tu me mostras; eu me interesso por ti, pelo teu bem como pela pátria que adotei antes mesmo de a tornar independente; espero que ainda poderei ter o gosto de ir ver-te e de abraçar-te: quando todos os espíritos estiverem convencidos de que eu nada mais ambiciono senão ver-te; ver o país em que fui criado e educado, do qual me separei saudoso, não só porque nele te deixei e a tuas manas, mas porque o amo tanto (tu me perdoarás) como te amo a ti.[32]

Poder-se-á duvidar destas afirmações tão sentidas e emocionadas?

D. Pedro mostrar-se-ia amargurado pelos procedimentos de muitos brasileiros, considerando-os ingratos e injustos. Isso, porém, avivara-lhe o sentimento de brasilidade, como nunca. Jamais a ele renunciaria. Em momento de nostalgia e de reflexão, como estava ele longe do jovem impetuoso, birrento, vingativo, egoísta, que fora outrora. Estas cartas soavam a um testamento antecipado em que aquilo que é mais querido sobrenada a todo o resto. Os filhos, o Brasil, eis os seus amores distantes.

---

30 RAMOS, 2002, p. 89.

31 Carta ao filho de D. Pedro II, de 9 de janeiro de 1833.

32 A.M.I. (Petrópolis).

Deputados houve no Brasil que, corporizando uma certa corrente de opinião, se agruparam no chamado Partido Caramuru ou restaurador, advogando o regresso de D. Pedro. O assunto apaixonou muita gente, que o discutiu com veemência. D. Pedro soube o que se passava e comentou:

> Esses que se lembram no Brasil do meu nome para fazerem outra bernarda, sempre são bem asnos! Não sabem que eu abdiquei a coroa do Brasil por minha própria vontade? Eu me retirarei de Portugal, no caso das Cortes portuguesas decidirem que não posso ser regente do reino por ser cidadão brasileiro e se os portugueses não se quiserem aproveitar dos benefícios que lhes fiz, retiro-me então para a Alemanha.[33]

Nada repugnaria mais à honra do duque de Bragança do que a pretensão de regressar ao Brasil, para se imiscuir nas lutas políticas. A abdicação fora definitiva. Pedro II era o seu imperador. Assim se lhe dirigia e o respeitava. Cometer uma indignidade dessas soar-lhe-ia à maior das traições. Jamais a admitiria, mesmo como hipótese. Foi isso que transmitiu ao amigo Antônio Carlos de Andrada, que veio a Portugal sondá-lo a respeito dessa matéria. A resposta foi cortante: "A minha abdicação está valiosa: jamais tive a intenção de a declarar nula." E para encerrar definitivamente o assunto: "Eu amo muito o Brasil, eu amo muito a meus filhos e a todos os meus concidadãos; eu amo muitíssimo a minha honra e a minha reputação."[34] Como iam longe os tempos dos verdes anos, em que nada disso o preocupava. Amadurecera e regenerara-se. Pautava-se agora por outros valores.

A guerra civil ainda se manteria nos meses finais de 1833 e iniciais de 1834. Porém, mudanças em Espanha levaram ao reconhecimento, por parte desta, de D. Maria II, a isso se associando a França e a Inglaterra, a partir de abril de 1834. Era o fim do miguelismo, derrotado militarmente em todo o país. D. Miguel retirava-se para o Alentejo. Os liberais aproximavam-se de Santarém, considerada irredutivelmente absolutista. Alberto Pimentel conta pormenorizadamente o que sucedeu, após o abandono da cidade por D. Miguel. D. Pedro substituiu-o no domínio da urbe ribatejana, prometendo aos soldados do irmão não exercer vingança sobre eles. O mesmo autor descreve-lhe assim a atividade neste período:

---

33 *Idem.*

34 A. M. I. Carta a Antônio Carlos de Andrada Machado, de 14 de setembro de 1833.

> D. Pedro, que viera adoentado do Porto, e que em Lisboa soffrera profundos desgostos, estava cansado, extenuado. Os sobresaltos da guerra, os desgostos da politica, continuaram a agitar-lhe o espirito. A côrte era triste, monotona, rodeada de nuvens.
>
> Desde o principio de 1834, o imperador ia frequentes vezes ao Cartaxo, onde se hospedava na casa do commendador Damaso.
>
> Passava revista ás tropas, e voltava para Lisboa.
>
> A maior parte do seu tempo era absorvida pelas cousas militares.
>
> Recebia diariamente generaes, officiaes do exercito, assistia ao embarque dos contingentes que partiam para o sul do Tejo, via das janellas do Paço as manobras que os regimentos iam fazer no largo das Necessidades e, uma vez por outra, como no dia dos annos da rainha, passava revista ás tropas no Rocio.
>
> Dava despacho aos ministros, presidia ao conselho de estado, a que Palmella, Barradas, Trigoso, Caula e Margiochi não faltavam nunca; e recebia, em audiencia particular, as pessoas que o procuravam.
>
> A toda a hora chegavam noticias da guerra.
>
> D. Pedro queria sempre fallar com os portadores d'essas noticias.[35]

Finalmente, em 26 de maio de 1834, os absolutistas rendiam-se em Évora Monte. A guerra cruenta, fratricida, sanguinária, que dividira pessoas e famílias, na qual se cometeram as maiores arbitrariedades, atrocidades e se cevaram ódios pessoais e institucionais, terminara. Os seus efeitos é que ainda se prolongariam. D. Pedro mostrara-se generoso e condescendente, no momento da vitória, como havia prometido. No dia seguinte, foi ao teatro São Carlos, como tanto gostava de fazer. Ao serem conhecidas as cláusulas da rendição e a generosidade de D. Pedro, vaiaram-no, patearam-no, insultaram-no, com espalhafato, os que se considera-vam vencedores. Exigiam vingança que ele não aprovava, como, aliás, lhe reco-mendavam as potências estrangeiras, ouvidas e intermediárias das condições de rendição. No teatro haviam afixado um cartaz, no qual se lia: "Tão bom um como outro, vinagre da mesma pipa." D. Pedro reagiu aos insultos, tossiu fortemente e o lenço que levou à boca encheu-se de sangue. Era o prenúncio do fim.

A guerra, em campo aberto, decidira-se a seu favor. Iniciava-se outra, mais sutil, menos visível aos olhos do público, mas desgastante: a pacificação (e

---

35   *Cit.*, 1896, p. 234/5.

conciliação) das várias tendências liberais, entre conservadores, como Palmela e os vintistas ou radicais, como Saldanha. A saúde ressentia-se agora de tanto esforço, tanta dedicação, tantas canseiras. O seu organismo gastara-se exageradamente. Nunca ele fora saudável, robusto, capaz de resistir às arremetidas do tempo. Além de epiléptico, de deficiências renais, vomitava com alguma frequência, partira as costelas em sucessivas quedas de cavalo e alimentava-se parcamente. Grande energia sempre se lhe conhecera, mas repousava pouco e vivera em constantes sobressaltos.

O cerco do Porto causara-lhe numerosas moléstias, de que resultaram febres, tosse permanente, edemas nas pernas e nos pés, insônias. Sentia-se debilitado e cada vez com menos forças. Respirava com dificuldade. Quis, por isso, voltar ao palácio de Queluz, deixando o da Ajuda ou o das Necessidades. Parecia-lhe esse lugar mais tranquilo, mais arborizado e de ares melhores. Raramente montava ou caçava agora, embora fosse recebendo amigos.

No dia 8 de julho, aniversário do desembarque em Pampelido, deslocara-se a Lisboa para solene recepção e depois disso ainda se interessou por algumas obras públicas que se executavam em São Bento. A 27 de julho, acompanhado da rainha e da ex-imperatriz, deslocou-se ao Porto, onde, revivendo as aflições da guerra, foi festiva e ruidosamente recebido, com repiques de sinos, foguetes, folguedos. Aí passou 10 dias de alegria. Mas sentia-se esmaecer progressivamente e, ao voltar à capital, terá exclamado: "Adeus Porto, nunca mais te verei." Piorava constantemente. Perdera cor da pele do rosto, as mãos emagreciam e esbranquiçavam-se, os olhos afundavam-se-lhe nas faces e a barba negra quase lhe escondia a silhueta.

Faltava resolver uma questão delicada e não consensual: a regência do reino durante a menoridade da rainha. Alguns duvidavam da sua legitimidade e isso contristava-o até ao mais íntimo do seu ser. As Cortes reuniram a 15 de agosto e, a 25, os deputados aceitaram uma proposta: ele regeria o reino, até à maioridade de D. Maria II. Entretanto, durante a discussão parlamentar, ele ausentara-se da capital para se afastar dos debates, e também para tentar recobrar a saúde. Esta piorava sempre. A 30, recebeu, no palácio da Ajuda, o encargo da regência. Logo depois se retirou para Queluz, lúcido, clarividente, mas desiludido do seu restabelecimento. Pressentia a morte por perto.

Esse palácio ainda lhe lembrava a infância, a avó rainha, a liberdade de criança traquina, a criadagem amiga que o acompanhava complacentemente. Daí fora para o Brasil e apetecia-lhe regressar a esse espaço de reminiscências esbatidas. Nele se instalou, a partir do dia 10. Quase já não conseguia dormir, passando as noites em claro. Havia feito testamento em Paris, em 21 de janeiro de 1832, regulando tudo o que respeitava aos direitos e deveres da mulher e dos filhos, legítimos ou não. No afeto e perante a lei não os olvidava nunca. A 17 de setembro, outro se lhe seguiu, mas feito em Lisboa em 1834, regulando tudo e deixando sua espada ao cunhado e futuro genro, Augusto de Leuchtenberg, que também duraria pouco tempo.

Quis protestar a sua fé católica e morrer como fiel contrito. Pecara muito, disso tinha consciência. Arrependera-se e a prova é que se confessara e recebera os sacramentos com resignação. Nunca se postara contra o Deus dos cristãos, embora disso o acusassem. Quis ajudar a reabilitar o sentimento religioso naquilo que ele tem de mais elevado. Por isso se indispôs com algum clero, mas não com a fonte do catolicismo.

Sem capacidade física para garantir o encargo da regência, dirigiu-se aos deputados, pela última vez, para que assumissem o remédio mais aconselhável. E ele veio. Decretou-se a maioridade da rainha. Foi a maior consolação. Morreria, em breve, tinha a certeza. Deixava os dois filhos a reinar, pautados pela Carta que ajudara a redigir e inspirara. O constitucionalismo, por que se batera até à exaustão, triunfava. Lentamente, foi-se despedindo das pessoas que lhe eram caras. Não esqueceu os seus soldados, de cujo número fazia parte. Mais uma vez recebeu a extrema-unção e, a 24 de setembro de 1834, na sala D. Quixote, onde nascera, expirou serenamente. Contava 35 anos feitos.

Anunciada a sua morte, procedeu-se à autópsia. Por ela se soube que o seu organismo estava todo minado de mazelas. Não havia partes intactas ou imunes à usura do tempo. O coração, de acordo com a sua vontade, foi separado do seu corpo, embalsamado e entregue à cidade do Porto, que lhe abriu as portas ao grande combate militar da sua vida, para o qual, aliás, nunca fora preparado.[36] Repousa na

---

36 Prestes a expirar, chamou a mulher e pediu-lhe: "Querida Amélia, quando o meu coração fôr arrancado do meu peito, mandae-o à cidade do Porto, eu lho lego como um penhor eterno da minha gratidão aos seus filhos (CALMON, *cit.*, p. 309). Por decisão de D. Maria II, ele foi entregue à Cidade Invicta, onde se mantém.

Igreja de Nossa Senhora da Lapa, à guarda da respectiva irmandade. D. Pedro sempre se mostrou devoto da Virgem Senhora e o destino do seu coração comprova-o. Ao despedir-se do mundo dos vivos, Pedro de Alcântara redimira-se de tantas falhas humanas, cometidas ao longo de uma vida curta, mas plena de atividade, de contrastes, de misérias e de grandezas de alma. Salvou a sua honra e a de sua filha, tornando-se um homem de extraordinária envergadura humana, moral e política. As virtudes do fim da vida desterram para muito longe todos os erros anteriores. O seu admirável biógrafo Pedro Calmon relatou assim os últimos momentos:

> A 20 de setembro recebeu os sacramentos. D. Maria II prestou em São Bento, às 4 horas, o seu juramento de soberana. O primeiro ato que assignou foi a concessão da grã cruz da Torre e Espada a seu pae. Levou-lha a Queluz. Com as mãos resolutas, a pequenina rainha atirou ao pescoço de D. Pedro o collar da bravura e da fidelidade. Uma grossa lagrima deslisou pela face branca do imperador e um sorriso triste arrepiou-lhe os lábios [...] Estreitou nos braços a filha rainha, e quando ella se afastou para chorar a um canto, abraçou-se ao crucifixo, que teve sobre o peito até expirar [...] o arcebispo de Lacedemônia rezava. A 23, murmurou: Morro contente, porque a ninguém fiz mal.[37]

Um homem assim não podia morrer velho. Haveria de deixar um rastro de coragem, de bravura e decisão a emoldurar-lhe a imagem.

> Porque sahia da terra como um ator, que corretamente se despede da platéa no ultimo acto, e se retira com a festa dos applausos gravada na retina contente: levava nos olhos um raio de triumpho. Nem as decepções da mediania, nem os desencantos da velhice. Na primavera da alma, quando o rosal do espirito ainda se doira com o esplendor da poesia. Na pujança da idade. Depois de ter atravessado o mundo sobre o alto cavallo de guerra, numa atitude de epopéa. General sem derrotas.[38]

D.ª Amélia, em carta aos filhos, de 29 de setembro, comunicando-lhes a agonia e morte de D. Pedro, escrevia: "seu coração será transportado para o Porto, segundo a sua última vontade". A.M.I.

37 *O Rei Cavalleiro, cit.*, p. 309-310.

38 *Idem*, p. 311.

O nosso rei-soldado ou rei-cavaleiro tornou-se de fato, no pôr do Sol da vida, um herói romântico. Ao ter conhecimento desta morte, o seu velho, probo e honrado amigo (assim o designava D. Pedro), José Bonifácio escrevia ao filho Pedro II, a 4 de dezembro, da ilha de Paquetá: "Hoje... eu vou dar os pêsames pela irreparável perda de seu augusto pai, *o meu amigo*. Não disse bem, D. Pedro não morreu, só morrem os homens vulgares, e não os heróis... sua alma imortal vive no céu para fazer a felicidade futura do Brasil..."[39]

Legitimidade

D. João VI nunca pusera em causa o direito a que seu filho D. Pedro lhe sucedesse. Na carta régia ou carta patente de 13 de maio de 1825, o soberano de Portugal ordenava que, dali em diante, o Brasil fosse reconhecido como império, tomando ele para si o título e a dignidade de Imperador do Brasil e Rei de Portugal e Algarves, embora cedesse e transferisse para D. Pedro o exercício pleno da soberania do Império.[40] Contudo, no tratado assinado a 28 de agosto, nada se dizia sobre a sucessão da coroa portuguesa. E a Carta Constitucional outorgada ao Brasil, em 1824, não proibia que o seu imperador pudesse aceitar outra coroa. Em 10 de março de 1826 falecia D. João VI, de que apenas chegou notícia a 24 de abril ao Rio de Janeiro. Indeciso sobre o que fazer, D. Pedro solicitou pareceres sobre a seguinte questão: "Meu Pai o Senhor D. João VI morreu a 10 de março e por decreto de 6 do referido mês organizou uma Regência para governar o Reino até eu determinar o que me aprouvesse como herdeiro daquele Reino." Perguntava: o que pensa o império sobre isso, o que se deve fazer relativamente a Portugal. Vieram as respostas e quase todas se pronunciaram acerca de que não havia incompatibilidade de a coroa dos dois países poder estar colocada na mesma cabeça, mas, atendendo às circunstâncias presentes, a solução mais aconselhável parecia ser D. Pedro abdicar dos seus direitos portugueses a favor de D. Maria da Glória e dar uma carta constitucional ao seu país natal. Assim aconteceu, de fato. Logo a 2 de maio, D. Pedro confirmava a regência,[41] decidia dar

---

39 A.M.I. (Petrópolis).

40 No documento fora escrito: "E por a sucessão das duas Coroas, Imperial e Real, diretamente pertencer a Meu sobre todos muito Amado e Prezado Filho, o Principe Dom Pedro."

41 Na pessoa de sua irmã D. Isabel Maria.

uma Carta Constitucional, concedia uma anistia e abdicava a favor de sua filha, sob certas condições. Eis os fatos ocorridos, esquematicamente apresentados. Ninguém, até ao momento, contestara a sua legitimidade. A regente, que escutara as últimas vontades do pai, considerou seu irmão Pedro como sucessor, dando-lhe logo conta daquilo que ia decidindo à frente do governo, como se garante através da 2ª carta que lhe dirigiu para o Rio de Janeiro, a 29 de agosto de 1826.

Como muito oportunamente percebeu um eminente autor brasileiro contemporâneo só "foi, precisamente, ao terem conhecimento das inovações introduzidas em Portugal pelo sucessor [de D. João VI] que muitos daqueles que antes o tinham aceito, passam a se declarar condições propícias para que D. Miguel assumisse o trono lusíada".[42] A rainha viúva D. Carlota Joaquina nunca escondera o seu asco ao liberalismo e, portanto, era contrária a que a sucessão recaísse em D. Pedro, preferindo claramente D. Miguel, do qual sempre foi muito próxima. Aliás, a regência presidida por D. Isabel Maria enviara ao Rio uma representação, presidida pelo duque de Lafões, para prestar homenagem ao novo rei, considerando-o "Rei natural e legítimo soberano", reconhecendo-lhe, outrossim, a capacidade de poder abdicar em sua filha mais velha e "Senhora D. Maria II, em quem se vai continuar a Excelsa Dinastia da Serenissima Casa de Bragança. A Nação saberá estimar tão precioso thesouro".[43] O próprio D. Miguel, num primeiro momento, não teve dúvida em reconhecer seu irmão como legítimo rei, afirmando-o da forma mais explícita e inequívoca, tanto em carta à irmã, como a D. Pedro.[44]

Contudo, os legitimistas ou absolutistas, em grande número, começaram a fazer-se ouvir após o regresso do infante D. Miguel a Lisboa, em 22 de fevereiro de 1828. Logo aí ele começou a ser tratado por rei absoluto e, como é sabido, a 3 de maio, convocava os Três Estados do reino, que, a 11 de julho, o aclamavam. Foi a partir de então que se iniciou uma polêmica jurídica, segundo a qual D. Pedro perdera a legitimidade à Coroa Portuguesa por ter cometido um crime de lesa-pátria ou lesa-majestade. Além disso, fizera-se e declarara-se brasileiro. Não lhe assistia, pois, qualquer legitimidade para ser reconhecido como rei. Este

---

42 BRANCATO, 1999, p. 76-77.

43 *Idem, ibidem.*

44 Incita a irmã a cumprir as vontades do pai, "enquanto o legitimo sucessor da Coroa não der aquellas Providências que como Soberano lhe compete dar e a que todos nós nos devemos submeter". Cf. *Gazeta de Lisboa*, nº 163, 14 de julho de 1826.

argumento jurídico claro escondia a questão política de fundo: Portugal seria um país maioritariamente liberal ou absoluto? E, se a resposta fosse a última, só D. Miguel poderia ser o seu soberano. Os portugueses, em larga maioria, sentiram-se defraudados com a independência do Brasil, contra o qual havia um ressentimento evidente. Ora o imperador não lhe poderia ficar imune. Por isso o acusavam de se ter revelado contra o pai (lesa-majestade) ao proclamar a independência do Brasil, de ter perdido a condição de português, optando pela de brasileiro e de não ter jurado perante as Cortes (ou os Três Estados) manter os usos e costumes do reino. Como muito arguta e historicamente provou o autor acima citado, nenhum destes argumentos resistia à análise e a uma crítica serena dos documentos invocados. Deste modo o senhor D. Pedro de Alcântara assumiu, de direito e de fato, o reino de Portugal com absoluta legitimidade. Esta questão só surgiu muito depois de o exercício da Regência ter consumado a legitimidade pedrina.

Jornalismo

Alberto Pimentel, na sua bem documentada obra sobre a corte de D. Pedro IV, afirma que ele escreveu excessivamente e que, por isso, algumas das suas afirmações (ou confidências) se tornaram polêmicas, afetando-lhe, porventura, a imagem pública. Na verdade, D. Pedro foi um grafómano inveterado. A recolha de tudo o que escreveu, privado e público, redundaria em muito grosso volume, ou melhor, em vários.[45] O leitor disso já se apercebeu, certamente. Como ilustração do que se afirma, bastará recordar que só cartas de amor redigiu ele mais de duzentas e apenas a duas das suas amadas: Domitila e Saisset. É natural que tenha enviado outras aos demais amores ocasionais, o que faria o número aumentar ainda muito. Por aqui se imagina a sua atividade gráfica: não parava mesmo. Quiçá uma parte desse espólio se tenha perdido para sempre. Mesmo assim, o que resta é muito. Talvez algum dia alguém o reúna todo. Seria excelente para se poder acompanhar minuciosamente o seu pensamento.

---

45 Aquele que foi organizado por Cybelle Ipanema, sob o título *Proclamações, Cartas e Artigos de Imprensa*, ultrapassando as quatro centenas de páginas, não vai além do ano de 1823. Portanto, se tudo fosse reunido, redundaria em vários volumes, uma vez que escreveu até à morte, em 24 de setembro de 1834.

Por ora, o nosso objetivo persegue um fim preciso: sensibilizar tão-somente o nosso leitor para uma faceta muito pouco conhecida de D. Pedro – a sua intervenção jornalística, justamente numa época em que a imprensa servia de poderosíssimo meio de formação de uma opinião pública, civil e politizada. Cada vez mais o clero fora perdendo o privilégio de guiar a formação das inteligências, transferindo-se ele para agentes laicos também. E os jornais, pela sua essência e natureza, ao mesmo tempo que informavam, pretendiam ir formando, veiculando ideias, conceitos, valores. Desse modo se ia alargando a influência de uma elite culta, que se sobrepunha à multidão analfabeta. Aí passou a travar-se o combate político das várias tendências em presença. D. Pedro percebeu-lhe o alcance e aproveitou a oportunidade.

Desde que assumiu as responsabilidades do governo do Brasil, cuja nomeação e desempenho de si dependia, agiu, direta e indiretamente, na imprensa, sobretudo da capital. Textos seus apareceram publicados em alguns jornais, como *O Espelho* (1822-1823), *Diário do Governo* (1823), *Diário Fluminense* (1824) ou *Gazeta do Brasil* (1827). A participação do imperador nos debates importantes da época travados nos jornais foi, desde logo, levantada, ao menos como hipótese, pela própria imprensa contemporânea. Várias abordagens posteriores confirmaram essa suspeita. D. Pedro aproveitara o que a tecnologia de informação e comunicação de massas mais avançada lhe proporcionava e agiu como um qualquer jornalista anônimo, ou através de pseudônimo. Vários estudiosos brasileiros confirmaram[46] e hoje não se deve deixar de evocar essa faceta da sua ação multímoda, como mais um dado da sagacidade, da coragem e do sentido de oportunidade de D. Pedro. Os pseudônimos de que se serviu para ocultar a sua identidade merecem atenção. Eis alguns, escolhidos ao acaso: "Inimigo dos Marotos", "Piolho Viajante", "O Anglo-Maníaco e, por isso, o Constitucional Puro", "O Espreita", "O Ultra-Brasileiro", "Filantropo", "O Derrete-Chumbo-a-Cacête", "O Especulativo", "Baiano", "O Verificador".

---

46 Casos de Francisco de Assis Cintra, de Marcello Ipanema, de Octávio Tarquínio de Sousa e, sobretudo, de Hélio Vianna. Este último publicou um estudo fundamental: *D. Pedro I. Jornalista*, em 1967. Partindo dos dados existentes no Arquivo do Museu Imperial, de Petrópolis, esse respeitado acadêmico demonstrou, através do confronto dos originais, a indubitável autoria dos artigos jornalísticos escritos pelo imperador, muitos sob pseudônimo sugestivo, ao longo dos anos. Nessa tarefa o imperador foi secundado por dois amigos de confiança, Henrique Plasson e Francisco Gomes da Silva, *o Chalaça*.

Os assuntos que abordou, para lhe defenderem os pontos de vista, procurando convencer os leitores, relacionaram-se, inicialmente, com o "Fico". Cronologicamente, o primeiro foi escrito sob a forma de "Carta escrita pelo Sacristão da Freguesia de S. João de Itaboraí ao Reverendo Vigário da mesma Freguesia, narrando os acontecimentos dos dias 9 e 12 de janeiro desse ano [1822]". Nessa missiva, em tom jocoso, o autor começa por se justificar: "Sendo a nossa correspondência tão antiga como a minha batina, que desde que fui para Sacristão há 33 anos, 33 dias, 33 horas e 33 minutos nunca tive outra, cumpre-me [...] contar-lhe os fatos alegres, tristes e enraivecedores que têm havido nesta Cidade." Narra, a seguir, o que sabe: a decisão de o príncipe ficar, o seu antirracismo (D. Pedro, através do sacristão, diz que a cor do seu sangue é igual à dos negros), o que sucedeu à tropa portuguesa, chefiada por Jorge Avilez, acerca do qual afirmou "é um bom vivant et sans façon" e as reações que o "Fico" provocou na cidade e no reino do Brasil.

Os artigos escritos na sequência deste tocam os temas polémicos que a imprensa de então ventilava. Eles repercutem os pontos de vista do príncipe e, portanto, podem chocar-se com outros impressos em *A Malagueta*, *O Espelho*, *O Revérbero* ou *O Bem da Ordem*. Como "Piolho Viajante" mostra estar informadíssimo acerca de tudo o que ocorre na cidade e fornece a sua versão de como devem conduzir-se as pessoas na conjuntura atual.

Segue-se a apologia do constitucionalismo puro, através do "Anglo-Maníaco", e, depois, batalha-se encarniçadamente pela independência do Brasil. Como é óbvio, estes artigos situam-se após a data de 7 de setembro (Ipiranga) e foram assinados por um "Ultra-Brasileiro." Este, para garantir a ocupação e o desenvolvimento de todo o território nacional, apela à imigração europeia, dissertando sobre os inconvenientes da escravidão e as formas de fazer estancar a entrada de negros no Império. Assina esses artigos como "Filantropo", que se preocupa também com a situação dos índios, marginalizados no seu próprio território.

Com "Derrete-Chumbo-a-Cacête", o imperador faz-se eco das dificuldades que o Brasil enfrenta por não possuir ainda marinha capaz de defender o seu território. Paira no ar a ameaça de que Portugal possa invadir partes do território brasileiro (Nordeste e Norte) e os brasileiros não dispõem de força capaz para enfrentarem os seus antigos colonizadores, que não aceitaram ainda o fato consumado da perda do território americano. O artigo redunda, por isso, numa violenta catilinária contra os pés-de-chumbo, os marotos, que trocam o b por v, pronunciando "binho", "voi", "baca", "diavo", "vatuque", e que, à subscrição nacional para que contribuam para a compra de barcos novos para a marinha brasileira, quando se lhes pergunta se querem contribuir, respondem: "num quero, não".

Os portugueses são alvo de violentíssimo ataque, considerando-os avaros, ambiciosos, sujos, mal alimentados, incultos. Os deputados, esses, então, transformam-se em bombos da festa: "Eu estou bem certo que poucos dêstes casmurros Borges [Carneiro] quadrados, lavradores de tripas no Douro [...] já não se convertem [...]." O texto é de enorme violência, ironia e traz bem a marca do gosto de D. Pedro, nesse momento irritadíssimo com a forma como estava a ser tratado pelas Cortes, pois cita frases sonantes em latim, como *Tolle, tolle, crucifige eum*, referindo-se a si mesmo. Isto é, muitos portugueses desejariam crucificá-lo e tirar-lhe a coroa, acrescentando ainda, na língua de Cícero, que "sempre ouviu dizer que El-Rei de Portugal era *Rex judeorum et latronum*". Nem mais. O rei do seu país de origem, cuja coroa pertencia a seu pai, só governava judeus e ladrões.[47] Este escrito só pode ser entendido se o situarmos no momento político luso-brasileiro em que esteve prestes a verificar-se uma ruptura total de relações mútuas, fomentadas pela forma precipitada como as Cortes trataram as questões brasileiras, pelo desdém com que os seus deputados foram ostracizados em São Bento e, ainda, pelos insultos pessoais dirigidos a D. Pedro, sem que D. João VI o pudesse defender.[48]

A partir de 1824, o jornalismo de D. Pedro volta-se para as grandes questões internas brasileiras, assinando-se ele "O Especulativo", "Baiano, contra o *Tamoio* e *Sentinela* da Praia Grande", visando os irmãos Andrada, com os quais se incompatibilizara.

Variando muito de temática, alargava-se da simples reportagem factual a artigos doutrinários, visando pessoas, grupos e instituições. Mais do que uma vez atacou aquilo que considerava a autocracia e os privilégios do poder judiciário, sobre o qual não raro ironizava em público. Fê-lo numa série de artigos intitulados "Anti-Beca", em que verberava a excessiva benevolência ou as injustiças cometidas impunemente pelos magistrados.

---

47 Viana, 1967, p. 85-89.

48 Refere-se, portanto, ao princípio do ano de 1823. Pés-de-chumbo, marotos, corcundas eram os Portugueses, que, por sua vez, chamavam pés-de-cabra aos Brasileiros.

Desde 1825 vê-lo-emos empenhado na luta política direta, tanto individualmente, como ajudado por alguns amigos, dentre os quais se destacou o Chalaça. Por esse motivo, aborda questões pontuais internas ou visa diretamente pessoas. Neste caso se configura o que escreveu sobre o mano Miguel, posterior a abril de 1826, quando soube da morte de seu pai. A questão dinástica portuguesa extravasou para o domínio jornalístico,[49] o que causou algum escândalo. Divulgou-se a notícia segundo a qual D. João, o seu médico e cozinheiro haviam morrido envenenados. E o responsável último teria sido seu irmão D. Miguel. Contra ele e quem o apoia se ergue a energia do irmão:

> O negócio de Portugal, que não é negócio nôvo, é, atualmente, segundo ouço, o negócio do dia: trata-se, nada menos, segundo vozes vagas, que Inglaterra, França e Áustria (a manhosa Áustria) pretendem de supetão reconhecer o Déspota, o Tirano, o Infame, o Perjuro D. Miguel, não porque o achem legitimamente colocado no Trono, mas sim porque ele tem sido um instrumento cego do Despotismo Jesuítico-Austríaco e Anglo-Franco no desgraçado Portugal.[50]

Afirmando-se ele, Pedro, o herdeiro legítimo, procura justificar todos os atos que assumiu na sequência da morte do pai e que, como vimos, suscitaram, para alguns, a questão da sua legitimidade. A sua resposta ficou consignada nesse artigo.

Como se poderá intuir por estas considerações que não visam senão destacar uma valência pouco conhecida e, por isso, nada valorizada da personalidade polivalente e impossível de qualificar, com precisão, de D. Pedro, esta vertente da sua hercúlea atividade poderia levar-nos mais longe. Quedar-nos-emos, contudo, por aqui.

Gostaríamos, porém, de concluir com outro traço do seu pensamento, bem sintomático do seu apego à liberdade: a defesa do fim da escravidão. O remédio seria substituí-la pela imigração europeia. Ela constitui, em si mesma, um mal detestável. Terá de ser extinta. Passemos-lhe a palavra:

---

49 Viana, *idem*, p. 153 ss.

50 *Ibidem*. Artigo posterior a 1828.

> Poucas pessoas ignorão que a escravatura é o cancro que rói o Brasil; posto isto, é mister extingui-la [...] Os escravos nos inoculam todos os seus vícios, e nos fazem os corações cruéis e inconstitucionais, e amigos do despotismo. Todo o senhor de escravo, desde pequeno começa a olhar o seu semelhante com desprêzo, acustuma-se a proceder a seu alvedrio, sem lei nem roque [...].

Adivinhando as acusações com que os senhores receberiam esta proposta, conclui: "Quando eu trato da abolição da escravatura, não é da abolição direta, mas da abolição indireta, quero dizer, da proibição da importação de mais escravos dentro de certo tempo."[51] Claro que o pensamento (e a argumentação) de D. Pedro sobre esta magna questão social brasileira não é original. Desde finais do século XVIII se discutia como seria possível ocupar e desenvolver o território e a economia, respeitando o direito natural e salvaguardando, ao mesmo tempo, a liberdade, a igualdade e a fraternidade. Tal passava, obviamente, pela extinção da escravatura e pela promoção da população indígena. A isso se referiram alguns dos mais esclarecidos reformistas brasileiros, apresentando, inclusive, planos ou meios para promover esses infelizes marginalizados pela sociedade escravocrata. Referiremos apenas dois nomes: José Bonifácio e Domingos Alves Branco Moniz Barreto, ambos do círculo do imperador. O assunto fora, pois, abordado pela elite cultural e política da época. Mas D. Pedro, como sempre, intuiu-lhe o alcance, valorizou-o e deixou-o no ar, lançando-o à discussão pública. Além de bravo e intrépido militar, de estadista sagaz e decidido, mostrou-se inteligente e profundamente humanista, defensor da liberdade. Quem, com argumentos sólidos, o poderá negar?

---

51 *Idem*, p. 80.

Epílogo

Ao longo das páginas precedentes, procurou-se invadir a privacidade de D. Pedro, adivinhando-lhe ideias, sentimentos, intuições e observando-lhe práticas, comportamentos e atitudes. Deixou-se de lado o político, o administrador, o militar, ou, se ele foi invocado e seguido, é porque pareceu que se cruzavam esses dados com a sua sensibilidade, o seu perfil humano. Pretendeu-se desvendar o homem, às vezes de um modo um tanto cruel, fornecendo ao leitor intimidades e gritos de alma que, quiçá, somente os íntimos deveriam conhecer. As figuras públicas perdem o direito a uma intimidade estritamente reservada. Ao fazê-lo, corremos o risco de ajudar as grandes figuras do nosso passado coletivo a descerem do pedestal a que, porventura imerecidamente, foram subindo. Se tal acontecer connosco, desde já solicitamos compreensão e tolerância. Nada disso nos moveu. O que quisemos foi desvendar o homem por detrás da figura histórica. Tê-lo-emos conseguido?

Ao considerar-se o que fica escrito, que imagem emergirá do biografado? Quais foram os traços mais marcantes dessa figura ímpar da história de Portugal e do Brasil, nesse período de mudanças radicais, que marcaram, para sempre, os dois povos?

Pedro de Alcântara, regente, rei, imperador, continua hoje, como no seu tempo, uma figura controversa. Em Portugal, a partir de 1822, foi atacado e vilipendiado por uma larga franja da população lusitana como um traidor, um rebelde às decisões legítimas das Cortes, um suspeito de se ter deixado enredar nas teias da Maçonaria, tornando-se um inimigo do clero regular e até da religião católica, um ambicioso sem limites, que atentou contra a integridade do território da coroa de seu pai, mutilando-o. No Brasil, embora entronizado como um herói nos primeiros tempos, acabaria também por se transformar, a partir de 1823 e, sobretudo, de 1826, num absolutista, num autocrata, num soberano imprevisível, que desconhecia amigos leais e dava largas ao seu poder discricionário, abusando de instituições, que jurara respeitar. Como afirmou

Maria Lúcia Neves, carregou, ao longe de toda a vida, a marca da ambiguidade. Para os portugueses tornou-se no herói da implantação da liberdade e da afirmação do Estado moderno; para os brasileiros, alguém que doou uma Constituição, que afirmava o primado do direito e da lei, mas que, na prática, em momentos cruciais, olvidava esses princípios.

Nascera num berço onde reinava o absolutismo, cresceu em liberdade exagerada, exibiu a sua vaidade sem limites por onde foi passando e, quando acedeu ao governo, faltavam-lhe os atributos de monarca ponderado e respeitado. A sua formação humana ressentiu-se de lacunas graves que foram impressas na sua personalidade pela falta de apoio de uma família estável e carinhosa. Assim pensam muitos ainda hoje.

Contudo, parece que será aconselhável proceder a outra leitura do seu itinerário vital. Ele constitui uma das figuras mais fascinantes da galeria dos nossos monarcas. É impossível caracterizá-lo em breves palavras, embora muitos o tenham tentado fazer. Carl Seidler, que o conheceu, escreveu: "Era antes pequeno que grande, sua atitude denunciava o militar, a severa seriedade derramada sobre todos os seus gestos revelava o senhor. Sua cara era levemente marcada de bexigas [...], mas incontestavelmente à primeira vista o homem era bonito."[1] A natureza dotara-o de grandes qualidades, como afirmaram tantos contemporâneos, de que lembraremos Maria Graham e Charles Napier, ambos insuspeitos. Intuiu, como ninguém, as exigências do seu tempo e marchou na vanguarda das grandes mudanças.

> O exercício de D. Pedro como monarca, regente e soldado, pretendeu afinal acertar a vida do país e o grau de dignidade e de labor dos cidadãos pelos corolários da cultura e da civilização da Europa liberal e individualista. Tal obra revelou-se demolidora em relação ao passado, abrindo as portas à nova filosofia da liberdade, ao progresso, à permanência das novas instituições políticas, sociais e econômicas, servidas por outros agentes políticos, entre os quais figuram liberais novos.[2]

---

1 *Dez Anos no Brasil, cit.*, p. 84.

2 RAMOS, 2002, p. 89.

D. Pedro – Imperador do Brasil e rei de Portugal

Ninguém pode negar-lhe o enorme contributo pessoal por si oferecido aos brasileiros e aos portugueses. Lutou bravamente, com dignidade e honra, para abrir novos horizontes aos súditos dos dois continentes.

Quatro coroas estiveram ao seu alcance, como provou Sérgio Correira da Costa[3] e confirmou Braz Brancato.[4] Rejeitou duas, a da Grécia, com cujo povo poucas afinidades teria, e a da Ibéria, a qual lhe permitiria juntar as de Espanha e de Portugal e assumir a sua ascendência Bourbônica. Nenhuma das que lhe coroou a fronte foi conseguida sem audácia, coragem, luta, tenacidade, argúcia. E, quando as logrou alcançar, não se desvaneceu ou perdeu a lucidez. Preferiu abdicar nos filhos, pelos quais se expusera ao sacrifício supremo. Cultivou o sentimento de honra como o lema da sua ambição política. E quando o Partido Caramuru brasileiro o sondou para regressar ao Brasil, com grande desprendimento e nobreza, afirmou que gostaria de voltar, mas só como particular. O imperador legítimo chamava-se Pedro II.

A Carta Constitucional de 1826, com emendas, é certo, vigorou até à República em Portugal, o que indicia a sua adequação ao tempo e lugar para que foi concebida. Dirigiu pessoalmente as tropas que, na guerra civil, haveriam de devolver o trono à rainha legítima, D. Maria da Glória. Nunca tivera qualquer formação militar, mas a sua inteligência prática fazia-o adivinhar o modo e os meios para se lançar no caminho da vitória. Esta foi paga com a sua vida, mas nunca hesitara em sacrificá-la aos seus ideais. Cometeu muitos erros, de que esta biografia se faz eco, mas redimiu-se no final. Despediu-se serenamente da existência, transformando-se num herói da liberdade e da concórdia dos dois povos.

Figura fascinante da história do Brasil, onde viveu a maior parte de uma existência bem curta (morreu sem atingir os 36 anos), continua a merecer estudos e discussões, abertas ao grande público. A mais recente biografia, no espaço lusófono, foi-lhe dedicada por Isabel Lustosa e ostenta um subtítulo, quanto a nós, enganador, pois lhe chama um "herói sem nenhum caráter",[5] embora reconheça que, mesmo glosando Mário de Andrade, tem de lhe chamar herói com H grande. Afinal, a biografia, que lhe dedica, acaba por fazer dele o grande obreiro de um enorme país, o maior da América do Sul, que

---

3   COSTA, 1972.

4   BRANCATO, 1999.

5   LUSTOSA, 2006.

jamais o esquecerá. A sua ação vinculou-o às duas pátrias que, como povos irmãos, constituímos. Pedro transformou-se, na verdade, no primeiro e no maior português-brasileiro. Jamais se olvidaria da sua pátria de adoção. A sua biografia prova-o, sem dúvida. Porém, o leitor ajuizará e completará as eventuais lacunas encontradas.

Bibliografia

Fontes primárias

Três núcleos essenciais guardam o espólio consultado para a elaboração deste trabalho.

I – *Arquivo do Museu Imperial, de Petrópolis, AMI*, cuja documentação principal pudemos consultar. Agradecemos, na pessoa da Dr.ª Fátima Argon, a compreensão e solicitude dos funcionários.

II – *Biblioteca Nacional, BN – Rio de Janeiro*, na qual reproduzimos o que nos interessava.

III – *Instituto Histórico e Geográfico Brasileiro, IHGB*, cuja *Revista* insere a maioria dos documentos da diplomacia da época estudada. O magnífico índice de que o leitor dispõe permite a localização fácil daquilo que lhe interessa.

Para esses núcleos especializados remetemos o leitor interessado. Como é natural, usamos apenas uma parte da documentação recolhida.

Bibliografia sumária[1]

200 Anos Imperatriz Leopoldina. Rio de Janeiro: Instituto Histórico e Geográfico Brasileiro, 1997.

ABRANTES, Duquesa de. *Recordações de uma Estada em Portugal, 1805-1806*. Lisboa: Biblioteca Nacional, 2008.

ALEXANDRE, Valentim. *Os Sentidos do Império. Questão Colonial na Crise do Antigo Regime Português*. Porto: Afrontamento, 1992.

ARMITAGE, João. *História do Brasil*. São Paulo/Belo Horizonte: Itatiaia, 1981.

ARRUDA, José Jobson de Andrade. "Tensões sociais e conflito político: D. Pedro e a mediação conciliadora". In: *Actas do Congresso Internacional D. Pedro Imperador do Brasil, Rei*

---

1 A lista que se segue não pretende ser exaustiva, nem sequer suficiente. Pressupõe outra, básica, tanto referente ao Brasil, quanto a Portugal. Fica como indicação. Não mais do que isso.

de Portugal. Do Absolutismo. Lisboa, Universidade do Porto/Comissão Nacional para as Comemorações dos Descobrimentos Portugueses, 2001.

_____. *Uma colônia entre dois impérios: a Abertura dos Portos Brasileiros – 1800-1808.* São Paulo: Edusc, 2008.

AZEVEDO, Fernando de. *A cultura brasileira: introdução ao estudo da cultura do Brasil.* 3 tomos, 3ª ed. São Paulo: Melhoramentos, 1958.

AZEVEDO, Francisca L. Nogueira de. *Carlota Joaquina na Corte do Brasil.* Rio de Janeiro: Civilização Brasileira, 2003.

_____. *Carlota Joaquina. Cartas Inéditas. Estudo e Organização.* Rio de Janeiro: Casa da Palavra, 2007.

BARREIRA, Aníbal, "D. Pedro IV, provedor da Misericórdia do Porto". In: *Actas do Congresso Internacional D. Pedro Imperador do Brasil, Rei de Portugal. Do Absolutismo ao Liberalismo.* Lisboa: Universidade do Porto/Comissão Nacional para as Comemorações dos Descobrimentos Portugueses, 2001.

BEIRÃO, Caetano. *D. Maria I, 1777-1792: subsídios para revisão de história do seu reinado.* 3ª ed. Lisboa: Empresa Nacional de Publicidade, 1944.

BENEVIDES, Francisco da Fonseca. *Rainhas de Portugal.* Tomo II. Lisboa, 1879.

Biblioteca do Sesquicentenário de D. Pedro I. Proclamações, Cartas, Artigos. Rio de Janeiro, 1973.

BONIFÁCIO, Maria de Fátima. *D. Maria II.* Rio de Mouro: Círculo de Leitores, 2005.

BRANCATO, B. A. *Don Pedro I de Brasil, Posible Rey de España (Una Conspiración Liberal).* Porto Alegre: EdiPUCRS, 1999.

CALMON, Pedro. *O Rei Cavalleiro: a vida de D. Pedro I.* São Paulo: Companhia Editora Nacional, 1933.

Cartas e mais Paços Officiaes Dirigidas a S. Magestade o Senhor D. João VI pelo Principe Real o Senhor D. Pedro de Alcantara. Lisboa: Imprensa Nacional, 1822.

CARVALHO, José Liberato Freire de. *Memórias da Vida de José Liberato Freire de Carvalho.* 2ª ed. Lisboa: Assírio e Alvim, 1982.

CARVALHO, José Murilo de. *A construção da ordem: a elite política imperial.* Brasília: EdUnB, 1981.

_____. *Teatro de Sombras: a Política Imperial.* São Paulo: Vértice; Rio de Janeiro: Iuperi, 1988.

CARVALHO. Marieta Pinheiro de. *Uma idéia ilustrada de cidade: as transformações urbanas no Rio de Janeiro de D. João VI (1808-1821)*. Rio de Janeiro: Odisseia Editorial, 2008.

CASSOTTI, Marsilio. *Carlota Joaquina: o pecado espanhol*. 4ª ed. Lisboa: A Esfera dos Livros, 2009.

COELHO, Geraldo Mártires. *Anarquistas, Demagogos e Dissidentes: a Imprensa Liberal no Pará de 1822*. Belém: Cejup, 1993.

COSTA, Sérgio Corrêa da. *Every inch a king: a historiography of Dom Pedro I, first imperor of Brazil*. 3ª ed. Londres: Roberto Hale and Company, 1950-1953, 1972.

_____. *As 4 Coroas de D. Pedro I*. Rio de Janeiro: A Casa do Livro, 1972.

COUTO, Jorge. "A corte portuguesa no Brasil e a independência brasileira". In: ALBUQUERQUE, Luís (dir.). *Portugal no Mundo*. Lisboa: Alfa, 1989.

CRUZ, Manuel Ivo. "D. Pedro d'Alcântara de Bragança: rei, imperador e músico". In: *Actas do Congresso Internacional D. Pedro Imperador do Brasil, Rei de Portugal. Do Absolutismo ao Liberalismo*. Lisboa: Universidade do Porto/Comissão Nacional para as Comemorações dos Descobrimentos Portugueses, 2001.

DALBIAN, Denyse. *Dom Pedro, Empereur du Brésil, Roi de Portugal (1798-1834)*. Paris: Librairie Plon, 1959.

DEBRET, J. B. *Viagem Pitoresca e Histórica ao Brasil*. 3 vols. Belo Horizonte: Itatiaia; São Paulo: Edusp, 1982.

D. João VI e o Seu Tempo. Lisboa: Comissão Nacional para as Comemorações dos Descobrimentos Portugueses, 1999.

D. Pedro I. Proclamações, Cartas, Artigos. Comissão Executiva Central do Sesquicentenário da Independência do Brasil. Confronto crítico de textos e notas por Cybelle de Ipanema. Rio de Janeiro, 1972.

D. Pedro d'Alcântara de Bragança 1798-1834. Imperador do Brasil. Rei de Portugal. Uma Vida. Dois Mundos. Uma História. Catálogo da exposição coordenada por Simonetta Luz Afonso. Queluz/Rio de Janeiro, 1987.

EDMUNDO, Luiz. *A Corte de D. João no Rio de Janeiro*. 3 vols. Rio de Janeiro: Conquista, 1957.

FALCON, Francisco J. Calazanas. "D. Pedro na obra do historiador Pedro Calmon: o 'Rei Cavaleiro' ". In: *Actas do Congresso Internacional D. Pedro Imperador do Brasil, Rei de Portugal. Do Absolutismo ao Liberalismo*. Lisboa: Universidade do Porto/Comissão Nacional para as Comemorações dos Descobrimentos Portugueses, 2001.

370 Eugénio dos Santos

FAORO, Raymundo (introd.). *O debate político no processo da Independência*. Rio de Janeiro: Conselho Federal da Cultura, 1973.

FAORO, Raymundo. *Os donos do poder*. Porto Alegre: Globo, 1977.

FAUSTO, Boris. *História do Brasil*. 4ª ed. São Paulo: Edusp, 1996.

FAZENDA, Dr. José Vieira. *Antiqualhas e Memórias do Rio de Janeiro*. Rio de Janeiro: Imprensa Nacional, 2011. 4 vols.

FERREIRA, Manoel Rodrigues. *A Evolução do Sistema Eleitoral Brasileiro*. 2ª ed. Brasília: Secretaria de Documentação e Informação, 2005.

FERREIRA, Maria Delfina do Rio. *Caetano Pinto de Miranda Montenegro. A Consolidação da Capitania de Mato Grosso*. Porto: Editora da Universidade do Porto, 2004.

FERREIRA, Silvestre Pinheiro. "Cartas sobre a Revolução no Brasil". *RIHGB*, 1888.

FLORENTINO, Manolo Garcia. *Em costas negras: uma história do tráfico atlântico de escravos entre a África e o Rio de Janeiro (séculos XVIII e XIX)*. Rio de Janeiro: Arquivo Nacional, 1995.

FRAGOSO, João Luís R. *Homens de grossa aventura: acumulação e hierarquia na Praça Mercantil do Rio de Janeiro (1970-1830)*. Rio de Janeiro: Arquivo Nacional, 1992.

FRAGOSO, João Luís; FLORENTINO, Manolo. *O arcaísmo como projecto: mercado atlântico, sociedade agrária e elite mercantil no Rio de Janeiro, c. 1790-c. 1840*. Rio de Janeiro: Diadorim, 1993.

FRANÇA, Jean Marcel Carvalho. *Visões do Rio de Janeiro Colonial*. Rio de Janeiro: José Olympio, 2008. 2 vols.

GERSON, Brasil. *A Revolução Brasileira de Pedro I*. São Paulo: Saraiva, 1971.

GOMES, Laurentino. *1808: como uma rainha louca, um príncipe medroso e uma corte corrupta enganaram Napoleão e mudaram a História de Portugal e do Brasil*. São Paulo: Planeta, 2007.

GRAHAM, Maria. "Esboço biográfico de D. Pedro I, com uma notícia do Brasil e do Rio de Janeiro; correspondência entre Maria Graham e a imperatriz Leopoldina e cartas anexas". *Anais da BNRJ*, Rio de Janeiro, vol. LX, 1940.

GRINBERG, Keila; SALLES, Ricardo (orgs.). *O Brasil Imperial*. Vol. I. Rio de Janeiro: Civilização Brasileira, 2009.

HORTA, Dirceu Vasconcelos. *De Colônia a Império: D. João VI – Precursor da Independência*. Rio de Janeiro: Oficina do Livro, 2008.

KAISER, Gloria. *Dona Leopoldina: uma Habsburgo no Trono brasileiro:* Rio de Janeiro: Reler, 2008.

_____. *Um diário imperial: Leopoldina, princesa de Áustria, Imperatriz do Brasil.* Rio de Janeiro: Reler, 2005.

LEITE, Renato Lopes. *Republicanos e libertários: pensadores radicais no Rio de Janeiro (1822).* Rio de Janeiro: Civilização Brasileira, 2000.

LIGHT, Kenneth; *A viagem marítima da Família Real: a transferência da corte para o Brasil.* Rio de Janeiro: Zahar, 2007.

LIMA, Oliveira. *D. Miguel no Trono (1820-1833).* Coimbra, 1933.

_____. *D. João VI no Brasil.* 3ª ed. Rio de Janeiro: Topbooks, 1996.

_____. *O Movimento da Independência 1821-1822.* Rio de Janeiro: Topbooks, 1997.

LUSTOSA, Isabel. *D. Pedro I.* São Paulo: Companhia das Letras, 2006.

MACAULAY, Neill. *Dom Pedro: the struggle for liberty in Brazil and Portugal, 1798-1834.* Durham: Duke University Press, 1986.

MALERBA, Jurandir. *A Corte no exílio: civilização e poder no Brasil às vésperas da Independência (1808-1821).* São Paulo: Companhia das Letras, 2000.

Marquesa de Santos. Ficção em Doze Contos. Rio de Janeiro: Bom Texto, 2003.

MARIZ, Vasco. *A música no Rio de Janeiro no tempo de D. João VI.* Rio de Janeiro: Casa da Palavra, 2008.

MARTINS, Rocha. *O Último Vice-Rei do Brazil.* Lisboa, s. d.

MOLL, Vera. *Meu Adorado Pedro: romance baseado na vida de Dona Leopoldina.* Rio de Janeiro: Bom Texto, 2001.

NAPIER, Charles. *D. Pedro e D. Miguel.* Introdução de Antônio Ventura. Lisboa: Caleidoscópio, 2005.

NETO, João Pinheiro. *Pedro e Domitila: amor em tempo de paixão.* Rio de Janeiro: Mauad, 2002.

NEUKOMM, Sigismund. *Música secreta: minha viagem ao Brasil (1816-1821).* Rio de Janeiro: Arte Ensaio, 2009.

NEVES, Lúcia Maria Bastos P. "Absolutismo ou ilustração? D. Pedro enquanto político". In: *Sociedades ibero-americanas: reflexões e pesquisas recentes.* Porto Alegre: EdiPUCRS, 2000.

372 Eugénio dos Santos

NOVAIS, Fernando A. (dir.). *História da vida privada no Brasil*. São Paulo: Companhia das Letras, 1997.

Novo Mundo, Novo Império (Um). Rio de Janeiro: Museu Histórico Nacional, 2008.

OBERACKER JR., Carlos H. *A Imperatriz Leopoldina: sua vida e sua época*. Rio de Janeiro: Imprensa Nacional, 1973.

OLIVEIRA, Antônio de. *D. Filipe III*. Rio de Mouro: Círculo de Leitores, 2005.

OLIVEIRA, Luís; RICUPERO, Rubens (orgs.). *A Abertura dos Portos*. São Paulo: Editora Senac, 2007.

O'NEIL, Thomas. *A vinda da Família Real Portuguesa para o Brasil*. Rio de Janeiro: José Olympio, 2007.

PASSOS, Carlos de. *D. Pedro IV e D. Miguel I*. Porto: Livraria Simões Lopes, 1936.

PEDREIRA, Jorge; COSTA, Fernando. *D. João VI*. Lisboa: Círculo de Leitores, 2006.

PEREIRA, Ângelo. *As senhoras infantas, filhas de El-Rei D. João VI*. Lisboa: Labor, 1938.

_____. *Os filhos de El-Rei D. João VI*. Lisboa: Empresa Nacional de Publicidade, 1946.

_____. *D. João VI Príncipe e Rei*. Lisboa: Empresa Nacional de Publicidade, 1953.

PEREIRA, Sara Marques. *D. Carlota Joaquina e "os Espelhos de Clio": actuação política e figurações historiográficas*. Lisboa: Horizonte, 1999.

PIMENTEL, Alberto. *A Côrte de D. Pedro IV*. Porto, 1896.

PRESAS. José. *Memórias secretas da princesa do Brasil: as quatro coroas de Carlota Joaquina*. São Paulo: Phoebus, 2008.

PROENÇA, Maria Cândida. *A Independência do Brasil: relações externas brasileiras (1808-1825)*. Lisboa: Horizonte, 1987.

RAMOS, Luís A. de Oliveira. *O Porto e as origens do liberalismo (subsídios e observações)*. Porto: Gabinete de História da Cidade, 1980.

_____. *Sob o Signo das "Luzes"*. Lisboa: Imprensa Nacional/Casa da Moeda, 1988.

_____. "D. Pedro e as dificuldades externas da causa liberal (1826-1834)". *Mare Liberum*, Lisboa, Comissão Nacional para as Comemorações dos Descobrimentos Portugueses, vols. 18-19, 2000.

_____. *D. Pedro: Imperador e Rei*. Lisboa: Inapa, 2002.

RANGEL, Alberto. *Textos e Pretextos*. Tours: Typographia de Arrault e Companhia, 1926.

_____. *Anotações às Cartas de D. Pedro I a D. Domitila. Marginados*. Rio de Janeiro: Arquivo Nacional, 1974.

_____. *Cartas de D. Pedro I à Marquesa de Santos*. Rio de Janeiro: Nova Fronteira, 1984.

RIBEIRO, Gladys Sabina. *A liberdade em construção: identidade nacional e conflitos antilusitanos no Primeiro Reinado*. Rio de Janeiro: Relume Dumará, 2002.

SANMARTINI, Giulio. *Casa de Bragança, Casa de Habsburgo: origem da Família Imperial Brasileira*. Rio de Janeiro, 1998.

SANT'ANNA, Sónia. *Leopoldina e Pedro. A Vida Privada na Corte*. Rio de Janeiro: Zahar, 2004.

SANTOS, Luís Gonçalves dos. *Memórias para Servir à História do Brasil*. 2 tomos. Belo Horizonte: Itatiaia; São Paulo: Edusp, 1981.

SCHWARCZ, Lilia Moritz. *A longa viagem da Biblioteca dos Reis: do Terremoto de Lisboa à Independência do Brasil*. São Paulo: Companhia das Letras, 2002.

_____. *O sol do Brasil: Nicolas-Antoine Taunay e as desventuras dos artistas franceses na corte de D. João*. São Paulo: Companhia das Letras, 2008

SEIDLER, Carl. *Dez anos no Brasil*. São Paulo/Belo Horizonte: Itatiaia, 1980.

SETÚBAL, Paulo. *1800-1834: as maluquices do Imperador*. São Paulo: Geração, 2008.

SILVA, Francisco Ribeiro da. "D. Pedro IV e a Venerável Irmandade de Nossa Senhora da Lapa da Cidade do Porto". In: *Actas do Congresso Internacional D. Pedro Imperador do Brasil, Rei de Portugal. Do Absolutismo ao Liberalismo*. Lisboa: Universidade do Porto/Comissão Nacional para as Comemorações dos Descobrimentos Portugueses, 2001.

SILVA, José Bonifácio de Andrada e. *Projectos para o Brasil*. São Paulo: Publifolha, 1998.

SILVA, Maria Beatriz Nizza da. *Cultura e sociedade no Rio de Janeiro (1808-1821)*. 2ª ed. São Paulo: Companhia Editora Nacional, 1978.

_____. *O Império Luso-Brasileiro (1750-1822)*. Lisboa: Estampa, 1986.

_____. *Movimento constitucional e separatismo no Brasil (1821-1823)*. Lisboa: Horizonte, 1988.

_____ (org.). *De Cabral a Pedro I: aspectos da colonização portuguesa no Brasil*. Porto: Universidade Portucalense, 2001.

SILVA, Paulo Napoleão B. N. Nogueira da. *Pedro I, o Português Brasileiro*. Rio de Janeiro: Gryphus, 2000.

SORIANO, Simão José da Luz. *Revelações da Minha Vida*. Lisboa, 1860.

374 Eugénio dos Santos

_____. *História do Cerco do Porto*. Porto, 1889.

SOUSA, Octávio Tarquínio de. *A Vida de D. Pedro I*. 3 vols. São Paulo/Belo Horizonte: Itatiaia, 1988.

_____. *José Bonifácio*. São Paulo/Belo Horizonte: Itatiaia, 1988.

SOUZA, Iara Lis Carvalho. *Pátria coroada: o Brasil como corpo político autônomo – 1790-1831*. São Paulo: Editora Unesp, 1998.

TOSTES, Vera Lúcia Bottrel. " 'Corre Cão, Que Te Fazem Barão...' Observações sobre a Outorga de Títulos no Brasil. 1822-1831". In: *Actas do Congresso Internacional D. Pedro Imperador do Brasil, Rei de Portugal. Do Absolutismo ao Liberalismo*. Lisboa: Universidade do Porto/Comissão Nacional para as Comemorações dos Descobrimentos Portugueses, 2001.

VARNHAGEN, Francisco Adolfo. *História da Independência do Brasil*. 3ª ed. São Paulo: Melhoramentos, 1957.

VIANNA, Helio. *D. Pedro I, Jornalista*. São Paulo: Melhoramentos, 1967.

WILCKEN, Patrick. *Império à deriva: a Corte portuguesa no Rio de Janeiro 1808-1821*. Porto: Civilização, 2004.

ANEXOS

Correspondência de D. Pedro com a Marquesa de Santos e seus familiares (incompleta)[1]

Santa Cruz, 17 de novembro de 1822.

Cara Titília

Foi inexplicável o prazer que tive com as suas duas cartas.

Tive arte de fazer saber a seu pai que estava pejada de mim (mas não lhe fale nisto) e assim persuadido que a fosse buscar e a sua família, que não há de cá morrer de fome, muito especialmente o meu amor, por quem estou pronto a fazer sacrifícios.

Aceite abraços e beijos e fo...
Deste seu amante que
suspira pela ver cá o
quanto antes,

O Demonão

---

1 Selecção da responsabilidade do autor.

18 $\frac{4}{5}$ 24

Minha filha e amiga

Será possível que tu estimes mais a alguém de que a mim?
Meu coração diz-me que não, meus olhos dizem-me sim.

A quem devo acreditar: no coração, que pode ser iludido, ou nos olhos, que a não serem cegos por força hão de apresentar no entendimento o que se lhes pinta?

Já não quero que o coração me engane nem que os olhos falem verdade, mas os ouvidos que ouviram dizer a... que mandasse em tua casa como se fosses tu, puderam enganar o entendimento que percebe qual a predileção que tu tens... a despeito do amor que tu me dizes ter-me, que por mim sempre em todas as ocasiões é retribuído, quando não anda adiante do teu? Eu sinto muito ver-me assim tratado, tu podes estimar tua... sem que desprezes a mim e lhe queiras mostrar o quanto a amas, desfeiteando a teu filho que te quer mais bem do que esses que te dizem que não querem ver nada, que só o que querem é estar contigo.

Eu espero que tu me trates como devo ser tratado, não pela qualidade de ser imperador, mas pela de ser teu amigo. Não assuntes que falo assim para me querer mostrar agora teu amigo, eu sempre assim te falei. Eu sou imperador, mas não me ensoberbeço com isso, pois sei que sou um homem como os mais, sujeito a vícios e a virtudes como todos o são. Eu sou teu amigo, não mereço de ti nem um mau olhar, quanto mais o que tu disseste no quarto de senhora Joana, o que terás dito no de... Demais, a minha desconfiança não é já tanto por ciúmes, pois tu me deste a tua palavra, que eu acredito, mas a minha desconfiança é que tu a estimas mais a ela, o que quando o não seja tu o queres mostrar. Não há pessoa nenhuma isenta de ser neste mundo ou mais ou menos governada por outra. Eu não conhecia até há pouco quem tivesse ascendente sobre ti senão o teu juízo, mas hoje conheço que... é quem te governa ou ao menos a quem tu pareces respeitar, seja lá pelo que for. Eu não tenho nada que tu a estimes, pois me dizes que com essa estimação tu lhe pagas a obséquios que lhe deves fazer bem, mas nunca deves desprezar, tratar mal a teu filho a ponto de o fazeres desesperar e sabe Deus se enlouquecer. O amor que eu te tenho é do coração, pois não precisa proteção nem dinheiro, o amor que eu tenho nasce do fundo da alma, e assim com um outro igual é que pode ser pago metade de tudo, e às vezes tudo que me dão é para ti ainda primeiro que para meus filhos, que te dão a ti é p... A tua consciência consultada por algum tempo não ta pode tal aconselhar. Consulta-a, meu amor, e decerto acharás razão a este que é teu filho, amigo sempre fiel, constante, desvelado, agradecido e verdadeiro,

O Imperador

Santa Cruz, 23 de novembro de 1824

Meu amor do
meu coração
Seria um impossível que eu me esquecesse de mecê e de nossa querida Belinha (para quem mando um beijo), ainda que estivesse no fim do mundo.

Fui hoje ver as grandes plantações que tenho e, topando alguma caça, cacei e logo a destinei para a imperatriz e mecê. Assim, aceite-a, meu benzinho, e igualmente o coração saudoso

Deste seu amante
fiel e constante e desvelado,

O Demonão

P.S.
Amanhã pretendo mandar-lhe mais e melhor caça. O Ponçadilha se lhe recomenda. Todos os jantares têm sido honrados com a sua saúde. Não canse responder ou sequer mande ao Plácido a carta.

Meu amor

e meu tudo...

27 de dezembro de 1825

No dia em que fazia três anos que eu comecei a ter amizade com mecê assino o tratado do nosso reconhecimento como Império por Portugal. Hoje, que mecê faz os seus 27, recebo a agradável notícia que no Tejo tremulara em todas as embarcações nele surtas o pavilhão imperial, efeito da ratificação do tratador por el-rei, meu augusto pai. Quando há para notar uma tal combinação de acontecimentos políticos com os nossos domésticos e tão particulares!!!!

Aqui há o que quer que seja de misterioso, que eu ainda por ora não diviso, mas que indica que a providência vela sobre nós (e se não há pecado) até como aprova a nossa tão cordial amizade com tão célebres combinações.

Como estou certo que mecê toma parte e bem aceito nas felicidades ou infelicidades da nossa cara pátria, por isso teve lembrança de lhe escrever.

Este seu fiel, constante, desvelado, agradecido e verdadeiro amigo e amante do fundo da alma,

O Imperador

P.S.

Não responda para se não incomodar e perdoe a carta ser tão grande, e maior que fosse ainda não dizia o que querem dizer tais combinações.

Bahia, fora da barra 2 – 2 – 1826

Meu velho

Estimarei que esta minha o ache gozando feliz saúde em companhia da sua, para mim estimável, família e que a minha Bela amada e querido Pedro estejam bons e rijos.

Os imperadores são homens, e como homens têm amigos e assim devem desempenhar seus deveres como tais, por isso eu lhe escrevo. Sua filha vai muito bem e mui distinguida pela imperatriz, que, segundo mostra, parece estimá-la muito.

Deus vá conosco assim sempre, e receba os mais puros protestos de estima.

Deste seu

Imperador

P.S.

Meu pai, bote-me a sua bênção

Domitila

* * * * *

Bahia 18 $\frac{7}{3}$ 26

Minha velha
do meu coração

Estimei muito saber que mecê está boa, seu marido e os meus afilhados, seus netos. Eu estou bom e mais a imperatriz e a menina. Nhá Titília não responde à sua carta e à de Nhá Cândida, primo porque já lhe tem escrito e respondido a outras, e segundo porque de ontem todo dia e hoje de noite tem tido uma grande dor no ouvido esquerdo. Eu lhe tenho servido de enfermeiro, já pondo-lhe sinapismos, já deitando-lhe bichas com tão feliz resultado que espero porque já está muito mais aliviada que à manhã, até depois já saiu comigo e minha senhora e filha no carrinho. Não se assuste que não é nada, e receba o coração saudoso

Deste que a estima e é

seu
Imperador

P.S.

Recados ao velho e a Flávia e mil abraços em meus caros afilhados, pelos quais todos os dias choro.

Minha filha e a
minha amiga

Manda-me dizer como passaste e mais a nossa querida Bela, único fruto existente dos nossos amores. Eu passei bem, mas sempre sonhando e pensando sobre o negócio árduo que atualmente tenho entre mãos. A dona Mariana está hoje melhor e eu estou suspirando que seja noite para gozar da tua para mim muito grata companhia. Adeus, meu amor. Recebe, ainda que de longe, abraços e beijos sem conta

Deste teu filho e amante fiel, constante, desvelado, agradecido e verdadeiro,

O Imperador

Boa Vista

$18 \frac{27}{4} 26$

*   *   *   *   *

Querida filha
e amiga do coração

Remeto a peça de fita que me encomendaste. Estimarei esteja a teu gosto e dou-te parte que fui à Alfândega mostrar as múmias à imperatriz. Eu falei com meu mestre frei Antônio sobre a mudança do nosso Pedro (sempre para nós saudoso) e ele disse que lhe parecia mui bem. E visto isto, à noite conversaremos e também acerca da menina trazida por Luís do Rego. Diverte-te e passeia e chega às horas de costume para ter a satisfação de estar contigo.

Este teu filho, amigo e amante
fiel, constante, desvelado, agradecido
e verdadeiro,

O Imperador

Boa Vista

$18 \frac{21}{7} 26$

$18 \dfrac{5}{5} 27$

Minha querida
filha e minha amiga

O Peixoto já me tinha participado que tu havias mandado por ele buscar a Maria José e ela mesma mo havia dito quando eu lho perguntei quando foi ver meus filhos, quando cheguei da cidade. Depois o Amaro, também da tua parte, me fez a participação de que tu a mandavas buscar pelo Peixoto. Eu te agradeço tanta delicadeza; não precisa, pois já me havias falado e tu mandas nesta tua casa como se fosse eu, e tudo que quiseres e não te resolveres a mandar a ordem, dize-mo que eu prontamente o executarei com todo o gosto e prontidão com o quem é e será até a morte

> Teu filho, amigo e amante fiel,
> desvelado, agradecido, verdadeiro
> e constante,
>
> O Imperador

P.S.
Perdoa o português da carta que não está o mais correto, pois as notícias me puseram a cabeça pelos ares. Morreu o comandante da Piranga.

* * * * *

$18 \dfrac{16}{5} 27$

Minha filha
e amiga

Agradeço-te a participação que me fazes e creio que te será preciso para sair com a Chiquinha. As ordens para o teu carro e muda para ele no Botafogo já estão passadas e estimarei que te divirtas e que me encontres. Adeus, até cedo

> Teu filho, amigo, amante
> fiel, constante, desvelado,
> agradecido e verdadeiro,
>
> O Imperador

$18\ \dfrac{25}{5}\ 27$

Minha querida
filha e amiga

O amor que te tenho me faz lembrar a oferta que te mandei para o teu jantar. Ela não é delicada, mas é saborosa ao teu paladar, como eu sei, porque tu não mo disseste um dia, e sincera por nascer do meu coração que todo é teu. À noite hei de contigo beber um copo de vinho à saúde da minha constância, que tão bons resultados trouxe ao Império, nossa pátria. Esta coisa, que à noite te explicarei o motivo, há de ficar entre nós, pois a sua publicação ainda é prematura. Adeus, minha filha, até logo.

Teu filho, amigo e amante fiel, constante, desvelado, agradecido e verdadeiro,

O Imperador

*   *   *   *   *

$18\ \dfrac{8}{5}\ 27$

Minha querida
filha e minha amiga

Agora mesmo soube pelo Peixoto que tendo te continuado os puxos (o que eu muito sinto) te sangrara. Deus permita que alivies deles, pois assim o deseja do fundo da alma

Este teu filho, amigo e amante
fiel, constante, desvelado,
agradecido e verdadeiro,

O Imperador

P.S.

Não precisa que te canses respondendo, uma vez que estás sangrada. Esta só serve para que tu conheças que tomo e sempre tomarei por ti e por todos os teus o mesmo interesse sem falha que sempre tive e em especialidade por ti amor, amizade, gratidão por dever de amigo e por afeto particular que tenha à tua para mim estimável pessoa, sem lisonja.

18 $\frac{11}{6}$ 27

Minha querida
filha e minha amiga

Muito te agradeço os pássaros que ambos comemos, mas ainda muito mais te agradeço a lembrança que tiveste de enviar-mos. Este agradecimento não é o que eu devia fazer, pois esse devia ser indo pessoalmente, como à noite farei, acrescentando-lhe um grande abraço e um não pequeno beijo nascido do coração

Deste teu filho, amigo, amante
fiel, constante, desvelado, agradecido
e verdadeiro,

O Imperador

* * * * *

Filha

Muito sinto o teu acerbo incômodo que tanto te atormenta fisicamente e a mim moralmente, pois sinto minha alma rebentar de saudades, cuidados e de tudo quanto há de mortificante. Ah, meu amor, se tu pudesses meter sequer um dedo de tua mão no peito deste teu filho, tu verias no perfeito conhecimento do amor que ele tem por ti. Eu espero que tu me acredites como sempre tomarei e te afirmo que te amo e até adoro, pois, filha, eu sinto neste teu coração uma inclinação por ti que nem o tempo nunca consumirá e a qual, eu não tendo o alívio de estar contigo quando me não leve à sepultura, fará apresentar em meu rosto a imagem viva da mais forte saudade. Acredita-me, filha, eu sou o teu filho e amigo e amante e tudo o que sou menos é teu

Imperador

18 $\frac{6}{7}$ 27

Minha querida filha
e amiga do meu coração

Agora mesmo que acordei, vou por este modo e com muito interesse saber da tua saúde e de como passaste do leicenço. Eu estimarei que estejas melhor e que a nossa filha, a duquesa, passasse bem. Eu passei ainda com alguma soltura e já tive para a curar logo de pronto documentos que comprovam mais uma dívida ao Mota de um conto e oitocentos e tantos mil-réis. Paciência, assim custa-me mais ver as dívidas e falar-se nelas do que pagá-las, porque tudo sairá do monte para depois se fazerem as partilhas em que haverá bastante perda. Adeus, minha filha, recebe o coração que já é todo teu da mão deste teu filho, amigo e amante fiel, constante, desvelado, agradecido e verdadeiro,

Imperador

$18 \dfrac{20}{7} 27$

* * * * *

Minha querida filha
e amiga do meu coração

Vou-te dar parte que nossas filhas estão boas, apesar que a duquesa, ontem, por causa de algumas sarnas que tem em uma mão tomou um purgante de óleo de mamona, com que obrou três vezes e deitou uma lombriga.

À noite, que a fui ver, estava mui boa e dormindo mui bem. Eu te ofereço a minha caçada de ontem à tarde; ela em si não vale nada, mas eu espero que tu aceites mais a lembrança do que a mesma caçada. Eu estou bem, as areias têm diminuído muito, e só agora me atormenta e para sempre me atormentará é não poder estar contigo como antes estava, e estimo que tu também estejas boa de saúde, porque em bondade do corpo, digo elegância e bom modo, ninguém te poderá exceder. Adeus, até terça-feira, que te espero ver primeiro no teatro e depois em tua casa.

Filha, já te não ofereço o coração porque é teu, mas sim te digo que muitas saudades tuas me atormentam este teu coração que nasceu para ser para todo o sempre infeliz. Recebe, filha minha, abraços, beijos e tudo quanto te puder ser de agradável, pois to ofereço do fundo da alma.

Este teu filho, amigo e amante fiel, constante, desvelado, agradecido e verdadeiro,

O Imperador

$18 \dfrac{23}{9} 27$

Minha querida filha
e minha amiga do coração

Neste momento, que são cinco horas, chego e imediatamente pego na pena para te participar que nossas filhas estão de mui boa saúde, a duquesa está corada e as sarnas secas. Estimarei que tu estejas de tão boa saúde como, eu que estou bom, poderia apetecer para mim. Recebi em caminho tua carta e mandei a outra a dona Josefa. Eu muito sinto a morte da mulher do sr. João, pois merecia a estima de todos pelas suas qualidades. Eu te envio a minha caçada e pesca de pássaros de ontem e caçada de hoje feita de propósito para ta oferecer. Igualmente te envio um cestinho com morangos e só me resta chorar a minha desgraça de te não ver naturalmente hoje no teatro por estares ainda entre os oito dias do nojo, posto que eu te mandasse desanojar. Adeus, filha, até as 11, que lá estarei sem falta para ter a maior das satisfações que abraçar-te, beijar etc.

Sou teu filho, amigo, amante
fiel, constante, desvelado, agradecido
e verdadeiro,

O Imperador

$18 \dfrac{25}{9} 27$

* * * * *

Minha querida viscondessa
e minha velha

Muito desejaria eu poder como outro dia servir ao seu afilhado, mas não desejando preterir criados meus, e antigos, não posso ter o gosto de lhe fazer o que me pede e bem sinto assim praticar. Sinto muito que se admirasse que a marquesa me não quisesse mandar pedir. É bem que lhe diga a marquesa, a quem sobretudo estimo e estimarei, pois sou e serei muito seu amigo; é conseqüente, e portanto se ela praticasse o contrário então é que deveria ser estranhada. Em outra qualquer coisa que não envolva prejuízo de terceiro sempre estarei pronto para servir aos seus afilhados, pois nisso tenho sumo prazer. Este que é seu amo e que muito a estima,

Imperador

Boa Vista
$18 \dfrac{10}{10} 27$

Minha querida filha

e amiga do coração

Ainda agora te respondi como imperador, agora te escrevo como teu filho, amigo e amante a mostrar-te a que estou saudoso de ti, pois me lembro do ano passado em que tive a ventura de estar contigo. Minha filha, já que não posso arrancar meu coração para te mandar, recebe esses dois cabelos do meu bigode, que arranquei agora mesmo para te mandar. Eu estou hoje em um estado de tristeza e melancolia, com saudades tuas, além de toda a expressão. Adeus, minha filha, aceita o coração dilacerado de saudades tuas que te oferece

Este teu desgraçado filho,
amigo, amante fiel, constante,
desvelado, agradecido
e verdadeiro,

O Imperador

18 $\frac{12}{10}$ 27

*   *   *   *   *

Minha querida filha e

minha amiga do coração

Estimaria que esta te vá achar em perfeita saúde e mais a nossa Chica. Fiz entrega dos beijos e abraços às nossas filhas, que estão de mui boa saúde, bem como as minhas, à exceção da Paula, que está com um leicenço bem grande mas vai melhor. Tua coisa tornou deitar alguma umidade, mas é mui pouca; já está visto que agora é já debilidade da uretra, que qualquer pequeno excesso lhe faz mal, mas eu já não estou para estar com esperas de ficar bom com o tempo, como me disse o Navarro. Vou fazer-lhe algumas injeções fortificantes para acabar com esta catingação. Não achaste que tenho mais do que tive da outra vez que vim da cidade, porque vou fazer este remédio, eu o vou fazer para me ver livre de uma tal quizilha e desgosto para mim. Remeto-te esses passarinhos que matei ontem e esses botões de rosas e abraços e beijos. Aceita-os, pois são sinceros e os dá

18 $\frac{21}{10}$ 27

Este teu filho, amigo e amante
fiel, constante, desvelado,
agradecido e verdadeiro,

O Imperador

Minha querida filha
e amiga do coração

Fala-se pela cidade que eu vou à tua casa, assim o foram dizer ao barão de Maréschal, que mo deu a entender e eu fiz um desentendido, falando-lhe muito no casamento, em meu sogro etc. Como poderão por eu não ir hoje à ópera querer tirar que é para ir lá à tua casa, eu vou ao teatro e depois irei à tua casa ter o gosto de estar contigo. Ora, se tu fores ao teatro, manda-me dizer porque eu então não vou. Se nós até aqui tínhamos cautela, daqui por diante por mim e muito mais por ti a devemos ter. À noite combinaremos nosso modo de viver pelo qual gozemos (durante este espaço antes do casamento) um do outro sem que tampouco andemos nas viperinas línguas dos malditos faladores que se querem divertir conosco. Acredita, filha, no que te digo: por ti vou ao fundo do mar, se tu quiseres; nisto, digo, para todos os modos buscarei sempre ver-te, mas sem que ninguém o pense e disfarçando nós sempre.

Sou teu filho, amigo e
amante etc.,

O Imperador

$18 \frac{27}{10} 27$

*   *   *   *   *

Filha

Hoje não há ópera, tive agora parte disso. Remeto o anel, que não é o mesmo. Eu não sou tolo nem devo ser enganado. Se te não fias em mim, dize isso, mas não me enganes. Assim como me enganas nisto, me poderás enganar em outra qualquer coisa. O anel de ontem tem pedra mais pequena, o aro por baixo é redondo, em suma não é este. Manda-me o outro ou te terei por traiçoeira e enganadora. Agora mesmo chega um rapaz com uma viola e uma caixa dizendo que foi o padre, primo teu, a fora encomendar em teu nome. Se assim é e não é para ele, lá irá, vindo a resposta; se não é para ti, eu ficarei com ela.

Sou teu filho etc.,

O Imperador

$18 \frac{31}{10} 27$

Filha

Quero saber como passaste o resto da noite. Eu cheguei bem, por baixo d'água, e como estavam as rondas a renderem-se na encruzilhada, vim entrar na minha chácara defronte da Ponte do Queirós, onde se está fazendo um muro novo. Para veres a esquisitice de tua coisa, remeto a camisa, e onde vai pregado um alfinete verás o que deitei espremendo às seis horas, e mais acima o que espremi depois, que já não é nada. Por isso ontem disse que me pareceu resto de gosto. Creio pelo dia adiante ela se portará como ontem; não tem nada que nos impossibilite de fazermos amor, não importa que o tempo e cautela a há de pôr boa e serei

Teu filho, amigo e amante
fiel, constante, desvelado, agradecido
e sempre verdadeiro,

Imperador

$18 \frac{3}{11} 27$

P.S.
Estou suspirando pela
ópera para te ver, e pelo fim
dela muito mais para te apertar
nos meus braços.

*   *   *   *   *

Filha

Manda-me dizer como passaste e como estás e se vieste de sege ou a cavalo ontem da cidade. Eu vou muito bem, tua coisa não deitou que uma lágrima mui pequena e como água. Nossas filhas estão boas e eu te desejo mui boa saúde, como quem te ama muito. Quanto às saudades e tudo quanto há que os amantes verdadeiros (como nós) sentem, eu sinto, e para saberes o que consulta o teu coração que seguramente te dirá «tenho saudades do meu Pedro, do meu filho», bem como o meu me diz «tenho saudades da minha filha». Ah, filha, que fazer, como remediar nossos tormentos eu não sei, e desgraçadamente o remédio é sofrer. Paciência!!

Sou teu filho, amigo e
amante etc.,

Imperador

$18 \frac{20}{11} 27$

P. S.
Como vamos de assistência?

Filha

Nem posso mais sofrer saudades nem quero fazer-tas sofrer. Lá vou esta noite depois da ópera ver-te, pois, filha, meu coração assim mo pede. Adeus, filha, até depois da ópera. Tem paciência se eu chegar tarde, mas é para se não reparar o retirar-me antes de finda a peça, que é nova para mim.

Teu filho, amigo e amante etc.

Imperador

$18 \frac{20}{11} 27$

P. S. Manda-me dizer
se vais à ópera ou
aonde vais passear.

* * * * *

Filha

Manda-me dizer como passaste o resto da noite, pois se foi como eu desejo, decerto não poderia ser melhor. Tua coisa apenas deitou uma pequena lágrima de água branca e tem a venta alguma coisa arrebitada, mas não há de ser nada e creio que será procedido da debilidade que ainda entretém esta umidade no canal da uretra. Chegaria tua assistência já? Deus permita. Filha, aceita novamente de coração abraços, beijos e... que te manda

Este teu filho, amigo e amante
fiel, constante, desvelado, agradecido,
verdadeiro e mui desgraçado,

O Imperador

$18 \frac{21}{11} 27$

Filha

Manda-me dizer como passaste e se já há novidade. Eu passei de saúde, pois *tua coisa* apenas deitou a lagrimazinha de água branca, mas de que não passei bem foi de saudades tuas, pois decerto nunca as tive maiores porque estive lendo cartas amorosas de Madame de Sevigné, que muito me fizeram recordar o nosso bom tempo. Se à noite tiveres alguma coisa irei à Glória primeiro que à tua casa, senão irei à tua casa às dez horas ou pouco depois. Adeus, filha, até então, que terá o gosto de abraçar-te

Este teu filho desgraçado,
amigo e amante,

Imperador

$18 \frac{22}{11} 27$

P. S. À noite torno a escrever-te para
saber se há novidade, para em tal
caso ir cumprir a promessa. P.

*   *   *   *   *

Filha

A mim não me importa com a Joana Marques, com a preta, mulher do Martins, que ela espere ou não, não me importa; e para que mais não suponhas mal de mim, irei agora pela rua de São Pedro, ainda que me leve o diabo, só para que tu te persuadas que me não embaraço já com ninguém senão contigo, minha filha. Eu não te disse por mal na minha antecedente se saíres com tenção de ires a alguma parte, pois se eu visse que minhas desconfianças, nascidas de ciúmes, tinham algum fundamento, não havia de ser este Pedro, que é teu filho, que te procurasse. Eu, minha filha, conto contigo, assim tu contas comigo que te sou e serei sempre fiel. As saudades que tenho de ti, o amor que te tenho, o não poder estar contigo, em suma, a minha desgraça é que me faz atormentar-te com estas asneiras, moendo-me e ralando-me primeiro. Remeto-te o par de meias pretas e não as calce com outras por baixo. Mui curto está o teu vestido de chita em que estás. Eu sinto muito que tu estivesses dando a perna na escada para me mostrares o vestido curto. Paciência. Queiras-me tu bem e a mais ninguém, que o mais de ter-me não ouvires minhas palavras, paciência. Perdoa a seca, até logo, que irá o mais cedo que puder para estar em teus braços, único lugar onde repousa tranqüilo e satisfeito

Este teu filho, amigo e
amante etc.,

Imperador

$18 \frac{2}{12} 27$

Filha

Não pude conseguir que me mandasses dizer «podes vir». Paciência, mas apesar de tudo e do meu incômodo, eu lá vou e me contarás as pressas de ainda agora e me dirás o que te parecer. Manda-me dizer se posso ir e manda estar a porta aberta, que eu lá vou, e adeus, até as dez horas. Responde-me a esta para ficarmos justos. Até logo, filha.

Teu filho, amigo
e amante etc.

Imperador

$18 \frac{6}{12} 27$

*   *   *   *   *

Filha

Manda-me dizer como passaste. Eu passei bem e nossos filhos vão bem. Acabando de confessar-me, não posso por dever de cristão deixar de te ir (pelo modo que posso) pedir perdão das ofensas que tiveres de mim e daquelas que tu supuseres ter. Eu te peço, minha filha, que da minha parte peças perdão (tão decididamente como eu te peço) à tua mãe e que me respondas. Uma coisa te pediria, mas temo não ser atendido, que era queimares todas aquelas cartas que te tenho escrito desde 10 de setembro, não porque eu tenha medo que tu as mostres, mas porque pode acontecer (o que Deus não permita) que tu faleças (ainda que eu irei primeiro) e em tal desgraçado caso, e minha honra ficar manchada. Se me fizeres isto, eu te remeterei as tuas que cá tenho guardadas, e confesso-me que, além de obrigado, sou teu filho e amigo,

Imperador

$18 \frac{8}{12} 27$

Filha

Saber da tua saúde e como passaste à noite, depois de tanto e tão gostoso excesso, é que me compele a ir cheio daquele amor que te consagro porque tu não mereces saber. Torno a dizer da tua saúde, e posto és parte, que nossas filhas estão boas. Mariquita pouco tossiu e barão diz que está boa. Eu passei bem, apesar da grande chuva que apanhei. Esta chuva quis me apanhar outro dia, mas quando caiu já eu tinha chegado de lá debaixo. Antes de ontem quis te apanhar até... já tu tinhas chegado à tua casa, mas como guardado está o bocado para quem o há de comer, apanhei-a eu. Cheguei à casa, tomei a tisana e obrei até agora cinco vezes e muito. Os abraços foram entregues, e a duquesa lá vai pagá-los e conta que o primeiro é meu para ti. Aceita-o como dado por teu filho que muito te ama do coração, posto que às vezes portado com alguma grosseria. Contudo, a fruta é fina, posto que a casca seja grossa. Tens tu saúde e tudo quanto apeteceres, que seguramente eu conto de gozar da tua companhia enquanto não vier a proprietária... Adeus, filha, receba um beijo, beijos e abraços puríssimos (por serem dados do fundo da alma) que tos envia

Este teu filho, amigo e amante,

Imperador

$18 \dfrac{13}{12} 27$

* * * * *

Filha

Muitas cartas tenho eu recebido tuas que me têm escandalizado pela tua pouca reflexão a escrevê-las, mas nenhuma tanto como a de hoje, em que me dizes que nossos amores são reputados por ti como «amores passageiros». Se teus amores para comigo são assim, é porque tua amizade para comigo te não borbulha no peito como a minha para contigo. Pois sejam embora teus amores para comigo passageiros, os meus, que são baseados sobre a mais firme amizade (ainda além de todos os reveses), hão de ser sempre puros e mui constantes. Tu entendes *amor* pela *maniversia*, então ainda pior, porque reputando tu, como reputas o amor que fazes, por um «amor passageiro», está claro que só a tua carne é quem te chama a fazer a coisa, e não o prazer de ser com teu filho, o que é capaz a dispor-te a fazeres com outro qualquer «amor passageiro» para aliviar, pois não entra em tal negócio a amizade, e portanto uma melhor figura qualquer *pereque* te incitará a fazeres um desses «amores passageiros». Deus me livre pensar que tu escreves isto depois de considerares. Eu estou certo que ou tua paixão ou um não sei que te compeliu a escreveres assim a

Teu filho, amigo e amante não passageiro

Imperador

$18 \dfrac{15}{12} 27$

Filha

Quero saber muita coisa: primeiro como passaste, segunda onde foste passear, terceira a que hora chegaste, quarta porque havia luz às onze e meia na sala redonda de baixo, e quinta se te divertiste bem, sem que olhasses algum «amor passageiro». Eu, minha filha, passei bem e as nossas filhas também. Cheguei do teatro a cavalo às onze e meia, estive na casa do barão de Maréschal jogando xadrez com o Freese, depois fui ao teatro e lá estive até o dueto do segundo ato da *Italiana em Argel*. Adeus, minha filha, até as dez e meia, que terá o gosto de te abraçar, beijar etc.

Este que é teu saudoso filho,

amigo e amante etc.,

Imperador

$18 \frac{17}{12} 27$

*   *   *   *   *

Querida marquesa

Desejo saber como tem passado e participo-lhe que as meninas, bem como eu, estão bons de saúde. Aceite os protestos da mais pura e sincera, aliás lícita, amizade que lhe consagra

Este que a estima

e é seu

Imperador

$18 \frac{20}{12} 27$

Marquesa de Santos

Não tenho nenhum passeio destinado, mas como me não deu a resposta que nas minhas cartas lhe exigi há nove dias, a fim de poder continuar a lá ir, fiz tenção de te amar sempre como te amo e amarei. Mas ao mesmo tempo fiz tenção de não voltar lá para te não mortificar nem ser mortificado.

Passando a dar uma razão plausível para não ir lá, posto que a vontade seja boa, é que tu não poderás jamais ter prazer comigo, pois eu já me tenho *fumentado* com algumas mulheres e assim não tenho cara de te aparecer para semelhante fim.

Perdoa se nesta resposta te ofendo,
mas eu hei de dizer a verdade.

Imperador

$18 \dfrac{25}{12} 27$

*   *   *   *   *

Não há juramentos quando de uma parte se aperta o jurante a faltar, motivado de raiva e desesperação. Eu te amo, mas mais amo a minha reputação, agora também estabelecida na Europa inteira pelo procedimento regular e emendado que tenho tido. Só o que te posso dizer é «que minhas circunstâncias políticas atualmente estão ainda mais delicadas do que já foram». Tu não hás de querer a minha ruína nem a ruína de teu e meu país e assim, visto isto além das mais razões, me faz novamente protestar-te o meu amor, mas ao mesmo tempo dizer-te que não posso lá ir, o que é, além de tudo, conveniente, para te não mortificar nem me amofinar. Sempre me acharás em tua defesa e te terei uma lícita e sincera amizade.

Imperador

$18 \dfrac{27}{12} 27$

Querida marquesa. Desejo saber como passou. Eu passei bem e por cá não há novidade quanto aos filhos. Agradeço-lhe a lembrança dos cravos, mas de que servirão lembranças destas com a certeza, de que eu já tenho, de que se viu a condição que já lhe fiz constar e que não espero a marquesa, pela sua negativa, se oponha ao meu casamento, infelicitando-me, a meus filhos e a todo o Império.

Aceite os protestos da maior e mais sincera e desinteressada amizade com que sou,

Querida marquesa,
seu amo que muito a estima e estimará,
concorrendo para a minha fortuna,

Imperador

18 $\frac{15}{3}$ 28

*   *   *   *   *

Marquesa. Não foram faltos de fundamentos os conselhos que lhe mandei em minhas anteriores cartas para que me pedisse licença debaixo de pretexto de saúde para ir estar em outra província do Império, a fim de eu poder completar meu casamento, no qual de frente se opõe a sua residência nesta Corte.

O marquês de Barbacena é chegado e sua vinda é motivada pela necessidade de me expor de viva voz os entraves que têm havido ao meu casamento em conseqüência da sua estada aqui na Corte, de onde se torna indispensável sair por este mês até ao meado do futuro junho, o mais tardar. O caso é mui sério. Esta minha comunicação deve pela marquesa ser tomada como um aviso que lhe convém aproveitar, o que não fazendo é da minha honra, do interesse deste Império e da minha família que eu tome uma atitude soberana e que, pelos muitos modos que as leis me subministram, eu haja de dar andamento a negócio de tanta magnitude. Eu conto que nada disto será mister, pois conheço o amor que a marquesa consagra à pátria e à minha família, mas fique certa que esta é a minha derradeira resolução, bem como carta que lhe escrevo, a não me responder com aquela obediência e respeito que lhe cumpre como minha súdita e principalmente minha criada.

Aceite protestos daquela sincera amizade com que sou seu amo,

Imperador

18 $\frac{13}{5}$ 28

Marquesa. Não repare que eu, a bem do meu negócio do casamento, lhe torne a escrever. Minha filha infalivelmente sai até dois do mês de julho, e por isso eu muito desejo que a marquesa saia pelo menos seis dias antes, o que vem a ser 26 de junho, porque muito convém que os que vão possam dizer «a marquesa já saiu», e não «está para sair.» Todos acreditarão o que aconteceu e não o que está para ser, que pode não ser, e o negócio é grave e mui grave. Na sua primeira presta-se a tudo que eu lhe mandar, pede-me instruções, e agora que lhe escrevo diz-me que não pode antes de princípios de julho, tendo convido com o Gericinó até meado de junho. Sustente sempre aquela palavra que uma vez der e não faça rodeios, veja bem a quem a dá e qual é a magnitude do negócio que é dependente do cumprimento de sua palavra. O sair a marquesa ao mesmo tempo ou depois da minha filha faz-me um mal incalculável, e o não sair em junho compromete-me, pois fiado no que me mandou dizer na sua carta, asseverei que até meado de junho saía. Não ouça conselheiros que querem a sua perdição na opinião pública, faça o que lhe digo, pois lhe falo sério e como quem lhe tem sincera amizade e é seu amo afeiçoado,

Imperador

$18 \dfrac{22}{5} 28$

P.S.

Filha, a recomendação é tola, mas não importa: cuidado nestas cartas, e querendo me escreveres, não estudes nem consultes ninguém, só teu coração. A nota da carta que acabo de receber não é tua, estes negócios são de dois, ou melhor, de nós dois quatro beiços.

* * * * *

Marquesa. Agora mesmo mandei ordem para Santa Cruz para que viessem todos os seus cavalos que lá existissem. Sinto que se não queira aproveitar de meus oferecimentos e vejo que a razão disso é para se não ver comprometida, uma vez que aceitasse. Mas falando sempre a verdade, eu já antevejo que nas vésperas da saída ou a marquesa ou algum outro da comitiva adoeça e, debaixo deste honesto pretexto, deixa de sair antes da minha filha. Tanto mais me persuado disto quanto eu vejo dizer-me que não tem destino etc. Deseja saber até quando é mister estar fora do Rio [e em desta província]. Respondo que o complemento do meu casamento é a chegada da futura imperatriz e que a razão bem mostra [que a chegada] que aquela é a época marcada [pelo bom juízo e necessidade da sua saída]. Eu não me meto a questionar com quem não é igual a mim, só sim lhe digo que faça o que me prometeu e a que está obrigada por suas cartas firmadas com a sua assinatura. [Só lhe digo] Finalmente digo-lhe que mesmo por seu bem deve sair [aquém] antes de 26 de junho. Nada mais avisto.

Sou seu amo afeiçoado,
Imperador

26 de maio de 1828)

Querida marquesa. Não posso dispensar-me de te ir, do modo que me é possível, dar os parabéns dos anos da nossa Maria Isabel, que está muito boa. Ah, minha filha, eu não te posso explicar as saudades que meu coração sofre, saudades que se tornam ainda muito mais agravantes quando considero que sou a causa pelo motivo de me ter separado de ti; mas enfim, filha, não há mais remédio uma vez a pedra jogada. O amor que te consagro é inextinguível em mim, e muitas vezes, quando considero minha solidão, derramo lágrimas pela perda da minha querida Leopoldina e por ti. Isto que te digo é do coração, e se não me não engano é mesmo provado. Filha, tu não precisas conselhos, mas eu tenho direito a dizer-te não te mostres mais franca, que disso não tires proveito porque até mesmo as tuas íntimas amigas, como a senhora Chica Lázaro, falam de ti sem fundamento. A Chica disse a um homem que ela estimou que o marquês fosse para o Sul porque ela via inclinação da tua parte com ele e que ela, como era tua amiga, não desejava que se falasse de ti. Ah, minha filha, amigo teu (inferno o digo) só eu, mais ninguém, sendo esquecido (?), mas tenho-te amor como quem é

Teu do coração,

Imperador

P. S.

A Bela está boa

10 agosto 1828

*   *   *   *   *

Querida marquesa. Recebi a sua carta escrita de Taubaté, em que me diz que seguia para São Paulo no dia 11 deste. Eu muito hei de estimar que chegue de feliz saúde e que continue a passar bem, tendo sempre em sua lembrança o dia 29 deste mês em que começaram nossas desgraças e desgostos em conseqüência nos ajuntamos pela primeira vez, então contentes hoje tão saudosos. Que remédio, paciência! Só tenho a queixar-me de mim e a bendizer o tempo feliz que vivi contigo. Ah, filha, que amor por ti existe dentro deste coração comprimido pela minha honra, está empenhada em sustentar a minha palavra. Eu bem sei que tu, posto que sintas, não deixarás de louvar meu caráter sempre firme, decisivo e leal. Abracei a duquesa e a Maria, todos estão bem. A duquesa foi ao teatro, esteve muito galante e não dormiu, tem um coração mui sensível, pois chorou de dor do doido da Agnese, que foi a comédia que se pôs em cena. Eu estou completamente curado do dedo e não tenho defeito algum. Lembra-te sempre de mim e (perdoa-me) não mais para ninguém, bem basta que eu tenha sido mau. Recebe um abraço e um beijo que te manda o

Teu amigo do coração,

Pedro

31 agosto 1828

Querida marquesa. São hoje 10 de Dezembro e não tenho recebido notícias do marquês de Barbacena a respeito do meu casamento, e sim ouço dizer publicamente que a marquesa vem. Por conseqüência, não estando ainda encetada a negociação, existe o principal motivo da sua saída do Rio. Eu espero que a marquesa, se tem amor à sua pátria, a mim e a meus filhos (a que não posso duvidar), que têm precisão de uma mãe para educar, dar esplendor e decoro ao Trono imperial, se demore em São Paulo até que eu lhe ordene a sua volta; mas sendo a marquesa minha amiga, da sua pátria e de meus filhos, cujos destinos (se pode dizer assim) estão dependentes da sua estada fora da Corte em diferente província, não pode deixar de fazer o que lhe ordeno, aliás sua amizade não é verdadeira.

No caso, porém, não esperado por mim que a marquesa se decida a partir para cá, como todos dizem, sem minha expressa ordem, esta minha carta, que vai ser pelo paquete imediatamente remetida ao marquês de Barbacena para dela fazer o uso que for conveniente, conforme as circunstâncias, servirá de provar onde convier que eu protestei de maneira a mais formal e explícita contra a sua vinda, salvando deste modo minha imperial palavra, a estas horas começada a comprometer-se (fiado nos seus protestos de obediência e de amor exarados em suas cartas) perante uma virtuosa e respeitável princesa, digna certamente de um imperador que, como eu, sabe sustentar a sua palavra imperial, domando suas paixões, ajudado na religião que professa e do amor que decididamente como pai consagra a seus tenros filhinhos e como soberano a seus povos, por quem tudo sacrificará.

Não espere a marquesa, de chegar sem expressa ordem minha, que eu a trate como minha amiga prezada que é (como creio). Não deve poupar-se para concorrer para minha felicidade, da sua pátria e de meus filhos, e saiba que no caso (que eu não espero) de vir sem ordem minha que a marquesa a vá ver, pois ela não poderá visitar a quem não quer concorrer para a glória de seu pai, do seu imperador e da sua pátria. Nada mais tenho a dizer, senão que pode estar certa que, imediatamente eu vir que a sua presença aqui me não influi nada sobre um negócio de tão grande monta para o Império, eu serei o primeiro que, enviando-lhe expressamente um soldado como agora faço, lhe mande ordem para se recolher para sua casa, pois bem poderá e deverá supor quanto me custará o meu imperial coração vê-la atormentada com incômodos.

Acredite que a estimo e que por isso assim lhe falo.

Seu amo

......

$18\frac{10}{12}28$

Viscondessa. Neste instante recebo uma carta de sua filha marquesa, dizendo sem mais cumprimento que saía para cá no dia 23 deste. Eu protesto altamente contra e em nome de toda a nação, a quem a sua presença faz mal nesta Corte e província, por causa de meu casamento. E protesto mais, que provas não equívocas e nascidas verdadeiramente de um homem de honra e de um soberano provarão e farão ver ao mundo inteiro minha imperial desaprovação. Uma pessoa que saiu do nada, por meu respeito devia, por um reconhecimento eterno, fazer o que eu lhe tenho até pedido, por bem de meus filhos, de mim e do Império. Parecem assim o querer fazer, mas agora provas sobejas tenho para conhecer que seu fim é inteiramente opor-se ao meu casamento (Deus sabe suas intenções), mas eu lhe declaro mui expressamente que se a marquesa se apresentar no Rio sem ordem minha, eu suspendo-lhe as mesadas, a ela e a toda aquela pessoa de sua família que eu me possa persuadir que influi para este sucesso, bem como a demito de dama e privo de entrarem no Paço seus parentes, com exceção de Manuel Alves de Toledo Ribas, homem que sempre me tem falado a verdade em todos os tempos. Tal é minha firme resolução pelo que toca ao meu particular. Pelo que toca ao público, como é de interesse geral, hei de ouvir os meus ministros e Conselho de Estado para lhes ordenar o que convier ao bem do Império, pois estou firmemente persuadido que a felicidade geral pela garantia de mais sucessores ao Trono vai além de todas as considerações. Tenho dito e assino-me seu amo.

Imperador

Quinta da Boa Vista, 11 de dezembro de 1828

Meu bem

Forte gosto foi o de ontem à noite que nós tivemos. Ainda me parece que estou na obra. Que prazer!! Que consolação!!! Que alegria foi a nossa!!!! Vim conversando com a proprietária quando de lá saí e ela me disse que mecê lhe disse que tinha a moléstia de Lázaro. Eu lhe disse que tinha muita pena, ela me disse que mecê lhe tinha dito e que ela também tinha pena, mas que muita gente tinha a tal moléstia. Eu respondi «ou tenha ou não, cá para mim não [...] me importa, porque não tenho tratos com ela». Eu assento que isso foi para ver o que eu lhe correspondia, e nunca me apanha nem há de apanhar descalço. O melhor é que eu, quando sair de dia, nunca lhe vá falar para que ela não desconfie do nosso «santo amor», e mesmo quando for para essa banda ir pelo outro caminho, e em casa nunca lhe falar em mecê e sim em outra qualquer madama, para que ela desconfie de outra e nós vivamos tranqüilos, à sombra do nosso saboroso amor. Tenho o prazer de lhe ofertar essas rosas e essas duas trocazes, que comeremos à noite. Aceite os mais puros e sinceros votos de amor do C.

Deste seu
amante constante
e verdadeiro e que se
derrete de gosto quando... com mecê,

O Fogo Foguinho

P. S.
Esta letra
parece estar
boa, mas mecê dirá à noite

Filha. Muito estimarei que esta te ache boa e igualmente que te divertisses vendo a procissão, que se fosse cá na roça decerto não saía, porque choveu de tarde e às horas a que ela deveria sair. Esta noite terei o gosto (para mim maior) que é de estar contigo e abraçado, e espero ser um *cavalheiro polido* para me não chamares de bandalho. Filha, não tomes a mal esta minha brincadeira, pois tu deves estar bem certa que muito te amo e que se algumas vezes estou algum tanto grosseiro, é motivo disso o desespero de não poder gozar de ti como desejaria, que faz dizer e praticar semelhantes coisas. Não que elas sejam nascidas do coração, pois esse te adora e por ti sempre está sentindo um não *sei quê* que não posso explicar e que mesmo ao meio das passadas (e espero nunca mais vindas) asneiras se estava com afeição e decidido amor lembrando de ti. Manda estar a porta na forma da ordem e pelas horas de costume terei o gosto de abraçar-te e apertar-te em meus braços.

Adeus, até a noite, e acredita

Neste teu filho, amigo e
amante etc. etc. etc.,

Imperador

*   *   *   *   *

Filha

Muito obrigado te estou por mandares fechar as janelas (estando tu na casa redonda, sentada na janela, e não me corresponderes ao sinal), estando eu de óculo olhando para te ver. Paciência! Eu não tenho culpa de estar pior, porque não fiz com ninguém senão contigo, e a minha piora é devida a andar a cavalo, como mandei te participar. Eu não te mereço isto, paciência. Desconfio que fosse ordem tua a fechação das janelas, pois na tua carta não me dizes que *a porta estará aberta para eu entrar na forma de costume*, tendo-te eu mandado dizer que lá ia esta noite, o que farei, sendo da tua vontade. Se o motivo, além de eu estar pior, é o de ter eu ontem xingado o Albino e João Caetano, tenho muita glória de punir por ti e pela tua honra. Nada mais digo senão que, apesar de todos os pesares, hei de ser sempre

Teu filho, amigo e amante fiel,
constante, desvelado, agradecido
e *sempre verdadeiro*,

O Imperador

Meu amor

O José e o Marcolino vieram cá. Eu te peço por eles que não lhes faças nada. De noite te hei de agradecer tudo.

Esta que, como verás,
é tua amiga

Tu me mandas.
Teu filho,

Imperador

e filha
Domitila

[No envelope:]

Para quem com amor
me prende e por ele
é preso e será.

[Dentro do envelope:]

Este lindo passarinho canta,
brinca, *pica* e fura,
mas quando torna a repicar,
é mais doce a *pica dura*.

* * * * *

Meu amor do meu coração

Não posso deixar de lhe estar constantemente dando provas de amizade e agradecimento pela que me mostra. Aí lhe remeto a rede prometida e essas rosas que me deu a imperatriz. Nas rosas lhe mostro o quanto a estimo e na rede o quanto desejo ver nossos corações cada vez mais unidos e até de tal feitio enlaçados, que jamais se possam separar e sempre se continuem a mostrar identificados em sentimentos de amor como até aqui têm estado. Esta é a pura verdade, pois não tem outra linguagem

Este seu amante mui desvelado,
O Demonão

D. Pedro – Imperador do Brasil e rei de Portugal   **405**

[Querida] Marquesa. Não foram faltos de fundamentos os conselhos que lhe mandei em minhas anteriores cartas para que me pedisse licença, debaixo de pretexto de saúde, para ir estar em outra província do Império a fim de eu poder completar meu casamento, no qual de frente se apa [...] a sua residência nesta Corte. O marquês de Barbacena é chegado e sua vinda é motivada pela necessidade de me expor de viva voz os entraves que têm havido ao meu casamento em conseqüência da sua estada aqui na Corte, de onde se torna indispensável sair por este mês até meados do futuro junho, o mais tardar.

O caso é mui sério. Esta minha comunicação deve pela marquesa ser tomada como um aviso que [deve] lhe convém aproveitar, o que, não fazendo, é da minha honra e do interesse deste Império e da minha família que eu tome uma atitude soberana e que, pelos muitos modos que as leis me subministram, [mui principalmente a da salvação da pátria me compelem] eu haja de dar andamento ao negócio de tanta magnitude a tomar. Eu conto que nada disto será mister, pois conheço o amor que a marquesa consagra à pátria e à minha família. Mas [pode contar] fique certa que esta é a minha derradeira resolução, bem como carta que lhe escrevo, a não me responder com aquela obediência e respeito que lhe cumpre como minha súdita e principalmente minha criada.

Aceite protestos etc. daquela sincera
amizade com que sou

Seu amo

* * * * *

Sinhor

Eu parto esta madrugada e seja-me permitido, ainda esta vez, beijar as mãos a Vossa Majestade por meio desta, já que os meus infortúnios e minha má estrela me roubam o prazer de o fazer pessoalmente. Pedirei constantemente ao céu que prospere e faça venturoso ao meu imperador. E quanto à marquesa de Santos, senhor, pede por último a V. M. que, esquecendo como ela tantos desgostos, se lembre só mesmo, a despeito das intrigas, que ela em qualquer parte que esteja saberá conservar dignamente o lugar a que V. M. a elevou, assim como ela só se lembrava do muito que devo a V. M., que Deus vigie e proteja como todos precisamos.

De Vossa Majestade súdita, muito obrigada,

Marquesa de Santos

Cronologia

1797

22 de janeiro

Nasce na Áustria, no Palácio Schönbrun, a princesa Carolina Josefa Leopoldina, 1.ª imperatriz do Brasil, filha de Francisco I, imperador da Áustria e II da Alemanha, rei da Hungria, e de D. Maria Teresa de Bourbon de Nápoles.

1798

12 de outubro

Nasce em Portugal, no Real Palácio de Queluz, na sala D. Quixote, o príncipe Pedro de Alcântara Francisco Antônio João Carlos Xavier de Paula Miguel Rafael Joaquim José Gonzaga Pascoal Cipriano Serafim de Bragança e Bourbon, quarto filho de D. João VI e D. Carlota Joaquina, reis de Portugal.

1807

29 de novembro

Deixa Lisboa, sob a proteção inglesa, uma esquadra, com destino ao Brasil, levando o príncipe regente João e a corte lusa.

1808

21 de janeiro

Desembarca em Salvador/Bahia o príncipe regente D. João.

28 de janeiro

É assinada pelo príncipe regente D. João a carta régia abrindo os portos do Brasil às nações amigas.

6 de março

Chega ao Rio de Janeiro, procedente da Bahia, o príncipe regente D. João e parte da família real.

1809

14 de janeiro

Tomada de Caiena.

1811

Junho

Inicia-se a longa série de intervenções militares portuguesas (e depois brasileiras) na Banda Oriental (Uruguai).

1812

31 de julho

Nasce em Milão D. Amélia Augusta Eugênia Napoleão de Beauharnais, 2ª imperatriz do Brasil, filha do príncipe Eugênio de Beauharnais, duque de Leuchtenberg e príncipe de Eichstät e da princesa Augusta Amélia.

1815

15 de dezembro

O príncipe regente D. João, por carta de lei desta data, eleva o Brasil à categoria de Reino Unido ao de Portugal e Algarves.

1816

20 de março

Morre D. Maria I, rainha de Portugal, Brasil e Algarves, e, no Rio de Janeiro, o príncipe regente João torna-se D. João VI, rei de Portugal, Brasil e Algarves.

26 de novembro

É assinado em Viena/Áustria o tratado matrimonial de D. Pedro com D. Leopoldina.

1817

9 de janeiro

Alvará concedendo a D. Pedro o título de príncipe real do Reino Unido de Portugal, Brasil e Algarves.

13 de maio

Realiza-se em Viena, por procuração, o casamento do príncipe Pedro de Alcântara com a princesa Leopoldina.

13 de agosto

Embarca em Livorno, com destino ao Brasil, a princesa Leopoldina.

5 de novembro

Chega ao Rio de Janeiro D. Leopoldina.

6 de novembro

Celebra-se na capela imperial a cerimônia religiosa do casamento de D. Pedro com D. Leopoldina.

1818

6 de fevereiro

Realiza-se no Rio de Janeiro o ato de aclamação do rei D. João VI.

1819

4 de abril

Nasce, às 17 horas, no paço de São Cristóvão/Rio de Janeiro, a princesa D. Maria da Glória, primogênita do príncipe D. Pedro e D. Leopoldina.

3 de maio

É batizada na capela real a princesa D. Maria da Glória, sendo seus padrinhos D. João VI e D. Carlota Joaquina.

1820

Provocam as primeiras agitações no Brasil as notícias da revolução do Porto.

É conquistada a Banda Oriental pelas forças joaninas.

26 de abril

Nasce, no paço de São Cristóvão//Rio de Janeiro, o príncipe D. Miguel, segundo filho de D. Pedro e de D. Leopoldina, o qual faleceu pouco depois.

1821

Aparecem as primeiras "Juntas Constitucionais" em apoio à revolução do Porto.

19 de fevereiro

É lavrado em Portugal um decreto das Cortes determinando o retorno do príncipe D. Pedro, a fim de que assumisse a direção dos negóciospúblicos, enquanto

D. João VI permanecesse no Brasil. Essa determinação não foi obedecida.

6 de março
Retorno de D. João VI a Portugal, ficando, no Rio de Janeiro, o príncipe herdeiro Pedro como regente do Brasil.
Nasce, no paço de São Cristóvão//Rio de Janeiro, o príncipe da Beira D. João Carlos, terceiro filho do príncipe D. Pedro e D. Leopoldina.

22 de abril
D. João VI, por decreto, nomeia D. Pedro regente e lugar-tenente do rei, a fim de governar o Brasil em sua ausência.

26 de abril
Parte para Portugal D. João VI.
Primeiro decreto do príncipe D. Pedro, na qualidade de regente do reino: suspende o direito do sal na entrada e passagem pelos registos ou alfândegas de portos secos.

31 de julho
É incorporado no Brasil, sob o nome de província Cisplatina, o Uruguai.

1822

9 de janeiro
Promete ficar no Brasil, desobedecendo, assim, às Cortes de Lisboa, o príncipe regente D. Pedro. Dia do "Fico".

16 de janeiro
É formado por D. Pedro o primeiro ministério do período da independência.

4 de fevereiro
Falece, no paço de São Cristóvão//Rio de Janeiro, D. João Carlos, príncipe da Beira, terceiro filho de D. Pedro e D. Leopoldina.

11 de março
Nasce, no paço de São Cristóvão//Rio de Janeiro, a princesa D. Januária, quarta filha de D. Pedro e D. Leopoldina, cognominada "Princesa da Independência".

13 de maio
O príncipe D. Pedro aceita o título de protector e defensor perpétuo do Brasil oferecido pela Maçonaria.

28 de maio
D. Pedro é eleito grão-mestre da Maçonaria no Brasil.

3 de junho
Convocação de uma Assembleia Geral Constituinte e Legislativa no Brasil.

2 de agosto
D. Pedro entra para a Maçonaria, da qual se tornará depois grão-mestre em substituição de José Bonifácio, reorganizador da Maçonaria no Brasil. O imperador recebeu o nome de Guatimosim.

7 de setembro
Proclamação da independência do Brasil por D. Pedro, às margens do Ipiranga, nas proximidades de São Paulo.

18 de setembro
Por decreto de D. Pedro I, foram estabelecidas as novas armas e bandeira do Brasil.

12 de outubro
Por proposta de José Clemente Pereira, apresentada a 21 de setembro, D. Pedro,

em sessão extraordinária, é aclamado imperador constitucional do Brasil.

1 de dezembro

Coroação e sagração de D. Pedro I, na capela imperial, como imperador constitucional e defensor perpétuo do Brasil.

É criada por D. Pedro I a Ordem Imperial do Cruzeiro, para celebrar a sua aclamação e sagração como imperador constitucional e defensor perpétuo do Brasil.

É criada a Imperial Guarda de Honra D. Pedro I.

1823

17 de fevereiro

Nasce, no paço de São Cristóvão//Rio de Janeiro, a princesa D. Paula Mariana, quinta filha de D. Pedro I e D. Leopoldina.

24 de fevereiro

É batizada, às 17 horas, na capela imperial a princesa D. Paula Mariana.

3 de maio

É instalada a Assembleia Geral Constituinte e Legislativa.

2 de julho

Marca-se a data da restauração da Bahia.

4 de novembro

Nasce Rodrigo Delfim Pereira, filho de D. Pedro I e de Maria Benedita de Castro Canto e Melo, baronesa de Sorocaba.

11/12 novembro

Fechamento da Assembleia Nacional Constituinte, conhecida como a "noite da agonia".

12 de novembro

É criado o Conselho de Estado.

1824

Inicia-se a colonização alemã no Rio Grande do Sul.

25 de março

É outorgada por D. Pedro I a primeira Constituição brasileira.

É jurada por D. Pedro a Constituição do império do Brasil.

30 de abril

Revolta de D. Miguel conhecida por Abrilada, por instigação de sua mãe, a rainha Carlota Joaquina.

23 de maio

Nasce, no Rio de Janeiro, Isabel Maria de Alcântara Brasileira, filha de D. Pedro I e de Domitila de Castro Canto e Melo, marquesa de Santos.

26 de maio

Os Estados Unidos da América reconhecem a independência do Brasil.

Julho

Inicia-se a Confederação do Equador.

2 de agosto

Nasce, às 21 horas, no palácio de São Cristóvão/Rio de Janeiro, a princesa D. Francisca, sexta filha de D. Pedro I e D. Leopoldina.

Agosto/Novembro

Acontece violenta repressão à Confederação do Equador.

1825

29 de agosto
Portugal reconhece a independência do Brasil.

18 de outubro
Inglaterra reconhece a independência do Brasil.

24 de outubro
França reconhece a independência do Brasil.

25 de outubro
Inicia-se guerra entre Brasil e Argentina pela província Cisplatina.

2 de dezembro
Nasce, no palácio de São Cristóvão/Rio de Janeiro, D. Pedro II, sétimo filho de D. Pedro I e de D. Leopoldina.

7 de dezembro
Nasce Pedro de Alcântara Brasileiro, filho de D. Pedro I e de Domitila de Castro Canto e Melo, marquesa de Santos.

27 de dezembro
Morre Pedro de Alcântara Brasileiro, filho de D. Pedro I e de Domitila de Castro Canto e Melo, marquesa de Santos.
Áustria reconhece a independência do Brasil.

1826

Colômbia reconhece a independência do Brasil.
É instalada a Assembleia Geral.

5 de janeiro
Suécia e Noruega reconhecem a independência do Brasil.

23 de janeiro
Santa Sé reconhece a independência do Brasil.

31 de janeiro
Suíça e Grã-Bretanha reconhecem a independência do Brasil.

3 de fevereiro
Parma e Placência reconhecem a independência do Brasil.

7 de fevereiro
Dinamarca reconhece a independência do Brasil.

14 de fevereiro
Cidades livres e hanseáticas e Toscana reconhecem a independência do Brasil.

15 de fevereiro
Holanda reconhece a independência do Brasil.

18 de fevereiro
Hanover reconhece a independência do Brasil.

6 de março
Prússia reconhece a independência do Brasil.

7 de março
Baviera reconhece a independência do Brasil.

10 de março
Morre, no Real Palácio da Bemposta/Lisboa, aos 59 anos, D. João VI, pai de D. Pedro IV.

16 de abril
É criada por D. Pedro a Ordem Dom Pedro I, Fundador do Império do Brasil, a

fim de comemorar o reconhecimento da independência.

29 de abril
É outorgada por D. Pedro IV uma carta constitucional aos Portugueses.

2 de maio
D. Pedro I do Brasil e IV de Portugal abdica da coroa de Portugal em favor de sua filha Maria da Glória.

6 de maio
É aberta por D. Pedro I a primeira legislatura da Assembleia Legislativa do Império do Brasil.

4 de julho
Isabel Maria de Alcântara Brasileira é legitimada como filha de D. Pedro I e de Domitila de Castro Canto e Melo, marquesa de Santos.
É concedido o título de duquesa de Goiás a Isabel Maria de Alcântara Brasileira.

31 de julho
É jurada a Constituição outorgada por D. Pedro IV aos Portugueses.

11 de dezembro
Morre, no Rio de Janeiro, D. Leopoldina, 1.ª imperatriz do Brasil.

1827

22 de fevereiro
Após a morte de D. João VI, o infante D. Miguel entra em Lisboa e toma posse do governo como lugar-tenente de seu irmão D. Pedro IV.

26 de fevereiro
D. Miguel presta juramento, terminando nesse dia a regência da infanta D. Isabel Maria, instituída por D. João VI antes de morrer.

13 de março
Brasil e Inglaterra assinam acordo sobre a extinção do tráfico negreiro.

3 de julho
D. Pedro I nomeia D. Miguel seu lugar-tenente para governar o reino durante a menoridade de sua filha, em favor da qual havia abdicado da coroa.

13 de agosto
Nasce, no Rio de Janeiro, Maria Isabel Alcântara Brasileira, filha de D. Pedro e de Domitila de Castro Canto e Melo, marquesa de Santos, agraciada com o título de duquesa do Ceará.

1828

27 de agosto
É declarado o fim da Guerra da Cisplatina e a independência do Uruguai.

19 de fevereiro
Chega, triunfalmente, a Portugal D. Miguel, procedente da Inglaterra, a bordo da fragata portuguesa *Pérola*, sendo então aclamado rei absoluto.

22 de fevereiro
É aclamado rei absoluto do reino de Portugal e Algarves D. Miguel, que dá por desfeito o casamento com sua sobrinha D. Maria da Glória e se apodera do governo.

D. Maria da Glória, à vista da usurpação, teve de voltar para o Brasil.

18 de maio
Declara-se por D. Pedro IV, D. Maria II e pela Carta Constitucional o 6-º Regimento de Infantaria no Porto.

20 de maio
Forma-se uma junta provisória nomeada por D. Pedro para reger o reino durante a usurpação de D. Miguel.

25 de outubro
Morre Maria Isabel de Alcântara Brasileira, filha de D. Pedro I e de Domitila de Castro Canto e Melo, marquesa de Santos.

1829
Nasce José, filho de D. Pedro I e de Joana Mosquera.

30 de maio
É assinado em Munique/Alemanha pelo marquês de Barbacena o tratado matrimonial de D. Pedro com D. Amélia.

29 de agosto
Realiza-se em Munique/Alemanha, por procuração, a cerimónia do casamento de D. Pedro com D. Amélia.

30 de agosto
Embarca em Portsmouth, na fragata *Imperatriz*, com destino ao Brasil, D. Amélia, juntamente com D. Maria II e o príncipe Augusto de Leuchtenberg.

31 de agosto
Nasce Pedro de Alcântara Brasileiro, filho de D. Pedro I e de madame Saisset.

16 de outubro
Chega ao Brasil D. Amélia.

17 de outubro
Realiza-se na capela imperial a cerimónia religiosa do casamento de D. Pedro com D. Amélia.
É criada, por D. Pedro, a Ordem da Rosa, para comemorar o seu casamento com D. Amélia.

1830
6 de fevereiro
É adquirida por D. Pedro a Fazenda do Córrego Seco, futura cidade de Petrópolis.

7 de janeiro
Morre, no palácio de Queluz/Lisboa, D. Carlota Joaquina, mãe de D. Pedro I, imperador do Brasil, e IV de Portugal.

28 de fevereiro
Nasce, em São Paulo, Maria Isabel de Alcântara Brasileira, filha de D. Pedro I e de Domitila de Castro Canto e Melo, marquesa de Santos.

1831
Execução do hino nacional brasileiro.
É proibido o tráfico de escravos para o Brasil.
É criada a Guarda Nacional.

13 de março
Distúrbios populares no Rio de Janeiro conhecidos como a "noite das garrafadas".

5 de abril
D. Pedro I organiza o seu ministério, chamado de "ministério dos marqueses";

a nomeação desse ministério e a consequente demissãodo anterior deu causa a uma revolta, cujo epílogo foi a abdicação e sua retirada para a Europa.

6 de abril
D. Pedro I nomeia, por decreto, José Bonifácio tutor de seus filhos menores.

7 de abril
D. Pedro I abdica da coroa do Brasil em favor de seu filho D. Pedro II.

8 de abril a 18 de junho
Forma-se a Regência Trina Provisória.

18 de junho a 12 de outubro de 1835
Forma-se a Regência Trina Permanente.

1 de dezembro
Nasce em Paris D. Maria Amélia, filha de D. Pedro, duque de Bragança e de D. Amélia.

1832

21 de janeiro
D. Pedro, duque de Bragança, faz em Paris seu primeiro testamento.

22 de fevereiro
Desembarque de D. Pedro, duque de Bragança, procedente de Londres, na ilha de São Miguel, a caminho de Portugal, a fim de repor no trono sua filha D. Maria II.

3 de março
D. Pedro, duque de Bragança, após haver chegado aos Açores, assume a regência durante a menoridade de sua filha D. Maria II, cujo trono havia sido usurpado por D. Miguel.

Abril
"Abrilada" em Pernambuco, em apoio à volta de D. Pedro, duque de Bragança, ao trono.

17 de abril
Revoltas dos militares "exaltados" e dos "caramurus" no Rio de Janeiro.

1833

16 de janeiro
Falece no paço de São Cristóvão//Rio de Janeiro, aos 9 anos de idade, a princesa D. Paula, filha de D. Pedro I e D. Leopoldina.

30 de setembro
D. Pedro, duque de Bragança, assume a regência do reino de Portugal durante a menoridade de D. Maria II, sua filha.

Dezembro
José Bonifácio é destituído da tutoria de D. Pedro de Alcântara, sendo substituído pelo marquês de Itanhaém.

1834

Espanha reconhece a independência do Brasil.

26 de maio
Capitulação de D. Miguel em Évora Monte.

17 de setembro
D. Pedro, duque de Bragança, dita seu testamento ao ministro do Reino Bento Pereira do Carmo.

24 de setembro
Falece, no mesmo quarto em que nascera, a sala D. Quixote, no palácio de Queluz, aos 35 anos, D. Pedro, duque de Bragança.

1853

15 de novembro
Morre em Lisboa D. Maria II, filha de D. Pedro I e D. Leopoldina.

1867

14 de maio
Morre Isabel Maria, duquesa de Goiás, filha de D. Pedro I e de Domitila de Castro Canto e Melo, marquesa de Santos.

1873

26 de janeiro
Morre D. Amélia, 2ª imperatriz do Brasil.

1891

31 de janeiro
Morre Rodrigo Delfim Pereira, filho de D. Pedro I e de Maria Benedita de Castro Canto e Melo, baronesa de Sorocaba.

2 de dezembro
Morre em Paris D. Pedro II, filho de D. Pedro I e D. Leopoldina.

1898

27 de março
Morre D. Francisca, filha de D. Pedro I e D. Leopoldina.

1901

13 de março
Morre D. Januária, filha de D. Pedro I e D. Leopoldina.

Esta obra foi impressa em São Paulo no verão
de 2015 pela Vida e Consciência Gráfica &
Editora. No texto foi utilizada a fonte Mercury
em corpo 10 e entrelinha de 15,5 pontos.